타인에게 흔들리지 않고 자신을 돌보는 법

공동의존자 더 이상은 없다

타인에게 흔들리지 않고 자신을 돌보는 법

공동의존자
더 이상은 없다

Melody Beattie 저 · 김혜선 역

학지사

Codependent No More

How to Stop Controlling Others and Start Caring for Yourself

By Melody Beattie

자기 안에서 행복을 찾아내기란 쉬운 일이 아니다. 그러나 자기를 벗어나
다른 곳에서 행복을 찾아내는 것은 불가능한 일이다.

– Agnes Repplier의 보석함 –

옮긴이의 말

나는 공동의존자였다. 외관상으로는 전혀 어울리지 않는 조합이지만, 나는 공동의존자였다. 나는 왜 공동의존자였다고 고백하는 걸까?

나는 알코올중독자 가정에서 성장하지 않았고, 술이나 마약에 빠진 적도 없으며, 정신과 의사의 소견을 들을 만한 일도 없었다. 남들 사는 것처럼 사는 평범한 가정에서 그런대로 봐줄 만한 사람으로 성장했다. 그 정도면 괜찮지 않을까?

그러나 역설적이게도 내가 어릴 적 꿈꾸었던 목표가 현실화되어 갈 무렵, 겉모습과는 달리 내 삶은 짙은 어둠 속에서 헤매고 있었다. 서서히 빠져 들어가는 늪처럼 천천히 그리고 조용히 나도 모르는 사이에 내 삶의 엔진이 멈춰 가고 있음을 느꼈다. 이런 사실을 부정하면 할수록 내 내면은 슬픔, 분노, 죄책감 그리고 절망으로 뒤범벅되었다. 그러나 어느 누구도 나의 상태를 감지하지 못하는 것 같았다. 나는 이 상황을 어떻게 정의해야 하는지, 왜 내게 이런 일이 일어나는지, 어떻게 이런 상태에서 벗어날 수 있는지 도무지 감을 잡을 수조차 없었다. 나는 미칠 것같이 괴로웠지만 나를 제외한 모든 사람들은 잘 살아가는 것처럼 보였다. 원인을 알 수 없는 침체와 싸우고 버티기를 계속하다가 결국 손을 쓸 수 없는 바닥에 이르렀을 때, 나는 그 바닥에서 한 가지 진실과 마주하게 되었다. 나는 더 이상 다른 사람의 삶뿐만 아니라 내 삶조차도 통제할 수 없는 불완전한 존재라는 것이었다. 아주 익숙하고도 쉬운 말이었는데, 나는 그제서야 그 뜻을 이해하게 되었다.

나는 이 책을 통해 내가 그동안 경험했던 일들이 공동의존에서 비롯되었음을 생생하고도 구체적으로 알게 되었고, 저자가 공동의존자였던 나에게 주고자 했던 메시지를 오늘도 되새기며 변화의 방법을 익히고 있다.

이 책은 주변 사람의 알코올중독이나 강박장애 등으로 인해 자신의 삶을 걱정과 집착으로 채워 가는 이들의 회복을 이야기하고 있다. 그래서 어떤 이들은 이 책이 자신과는 상관없다고 속단할지도 모른다. 그 말이 맞을 수도 있다. 하지만 나는 그렇게 생각하는 사람들에게 이렇게 묻고 싶다. 당신은 주변 사람과 여러 문제들 속에서도 자기를 잃지 않고 평온하게 행복한 삶을 유지하며 살고 있는가? 자신이 책임져야 할 일과 책임질 수 있는 일 그리고 그렇지 않는 일을 구분하며 자신의 삶을 살아가고 있는가? 그리고 존재하는 그 모습 그대로 자신뿐만 아니라 다른 사람을 인정하며 살고 있는가?

그렇지 않다면, 당신도 공동의존자다. 그리고 이 책은 그런 당신을 위한 것이다.

삶의 환경은 다르지만 내 주변의 사람들과 제자들이 이 책을 통해서 자신을 인정하고 자신의 삶을 살아가는 법을 배우며 변화하고 있다. 나는 더 많은 사람들이 그러한 일을 경험하기를 바라는 마음에서 이 책을 번역하였다. 부족한 역량이지만 번역하는 내내 저자의 의도를 최대한 살리려고 노력했고, 이 책을 통해 웃고 울었던 시간을 고스란히 담고자 했다. 이 책이 대충 한 번 읽고 책장에 꽂히는 책이 아니라 당신의 삶에 끊임없이 변화를 주는 도구가 되었으면 한다. 그리고 당신도 당신의 삶을 살 수 있기를 바란다.

끝으로, 이 책의 번역에 관심을 아끼지 않았던 뉴저지 한인 침례교회의 문종성 목사님, 미국 구세군의 장만희 사관님과 애나 사관님, 가족치료사이자 중독상담전문가인 클레멘 박사, 중독재활전문가인 에버리, 이제는 스위스에 있을 나의 친구 나탈리 그리고 학지사 편집부 여러분께 감사드린다. 그리고 처음부터 끝까지 번역 작업에 열정과 관심을 쏟아 준 남편과 나의 연약함을 거울처럼 비춰 주었던 두 아이에게도 사랑과 고마운 마음을 전한다. 무엇보다 내 삶 가운데 언제나 함께하며 나의 힘과 피난처가 되어 주신 그리고 내 남은 여생 동안도 기꺼이 그렇게 해 주실 나의 신, 나의 절대자께 감사드린다.

2013년 5월

김혜선

2011년 25주년 기념사

이 책을 쓴 후로 나는 정상에 서 보기도 했고, 아들의 죽음으로 어두운 터널을 지나야 했으며, 그 터널 끝의 불빛에 다다라 터널을 빠져 나왔을 때에는 다른 이들에게 희망을 말하고 있었다. 이 책의 세월만큼 나 또한 그 시간들을 경험했다. 내가 지지할 뿐만 아니라 수시로 내 자신에게 상기시키는 메시지를 이 책은 여전히 전하고 있다.

나는 이제 '아니요' 라고 말할 때와 '예' 라고 말할 때를 안다. 나는 내 선택에 책임을 진다. 희생자? 그런 비련의 여주인공은 사라진 지 오래다. 나를 진짜 희생자로 만드는 사람은 바로 나 자신이다. 나는 지금 이 순간 그리고 매 순간마다 나 자신을 더 이상 희생자로 만들지 않는다. 그러나 여전히 나는 주요 원칙들인 경계선, 내려놓음, 자신의 감정을 충분히 느낀 후 용서하기, 자기표현, 타인을 사랑하며 나 자신도 사랑하는 자세를 계속해서 기억해야 할 필요가 있다.

이 책의 메시지가 사람들에게 받아들여지고 적용되는 데는 몇 가지 단계들을 거쳐야 했다. 어떤 사람들은 한동안 자신을 다루는 일에 점점 더 지쳐 갔다. 많은 사람들은 약물치료로 우울과 걱정을 다루었다. 그러나 어떤 이들은 도움을 받아야만 하는 불편한 상황을 약물치료라는 수단을 선택해서 편리하게 감추었다. 심지어는 휴대폰으로도 집착 뒤에 숨어 있는 고통을 감춘다. 사람들은 집에서 누군가의 전화를 기다리는 불편함을 느낄 필요가 없다. 그들은 전화기와 집착을 함께 가지고 다니면서 어디서 나 어느 때나 자신의 집착을 실행에 옮긴다. 우리는 치료를 통해 자신의 상태를 고쳐 보려고 했으며 그럴듯한 말들을 모두 동원해 자신의 불안정을 감추는 법을 익혔다. 하지만 많은 사람들이 이러한 행동의 결과가 얼마나 심각해질 수 있는지를 깨닫기 시작했다. 그 단계들이 끝나 가고 있는 것이다.

사람들이 일찍이 주장했던 것처럼, 공동의존은 절대 일시적인 유행이 아니다. 공동의존은 돌고 돈다. 알코올중독부터 치매에 이르는 가족 질병은 점점 더 많은 사람을 통해 공개적이고 지속적으로 논의되고 있다. 동시에 공동의존에서 벗어나려고 도움을 요청하는 사람들도 점점 더 늘어나고 있다. 그래서 이 작은 책은 여전히 필요하며 그 역할이 더 기대된다.

희망을 버리지 말자. 많은 사람들이 공동의존이라 불리는 방어적 행동에 젖어 드는 데는 20년 혹은 그 이상의 세월이 걸렸다. 공동의존의 행동들을 내려 놓는 데에도 그만큼의 시간이 필요할지도 모른다. 공동의존에 대한 메시지의 전달자로 왜 내가 선택되었는지, 나는 신의 의도를 알지 못한다. 하지만 나는 이 일에 고마움을 느낀다. 내가 쓸모 있는 사람이 될 수 있다는 사실이 고마울 뿐이다.

Codependent No More 출간 25주년을 축하한다.

사랑과 고마움의 마음을 담아

멜로디 비에티

2001년 15주년 기념사

내 자신을 돌보는 일은 큰 일이다.
그래서인지 나는 오랫동안 그 일을 피했다.
– 작자 미상 –

1986년이었다. 자넷 게링거 워이티츠, 로버트 서비, 어니 라슨과 같은 선구자들은, 술을 마시지는 않지만 통제 불가능한 알코올중독자와 연관되어 있는 사람들은 틀림없이 알코올중독자만큼이나 굉장한 고통 속에서 살고 있고 상당한 치유가 필요하다는 사실을 대중들에게 확실히 알려주고자 했었다.

전국적으로, 전 세계적으로 곳곳에서 운영되고 있는 알아논(Al-Anon) 모임들은 이런 사람들, 즉 공동의존자들에게 희망과 치유를 제공하려고 여러모로 노력하고 있었다.

공동의존으로부터의 회복을 주장하는 모든 개척자들은 한결같은 메시지를 전달하고자 했는데, 그 메시지는 이렇다. 우리는 자신을 사랑하는 마음을 가진 채 다른 사람들로부터 나 자신을 분리할 수 있으며 우리 자신을 돌볼 수 있고 그것을 실천하는 것이 우리의 삶에서 우리가 가장 우선적으로 져야 할 책임이라는 것이다.

통제와 희생을 당연히 여기는 세상에서 이러한 메시지는 혁명과도 같았다. 공동의존이라는 용어도 마찬가지였다.

내가 *Codependent No More*라는 책 제목을 붙이지 못한 채 원고를 써내려갈 때, 내 컴퓨터는 공동의존이라는 용어를 인식하지 못했다.

서점에서도 중독과 회복에 대한 책들을 별도로 구분하지 않고 판매하고 있었다.

공동의존자들은 자신에게 필요한 도움과 치유 방법을 찾느라 어려움을 겪었다.

그러나 상황은 달라졌다.

이제 2001년.

세계보건기구(WHO)는 불법 마약 사용이 증가하고 있음을 보고한다. 알코올중독자 자녀들을 위한 전국연합(The National Association for Children of Alcoholics)도 미국 인구의 43%가 가족 내에 알코올중독자를 포함하고 있으며 성인 음주자 8명 중 1명이 문제가 있거나 중독 성향을 가진 채 술을 마시는 것으로 조사결과를 발표했다.

하지만 이 수치들은 신체적 · 정신적 질병, 성중독, 학대, 방임, 기타 다른 수많은 문제들에 의해 영향을 받는 가족구성원들을 포함하고 있지 않다. 그러나 한 사람을 공동의존자로 만드는 그 같은 문제들은 문제를 가진 당사자뿐만 아니라 그 곁의 사랑하는 사람이 자기 인생을 살 수 있는 기회를 박탈한다.

이제 내 휴대용 컴퓨터는 공동의존이란 용어를 인식하고 검색해 준다. 세상도 그 용어를 알고 있다. 공동의존이라는 용어 또는 적어도 그 증상과 치료에 대한 내용들이 소설책, 텔레비전 쇼, 영화, 그리고 일반 사람의 평범한 대화에서 본격적으로 등장하고 있다. 서점도 중독과 회복에 관한 책들을 판매하기 위해 별도의 공간을 마련하고 있다.

이 글의 목적은 간단하다. 여러분께 고맙다는 말을 전하고 싶다. 우선 고통의 시간 속에 있는 사람들에게 대전환의 정보를 주었던 수많은 전문가와 저자들—자넷 게링거 워이티츠, 어니 라슨, 샌드라 스몰리, 피아 멜로디, 로버트 서비, 브렌다 섀퍼, 게일 로셀리니, 마크 워든, 샤론 웨그샤

이더-크루즈, 테런스 고르스키, 테리 켈로그, 패트릭 칸스, 존 브래드쇼, 로캘레 러너, 앤 윌슨 섀프, 로빈 노우드 그리고 찰스 위트필드—에게 고마움을 전한다.

또한 수많은 사람에게 치유의 철학과 언어를 상기시켜 준 알아논과 익명의 공동의존자들의 모임(Codependents Anonymous) 그리고 헤즐던 재단과 같은 출판사들에도 고맙다는 말을 하고 싶다.

공동의존이라 불리는 행동들을 용기 있게 맞닥뜨리고 돌파해 나가면서 자기 돌봄의 의미를 배운 한 사람 한 사람에게도 고마움을 전한다.

얼마 전 50대 한 여성이 나에게 이렇게 말했다. "내 자신을 어떻게 돌봐야 하는지 어느 누구도 가르쳐 주지 않았어요. 치료받을 만한 경제적 여유도 없었죠. 그렇지만 책 한 권 사 보는 일은 내게 어려운 일이 아니었죠."

1986년에 헤즐던 재단이 *Codependent No More*를 처음으로 출간한 이래, 이 책의 표지는 여러 번 새 단장을 했다. 하지만 나를 포함한 많은 사람들은 밝은 노란 바탕에 검은색 글씨로 된 맨 처음 출판되었던 책에 애정을 느끼며, 기억하고 있다.

*Codependent No More*의 출간 15주년을 축하한다.

그리고 이 고통에 이름을 붙여 주고 놀라운 기적을 평범하게 만들어 준 독자 여러분 모두에게 고마움을 전한다.

멜로디 비에티

1992년 5주년 기념사

1980년대 초반, 나는 공동의존에 대한 책을 써 보려는 생각을 처음으로 하게 되었다. 그 무렵 나는 내가 겪고 있는 고통의 정체를 파악하려고 안간힘을 쏟고 있었다. 내게 과연 어떤 일이 일어났는지 그리고 내가 나아지기 위해 무엇을 해야 하는지를 내가 이해하게 된다면 그것을 책으로 쓰리라고 스스로 다짐했었다. 나는 따뜻하고 부드러우며 개인적인 판단이 없는 일상적이고 편안한 책을 쓰고 싶었다.

내 경우에는 정보와 친절이 필요했기 때문에 내가 쓸 책도 친절함이 묻어나면 좋겠다는 생각을 했다. 나는 나의 공동의존 문제를 치유하는 과정에서 도움이 필요했다.

약 5년이 지난 후, 비로서 나는 그 책을 쓰고 있었다. 나는 10년간 살아온 남편과 별거하고 나 자신과 두 아이 니콜, 셰인을 부양하기 위해 4개월 동안 사회복지 지원금을 받아 생활하면서 *Codependent No More*를 집필하고 있었다.

전문가도 아닌 내가 이런 책을 쓸 수 있을까 하는 고민이 생길 때마다 나는 읽을 사람들도 별로 없을 텐데 내 생각을 쓴다고 해서 문제되지 않을 거야 하며 스스로를 위로했다. 나는 또한 이 책에 대한 소개와 아직 세상에 거의 알려지지 않은 아주 생소한 용어인 공동의존이라는 개념을 설명하고자 시작 부분에 상당한 시간을 할애했다.

그 후로 다시 5년이 흘러, 이 책은 200만 부가 넘게 팔렸고 기념사를 써 달라는 요청을 받게 되었다.

"뭘 쓰지?" 나는 편집장이자 친구인 헤즐던 재단의 레베카 포스트에게 물었다.

"이 책이 출간된 후로 사람들 사이에서 일어났던 변화들을 써 봐."

"글쎄……." 나는 생각에 잠겼다. "페르시아의 걸프전, 소련에서 공산주의가 해체된 것, 힐-토마스 청문회*말고 뭐가 변했지?"

나는 텔레비전을 켰다. 이 주의 영화를 하고 있었다. 제목이 기억나지 않지만 알코올중독과 성폭행으로 만신창이가 된 자신의 삶을 회복하려고 애쓰는 한 청소년의 이야기였다. 간호사인 어머니는 남편과의 역기능적이고 학대적인 관계에서 벗어나기 위해 열과 성을 다해 노력하고 있었다. 영화 내내 어머니와 딸은 그들의 노력이 결실을 맺기 위해서는 자신을 돌보지 않은 채 서로를 구원하려는 행동을 해서는 안 된다는 점에 대해 솔직하게 이야기하고 있었다. 이 영화는 딸이 기타를 치며 더 이상 희생자가 되지 않을 것이라는 내용의 자작곡을 부르며 끝을 맺었다.

나는 오랫동안 가지 않았던 교회 예배에 참석했다. 설교 내용이 한겨울 차가움이 느껴지는 일요일 아침에 듣기에는 다소 이채로웠다. 목사는 회중에게 수치심과 두려움, 죄책감, 부정직으로 얼룩진 교회를 이끌면서 몹시 힘들었노라 고백하고 있었다. 그는 가슴에서 우러나오는 진심을 전하고 있었다. 목사는 지금의 모습 대신 공평과 정직, 친근함, 수용, 신의 사랑이 갖는 치유의 능력에 바탕을 둔 교회의 구성원이 되기를 원한다고 말했다. 또한 그는 특별한 사람으로서의 목사가 아니라 자신의 특별한 관심

역자주

* 1991년 11월 11일부터 3일간 미국 상원에서 진행된 아프리카계 미국인 클래런스 토마스(Clarence Thomas) 대법관 후보에 대한 청문회로, 당시 오클라호마 대학교의 법학교수였던 아니타 F. 힐이 교육부와 기회 균등위원회에서 일할 때 자신의 상사였던 토마스가 자신을 성적으로 괴롭혔다고 폭로해 큰 파문을 일으켰다.

사와 문제를 숨기지 않고 나눌 수 있으며, 성도들은 신과의 관계뿐만 아니라 서로 간의 관계에서도 건강과 정직을 실현하며 각자 주어진 역할을 다하는 그런 교회의 구성원이 되기를 원했다.

딸이 새 학교에서 들어간 지 일주일 만에 집에 돌아와서는 나에게 이런 말을 했다. "엄마, 있잖아요. 우리는 매일 아침 자율학습시간에 엄마가 쓴 『내려놓음의 언어들(The Language of Letting Go)』을 읽고 명상하는 시간을 가져요. 그리고 내 친구의 학교에서는 보건시간에 공동의존 문제들을 서로 나눈대요."

책표지에 산산이 깨진 수갑을 그려 넣은 프랑스어 판 *Codependent No More* 또한 베스트셀러가 되었다.

심지어 1991년 미네소타에서는 내 책을 패러디한 『고양이 의존자, 더 이상은 없다』가 크리스마스 시즌 추천 도서 목록에 포함되기도 했다.

몇 가지가 변했다. 나는 4권 이상의 책을 썼고 세계를 여행했고 이혼도 했으며(재혼하지는 않았다) 그리고 그간 빌렸던 복지 지원금도 모두 갚았다.

나는 공동의존자들이 가지고 있는 학대 문제 가운데 치유의 중요성에 대해 예전보다 더 열정을 가지게 되었다. 나는 더욱 간절해졌다. 나는 과거보다 능동적으로 바뀌었고 나의 여성성을 감싸 안았으며 그 길을 따라가면서 경계선과 유연함 그리고 내 힘을 소유하는 것과 같은 새로운 교훈들을 배웠다. 그리고 사랑에 대해서도 배웠다. 지금 나는 남자들을 존중하는 법을 배우는 중이다. 나의 인간관계는 깊어졌다. 어떤 관계들은 변화를 겪었다.

내 삶의 가장 중요한 변화는 내 아들, 셰인을 잃은 것이다. 혹시 들어서 알고 있을지도 모르겠지만 1991년 2월, 그러니까 열두 살 생일을 맞이한 지 불과 3일 후 나의 사랑하는 그리고 내 삶과 일에 많은 부분을 차지했던 아들, 셰인은 미네소타의 애프턴 알프스(Afton Alps)에서 스키 사고로 갑

자기 세상을 떠났다.

나는 삶과 죽음에 대해서도 배우는 중이다.

나는 성장했고 변했다. 나는 내 친구들의 성장과 변화들을 지켜보았다. 그리고 편지를 통해서 많은 독자들의 성장과 변화를 경험했다.

나는 여전히 내 감정을 느끼려고 노력하며 나의 성숙과 변화의 과정, 나의 여정 그리고 나의 절대자를 신뢰하고자 애쓰고 있다. 하지만 나는 여전히 때때로 두려움을 느낀다. 나는 때때로 어떤 것도 기억나지 않는 듯 과거처럼 모든 것들을 통제하려고 한다. 자제하지 않으면 나는 강박적인 생각에 사로잡히게 될 것이 분명하다.

내 책이 수년 동안 베스트셀러 자리에 있었음에도 사람들과 언론은 내게 여전히 이렇게 묻는다. "공동의존이란 정확히 어떤 의미인가요?"

많지는 않지만 변하지 않은 것들도 있다. 나는 지금도 전문가가 되려는 마음을 거부하며 권위자의 지위에 오르는 것 역시 영원히 사절한다. 다만 나는 내가 보고 믿는 것들을 여러분에게 말할 뿐이다.

변하지 않는 것처럼 보일지라도 변화는 계속 일어난다. 개인적으로뿐만 아니라 사회적으로 우리의 의식은 고양되었다. 여성 역시 영혼을 소유하고 있으며 남성 역시 감정의 존재라는 것을 우리는 깨달아 알고 있다.

그리고 나는 과거에 내가 생각했던 것보다 더 심오하게 나의 치유 과정을 경험했다.

나는 내 글이 사람들의 의식을 높이는 작업에 어느 정도 기여했는지, 역으로 의식을 높이는 작업이 내 글에 얼마나 많이 기여했는지 잘 모르겠다. 하지만 나는 내게 일어난 일들의 한 부분을 차지하고 있다는 점에 고마울 뿐이다.

나는 앤 윌슨 섀프, 존 브래드쇼, 페트릭 칸스, 어니 라슨과 같은 전문가들에게 영향을 받았을 뿐 아니라 조용히 그리고 깊이 있게 자신을 치유해 나가며 다른 사람에게 그 메시지를 전달하는 진짜 영웅들, 즉 나의 독자들이 주도하는 운동에서 한 역할을 담당했다는 것을 영광으로 생각한다.

나는 전국을 여행하면서 많은 독자들을 만났다. 그들 중 어떤 이들은 내게 편지를 보내기도 했다. 지난 시간과 셰인의 죽음으로 차마 견딜 수 없었던 1991년의 혹독한 날들 내내 독자들이 내게 보내 준 사랑과 지지 그리고 공감에 깊이 감사한다.

많은 독자들은 내가 그들에게 어떤 도움을 주었는지를 편지로 알려 주었다. 그런데 그들 또한 나를 도왔고 나의 마음을 어루만졌다.

내가 쓴 모든 책을 읽었고 수년 동안 공동의존에서 회복하고 있다는 한 여성이 최근 내게 편지를 보내 왔다. 그 여성은 편지에 다음과 같이 썼다. “하지만 나는 더 배우기를 원해요. 나는 내 공동의존에 대해 더 깊게 알기를 원해요. 이 점과 관련해 더 많은 글을 써 주셨으면 해요.”

우리는 어쩌면 우리의 공동의존에 대해 더 깊이 알아야 할 필요가 없을지도 모른다. 대신 우리는 우리의 운명을 향해 나아갈 수 있다. 우리는 중독과 공동의존, 학대에 대해 우리가 그동안 배워 왔던 모든 것들을 기억하고 실천할 수 있다. 우리는 자비의 마음과 경계선을 가지고 신과 우리 자신 그리고 타인을 사랑하는 일에 완전히 헌신할 필요가 있다. 우리는 신과 우리 자신 그리고 우리의 여정을 완전히 신뢰하는 일에 우리의 마음을 쏟을 필요가 있다.

그런 다음 우리는 다음 단계를 바라볼 수 있다. 우리는 우리가 있어야 할 시간과 장소에 서 있다. 우리는 신뢰받을 만한 사람이다. 신은 신뢰할 수 있는 존재다. 내려놓음과 감사의 태도는 여전히 유효하다. 당당히 고개를 들고 마음을 열어라. 그런 후 다음으로 이어지는 일을 살피자.

*Codependent No More*의 출간 5주년을 자축하며…….

멜로디 비에티

저자 서문

내가 공동의존자들을 처음으로 만난 때는 1960년대 초반이었다. 당시에는 타인의 행동 때문에 고통받는 사람을 '공동의존자' 로, 알코올이나 마약에 중독된 사람을 '약물의존자' 로 부르지 않았다. 나는 공동의존이라는 개념을 이해하지 못했지만 그들이 어떤 사람들인지는 어느 정도 알고 있었다. 나는 그 당시 알코올 · 마약 중독자로서 내 주변 곳곳에 공동의존자들을 만들어 내며 삶의 위험한 고비를 넘어가고 있었기 때문이다.

공동의존자들은 피하기 어려운 성가신 존재였다. 그들은 적개심을 품고 조작하고 통제하려 하며 정직하지 못해 우회적으로 표현하고 죄책감을 만들어 내고 의사소통에 어려움을 겪었다. 또한 그들은 대체로 까다로운 성격의 소유자들이며 때때로 노골적으로 증오감을 표현하고 마약을 사용하려고 하는 내 충동을 여지없이 방해하는 걸림돌이었다. 그들은 나에게 고함을 치고 내 약들을 숨기고 불쾌한 표정을 지으며 내가 마시는 술을 하수구에 부어 버리기까지 했다. 그들은 내가 마약을 더 이상 사용하지 못하도록 애쓰면서 내가 왜 그렇게 행동하는지를 알기 원했고 나에게 무슨 문제가 있는지를 물었다. 그들은 항상 그 자리에 있었고 내가 자초한 재앙으로부터 나를 구해 주려고 했다. 하지만 내 삶에 깊이 개입되어 있던 공동의존자들은 나를 이해하지 못했다. 그리고 그러한 오해는 상호적이었다. 나 자신을 이해하지 못하는 나 또한 그들을 이해하지 못했다.

그렇게 몇 년이 흐른 1976년, 나는 직업을 통해 공동의존자들을 만나기 시작했다. 그 당시 이미 미네소타에서는 알코올 · 마약 중독자들을 '약물 의존자'로, 그들의 가족과 친구들을 '중요한 인물'로 부르고 있었다. 그때 나는 알코올과 마약을 끊고 중독에서 회복되고 있었으며 약물의존 담당 부서에서 상담가로 일하고 있었다. 내가 근무하던 부서는 약물의존자의 회복을 돕는 협회들과 프로그램들 그리고 서비스 제공 기관들의 포괄적인 네트워크 조직이었다. 당시 우리 부서는 '중요한 인물', 즉 중독자의 가족과 친구를 대상으로 지지집단을 만들려는 계획을 가지고 있었다. '중요한 인물'의 대부분이 여성이고, 나 역시 여성이며, 더욱이 동료들이 그 일을 떠맡지 않으려 했기 때문에 가장 신참자인 나는 상사로부터 중독자들의 아내들을 대상으로 하는 집단을 운영하라는 지시를 받았다.

나는 그 일을 담당할 만큼 준비되어 있지 않았다. 공동의존자에 대한 나의 감정은 전혀 달라지지 않았다. 그들은 적대적이고 상황을 통제하려고 하며 솔직하지 못하고 죄책감을 만들어 내며 의사소통을 어려워하는 존재, 아니 그 이상의 골칫덩어리라는 것이 내 생각의 바탕에 깔려 있었다.

나는 내가 진행하던 집단에서 세상의 모든 일에 대해 책임을 느끼면서도 정작 자신의 삶에 대해서는 책임을 회피하려는 사람들을 보았다.

나는 그곳에서 끊임없이 다른 사람들에게 주기만 했지 어떻게 받아야 하는지를 모르는 사람들을 보았다. 또한 화가 나고 완전히 지쳐서 텅 빈 존재가 되어 버릴 지경에 이르기까지 주기만 하는 사람들을 보았다. 나는 그만 포기해야 하는 순간까지도 계속 주기만 하는 사람들을 보았다. 심지어 너무 많이 주고 너무 많이 고통을 받아 서른셋의 나이에 노화로 자연사한 여성도 보았다. 그 여성은 다섯 자녀의 어머니였고 세 번이나 교도소에 수감되었던 알코올중독자의 아내였다.

나는 주위의 모든 사람들을 돌보는 데는 전문가지만 스스로를 돌보는 일에는 자신의 능력을 미덥지 않게 생각하는 여성들과 함께했다.

나는 이리저리 분주하게 활동하지만 슬픔과 공허한 마음으로 가득 차 있는 사람들을 보았다. 나는 사람들의 기분을 맞춰 주는 사람, 순교자, 금욕주의자, 폭군, 아무에게도 주목받지 못한 채 말라 비틀어져 가는 포도나무 줄기 같은 삶을 사는 사람, 지나치게 의존하려고 하는 사람, 그리고 H. 새클러Sackler의 희곡 『위대한 기대주(*The Great White Hope*)』에서 표현하는 것처럼 '비극을 뿜어내는 찌푸린 얼굴들'을 보았다.

대부분의 공동의존자들은 다른 사람에게 몹시 집착하는 모습을 보였다. 공동의존자는 중독자의 행동과 문제점, 중독자가 무엇을 생각하고 느끼고 말하는지 그리고 무엇을 생각하지 않고 느끼지 않고 말하지 않는지를 정확하고 세밀하게 파악하여 그 장황한 목록들을 읊어 댈 수 있는 능력을 가진 사람들이었다. 공동의존자는 알코올 또는 마약 중독자가 무엇을 해야만 하고, 무엇을 하지 말아야 하는지를 알고 있었고, 왜 그들이 그런 행동을 하는지 또는 하지 않는지를 폭넓게 알고자 했다.

이처럼 공동의존자는 다른 사람에 대해 굉장한 통찰력을 가지고 있었다. 하지만 정작 그들에게는 자기 자신을 볼 수 있는 눈은 없었다. 공동의존자들은 자기 자신이 무엇을 느끼고 있는지를 알지 못했고 자신의 생각에 확신을 갖지 못했다. 그들은 자신에게 문제가 발생하면 그것을 해결하기 위해 자신이 무엇을 해야 하는지 알지 못했다. 실제로 그들은 알코올중독자와는 다른 차원의 문제를 가지고 있었다.

공동의존자는 감당하기 어려운 존재였다. 그들은 자기 자신을 제외한 모든 사람과 모든 상황을 통제하기 위해 고통스러워하고 불평하고 애를 썼다. 그러나 가족치료 분야의 몇몇 선구자들을 제외하고 나를 포함한 많은 상담가들은 그들을 어떻게 도와야 할지 알지 못했다. 약물의존 관련된 분야가 활발하게 성장하고 있지만 도움의 초점은 여전히 중독자에게 있었다. 가족치료에 기반을 둔 책과 훈련 과정은 거의 없었다. 공동의존자에게 필요한 것은 무엇일까? 그들이 원하는 것은 과연 무엇일까? 그들은 알코올중독자와 연장선에 서 있는 한낱 치료기관 방문자에 불과한 걸까? 왜 그들은 항상 문제를 일으키며 협력할 수 없는 존재일 수밖에 없을까? 알코올중독자는 취해 있기 때문에 정상적이지 않다는 이유라도 댈 수 있지만, 그들의 중요한 연관자인 공동의존자는 핑곗거리조차 찾을 수 없었다. 그들은 취하지 않은 너무도 멀쩡한 사람들이었다.

곧이어 나는 널리 퍼져 있는 두 가지의 신념을 받아들였다. 첫째, 비정상적인 공동의존자는 알코올중독자보다 더 상태가 좋지 않다는 것이다. 둘째, 공동의존자와 같은 비정상적인 배우자와 함께 사는 알코올중독자가 술을 마시게 되는 것은 전혀 놀라운 일이 아니라는 것이다. 그러한 배우자와 같이 산다면 누군들 술을 마시지 않겠는가?

나는 그때까지 상당 기간 술과 마약을 끊은 상태였고 내 자신을 차츰 이해하기 시작하는 단계에 있었다. 하지만 나는 공동의존을 이해하지 못했다. 몇 년 동안이나 이해하려고 애를 썼지만 허사였다. 나는 몇몇 알코올중독자들이 일으키는 혼란의 소용돌이 속으로 빠져 들어갔다. 나의 삶을 스스로 이끌어 갈 수조차 없었다. 생각할 수 있는 능력도, 긍정적인 감정도 나에게서 사라졌다. 내게 남아 있는 것이라고는 분노, 비참함, 증오, 두려움, 우울함, 무기력감, 절망 그리고 죄책감뿐이었다. 나는 버틸 힘도 없었고 죽고 싶었다. 나는 사람들을 걱정하고 그들을 어떻게 다룰지 고민하느라 대부분의 시간을 보냈다. 나는 내가 좋아하는 일에 대해서는 "아니요!"라고 말할 수 있지만, 하고 싶지 않은 일에 얽매이게 되면 그런 말을 하기가 쉽지 않았다. 정말 그랬다. 친구, 가족과의 관계는 엉망이 되었고 나는 철저히 희생당했다고 느꼈다. 나 자신을 잃어버렸다. 그런 일이 어떻게 일어났는지, 무슨 일이 일어났는지 나는 알지 못했다. 미쳐 가고 있다는 생각이 들었다. 그리고 나는 주위 사람들에게 손가락질을 하며

"다 당신들 때문이야!" 라고 주장하고 싶었다.

슬프게도 나 자신 외에는 어느 누구도 내가 얼마나 심각한 상태에 있는지 감지하지 못했다. 내 문제들은 감추어져 있었다. 나의 삶에 개입되어 있는 알코올중독자들이나 문제를 가진 사람들과는 달리, 나는 문제를 심각하게 엉클어뜨리고 누군가가 그것을 해결해 줄 것이라고 기대하면서 헤매고 다니지는 않았다. 사실 알코올중독자와 함께 있으면 나는 아무 문제도 없는 사람처럼 보였다. 나는 꽤 책임감 있고 꽤 의지할 만한 사람이었다. 나는 종종 내가 문제가 있는 사람인지 확신이 서지 않았다. 내가 비참함을 느끼고 있다는 것은 알았지만 나는 내 삶이 왜 정상적으로 작동하지 않는지는 알 수 없었다.

한동안 절망 속에서 허우적거린 후에야 나는 차츰 이해하기 시작했다. 그때부터 타인을 가혹하게 평가하는 여타의 사람들과 내가 다르지 않음을 알았고 내가 늘 판단하고 평가해 왔던 공동의존자들처럼 나 역시 매우 길고 고통스러운 여정을 걸어왔음을 깨달았다. 그때서야 나는 비로소 온전치 못한 공동의존자들을 이해하게 되었고 그 순간 나 자신도 오래전부터 공동의존자로 살아왔음을 알게 되었다.

나는 점차 아무것도 보이지 않는 어둠에서 벗어나기 시작했다. 그 과정에서 나는 공동의존이라는 주제에 점점 열정적인 흥미를 갖게 되었다. 비록 내가 이 분야에서 전업 전문가로 일하지 않았지만 상담가로서, 작가로서 호기심이 발동했다. 알아논에 참여하는 한 회원의 말을 빌리면, 도움이 절실한 '열정에 불타는 좌충우돌하는 공동의존자' 로서 나는 그 주제에 대해 분명히 개인적인 이해관계가 있었다. 질문들이 끊임없이 솟구쳤다. '나 같은 사람들에게 무슨 일이 일어나는 걸까?' '어떻게 그런 일이 나에게 생기지?' '도대체 왜?' '이건 가장 중요한 문제야. 공동의존자가 회복하기 위해 필요한 것이 무엇일까?' '그 상태를 유지하기 위해 무엇을

해야 하는 것일까?'

나는 상담가, 치료 전문가, 공동의존자들과 대화를 나누었다. 나는 그 주제와 관련된 몇 권의 책을 읽었다. 치료 방법에 대해 권위를 인정받는 기본 서적들을 반복해 읽으면서 공동의존에 적용할 수 있는 아이디어를 찾고자 노력했다. 나는 A.A.* 의 12단계에 기초한 자조집단인 알아논(Al-Anon)** 에 참석하면서도 주변 사람의 음주문제로 영향을 받는 사람들에게 관심을 기울였다.

결국 나는 내가 찾고자 했던 것을 찾아냈다. 나는 보고 이해하고 변화하기 시작했다. 나의 삶은 다시 활기를 찾게 되었다. 얼마 지나지 않아 나는 미네소타에 있는 또 다른 치료센터에서 공동의존자를 위한 모임을 진행했다. 하지만 이때도 나는 내가 하는 일이 무엇인지에 대해 명확한 개념을 가지고 있지 못했다.

나는 공동의존자가 적대감을 품고 있고 통제하고 조작하려 하고 정직하지 않고 우회적으로 표현하려는 습성과 내가 이전에 생각해 왔던 모든 특성들을 가지고 있다는 점을 다시금 발견했다. 내가 이전에 관찰했던 유별나게 뒤틀려 있는 성격상의 모든 문제들을 그들에게서 확인했다. 나는 이전보다 좀 더 깊게 그것들을 볼 수 있게 되었다.

공동의존자는 자기 주변과 자기 안에 있는 모든 것들이 통제할 수 없는 것이기 때문에 통제하려고 했다. 공동의존자와 그를 둘러싼 주변 사람들의 삶의 모습은 항상 물을 가둬 놓는 댐처럼, 모든 사람에게 해로운 결과

역자주

* A.A.(Alcoholics Anonymous)는 익명의 알코올중독자들의 모임이다. 자주적이고, 비종파적이며, 비정치적인 모임으로 나이나 직업, 학력에 상관없이 음주문제에 대해 알고자 하는 모든 사람에게 열려 있다. 어느 곳에서든 자발적으로 조직 · 운영할 수 있으며, 매주 한 차례 정도 정기적인 모임을 갖는다.

** 알코올중독자를 가족으로 둔 사람들(주로 알코올중독자의 배우자)의 모임으로 자신들이 느끼고 있는 문제를 해결하기 위해 매주 정기적으로 만나 서로의 경험을 공유하며, 자신과 삶에 대한 가치를 발견하고 희망을 나눈다.

를 분출하고 토해 내겠다는 듯 위협하고 있었다. 하지만 공동의존자 말고 어느 누구도 그러한 문제에 대해 주목하거나 관심을 갖고 있지 않은 것처럼 보였다.

일을 추진하는 방식으로 조작 외에는 어떤 방법도 찾을 수 없었기 때문에 일이나 사람에 대해 인위적인 조작을 일삼는 사람들을 나는 목격했다. 그들의 삶의 체계에는 정직이라는 덕목이 들어설 자리가 없어 보였기 때문에 직접적으로 표현하기보다는 우회적으로 자신을 드러내는 사람들과 나는 함께 일했다. 또한 나는 너무나 많은 거짓말들을 믿어서 무엇이 현실인지 아닌지 구별되지 않아 미쳐 가고 있는 사람들과 함께 일했다.

나는 타인의 문제에 너무 몰두한 나머지 정작 자신의 문제를 파악하거나 해결할 시간조차 갖지 못한 사람들을 보았다. 이들은 이미 자기 자신을 어떻게 돌봐야 하는지를 잊어버린 채 타인을 너무 깊게 그리고 파괴적으로 돌보아 왔던 사람들이다. 공동의존자는 책임감을 크게 느끼지 않는 주변 사람들에게 둘러싸여 있기 때문에 더 큰 책임감을 느껴야만 했다. 그래서 그들은 느슨한 부분을 조이려고 노력하고 있던 것이다.

나는 위로와 이해 그리고 정보가 절실한 상처투성이의 혼란스러운 사람들을 보았다. 술을 마시지 않음에도 술에 의해 희생당하는, 그래서 중독의 제물이 되어 버린 사람들을 보았다. 나는 희생자가 가해자를 제압하기 위해 힘을 얻고자 필사적으로 애쓰는 것을 보았다. 그들은 나에게서 배웠고 나는 그들에게서 배웠다.

곧 나는 공동의존에 대한 몇 가지 새로운 신념들을 받아들이기 시작했다. 공동의존자는 알코올중독자보다 더 비정상적이거나 아픈 사람이 아니다. 그러나 그들은 중독자만큼 혹은 더 많은 상처를 가지고 살아간다. 그들은 자신의 고통을 해결하는 데에 그 어떤 사회적 관심도 받지 못했다. 오히려 그들은, 알코올이나 약물이 주는 고통을 마비시키는 효과나 강박장애를 앓는 사람이 갖는 고조된 기분조차 느끼지 못하면서 고스란히 고통만 겪어 왔다. 문제가 있는 사람을 사랑하는 것 때문에 받아야 하는 고통은 더 깊을 수밖에 없다.

자넷 게링거 워이티츠Janet Gerlinger Woititz는 『공동의존, 최근 떠오르고 있는 문제(Codependency, An Emerging Issue)』1에서 다음과 같이 설명하고 있다. "약물의존자 곁에 있는 사람은 감정이 마비되고 중독자가 아닌 사람은 고통 속에서 몸을 웅크린다. 그래서 그들은 분노와 때때로 일어나는 허상들을 통해 마음을 다스리려고 했다."

공동의존자는 그런 방식으로 자기 정신을 가다듬어 왔기 때문에 그런 식으로 마음의 평정을 되찾는다.

공동의존자가 정상에서 벗어난 정신으로 살아간다는 사실은 하등 이상할 것이 없다. 게다가 공동의존자와 함께 사는 사람과 살게 된다면 어느 누구인들 미치지 않고 살아갈 수 있겠는가?

공동의존자는 자신이 필요로 하는 그리고 당연히 받아야 하는 정보와 실질적인 도움을 받기가 어려웠다. 심지어 알코올중독자나 정신장애를 가진 사람에게조차 도움이 필요하다는 사실을 확신시키는 것도 힘든 일인데, 상대적으로 멀쩡하게 보이는 그러면서도 자신의 문제를 느끼지 못하는 공동의존자에게 그들이 여러 가지 문제를 가지고 있다는 사실을 깨닫게 하기란 더 힘든 일일 수밖에 없다.

공동의존자의 고통의 배경에는 아픈 사람이 있다. 하지만 공동의존자의 회복은 그 배경을 건드리지 않는 상태에서 시도된다. 최근까지도 나와 같은 많은 상담가들은 그들을 돕기 위해서 무엇을 해야 하는지 몰랐다. 때때로 공동의존자는 비난을 받았고 가끔은 무시를 당했다. 공동의존자는 또한 모든 문제를 단번에 극복하고 마술처럼 새롭게 회복될 수 있다고 기대되었다. 그러나 본질에 접근하지 못한 구태의연한 태도는 알코올중독자에게도 적용되지 못하며 공동의존자에게도 도움이 되지 않는 접근방식이었다. 공동의존자가 회복을 위해 도움을 필요로 하는 존재로 인식되는 경우는 거의 드물었다. 그들의 문제와 고통을 다루는 개별화된 회복 프로그램이 거의 제공되지 않았다. 하지만 그 특성상, 알코올중독과 강박 장애는 주변 사람들을 그 병적 상태에 영향받게 만들면서 모두 희생자로 만들어 버린다. 그 희생자들은 술을 마시지 않고 마약을 하지 않으며 도박과 과식을 하지 않고 강박적 행동을 하지 않지만 도움이 필요한 사람들이다.

바로 이 점이 내가 이 책을 쓰게 된 이유다. 이 책은 내 연구, 내 개인적인 경험, 전문적인 경험 그리고 이 주제에 대한 나의 열정으로 만들어졌다. 이 책은 개인적 생각을 담은 것으로 어떤 부분에서는 나의 편견이 스며들어 있다.

나는 전문가가 아니다. 그리고 이 책은 전문가를 위한 이론서적도 아니다. 당신에게 영향을 준 사람이 알코올중독자, 도박중독자, 음식중독자, 일중독자, 성중독자, 범죄자, 반항적인 청소년, 신경과민의 부모, 다른 의존관계나 앞서 언급한 문제들이 결합된 사람이든 간에, 이 책은 공동의존자, 바로 당신을 위한 책이다.

이 책을 통해 당신이 더 나아진다면, 당신 주변의 알코올중독자 또는 문제를 가지고 있는 사람이 회복되는 기회를 얻을지도 모른다.[2] 그러나 이 책은 당신이 문제를 가진 사람을 어떻게 도와주어야 할지를 가르쳐 주기 위해 쓰인 것이 아니다. 알코올중독자를 돕는 방법과 관련해서는 좋은 책들이 많이 있다. 이 책은, 당신에게 가장 중요한 것임에도 아마도 가장 소홀히 했던 책임, 즉 당신 자신을 돌보는 방법을 담고 있다. 이 책은 당신이 더 나은 감정으로 살아가기 위해 할 수 있는 것이 무엇인지를 언급하고 있다.

나는 공동의존과 관련하여 가장 훌륭하고 도움이 될 만한 생각들을 모아 보려고 했다. 나는 이 책에 전문가들의 생각을 보여 주기 위해 그들의 글을 인용했다. 또한 사람들이 특별한 문제들을 어떻게 다루었는지를 보여 주고자 사례들을 사용했다. 사생활을 보호하기 위해 이름과 세부적인 사항들을 바꾸기도 했지만 모든 사례들은 사실이며 만들어진 것이 아니다. 내용을 자세히 설명하고 추가로 읽어 볼 책들을 제시하며 자료 출처를 밝히고자 후주를 사용했다. 하지만 내가 아는 많은 내용들은 주제와 관련되어 여러 사람들이 가지고 있는 비슷한 생각들에서 나왔다. 여러 생각들이 전달되었고 오르내렸기 때문에 그 생각의 출처를 파악하기란 쉽지 않다. 나는 최대한 정확하게 그 출처들을 밝히고자 했지만 이 분야에서는 그렇게 하는 것이 항상 가능하지는 않아 보인다.

이 책은 자기 스스로를 돕게 하는 입문서 수준의 책으로서, 부디 정신건강을 위해 모든 과정을 상세히 설명해 주는 요리책이 아님을 기억해 주기 바란다. 각각의 사람은 독특하기 때문에 그들이 처한 상황 역시 저마다 다를 수밖에 없다. 당신을 치료하는 당신의 접근방식을 찾아내고 적용해 보기 바란다. 그 과정에는 전문가의 도움을 구하는 것, 알아논과 같은 자조집단에 참석하는 것 그리고 당신보다 더 위대한 힘의 도움을 바라는 것이 포함될 것이다.

정신건강 분야의 전문가이자 친구인 스콧 에글스톤Scott Egleston이 나에게 치료와 관련된 우화를 들려주었다. 그는 누군가로부터 그 이야기를 들었는데, 그 사람도 다른 누군가에게 들었다고 한다.

> 옛날 옛적 한 여인이 세상의 이치를 깨달은 도사에게 배움을 얻기 위해 깊은 산속 동굴에 찾아갔다. 그녀는 알아야 하는 모든 것을 배우고 싶다고 말했다. 도사는 그녀에게 한 무더기의 책을 주고 그녀가 공부할 수 있도록 혼자 남겨 두었다. 매일 아침 도사는 그 여인의 진행 사항을 점검하기 위해 동굴에 들렀

다. 도사의 손에는 무거운 나무 지팡이가 들려 있었다. 매일 그는 그녀에게 똑같은 질문을 했다. "알아야 하는 모든 것을 다 배웠는가?" 매일 그녀는 항상 똑같은 대답을 했다. "아니요. 아직 배우지 못했습니다." 그럴 때마다 도사는 자신의 지팡이로 여지없이 그녀의 머리를 내리쳤다.

똑같은 일이 몇 달 동안 반복되었다. 그러던 어느 날 동굴에 들어와 똑같은 질문을 하고 똑같은 대답을 듣자 여느 때처럼 도사는 여인의 머리를 내려치기 위해 지팡이를 들어 올렸다. 그런데 그녀는 그 도사의 지팡이를 꼭 쥐고 놓지 않았다. 허공을 가르며 그녀의 머리를 향해 날아오는 도사의 지팡이를 막아 낸 것이다.

그녀는 앙갚음을 걱정했지만 맞지 않았다는 안도감을 느끼며 도사를 올려다보았다. 그러나 놀랍게도 도사는 빙그레 웃고 있었다. 도사는 "축하하네."라고 말하면서 이렇게 말을 이어 갔다. "이제 여기를 떠날 때가 되었네. 자네는 알아야 할 모든 것을 이미 배웠어." 그녀는 의아해하며 "어떻게요?"라고 되물었다. 도사는 이렇게 대답했다. "알아야 하는 모든 것을 결코 배울 수 없다는 것을 이미 깨달았어. 그리고 어떻게 고통을 멈추게 할 수 있는지도 말이야. 하하."

이 책이 말하려고 하는 것이 바로 그것이다. 고통을 멈추고 당신 자신을 조절하는 것 말이다.

많은 사람들이 그것을 배웠다. 당신도 그렇게 할 수 있다.

/ 차 례 /

제2부 | 자기 돌봄의 원칙

제1부

공동의존이란 무엇인가, 누가 공동의존자인가

01 제시카 이야기

태양이 찬란하게 빛나던 아름다운 어느 날,
나는 그를 만났다.
그러나 그날 이후 모든 것이 미쳐 갔다
(Georgianne, 한 알코올중독자의 아내).

이 이야기는 제시카의 경험이다. 여기서는 그녀가 자신의 삶에 대해 직접 이야기하는 방식으로 내용을 구성했다.

나는 커피를 마시면서 남은 집안일을 생각하며 부엌에 앉아 있었다. 설거지, 청소, 세탁 등 해야 할 일이 산더미 같았다. 하지만 나는 시작조차 할 수 없었다. 생각해야 할 것이 너무 많았다. 집안일을 한다는 것이 불가능해 보였다. 이러한 상황은 내 삶과 똑같아 보였다.

이제는 익숙해진 피곤함이 나를 엄습해 왔다. 나는 침실로 향했다. 한때는 사치품이었던 낮잠이 이제는 내 삶에 없어서는 안 될 필수품이 되어 버렸다. 잠을 자는 것이야말로 내가 할 수 있는 유일한 일이었다. 의욕은 어디로 사라진 걸까? 예전에는 지나칠 정도로 에너지가 넘쳤다. 그러나 지금은 매일 머리를 빗고 화장하는 것조차 귀찮다. 나는 종종 그런 소소한 일조차 할 여유가 없다.

나는 침대에 누워 깊은 잠에 빠졌다. 눈을 떴을 때 나에게 처음 드는 생각과 느낌은 괴로움이었다. 하지만 그러한 감정이 낯설지 않다. 도대체 무엇이 나를 이토록 괴롭게 하는 것일까? 결혼생활이 끝났다고 생각했을 때 나는 살이 찢겨 나갈 것 같은 아픔을 느꼈다. 그 때문일까? 당시에 사랑은 거짓말과 술 마시는 일, 실망 그리고 재정적 문제들 때문에 사라져 갔고 내 안에서 소멸되었다. 아니면 이 지경으로 만든 장본인인 남편에게 뼛속 깊이 사무친 원한이 나를 괴롭히는 것일까? 그것도 아니라면 내가 그토록 신뢰하고 믿었던 신이 이 지경이 되도록 나를 내팽개쳐 버렸다는 배신감 때문에 내가 절망한 것일까? 이도저도 아니면 다른 모든 감정들 속에 섞여 들어간 두려움, 무력감 그리고 자포자기의 감정 덩어리가 나를 이렇게 만든 것일까?

빌어먹을 남편. 술은 왜 그렇게 퍼 마셔 댔는지? 왜 진작 술을 끊지 못했는지? 거짓말을 왜 그렇게 해 댔는지? 내가 사랑했던 만큼 왜 나를 사랑해 주지 않았는지? 내가 그나마 뒤치다꺼리했던 그때라도 술 마시고 거짓말하는 짓을 그만두었더라면…….

나는 알코올중독자와 결혼할 생각이 전혀 없었다. 내 아버지가 알코올중독자였기 때문이다. 나는 배우자를 선택할 때 매우 신중했다. 하지만 정말 대단한 선택이었다! 남편의 음주 문제는 신혼여행지에서 명백하게 드러났다. 첫날밤 남편은 늦게 호텔을 나가 다음날 아침 6시 30분이 되어서야 돌아왔다. 왜 그때 깨닫지 못했을까? 돌이켜 보면 그것은 뚜렷한 조짐이었다. 내가 얼마나 어리석었는지. '아, 아니야. 그 사람은 알코올중독자가 아니야. 그는 아니라고!' 나는 계속해서 부인했다. 나는 그의 거짓말을 믿었다. 그리고 나의 거짓말도 믿었다. 왜 나는 남편을 떠나지도, 이혼하지도 못했을까? 죄책감, 두려움, 결단력 부족, 우유부단함 때문이었다. 게다가 전에 나는 남편을 떠난 적이 있었다. 그 시기에 내가 고작 했던 일이라고는 우울한 날들을 보내며 남편을 생각하고 재정문제를 걱정한 것뿐이었다. 아, 저주받을 내 운명이여!

시계를 보았다. 3시 15분 전이다. 곧 아이들이 학교에서 돌아올 것이다. 그리고 남편이 저녁 먹을 생각을 하며 집에 돌아올 것이다. 집안일들을 하지 못했다. 정말 한 게 아무것도 없었다. 그것은 순전히 남편 때문이다. 남편 때문!

갑자기 감정이 들끓어 올랐다. 남편은 오늘 정말로 일을 했을까? 어쩌면 점심시간에 다른 여자를 만났는지도 모른다. 다른 여자와 사랑에 빠진 것은 아닐까? 어쩌면 술을 마시려고 일찍 퇴근했을 수도 있다. 직장에서 말썽을 일으키고 있는 것은 아닌지. 그가 언제까지 그 일을 할 수 있을까? 다음 주? 다음 달? 그 다음에는 언제나 그랬듯 그만두거나 해고당하겠지.

전화벨이 내 불안에 훼방을 놓으며 울려 댔다. 친하게 지내는 옆집 아주머니였다. 우리는 이런저런 이야기를 나누었고 나는 오늘 하루 있었던 일들을 이야기했다.

"내일 알아논(Al-Anon)* 에 갈 건데, 함께 갈래요?" 그녀가 말했다. 나는 알아논에 대해 들어 본 적이 있었다. 알아논은 알코올중독자와 결혼한 배우자들의 모임이었다. 그저 그런 여자들이 남편의 음주에 대해 심각하게

역자주

* 알코올중독자를 가족으로 둔 사람들(주로 알코올중독자의 배우자)의 모임으로 자신들이 느끼고 있는 문제를 해결하기 위해 매주 정기적으로 만나 서로의 경험을 공유하며, 자신과 삶에 대한 가치를 발견하고 희망을 나눈다.

이야기하면서 남편을 용서하고 남편을 도와줄 자잘한 방법들을 생각하며 떼 지어 모여 있는 모습이 내 마음속에 그려졌다.

"그래요. 한번 가 볼게요." 나는 마음에도 없는 말을 했다. 그리고 다시 거짓말을 하고 싶지 않아서 "지금은 해야 할 일이 너무 많아요."라고 나의 상황을 설명했다.

분노가 일었다. 그 뒤로 대화가 지속되었지만 그녀의 나머지 이야기는 내 귀에 들어오지 않았다. 당연히 나는 알아논에 가고 싶지 않았다. 나는 지금까지 남편을 돕고 또 도왔다. 이미 남편에게 할 만큼 했잖아? 내가 뭔가를 더 해야 한다는, 그리고 생리적으로 심리적으로 어떤 욕구조차 채울 수 없는 밑 빠진 구덩이 같은 결혼생활을 위해 계속 뭔가를 더 퍼 넣어야 한다는 말에 거칠게 치밀어 오르는 분노를 느꼈던 것이다. 나는 어깨에 무거운 짐을 지고 살아야 한다는 사실과 내가 맺은 인간관계의 성공과 실패에 책임감을 느껴야 한다는 현실에 진절머리가 났다. 나는 속으로 욕했다. 문제는 남편에게 있어. 그에게 해결하라고 해. 제발 나를 그만 내버려 둬. 내게 아무것도 요구하지 마. 남편이 좋아지면 나도 좋아질 테니까.

나는 전화를 끊고 누군가에게 질질 끌려가듯 내키지 않는 마음으로 저녁 준비를 위해 부엌으로 갔다. 어쨌든 나는 도움이 필요 없는 사람이다. 나는 술을 마시지도 않고 마약도 하지 않으며 직장에서 쫓겨난 적도 없고 사랑하는 사람들에게 거짓말하거나 그들을 속이지도 않았다. 나는 어떻게 해서든지 내 가족을 지켰다. 나는 빠듯한 살림에도 불구하고 모든 지출을 책임지면서 가정을 꾸려 왔고 알코올중독자와 결혼한 후에 발생하는 수많은 위기 상황들 속에서도 내 자리를 지켜 왔다. 가장 끔찍했던 순간들을 혼자서 견뎠고 잦은 병치레를 할 정도로 걱정하며 살아왔다. 나 스스로 이런 생각들을 했다. 아니야! 나는 무책임한 사람이 아니야. 나는 오히려 모든 사람들과 모든 일들에 대해 책임을 지며 살아왔어. 내게 문제가 되는 것은 없어. 나는 그저 내 일상의 일들로 다시 돌아가면 되는 거야. 그렇게 하면 되는데 굳이 모임 같은 것에 참석할 필요가 뭐 있어. 만약 내가 집안일을 팽개치고 외출한다면 죄책감만 느낄 뿐이야. 내가 더 이상 죄책감을 느낄 필요가 없다는 것을 신도 알고 있어. 나는 내일 다시 일어날 거고, 예전처럼 바쁘게 살아가겠지. 내일이 되면 모든 일이 잘 풀릴 거야.

아이들이 집에 돌아왔을 때 나는 아이들에게 소리를 질러 대는 내 자신을 발견했다. 그 모습은 아이들에게도 나에게도 익숙한 일이었다. 남편은 태평하고 좋은 사람이었다. 나만 몹쓸 년이었다. 나름 사근사근하게 보이려고 애도 써 봤지만 쉽지 않았다. 분노가 수면 아래에 항상 잠복해 있었다. 오랫동안 너무 많이 참아 왔다. 그러나 이제는 더 이상 그 어떤 것에도 참을 마음이 없었고 참을 수도 없었다. 나는 항상 방어적이었고 싸우듯이 살고 있는 것 같았다. 나중에야 나는 그 모습이 나의 실제 모습이었다는 것을 알았다.

남편이 집에 도착할 무렵까지도 나는 시큰둥하게 저녁을 준비하고 있었다. 우리는 거의 아무 말도 하지 않은 채 저녁을 먹었다.

"오늘 하루, 정말 좋았어." 남편이 말했다.

남편이 말하는 좋은 하루가 뭔지 나는 궁금했다. '당신이 실제로 뭘 했는데? 진짜 직장에 붙어 있긴 한 거야? 알게 뭐야.' 나는 속으로 이렇게 비아냥거렸다.

"좋았겠네." 나는 대꾸했다.

"당신은 어땠어?" 남편이 물었다.

'도대체 오늘 하루가 얼마나 지긋지긋했는지 당신이 상상이나 할 수 있겠어?' 나는 속으로 남편을 공격하기 시작했다. '당신이 내게 한 짓들을 생각해 봐. 그런 당신이 내가 하루를 어떻게 보냈는지 관심을 갖는 것 자체가 우습지도 않아?' 나는 마음으로 비수를 날리며 억지로 웃음을 지어 보였다. 그리고 "괜찮았어. 물어봐 줘서 고마워."라고 응수했다.

남편은 눈길을 돌렸다. 남편은 내가 말하지 않은 것을, 내가 한 말 이상의 것을 들었다. 남편은 다른 말을 꺼낼 만큼 그렇게 어리석지 않았다. 나 또한 그랬다. 과거에 우리는 거의 악다구니를 쓰며 언성을 높이고, 예전에 있었던 일들을 하나하나 다시 들추어내어 읊어 대며 이혼하자고 소리를 질러 댔다. 우리는 자주 심한 언쟁에 시달렸다. 그러나 그것도 신물이 났다. 그래서 우리는 지금 조용히 싸우고 있는 것이다.

아이들이 남편과 내가 만들고 있는 적의에 찬 침묵에 끼어들었다. 아들은 집 근처의 놀이터에 가고 싶다고 했다. 나는 안 된다고 했다. 나는 남편이나 나의 동행 없이 아들이 집 밖으로 나가는 것을 원하지 않았다. 아들은 가고 싶다고, 갈 것이라고 떼를 쓰며 졸랐지만 나는 절대 허락하지 않았다. 나는 아들에게 갈 수 없다고 소리를 질렀다. 더 이상 이야기가 나오지 않게 딱 잘라 말했다. 아들은 다른 아이들도 다 가는데 자신도 가야 한다고 소리를 질렀다. 그날도 다른 날처럼, 결국 나는 두 손을 들었다. "좋아. 가도 좋아. 하지만 조심해." 나는 아들에게 주의를 주었다. 패배자가 된 기분이었다. 아이들이나 남편과 함께 있을 때, 나는 항상 패배자처럼 느껴졌다. 어느 누구도 내 이야기에 귀를 기울여 주지 않았다. 어떤 누구도 나를 진심으로 대해 주지 않았다.

나도 나를 진심으로 대하지 않았다.

저녁식사 후 남편이 텔레비전을 보는 동안 나는 설거지를 했다. 여느 때처럼 나는 일하고, 너는 놀고. 나는 걱정하고, 너는 태평이고. 나는 돌보고, 너는 나 몰라라 하고. 너는 기분 좋고, 나는 상처받고. 에라, 빌어먹을 무심한 인간. 나는 남편을 향해 증오에 찬 표정을 은근히 지으면서 거실을 몇 차례 왔다 갔다 하며 그가 텔레비전을 보지 못하도록 의도적으로 시야를 가리며 방해했다. 남편은 이런 나를 외면했다. 이런 상황에 지친 나는 다시 거실로 보라는 듯이 걸어 들어가 한숨을 쉬며 마당을 쓸기 위해 밖으로 나가는 중이라고 말했다. "사실 그런 일은 남자가 해야 할 일이지."라고 말해 보기도 했지만 그 일을 하는 사람은 결국 내가 될 것이란 사실을 나는 알고 있었다. 남편이 그 일을 나중에 하겠다고 말하자 나는 "나중은 무슨 얼어 죽을 나중이야."라고 대꾸했다. 나는 참고 기다릴 겨를이 없었다. 마당을 치우는 일에 쩔쩔매면서도 집안 모든 일을 하는 데 익숙해져 있는 나는 언제 그런 일이 있었냐는 듯 그 일마저 떠맡을 것이다. 남편은 "그래, 내가 할게."라고 말했지만 남편은 그 말을 기억하지 못할 것이다. 결국 나는 거의 발작하듯 뛰어나가 마당을 요란하게 이리저리 휩쓸고 다녔다.

지친 만큼이나 아주 일찍 잠자리에 들었다. 남편과 같은 침대에서 함께 잠을 자야 한다는 사실은 깨어 있는 순간만큼이나 긴장되는 일이었다. 우리는 상대로부터 가능한 멀리 떨어지기 위해 침대의 양쪽 끝에 몸을 웅크리고 누운 채 아무 말도 하지 않곤 했다. 때론 남편은 아무 일도 없는 것처럼 부부관계를 시도하려고 했다. 어떤 상황이든 신경이 곤두서는 것은 마찬가지였다. 우리가 서로 등을 대고 돌아누워 있으면 내 머릿속은 혼란스럽고 절망적인 생각들로 가득 차올랐다. 반대로 남편이 나를 만지면 나는 얼음처럼 얼어붙었다. '어떻게 당신 같은 사람이 감히 나와 사랑을 나누는 일을 꿈꿔? 어떻게 아무 일도 없던 것처럼 나를 만질 수가 있지?' 대체로 나는 날카로운 목소리로 "그만해. 너무 피곤하니까."라고 말하면서 남편을 밀어냈다. 때때로 내가 원했기 때문에 부부관계를 했지만, 대체적으로 내가 부부관계에 응했던 것은 남편의 성적 욕구를 처리하려는 의무감 때문이었고 그렇게 하지 않으면 죄책감이 느껴졌기 때문이다. 어떤 경우든 부부관계에서 심리적으로 그리고 정서적으로 만족감을 느끼지 못했다. 하지만 나는 속으로 개의치 않는다고 말했다. 그것은 그렇게 중요한 문제가 아니라고. 그러나 사실은 달랐다. 오래전에 나는 성적 욕구를 단절했다. 오래전에 나는 사랑을 주고받는 욕구를 차단했다. 나는 느끼고 갈망하는 내 속의 기능들을 억압하고 질식시켰다. 나는 그래야만 했다. 살기 위해서 그래야만 했다.

나는 결혼에 대한 기대가 컸다. 그래서 정말 많은 것을 꿈꿔 왔다. 하지만 어느 것 하나도 이루어진 것이 없다. 나는 속았고 배신당했다. 따뜻하고 보살피고 위로하며 사랑의 안식처가 되어야 했던 장소와 사람들. 그러나 나의 집과 가족은 덫이 되어 버렸다. 그리고 나는 그 덫에 걸려 빠져나올 길을 찾지 못했다. 나는 내 자신에게 상황이 괜찮아질 것이라고 계속 말해 왔던 것 같다. 결국 문제는 남편에게 있으니까. 남편은 알코올중독자니까. 남편이 좋아진다면 우리의 결혼생활도 좋아질 테니까.

그러나 나는 의문이 들기 시작했다. 남편은 6개월 동안 A.A.* 에 참석하면서 술을 끊고 있었다. 남편은 회복되고 있었다. 하지만 나는 그렇지 못했다. 남편의 회복이 내 행복의 충분조건이 아니었던가? 그렇다면 그가 술을 끊었다는 사실이 32살의 나이에 벌써 메마르고 녹초가 되어 곧 깨질 것 같은 내 감정의 기류를 새롭게 바꾸어 놓아야 하는 것 아닌가? 그러나 내게 어떤 변화도 일어나지 않았다. 우리의 사랑에 무슨 일이 일어났던 걸까? 나에게 무슨 일이 일어났던 걸까?

한 달이 지난 후에, 나는 내가 곧 알게 될 것들이 과연 진실인지 의심하기 시작했다. 그 무렵 오로지 바뀐 것이라고는 내 상태가 더 나빠지고 있다는 것이었다. 나의 삶은 브레이크 걸린 자동차처럼 아무것도 할 수 없는

역자주

* A.A.(Alcoholics Anonymous)는 익명의 알코올중독자들의 모임이다. 자주적이고, 비종파적이며, 비정치적인 모임으로 나이나 직업, 학력에 상관없이 음주문제에 대해 알고자 하는 모든 사람에게 열려 있다. 어느 곳에서든 자발적으로 조직 · 운영할 수 있으며, 매주 한 차례 정도 정기적인 모임을 갖는다.

상태였다. 나는 그러한 상황이 이제 끝이 나기를 바랐지만 더 나아질 것이라는 아무런 희망도 품을 수 없었다. 나는 무엇이 잘못되었는지조차 알지 못했다. 나는 나의 삶에서 다른 사람을 돌보는 일 이외에는 삶의 어떤 목적도 찾을 수 없었고 그 일 역시 제대로 감당하고 있지 못했다. 나는 과거에 머물러 빠져나오지 못했고 미래에 대한 두려움마저 느꼈다. 신도 나를 버린 듯했다. 항상 죄책감에 시달렸고 미쳐 가고 있는 것 같았다. 설명할 수 없는 무시무시한 뭔가가 내게 일어났던 것이 분명했다. 그 무언가가 몰래 다가와 내 삶을 망쳐 놨다. 결과적으로 남편의 음주는 나에게 영향을 끼쳤고, 내가 영향을 받았던 부분들이 모두 나의 문제가 되었다. 누구의 잘못인지를 따지는 일은 더 이상 의미가 없는 일이었다.

나는 나를 스스로 조절할 수 없었다.

나는 제시카가 자신의 인생에서 이 같은 위기 상황에 처해 있었을 때 그녀를 만났다. 그녀는 세 가지의 중요한 생각을 이제 배우려고 하는 단계에 있었다.

1. 그녀는 미치지 않았다. 그녀는 공동의존자였다. 알코올중독이나 강박장애는 정확하게 가족 질병이라고 할 수 있다. 그러한 병적 상태가 다른 가족 구성원에게 영향을 미치게 되는데, 그것을 공동의존이라 부른다.
2. 일단 가족 구성원이 영향을 받게 되고 그러한 상황이 내재화되는 단계에 이르게 되면 공동의존은 그 자체로 생명력을 갖게 된다. 그것은 폐렴에 걸리는 것이나 파괴적인 습관에 놓이게 되는 상황과 유사하

다. 일단 당신이 공동의존에 빠져들게 되면 당신은 계속 그 상태에 놓이게 된다.

3. 만약 당신이 공동의존에서 벗어나고자 한다면 당신은 삶으로부터 공동의존을 제거하기 위한 노력을 반드시 해야 한다. 누구의 잘못인지를 따지는 일은 중요하지 않다. 당신의 공동의존은 이미 당신의 문제이기에 당신에게 속한 문제를 해결하는 것 역시 당신의 책임이다.

당신이 공동의존자라면 당신만의 회복 또는 치료의 과정을 찾아낼 필요가 있다. 공동의존으로부터 회복하기 위해서는 우선 공동의존과 그것에 동반되는 태도, 느낌, 행동을 이해하는 것이 유익하다. 나아가 공동의존의 태도와 행동을 변화시키고 그러한 변화들이 실제로 일어났을 때 무엇을 기대할 수 있을지 이해하는 것도 회복을 위해 중요하다.

이 책은 공동의존에 대한 이해를 높일 수 있는 여러 요소를 짚어 보고 새로운 변화들이 일어날 수 있도록 동기를 부여할 것이다. 나는 제시카가 행복을 찾고 새로운 출발을 했다는 소식을 전할 수 있어서 기쁘다. 그녀는 훨씬 나아졌고 새로운 삶을 꾸려 가고 있다. 당신 또한 제시카처럼 변화될 수 있기를 기대한다.

··· 02
다른 이야기들

“나는 공동의존자다.”라고 말할 때,
그 말은 내가 그런 기질을 아주 조금 가지고 있다는 표현이 아니라
내가 전적으로 공동의존자임을 고백하는 표현이다.
나는 퇴근길에 서너 잔의 맥주를 즐기는 남자들과 결혼하지 않는다.
나는 직업을 가질 생각이 없는 남자들과 결혼한다(Ellen, 알아논 모임의 회원).

당신은 제시카의 이야기를 마치 당신 자신의 이야기처럼 받아들였을지도 모른다. 제시카의 이야기는 공동의존의 극단적인 예이지만, 나는 그런 경험을 자주 듣는다. 그러나 제시카의 상황이 공동의존의 유일한 유형은 아니다. 자기의 경험을 이야기하는 공동의존자들의 숫자만큼이나 다양한 공동의존 상황들이 존재한다.

몇 가지 사례를 더 들어 보겠다.

잘생기고 기품 있어 보이는 40대 초반의 제럴드는 자기 자신을 ‘일에서

는 성공했지만 여성과의 관계에서는 실패한 남자' 라고 부른다. 고등학교와 대학 시절, 제럴드는 많은 여성들과 데이트를 즐겼다. 그의 인기는 대단했고 그는 좋은 조건을 갖춘 결혼 상대자였다. 하지만 그가 대학 졸업 후 리타와 결혼했을 때 그의 가족과 친구들은 놀라 쓰러질 정도였다. 제럴드가 그때까지 만난 여성들과 비교해 봤을 때 리타는 제럴드를 가장 괴롭히는 유형이었기 때문이었다. 리타는 제럴드와 그의 친구들에게 차갑고 적대적으로 대했고 제럴드와 공감하는 부분들도 거의 없었으며 제럴드를 그렇게 좋아하거나 깊은 관심을 기울이는 것도 아니었다. 결혼한 지 13년째가 되던 해, 지난 몇 년 동안 의심했던 일들이 사실로 밝혀지면서 제럴드는 결혼생활에 종지부를 찍었다. 리타는 결혼 후에도 다른 남자들을 사귀었고 예전처럼 알코올과 여러 마약에도 손을 대고 있었다.

제럴드는 극도의 좌절감을 맛봐야 했다. 두 달 남짓 자신의 신세를 한탄하며 시간을 보낸 그는 다른 여성과 열정적인 사랑에 빠졌다. 그런데 그녀는 아침부터 시작해서 인사불성이 될 때까지 술을 마시는 습관을 가지고 있는 알코올중독자였다. 몇 달 동안 제럴드는 걱정하며 그녀를 돕기 위해 노력하고 술을 마시는 이유가 자기 때문은 아닌지 고민하면서 그녀의 음주문제를 통제해 보려고 했다. 결국 제럴드는 그녀가 술을 끊지 못하자 화를 냈고 그녀와의 관계를 끝내 버렸다. 얼마 지나지 않아 그는 또 다른 여성을 만나 사랑에 빠졌고 그녀의 아파트로 이사까지 했다. 몇 달도 채 되지 않아 제럴드는 그녀 또한 약물의존자일 것이라고 의심하기 시작했다.

그리고 바로 제럴드는 다시 많은 시간을 들여 여자 친구를 걱정하는 일에 매달렸다. 그는 그녀의 일거수일투족을 점검했다. 알약이나 다른 증거들을 찾기 위해 그녀의 지갑을 샅샅이 뒤졌고 그녀의 행적들에 대해 꼬치꼬치 묻기도 했다. 제럴드는 때때로 그녀가 문제가 있다는 사실을 부정해 보기도 했다. 그렇게 제럴드는 분주한 삶을 살았고 편안한 기분은 아니었지만 그녀와 즐거운 시간을 보내려고 애썼다. 그러면서 자기 자신에게는 이런 말을 했다. "내가 문제야. 문제는 나에게 있어."

제럴드는 최근 인간관계 때문에 생긴 문제로 큰 어려움을 겪으면서도 문제가 없다고 부인했다. 그러다가 그는 불현듯 일시적으로 그러한 상태에서 벗어나 조언을 구하고자 약물중독 상담가를 찾아갔다.

"그 관계를 끝내야 한다는 것을 알고 있어요. 하지만 저는 그럴 준비가 안 돼 있죠. 우리는 어떤 것이든, 무엇이든 함께 이야기를 나눌 수 있어요. 그럴 정도로 좋은 친구예요. 그리고 그녀를 사랑해요. 그런데 왜죠? 왜 이런 일들이 항상 저에게만 일어나는 걸까요?" 제럴드는 상담가에게 이렇게 물었다.

"저를 여자들로 가득 찬 방에 보내 보세요. 아마 저는 그중에서 가장 심란하고 저에게 가장 못되게 구는 여자와 사랑에 빠질 겁니다. 솔직하게 이야기하자면, 그런 여자들은 도전 이상의 어떤 자극을 주죠. 만약 어떤 여자가 내게 잘해 준다면 저는 흥미를 잃어버릴 겁니다." 제럴드는 자기의 비밀을 털어 놓았다.

제럴드는 자기 자신을 술을 마시고도 한 번도 실수한 적이 없는, 분위기에 맞춰 적당히 술을 마시는 그런 유형의 음주자로 여기고 있었다. 그리고 상담가에게 한 번도 마약을 해 본 적이 없다고 말했다. 그러나 그의 가족 중 40대 후반의 형은 이미 10대 때부터 알코올중독자였다. 또한 제럴드는 돌아가신 부모님이 알코올중독자가 아니었다고 말했지만 아버지는 지나치게 과음하는 편이었을 것이라고 마지못해 인정했다.

상담가는 가족의 알코올중독이나 과음이 제럴드와 그의 인간관계 형성에 여전히 영향을 끼치고 있음을 알려 주었다.

"어떻게 그들의 문제가 제게 영향을 줄 수 있죠? 아버지는 수년 전에 돌아가셨고 형은 만나지도 않아요."

서너 번의 상담을 받은 후 제럴드는 자신을 공동의존자라고 부르기 시작했다. 하지만 제럴드는 공동의존이 무엇을 뜻하는지, 그래서 어떻게 해야 하는지를 정확히 알지 못했다. 제럴드는 자신의 인간관계로 인해 당면하게 된 문제에 대해 분노하는 감정이 사그라지자 상담을 그만두었다. 제럴드는 여자 친구의 약물의존 문제가 그렇게 심각하지 않다고 결론을 내렸고, 그동안 여성들과의 관계에서 발생한 문제들은 운이 없었기 때문이라고 확신하게 되었다. 제럴드는 자기의 불운이 언젠가는 바뀔 것이라고 말했다.

제럴드의 문제는 운이 나빠서일까? 아니면 공동의존일까?

결혼한 지 11년째 된 30대 중반의 패티는 개인 상담소의 상담가에게 도움을 청했다. 패티는 3명의 자녀를 두고 있으며 그중 막내가 뇌성마비를 앓고 있었다. 패티는 좋은 아내 그리고 좋은 엄마가 되는 데 자신의 모든 삶을 걸었다. 패티는 아이들을 사랑하며 전업주부로 살아가는 것에 대해 후회하지 않는다고 하면서도 매일 반복되는 일상생활이 지겹다고 했다. 결혼하기 전에는 친구도 많았고 여러 가지 취미활동도 즐겼으며 간호사로 직장생활을 하면서 세상에 대한 관심도 많았다. 하지만 아이들이 생기고, 특히 장애를 가진 막내가 태어나면서 그녀는 삶의 열정을 잃어버렸다.

패티는 만나는 친구도 거의 없고 몸무게는 35kg이 넘게 불어났으며 도대체 무엇을 느끼고 살아가는지조차 몰랐다. 만약 뭔가를 느꼈다면 그것은 그렇게 느끼며 살아가는 것에 대한 죄책감뿐이었다. 패티는 친구들을 돕고 자원봉사자로서도 적극 참여해 봤지만 자신의 그러한 노력은 언제

나 쓸데없다는 감정과 분노만을 남길 뿐이었다. 다시 직장생활을 해 볼까도 생각했지만 할 수 있는 것이라고는 간호하는 일뿐이고 이제 사람들을 돌보는 일은 지긋지긋했기 때문에 그렇게 할 수도 없다고 스스로 생각했다.

"가족과 친구들은 저를 모든 사람이 의지해도 되는 강한 사람이라고 생각하지요. 착하고 믿을 만한 패티! 저는 제 자신을 통제하면서 항상 그 자리에 서 있죠. 그리고 항상 그들을 도와줄 준비를 하고 있지요." 그녀는 말을 이어 갔다. "솔직히 말하면 저는 아주 조용히, 그러면서 확실히 망가져 가고 있어요. 몇 년 동안 침체되어 있어요. 그런데 어떻게 해 볼 도리가 없더군요. 걸핏하면 울어요. 저에게는 정말 아무 힘도 남아 있지 않아요. 항상 아이들에게 소리만 질러 대죠. 성적 욕구마저 사라져 버렸어요. 남편과 의무적으로 해야 하는 부부관계조차 피하고 싶어요. 모든 일에 대해 항상 죄책감만 느끼죠. 상담을 받기 위해 이곳에 오는 일마저도 죄책감이 느껴져요." 그녀는 상담가에게 자신의 상황을 이렇게 설명했다. "문제를 해결해야만 해요. 빨리 정신을 차려야죠. 제가 상상하고 있거나 과장되게 부풀려졌을지도 모르는 제 문제들 때문에 선생님의 시간과 남편의 돈을 낭비한다는 것은 우스운 일이니까요."

"하지만 뭔가를 해야만 한다고 생각했어요." 패티는 고백을 이어 갔다. "최근엔 자살까지도 생각해 봤어요. 그런데 자살하는 것조차도 어려워요. 너무 많은 사람들이 저를 필요로 해요. 너무 많은 사람들이 제게 의지해요. 그들을 실망시킬 것 같아요. 속이 타들어 가고 무서워요."

상담가는 패티를 통해 막내아들이 뇌성마비를 앓고 있는 것과 결혼 전에 남편에게 음주 문제가 있었다는 사실을 알았다. 결혼 생활 내내 패티의 남편은 술을 줄였고 계속 같은 직장에서 일했으며 가족에게 윤택한 생활을 제공하는 좋은 가장이었다. 하지만 자세히 질문하자 패티는 남편이 어느 순간부터 A.A.나 다른 지지집단의 모임에 참석하지 않고 있다고 상담가에게 말했다. 대신 남편은 주말 술자리에 끼어 한 번씩 엄청난 폭음을 하고 몇 달 동안은 술을 마시지 않는다고 했다. 남편은 술을 마시면 미친 사람처럼 행동하고, 술을 마시지 않을 때는 화를 내거나 공격적으로 변한다고 설명했다.

"저는 남편에게 무슨 일이 일어났는지 몰라요. 남편은 제가 결혼했던 그 사람이 아니에요. 더 두려운 일은 제게 무슨 일이 일어나고 있는지, 제가 누구인지조차 모른다는 것이죠. 정확히 문제가 뭔지 설명을 못하겠어요. 아무리 애를 써 봐도 알 수가 없어요. 딱히 꼬집어 낼 만한, '이게 문제야.' 라고 말할 만한 특별한 것이 없으니까요. 제 자신을 잃어버린 것 같은 기분이 들어요. 이따금 제가 미쳐 가는 것 같아요. 저의 문제가 도대체 뭐죠?"

"아마도 당신 남편은 알코올중독자 같습니다. 당신의 어려움은 가족질병인 알코올중독 때문에 생겼다고 판단되는군요." 상담가가 말했다.

"어떻게 그럴 수 있나요?" 패티가 물었다. "남편은 그렇게 술을 자주 마시지 않아요."

상담가는 패티의 배경에 대해 알아보기 시작했다. 패티는 부모와 두 명의 오빠들에 대해 애정을 가지고 이야기를 했다. 패티는 화목하고 성공한 집안의 출신이었다.

상담가는 패티의 상황에 대해 더 깊이 탐색했다. 패티의 아버지는 패티가 10대일 때부터 A.A.에 참석해 왔다.

"아버지는 제가 고등학교에 다닐 때부터 술을 끊으셨죠. 저는 아버지를 정말 사랑하고 존경해요. 하지만 아버지가 술을 드셨던 그때는 우리 가족 모두에게 정말 끔찍한 시간이었죠."

패티는 알코올중독자일 가능성이 높은 남자와 결혼했을 뿐만 아니라

요즘 사용하는 말로 표현하자면 그녀는 알코올중독의 영향을 받은 성인 아이였다. 패티의 모든 가족은 알코올중독이 빚어낸 가족 질병에 영향을 받고 있었다. 패티의 아버지는 술을 끊었고 어머니는 알아논에 다녔으며 가족의 삶은 나아졌지만 패티는 계속 그 영향력 아래에 있었다. 단지 아버지가 술을 끊었다고 해서 패티에게 영향을 끼쳤던 과거의 연결고리들이 마술처럼 획 사라질 수 있을까?

상담가는 패티가 계속 상담을 받는 대신 자존감 향상 프로그램과 자기주장 프로그램에 참여할 것을 권했다. 또한 상담가는 패티에게 A.A.의 12단계에 기초해 운영되는 알아논 모임이나 알코올중독자 가족의 성인 아이* 모임에 참석할 것을 추천했다.

패티는 상담가의 조언을 따랐다. 패티는 문제를 단번에 해결하는 마술 같은 특효약을 발견하지는 못했지만, 몇 달 후 그녀는 아주 편안하게 의사결정을 하고 자신의 감정을 느끼고 표현하며 자신의 생각을 말하고 자신의 욕구에 관심을 기울이며 이전보다 죄책감으로부터 자유로워진 자신의 모습을 발견하기 시작했다. 그녀는 자신과 자신의 일상생활에 대해 더 관대해졌다. 그녀의 우울한 감정은 점차 긍정적으로 변했다. 눈물은 줄고 웃음이 많아졌다. 삶에 대한 그녀의 힘과 열정은 다시 회복되었다. 게다가 패티가 채근하지 않았는데도 남편 스스로 A.A.에 참석하는 일도 일어났다. 남편의 공격성이 약화되기 시작했고 그들의 결혼생활은 개선되어 갔다. 바로 그 시점에서 패티는 자신의 삶에 통제력을 갖게 되었다. 패티의 삶은 작동하기 시작했다.

역자주

* 알코올중독자 가족의 성인아이(Adult Children of Alcoholics: ACOA)는 알코올중독자의 자녀가 성장하여 성인이 되어서도 아동기의 경험으로부터 회복되지 못하고 부적절하고 미성숙한 행동을 하는 사람들을 일컫는 용어다.

지금 당신이 패티에게 그녀가 겪고 있는 문제가 무엇인지 혹은 어떤 문제를 경험했는지 묻는다면, 그녀는 이렇게 대답할 것이다. "저는 공동의존자입니다."

정신건강과 약물의존 때문에 치료기관을 찾는 사람들 외에도 공동의존으로 고통받는 사람들이 있다. 약물의존 상담가인 랜델은 수년 동안 술을 끊고 회복 중인 알코올중독자였는데 그는 자신이 여러 가지 문제를 겪고 있음을 깨달았다. 랜델은 알코올중독의 영향을 받은 성인아이로 랜델의 아버지와 세 형제들이 모두 알코올중독자였다. 랜델은 자신의 일을 즐기는 지적이고 섬세한 사람이었지만 여가 시간을 활용하는 데 문제가 있었다. 랜델은 다른 사람들의 문제에 대해 걱정하고 그것에 집착하면서 여가 시간의 대부분을 보냈다. 랜델은 종종 알코올중독자들이 만드는 혼란을 해결하려고 애썼다. 때로는 알코올중독자들이 만드는 문제들을 자신이 해결해야 할 의무로 느끼면서 그들에 대해 분노의 감정이 일어나기도 했다. 그리고 알코올중독자가 아닌 사람들이 유별나게 행동할 때조차도 당혹감을 느꼈다. 그는 엄하게 야단을 치면서도 죄책감과 서운함을 느꼈고 자신이 사람들에게 이용당하고 있다는 기분마저 들었다. 그러면서도 랜델은 그들과 친근한 관계를 유지하기 어려웠고 별 보람도 느끼지 못했다.

지난 수년 동안 랜델은 자신의 업무가 다른 사람들을 걱정하고 그들의 문제에 개입하는 것이라고 여겼다. 랜델은 자신의 행동을 친절함, 배려, 사랑, 경우에 따라서는 의로운 분노에 의한 것이라고 생각했다. 하지만 자신의 문제 때문에 도움을 받아야 하는 지금, 랜델은 그러한 자신의 모습을 스스로 공동의존이라고 칭한다.

공동의존 행동은 종종 좋은 아내, 좋은 어머니, 좋은 남편, 좋은 형제 또는 좋은 신앙인이 되려는 생각들과 복잡하게 얽히면서 풀기 어려운 문제가 된다. 40대인 마리스는 가꾸면 꽤 괜찮아 보이는 여성이다. 하지만 대부분의 시간을 다섯 명의 아이들과 알코올중독에서 회복 중인 남편을 보살피는 데 사용한다. 마리스는 가족의 행복을 위해 자신을 헌신했다. 그러나 그녀가 기대했던 대로 되지 않았다. 마리스는 자주 분노를 느끼며 자신의 노력이 인정받지 못하고 있다고 생각한다. 마리스의 가족도 그녀에게 언짢은 마음을 가지고 있기는 마찬가지다. 마리스는 자신의 기분과는 상관없이 남편이 원하면 언제든지 부부관계를 갖는다. 마리스는 아이들이 원하는 것이라면 무엇이든 사 주고 싶어서 장난감과 옷을 사는 데 생활비를 너무 많이 쓴다. 마리스는 가족을 위해 운전을 전담하고 책을 읽어 주고 요리와 청소를 하고 다정스럽게 껴안아 주고 상냥함을 잃지 않는다. 그러나 그런 그녀를 위해 뭔가를 베풀어 주려고 하는 사람은 주변에 아무도 없다. 그녀는 살면서 가족에게 고맙다는 말을 들어 본 적이 거의 없다. 마리스는 계속 주고만 있는 상황이 불쾌하다. 그리고 가족과 그들의 필요에 의해서 자신의 삶이 쥐락펴락되는 것에 분개한다. 마리스는 간호사를 직업으로 선택했는데 이조차도 자주 원망스럽다.

"부탁한 것을 들어주지 못하면 죄책감이 들어요. 제가 알고 있는 아내와 엄마의 기준에 못 미치면 죄책감에 빠지죠. 다른 사람의 기대에 부응하지 못해도 죄책감이 느껴져요. 나는 그렇게 늘 죄책감에 빠져 살아요." 마리스는 이렇게 덧붙였다. "죄책감에 따라 하루를 어떻게 보낼지, 무엇을 우선적으로 할 것인지가 결정되죠."

끊임없이 다른 사람을 보살피면서도 그것을 원망하고 아무것도 보상받지 못한다고 생각하는 마리스는 좋은 아내, 좋은 어머니일까? 아니면 공동의존자일까?

알코올중독이나 약물의존 외에도 공동의존자를 만들어 내는 또 다른 가족 문제가 있다. 두 명의 10대 자녀를 두고 있으며 정신보건기관에서 시간제 근무를 하고 있는 알리사가 가족상담가를 찾아왔다. 알리사는 이전에도 도움을 받기 위해 여러 가족상담가를 만난 경험이 있다. 이번에는 문제를 계속 일으키는 열네 살짜리 큰 아들 때문에 상담이 필요했다. 그 아이는 가출하고, 야간 외출 금지 규정을 어기고, 학교를 빼먹고, 가족 규칙을 따르지 않고, 원하는 것이라면 그것이 무엇이든 때를 가리지 않고 행동으로 옮겼다.

"그 애 때문에 미칠 지경이에요." 알리사가 상담가에게 말했다.

정말로 그랬다. 그녀는 아플 정도로 걱정이 컸다. 어떤 날은 너무 우울하고 불안해서 잠자리에서 일어날 수조차 없었다. 알리사는 큰 아들을 돕는 일이라면 할 수 있는 한 모든 일을 다했다. 아들을 세 차례나 치료를 받게 했고 두 차례나 각각 다른 대리 양육 가정에 보낸 적이 있으며 모든 가족을 이끌고 이 상담가, 저 상담가를 찾아다니기도 했다. 알리사는 다른 방법들도 써 보았다. 위협하기도 했고 울어 보기도 했고 고함도 쳐 봤고 빌어 보기도 했다. 그녀는 경찰을 부르는 극단적인 조치도 취해 봤다. 관대한 마음과 용서하려는 태도를 보여 주려고 애도 써 봤다. 심지어 큰 아들이 했던 비행들에 대해 아무 일도 없었던 것처럼 행동하는 방법을 써 보기도 했다. 그를 집 밖으로 쫓아낸 적도 있었다. 그리고 그가 가출했을 때 집으로 데려오기 위해 이 큰 나라의 절반 정도 되는 거리를 여행한 적도 있다. 이러한 모든 노력이 헛수고였음에도 알리사는 아들이 자신의 잘못을 깨닫게 하고 그를 변화시키기 위해 도움이 되는 그 무언가를 찾아내고 시도하는 데 매달렸다.

"왜 아들이 저를 힘들게 할까요? 제 삶을 흔들면서 망치고 있어요." 알리사는 상담가에게 물었다.

상담가는 아들로 인한 문제가 알리사에게 고통과 혼란을 일으키며 어떤 조치가 필요하다는 점을 인정했다. 그러나 한편으로 상담가는 그 문제 때문에 알리사의 삶이 흔들리고 망가질 필요가 없다고 말했다.

"당신은 그 아이를 통제할 수 없습니다. 그러나 당신은 당신 자신을 통제할 수는 있습니다." 그리고 상담가는 덧붙였다. "당신은 당신이 가지고 있는 공동의존 문제를 다스릴 수 있습니다."

셰릴 역시 그녀 자신을 공동의존자로 규정한다. 셰릴은 꿈에 그리던 남자와 결혼했다. 하지만 얼마 지나지 않아 악몽 같은 상황에 처한 자신을 발견했다. 남편이 성중독자인 것을 알게 된 것이다. 남편의 성중독 현상은 포르노에 빠지는 충동을 조절하지 못하고 다른 여성들과 강박적으로 성관계를 맺는 것이었다. 셰릴은 그 상황을 이렇게 표현했다. "그 외에 무슨 일이 일어났는지, 어느 누구와 그런 일을 했는지는 오직 신만이 알아요." 결혼한 지 일주일이 되던 날, 셰릴은 남편이 다른 여자와 침대에 함께 누워 있는 것을 보고 남편이 성중독자라는 것을 알았다.

셰릴의 첫 번째 반응은 공황 상태에 빠져들어 가는 것이었다. 그다음에는 화가 났고, 그러고 나서는 남편과 남편의 문제를 걱정했다. 친구들은 남편과 헤어지라고 했다. 하지만 셰릴은 남편 곁에 머물기로 결심했다. 남편은 도움이 필요했고 그녀를 필요로 했다. '남편은 변할 거야.' 라는 기대도 있었다. 게다가 그녀는 남편과 함께 가꾸어 가고 싶은 장밋빛 미래에 대한 희망을 포기하고 싶지 않았다.

남편은 익명의 성중독자 모임(Sex Addicts Anonymous)에 참석했다. 그 모임은 A.A.와 유사한 12단계 자조 모임이었다. 그러나 셰릴은 성중독자 가족을 위한 모임(Co-Sex Addicts)에 참석하지 않았다. 그녀는 자신의 문제를 다른 사람들에게 공개하는 것을 원하지 않았고 사적으로 누군가와 그 문제를 가지고 논의하는 것도 싫었다.

잘나가던 패션모델인 셰릴은 그런 일을 겪으면서 자신의 일을 거의 방치하다시피 했고 친구들과 어울려 저녁을 보내는 것도 귀찮아하며 집에만 머물러 있었다. 그렇게 몇 달을 지낸 후에야 셰릴은 자신이 평소와 다른 모습으로 살아가고 있음을 발견했다. 다른 여자들이 남편을 찾는 전화를 하면 그녀는 자신이 직접 통화하려고 했다. 남편이 외출하고 집으로 들어오는 것을 확인하기 위해 그녀는 늘 집에 머물러 있고자 했다. 남편이 어떤 모습처럼 보이는지, 어떻게 행동하고, 무슨 말을 하는지 알고자 했다. 또한 남편이 지금 무슨 일을 하고 있는지, 누구와 그 일을 하고 있는지를 정확히 알고 싶어 했다. 그녀는 불평하기 위해 그리고 남편에 대한 일들을 보고하고 남편의 상태가 얼마나 나아졌는지 확인하기 위해 성중독자 가족을 위한 모임의 후원자에게 자주 전화를 걸기도 했다. 그녀는 더 이상 배신당하거나 속고 싶지 않다고 말했다.

셰릴은 점차 친구들과 거리를 두기 시작했고 외부 활동과도 담을 쌓았다. 지나친 걱정으로 일을 할 수 없었고 창피해서 친구들과 이야기하는 것조차 꺼렸다. 그 후로도 남편은 여러 차례 다른 여자들과 성관계를 맺었고, 셰릴의 친구들은 그런 남편을 떠나지도 못하면서도 그의 아내로 살아가는 것이 얼마나 비참한 것인지 계속 신세 한탄만 하는 셰릴에게 좌절감을 느꼈다.

"남편의 얼굴만 봐도 견딜 수가 없었어요. 욕밖에 나오지 않았죠. 하지만 남편 곁을 떠날 자신이 없었어요. 걱정하고 감시하는 것 외에 남편을 위해 내가 할 수 있는 게 아무것도 없다는 것을 깨달았죠." 그녀는 한참 후에 자기 속마음을 털어놓았다.

"부엌칼을 들고 남편을 쫓아다녔던 그날 밤이 제 삶의 전환점이었죠." 셰릴이 그때를 떠올렸다. "정말 제 밑바닥을 본 것 같았어요. 미친 듯이 악을 쓰고 사납게 화를 내며 집안 구석구석을 뛰어다녔죠. 그때 갑자기 제 자신에 대해 깨닫게 됐죠. 처음으로. 나는 이미 미쳐 있었어요. 제정신이 아니었죠. 완전히 이성을 잃고 말았어요. 남편이 물끄러미 저를 쳐다보고 있더군요. 그제야 깨달았어요. 도움이 필요하고 그것을 위해 내가 뭔가를 해야 한다는 것을요."

그 사건이 있은 직후, 셰릴은 성중독자 가족을 위한 모임에 참석하기 시작했다. 그녀는 그 모임을 통해 자기 자신과 통제력을 상실한 자기 모습이 공동의존 상태에 빠진 것임을 스스로 인정했다. 그녀는 지금 남편과 별거 중이며 이혼을 준비하고 있다. 그녀는 이전보다 자신에 대해 훨씬 더 좋은 감정을 느끼며 살아가고 있다.

지금까지의 사례들이 상당히 극적인 요소를 가지고 있지만 공동의존이 반드시 그렇게 강렬한 상황들을 통해 진행되는 것만은 아니다. 그리고 공동의존이 항상 심각한 문제를 가진 사람들의 경험에만 국한되는 것도 아니다. 크리스텐은 기혼 여성으로 두 명의 어린 자녀를 두고 있으며 직계가족이나 확대가족 중에 알코올중독자나 강박장애를 가진 사람이 없다. 그런데 크리스텐은 자신을 공동의존자라고 생각한다. 크리스텐이 말하는 자신의 문제는 다른 사람의 감정 때문에 자신의 감정이 영향을 받고 동시에 자신도 그들의 감정을 통제하려고 한다는 것이다.

"남편이 행복하다면 저도 거기에 책임감을 느끼죠. 그러고 나서 저도 행복해져요. 남편이 당혹감을 느낄 때에도 마찬가지예요. 거기에 책임을 느끼면서 남편이 정상적인 기분으로 돌아올 때까지 저 역시 걱정하고 불편해하고 당황스러워합니다. 저는 남편의 기분이 좋아지도록 애를 쓰죠. 만약 그렇게 하지 못하면 죄책감이 들어요. 그런데 그렇게 애를 쓰는 것 때문에 오히려 남편이 저에게 화를 내기도 하지요."

"남편에게만 그런 것은 아니에요." 크리스텐이 말을 이어 나갔다. "모든 사람들에게 그래요. 부모님, 아이들, 집에 온 손님들까지요. 어쨌든 저는 다른 사람과 함께 있으면 그들에게 맞추느라 제 자신을 잃어버리는 것 같아요. 그들에게 끌려다니지요."

"저의 상태가 더 나빠지기 전에 공동의존이라고 부르는 그 문제를 해결하기 위해 무언가를 하고 싶어요. 저는 그렇게 아주 비참한 상태는 아니에요. 하지만 긴장하지 않고 여유로운 마음으로 나 자신과 다른 사람을 받아들이는 방법이 있다면 배우고 싶어요."

한 성직자는 사람이 직면하는 공동의존 상황을 다음과 같이 정리했다. "몇몇 사람은 전적으로 공동의존자다. 그리고 우리 중 몇몇 사람도 약간이지만 공동의존의 경향을 띤다."

지금까지 제시한 공동의존 사례들은 흥미롭기도 하며 다양한 경험들 중에서 대표할 만한 특징들을 가지고 있기 때문에 선택한 것들이다. 또한 이 사례들은 공동의존의 중요한 관점들을 한 가지씩 잘 보여 주고 있다. 어떤 한 가지 사례만으로는 공동의존자 혹은 공동의존 경험의 전형적인 특징들을 제대로 포착해 낼 수 없다. 공동의존은 복잡하게 얽힌 현상이다. 사람들 역시 복잡하다. 사람마다 독특한 특성이 있으며 저마다 처한 상황도 다르다. 어떤 사람은 공동의존 때문에 심하게 고통을 받아 심신이 쇠약해지기도 한다. 그러나 어떤 사람은 전혀 영향을 받지 않거나 심각하지 않은 상태에 그친다. 때때로 주변 사람의 알코올중독에 대한 개인의 반응으로 공동의존을 설명하기도 하지만 그렇지 않을 때도 종종 있다. 공동의존자는 저마다 자신이 처한 환경, 역사 그리고 성격을 통해 빚어지는 독특한 경험 요소를 가지고 있다.

그럼에도 공동의존 상황을 드러내는 모든 이야기 속에는 그것들을 관통해 내는 한 가지 공통된 흐름이 있다. 그것은 주변 사람에게 어떻게 대응하고 그들의 행동과 생각에 어떻게 반응할 것인가와 연관되어 있다. 또한 그것은 주변 사람, 즉 그들이 알코올중독자든, 도박중독자든, 성중독자든, 폭식하는 사람이든, 정상적인 사람이든 누구를 막론하고 그들과 어떻게 관계 설정을 할 것인지와도 관련되어 있다. 공동의존은 그들이 우리에게 끼친 영향들 그리고 그 반대로 우리가 영향을 끼치려고 대응해 온 방식과도 연계된 문제다.

알아논 모임의 회원들은 다음과 같이 말한다. "자신이 누구인지 검증해 보세요. 다른 사람과 비교하지 말고요."

과제

1. 이 장에서 언급한 사례 중 누구와 당신 자신이 유사하다고 생각했는가? 어떤 내용이 당신 자신을 되돌아보도록 만들었는가? 당신의 마음속에 떠오르는 주변 사람이 있는가? 당신은 왜 그 사람을 떠올렸는가?

2. 공책을 준비해서 질문에 대한 자신의 의견을 기록해 보는 것이 도움이 될 것이다. 이 책을 읽어 가면서 떠오르는 생각과 느낌도 기록해 보자.

03
공동의존

> 인간관계는 두 사람 사이를 어지럽게 왔다 갔다 하는
> 눈으로 볼 수 있는 에너지를 발산하는 춤과 같다.
> 어떤 인간관계는 느리고
> 음산한 죽음의 춤 같은 분위기를 풍긴다(Colette Dowling). 1

나는 지금까지 이 책에서 '공동의존자'와 '공동의존'이라는 개념을 마치 뚜렷하고 알기 쉬운 용어인 것처럼 사용했다. 하지만 이 용어의 정의는 여전히 분명하지 않다.

약물의존이란 알코올 또는 여러 마약에 심리적으로, 육체적으로 의존하는 상태를 의미한다. 폭식과 도박이라는 용어들은 머릿속에 떠올리기만 해도 그 개념이 명확하게 이해된다. 그러나 공동의존이라는 말은 막연하다. 도대체 공동의존이란 무엇인가?

확실하게 정의해 본다면, 공동의존이란 '의존 상태에서 누군가의 파트너로 존재하는 것'이라고 할 수 있다. 이 정의는 진실에 가깝기는 하지만 여전히 모호하다. 구체적인 이미지가 머릿속에 떠오르지 않는다. 공동의존은 치료기관에서 사용하는 특수 용어로서 관련 분야에서 활동하는 전

문가가 아니면 생소한 직업적 은어다. 일반인은 이 용어의 의미를 짐작하기 어려우며 때로는 해당 분야에서 종사하는 사람들조차도 이 용어의 뜻을 선뜻 이해하지 못한다.

특수한 계층이나 직업에서 사용되는 용어들은 특별히 무언가를 의미할 수도, 그렇지 않을 수도 있다. 또한 그 용어들은 사람에 따라 의미하는 바가 달라질 수도 있다. 사람들은 그 용어들의 의미를 어느 정도는 이해할 수 있지만 정확히 정의된 적이 없기 때문에 그것들을 명쾌하게 정의를 내리기란 매우 어려운 일이다.

나는 공동의존과 공동의존자를 연구하고 정의하는 과정에서 몇 가지 문제들에 직면했다. 우선 많은 사람들이 이 용어에 대해 들어 본 적이 없다는 것이었다. 이 용어에 대해 익숙한 사람조차도 정의를 내리지 못했다. 만약 그들이 이 용어를 정의했다면, 그 의미는 각각 달랐을 것이다. 어떤 사람은 더 많은 전문적인 특수 용어들을 사용해서 정의를 내리기도 했다. 그런데 문제를 더 복잡하게 하는 일은 어떤 사전에도 그 용어를 찾아볼 수 없다는 것이었다. 이 용어를 컴퓨터에서도 찾아보았지만 내 컴퓨터는 이 용어가 세상에서 사용되는 단어가 아님을 나에게 확신시키려는 듯 철자를 잘못 입력했다는 메시지만 계속 쏟아 냈다.

그러나 공동의존은 나를 포함한 수많은 사람에게 매우 중요하면서도 특별한 의미를 가지고 있는 용어임에 분명하다. 이 용어가 직업적인 특수 용어라는 것에 집착하지 말고 의미를 정확히 이해하는 데 집중해 보자.

공동의존이란

나는 공동의존에 관한 정의에 대해 많은 것을 들었고 읽어 왔다.

로버트 서비Robert Subby는『공동의존, 최근 떠오르고 있는 문제(Co-

Dependency, An Emerging Issue)』라는 책에서 공동의존을 다음과 같이 정의하고 있다.

> 공동의존이란 억압적인 규칙과 습관들에 오랫동안 노출된 결과 개인적 혹은 대인관계에서 일어나는 문제들에 대해 직접적으로 이야기하지 못하고 자신의 감정을 공개적으로 표현하기 어려운 정서 · 심리 · 행동 상태다.2

공동의존 분야의 전문가이자 이 분야의 선구자인 어니 라슨Earnie Larsen은 공동의존을 "사랑을 주고받는 인간관계의 능력이 손상되어 빗어진 자기파괴적이고 학습화된 행동들 또는 성격 결함"이라고 정의한다.

이 정의보다 비전문적이기는 하지만 공동의존을 다음과 같이 정의하기도 한다.

"공동의존이란 스스로를 돌보는 사람이라고 생각하는 것을 말하죠." 한 여성의 말이다.

또 한 여성은 이렇게도 정의한다. "공동의존자가 된다는 것은 내가 알코올중독자와 결혼했다는 것을 말합니다. 또한 내가 알아논에 가야 한다는 것을 뜻하기도 하지요."

또 다른 여성은 이렇게 말한다. "공동의존이란 내가 알코올중독자들에게 지나치게 빠져 있다는 것을 뜻하죠."

"공동의존은 내가 항상 착 달라붙어 있어야 하는 누군가를 찾고 있는 상황이라고 할 수 있죠."

"공동의존요? 그것은 내가 매력을 느껴 사랑에 빠지거나 결혼한 사람이 약물의존자이거나 그와 비슷한 종류의 심각한 문제에 처한 사람이라는 것을 의미하지요."

어떤 사람은 공동의존을 다음과 같이 설명하기도 했다. "공동의존이란 당신의 모든 인간관계들이 항상 같은 식으로 계속 고통스럽게 진행된다는 사실 혹은 항상 그랬던 것처럼 비참하게 마무리될 거라는 사실을 말하는 것이죠. 아니, 그 두 가지 사실을 모두 드러내요."

공동의존은 그 특징을 드러내 주는 경험들만큼이나 정의도 다양하다. 어떤 치료자들은 자포자기하는 심정 혹은 깨달음을 얻은 결과로 공존의존을 다음과 같이 정의했다. "공동의존은 특정할 수 없는 것이며, 모든 사람이 공동의존자다." 그렇다면 누가 더 진실을 꿰뚫고 있는가? 어떤 정의가 보다 정확할까? 다음에 언급되는 공동의존의 짧은 역사는 이 질문에 대한 답을 찾는 데 도움을 줄 것이다.

공동의존, 그 짧은 역사

공동의존이라는 용어는 1970년대 후반 치료 현장에서 사용되기 시작한 것으로 보인다. 그러나 나로서는 누가 이 용어를 처음 사용했는지 알 수가 없다. 몇몇 사람들이 자신이 쓰기 시작했다고 나서기도 한다. 그러나 공인된 정신장애 전문가(C.C.D.P.)이자 심리치료사로 활동하면서 공동의존 분야의 지도적 인물이라고 할 수 있는 산드라 스몰리Sandra Smalley의 연구소에 따르면, 공동의존 용어는 미네소타의 여러 치료센터에서 동시에 사용되기 시작했다고 한다. 약물의존 치료와 강박장애인을 위한 12단계 프로그램*의 중심부라고 할 수 있는 미네소타에서 공동의존이라는 신조어를 만들었을 것으로 본다.

로버트 서비와 존 프리엘John Friel은 『공동의존, 최근 떠오르고 있는 문

역자주

* 12단계 프로그램은 A.A.에서 실시하고 있는 회복 프로그램으로, 현재는 다양한 중독 프로그램들에서 활용되고 있다. 자세한 내용은 제18장에서 설명하고 있다.

제』에서 다음과 같이 쓰고 있다.

> 처음에 공동의존이라는 용어는 약물의존자에게 영향을 받는 사람이나 그들의 삶을 설명하기 위해 사용되었다. 약물의존자의 공동의존적 성향의 배우자나 자녀 또는 연인은 약물의존자의 마약 또는 알코올 남용에 대한 반응으로 자신의 삶을 건강하지 않은 방식으로 꾸려 나가게 되고, 그 상태를 악화시키면서 어떤 특정한 삶의 형태를 만들어 내는 현상을 보인다.[3]

그러한 현상은 인간의 삶에 이미 존재해 왔던 것이지만, 공동의존이라는 말이 그 현상을 지시하는 새로운 이름이 되었다. 전문가들은 약물의존자와 밀접한 관계에 있는 사람들에게서 나타나는 독특한 특성에 주목했다. 어떤 연구들은 알코올중독자와 가까운 관계에 있는 많은 정상적인 사람들, 다시 말하면 알코올중독자나 약물의존자가 아닌 사람들이 알코올중독자와 비슷한 신체적 · 정신적 · 감정적 · 영적 상태를 보이고 있는 것에 초점을 맞췄다. 그 과정에서 공동의존자와 거의 동의어처럼 사용되는 용어들—공동 알코올중독자(co-alcoholic), 비알코올중독자(nonalcoholic), 유사 알코올중독자(para-alcoholic)—과 같은 전문적 특수 용어들이 이러한 현상을 설명하기 위해 사용되었다.

공동의존자들은 이 용어가 생기기 전에도 공동의존의 영향을 확실하게 경험해 왔다. A.A.가 이미 존재하던 1940년대에 대다수가 알코올중독자의 아내였던 소집단의 사람들은 배우자의 알코올중독 문제가 자신에게 어떤 식으로 영향을 끼치는지를 다루기 위해 최초로 자조집단과 지지집단을 만들었다.[4] 그 당시 그들은 훗날 자신들이 공동의존자로 불리게 될지 몰랐을 것이다. 그들은 자신이 남편의 알코올중독에 직접적으로 영향을 받았다는 사실을 분명하게 깨달았다. 그래서 그들은 A.A.의 12단계 회복 프로그램을 부러워하며 자신들을 위한 프로그램을 가지고 싶어 했다. 그래서 그들은 A.A.의 12단계 프로그램을 활용했고, 그 모임을 운영하는 내규인 12단계 전통들(A.A. Twelve Traditions)을 수정해 적용했다. 그 프로그램의 이름을 후에 알아논(Al-Anon)으로 고쳐 불렀는데, 그 모임은 효과적이었다. 이후 수많은 사람들이 알아논에 참여해 유익한 도움을 받고 있다.[5]

그리고 공동의존이라는 용어가 등장했던 1979년 무렵에는 공동 알코올중독자나 유사 알코올중독자로 불리던 공동의존자들을 **알코올중독자와 헌신적인 관계를 맺고 살아온 결과로 자신의 삶을 관리할 수 없는 지경에 이른 사람**[6]이라고 생각했다.

그 후로 공동의존의 정의가 확대 해석되기 시작했다. 전문가들은 약물의존자가 가족에게 미치는 영향과 역으로 가족이 약물의존자에게 미치는 영향까지 더 깊게 이해하기 시작했다. 그리고 전문가들은 폭식, 식욕 상실, 도박, 성적 행위 등과 같은 문제가 어떻게 공동의존과 연관되는지를 진단하기 시작했다. 이러한 강박장애들은 알코올중독에 따른 강박장애나 혹은 질병과 거의 유사한 특징을 보였다. 전문가들은 강박적 성향을 가진 사람과 가까운 관계를 맺고 있는 사람들이 알코올중독자와 가까운 관계를 맺고 있는 사람들과 마치 닮은 것처럼 유사한 대처방식을 취해 온 것에 주목했다. 실제로 독특한 현상들이 그러한 특징을 갖는 가족들에게 나타났던 것이다.

전문가들은 공동의존에 대해 더 깊게 이해하게 되면서 보다 다양한 집단에서 공동의존의 성향이 나타나고 있음을 발견했다. 공동의존의 특성을 보이는 집단들은 알코올중독자의 성인아이, 감정적 또는 정신적인 장애를 가진 사람과 인간관계를 맺고 있는 사람, 만성 환자와 연관된 사람, 자녀의 행동에 문제가 있는 부모, 무책임한 사람과 인간관계를 맺고 있는 사람, 사람을 도와주는 직업군에 속한 간호사나 사회복지사와 같은 사람들이었다. 심지어 회복 중인 알코올중독자와 약물중독자들도 자신들이 공동의존자이고, 본인들이 약물의존자가 되기 전부터 어쩌면 공동의존자였을 수도 있다는 점을 인식하게 되었다.[7] 공동의존자들이 갑자기 도처에서 나타나기 시작했다.

공동의존자는 문제를 가진 사람과 관계를 끊은 후에도 번번이 또 다른 문제를 가진 사람을 찾아다녔으며 새롭게 만난 사람에게 공동의존의 행동들을 반복했다. 만약 공동의존자가 그러한 행태들을 근본적으로 바꾸지 않는다면, 다시 공동의존의 행동이나 구조화된 대처 방식으로 인해 일생 동안 지배당하면서 살게 되는 것으로 보였다.

공동의존이 심각한 질병과 행동상의 문제 또는 파괴적인 강박장애를 가진 사람과 연관되면서 촉발된다는 것은 믿을 만한 사실일까? 가족 구성원의 알코올중독이 공동의존 문제를 일으키는 데 일조하지만 그 외에 다양한 환경적 요소들도 거기에 영향을 미치는 것으로 보였다.

공동의존자들이 갖는 꽤 일반적인 공통분모는 그들이 문제가 있고 도움을 필요로 하는 의존적인 사람과 개인적으로 혹은 직업적으로 인간관계를 맺는다는 것이다. 그런데 이러한 사실보다 더 일반적인 공통된 특성은 공동의존자의 가족 내에 불문화된 침묵의 규칙들이 있다는 것이다. 그 규칙들은 보통 직계가족 내에서 형성된 것으로 가족 구성원의 인간관계를 통제하는 기준으로 작용한다.[8] 또한 그 규칙들은 가족 내에서 여러 문제들—열린 마음으로 감정을 표현하는 것, 직접적이고 정직한 의사소통, 사람은 상처받기 쉽고 완벽하지 않은 존재라는 현실적인 기대, 이기주의, 타인과 자신에 대한 신뢰, 즐겁게 노는 것 그리고 성장과 변화로 인해 섬세하게 균형 잡힌 가정이 흔들리게 되는 상황—을 언급하고 토론하는 것을 금기시한다. 가족끼리 그와 같은 문제들을 나누고 이야기하는 것은 건강하고 유익한 일이지만 그들은 서로 소통하지 않는다. 그 규칙들은 알코올중독자 가족에서 일반적으로 나타나지만 그렇지 않은 가족들에게서도 발견된다.

다시 처음에 했던 질문으로 돌아가고자 한다. 어떤 정의가 공동의존을 정확하게 설명하는가? 지금까지 제시된 모든 정의들이 다 그렇다고 말할 수 있다. 어떤 정의는 원인을, 어떤 정의는 결과를, 어떤 정의는 영향을, 어떤 정의는 증상을, 어떤 정의는 유형을 그리고 어떤 정의는 고통을 설명하고 있다. 이제 공동의존은 지금까지 열거한 모든 정의들을 포괄하는 의미를 갖게 되었다.

나는 당신을 혼란스럽게 하려는 것이 아니다. 공동의존을 분명하게 정의하기에는 공동의존이라는 것이 모호하고 경계가 분명하지 않다. 그리고 공동의존을 한 두 문장으로 정리해 낸다는 것은 복잡하면서도 너무 이론적인 일이 되기 쉽고 어렵기도 하다.

고작 용어 하나를 정의하면서 왜 이런 요란을 떠는가? 누군가 나에게 이런 질문을 던지고 싶을지도 모르겠다. 나는 공동의존을 한 문장으로 정의하는 쉽지 않은 일을 시도하면서 공동의존에 대해 보다 엄밀한 정의를 내리기 전에 당신이 상황을 보다 폭넓게 이해하기를 바라기 때문이다. 만약 검증 과정이 적절하다면, 이런 식으로 접근하는 것이 당신 내부에 존재하는 공동의존이 무엇인지를 확인하는 계기가 될 것이다. 문제를 정의하는 것은 해결책을 찾는 데 도움이 되기 때문에 중요하다. 이 책에서 해결책은 핵심적인 요소다. 해결책은 좀 더 좋은 감정을 느끼며 살아가는 것이며, 회복을 의미한다.

나는 공동의존자를 다음과 같이 정의한다.

공동의존자란 상대방의 행동이 자신에게 영향을 미치도록 허락한 사람이자 그 상대방을 통제하고자 고심하며 집착하는 사람이다.

상대방은 아이, 어른, 사랑하는 사람, 배우자, 형제나 자매, 조부모나 부모, 당신의 고객이거나 가장 친한 친구일 수도 있다. 그 사람은 알코올 중독자나 마약중독자일 수도, 정신적으로나 신체적으로 질병을 가진 사람이거나, 종종 슬픈 감정을 느끼는 보통 사람이거나, 앞서 언급했던 사람 중 하나일 수도 있다.

그러나 우리가 아무리 부인하고 싶어도 공동의존의 정의와 회복의 열쇠는 '상대방'이 아니라 '우리 자신'에게 있다. 해결의 열쇠는 다른 사람의 행동이 우리에게 어떻게 영향을 미치고, 우리가 그들에게 어떻게 영향을 끼치는지를 과연 이해할 수 있느냐에 달려 있다. 집착하고, 통제하고, 강박적으로 돕고 보살피려 하고, 자기혐오에 가까운 낮은 자존감, 자기억압, 가득 찬 분노와 죄의식, 독특한 사람에게 표출되는 독특한 의존 성향, 괴상한 사람에게 끌리면서 그 사람이 만들어 내는 상황을 참아 내는 인내심, 자신을 포기하고 형성하는 타인 중심적 사고, 서투른 의사소통이나 친밀감과 관련된 문제들, 슬픔의 5단계(the five-stage grief process)*를 통해 일어나는 소용돌이 현상을 공동의존자는 계속 경험하게 된다.

공동의존은 병일까? 어떤 전문가는 공동의존은 병이 아니며 비정상적인 사람에 대한 정상적인 반응이라고 말한다.[9]

다른 전문가는 공동의존이 만성적이고 계속 진행되는 병이라고 말한다. 그들의 주장에 따르면, 공동의존자는 건강하지 않은 방법으로 행복해지기 위해 자기 주변에 병든 사람을 필요로 하고 그들과 함께하기를 원하

역자주

* 죽음을 받아들이는 과정에서 나타나는 부정, 분노, 타협, 우울, 수용의 단계를 말하며, 제2부 12장에서 자세히 설명하고 있다.

는 것이다. 예를 들어 알코올중독자의 아내는 무의식적으로 자신의 배우자는 알코올중독자라고 생각했기 때문에 알코올중독자와 결혼하는 것이 필요했고, 결국 알코올중독자를 배우자로 선택했다는 것이다. 더 나아가 그녀는 자신의 만족감을 채우기 위해 남편이 술을 마시고 자신을 못살게 굴도록 허용한다는 것이다.

이와 같은 주장이 지나치게 가혹하다고 여길 수도 있다. 나는 공동의존자들이 그러한 가혹한 삶에서 보다 자유로워지는 것이 필요하다고 생각한다. 어떤 이들은 우리 같은 공동의존자들에게 아주 모질게 대했다. 우리도 우리 자신에게 충분히 모질게 대했다. 친구들이여! 우리는 충분히 고통을 받아 왔다. 우리는 여러 질병들과 사람들 때문에 희생을 감수하며 살아왔다. 우리 각자는 희생이라는 연극판에서 우리가 어떤 역할을 맡아 열연했는지를 알아야만 한다.

나는 전문가가 아니기 때문에 공동의존을 병으로 인식해야 하는지, 달리 인식해야 하는지 잘 모르겠다. 하지만 앞에서부터 계속 설명해 왔던 공동의존의 짧은 역사를 이쯤에서 마무리하면서 내가 믿고 있는 것을 당신에게 말하고자 한다.

알아논은 1940년대에 처음 만들어졌지만, 나는 시간과 인간관계의 시작 시기까지 거슬러 올라가더라도 공동의존적 행동의 흔적들을 발견할 수 있으리라 확신한다. 인간은 항상 문제를 가지고 있었고 문제를 가진 친구와 가족, 친척을 항상 돌봐 왔다. 인간은 사회적 관계를 맺기 시작한 이후로 계속 다른 사람들의 문제들에 개입해 왔다.

방송 프로그램 〈60 Minutes〉*의 기자인 몰리 세이퍼Morley Safer가 언급한 것처럼, 기원전부터 '보편적으로 비참한 시대로 규정할 수밖에 없는

역자주

* 1968년부터 미국의 공중파 방송국인 CBS에서 방송되는 공신력 높은 뉴스 매거진 프로그램이다.

20세기'에 이르기까지 인간이 기나긴 세월을 헤쳐 나오는 동안 공동의존은 인간의 뒤를 미행하며 계속 따라다녔다. 지구상에 처음 등장한 이후부터 인간은 우리가 공동의존이라 부르는 모든 행위를 계속해 왔다. 그들은 다른 사람에 대해 지나치게 걱정했다. 도움이 되지 않는 방식으로 도와주려고 애썼다. 그들은 '아니요'라고 말해야 할 때 '예'라고 대답했다. 그들은 자신이 사물을 바라보는 방식대로 다른 사람도 똑같이 보게 하려고 애썼다. 그들은 다른 사람의 기분을 다치지 않도록 안간힘을 쓰면서 정작 그 과정에서 본인은 상처를 받았다. 그들은 자신의 감정을 신뢰하는 것을 두려워했다. 그들은 거짓을 믿었고 그러고 나서 배신감을 느꼈다. 다른 사람을 보복하고 처벌하고 싶어 했다. 다른 사람을 죽이고 싶을 만큼 분노를 느꼈다. 그들이 어떤 권리도 가지지 못했다고 다른 사람들이 말할 때 그들은 자신의 권리를 위해 고군분투했다. 그들은 자기 스스로를 비단옷을 입을 만한 가치가 없다고 믿었기 때문에 거친 삼베옷만 입고 살았다.

공동의존자는 의심할 여지없이 선한 행동들을 해 왔다. 그들은 본성상 세상의 필요들을 걱정하고 거기에 반응하는 인정 많은 사람들이다. 토마스 라이트Thomas Wright는 『공동의존, 최근 떠오르고 있는 문제(Co-Dependency, An Emerging Issue)』에서 다음과 같이 썼다.

> 나는 역사적으로 공동의존자들이 사회의 부정의에 대항해 왔고, 힘이 되어주면 일어설 수 있는 약자의 권리를 위해 싸워 왔다고 생각한다. 공동의존자들은 돕고 싶어 한다. 나는 그들이 도움을 주었다고 생각한다. 하지만 그들은 충분히 돕지 못했다는 죄책감에 괴로워하며 죽어 갔을 것이다. 관심이 가는 사람을 보호하고 돕고자 하는 마음은 당연하다. 주변 사람의 문제에 영향을 받고 반응하는 것 또한 당연하다. 하지만 문제가 더 심각해지고 해결되지 않은 채 지속될 때, 우리는 그 문제에 더 많이 영향을 받게 되고 더 강력하게 반

응하게 된다.

여기서 '반응하다'라는 말이 중요하다. 당신이 공동의존을 어떻게 접근하든지, 어떻게 정의하든지 그리고 공동의존을 진단하고 치료하기 위해 어떤 참고 틀을 선택하든지 공동의존은 주로 반응의 과정이라는 것을 알아야 한다. 공동의존자는 반응하는 사람이다. 그들은 지나치게 반응하기도 하고 미온적으로 반응하기도 한다. 하지만 그들은 거의 스스로 행동하지 않는다. 그들은 다른 사람의 문제, 고통, 삶 그리고 행동에 반응한다. 그들은 자신의 문제와 고통, 행동에 반응한다. 공동의존자의 반응은 스트레스와 알코올중독 혹은 다른 문제들 속에서 생활하거나 성장하면서 형성된 불확실성에 대한 대응이다. 스트레스에 반응하는 것은 이상할 것이 없는 극히 정상적인 일이다. 하지만 반응하지 않고 더 건강한 방식으로 행동하는 방법을 배우는 일은 삶을 지켜 나가기 위한 용기 있는 결정이다. 하지만 그렇게 하기 위해서는 대부분의 사람들에게 도움이 필요하다.

전문가들이 공동의존을 병이라고 부르는 한 가지 이유는 많은 공동의존자가 알코올중독과 같은 병에 반응하기 때문일 것이다.

공동의존을 병이라고 생각하는 다른 이유는 공동의존이 계속 진행되는 특성을 갖기 때문이다. 우리 주변 사람의 병이 깊어짐에 따라 우리는 보다 강렬하게 반응하기 시작한다. 처음에는 작은 관심에서 시작했지만 점차 소외감, 우울, 정신적 또는 신체적 질병, 자살의 환상에 사로잡힐 수 있다. 그러한 반응들은 서로 맞물려 일어나고 더욱 악화된다. 공동의존을 병으로 규정하기에는 어려운 점들도 있지만, 그것은 분명 당신을 병들게 할 수 있고 당신 주변 사람들이 병적인 상태에서 헤어나지 못하도록 영향을 끼칠 수 있다.

공동의존을 병이라 부르는 또 다른 이유는 자기파괴적인 행동처럼 공동의존의 행동이 습관화되기 때문이다. 우리는 아무 생각 없이 습관을 반복한다. 습관이 뿌리를 내리고 생명력을 갖게 되면 통제할 수 없게 된다.[10]

공동의존은 상대방이 어떤 문제를 겪고 있는지와는 상관없이 우리에게 고통을 주는 사람들에 대해 그리고 우리 자신에 대해 생각하고 느끼고 행동하는 습관의 틀과 깊은 관련이 있다. 공동의존의 행동이나 습관은 자기 파괴적이다. 우리는 자기 자신을 스스로 파괴하는 사람에게 자주 반응한다. 또한 우리는 우리 자신을 파괴하는 방법을 배우면서 반응한다. 이러한 습관은 파괴적인 인간관계, 더 이상 지속해야 할 의미가 없는 인간관계 속으로 우리를 이끌며 거기에 우리를 가두어 버린다. 또한 그 습관은 우리가 다르게 반응했다면 지속할 수 있는 인간관계조차도 파괴한다. 우리는 그러한 습관적 행동 때문에 우리 삶의 가장 중요한 존재인 우리 자신 안에서 어떤 평화와 행복도 발견할 수 없게 된다. 오직 우리 각자가 통제할 수 있는 유일한 사람, 우리가 변화시킬 수 있는 유일한 사람, 즉 우리 자신만이 이러한 행동을 해결할 수 있다. 그 행동은 우리의 문제다. 다음 장에서 우리는 우리의 행동을 살펴볼 것이다.

과제

1. 당신은 공동의존을 어떻게 정의하고 싶은가?

2. 당신은 자신의 삶에 중대한 영향을 끼쳐 왔던 사람, 그리고 당신이 걱정하며 변화시키고 싶었던 사람이 있는가? 누구인가? 그 사람과 당신의 관계에 대해 두세 문단 정도의 글을 써 보고, 그것을 읽어 보라. 어떤 느낌이 드는가?

••• 04
공동의존자의 특징

> 신이시여! 제가 바꿀 수 없는 것을 받아들이는 평온함과
> 바꿀 수 있는 것을 바꾸는 용기를 주옵소서.
> 그리고 그 차이를 분별할 수 있는 지혜를 허락하소서(평온의 기도).

두 명의 공동의존자가 공동의존의 정의에 대해 서로 다른 견해를 가지고 있더라도 그들이 자신들의 문제에 대해 이야기를 나누다 보면 상대방의 생각을 충분히 이해하게 될 것이다. 그들이 서로 공통적으로 가지고 있는 공동의존의 행동, 생각, 감정 그리고 쓰는 말에 대해 여러 가지 생각들을 공유하게 될 것이다. 공동의존에 관한 대부분의 정의와 회복 프로그램들은 공동의존의 증상, 문제점, 대응체계 또는 반응의 영역에서 공통분모를 가지며 접점을 찾게 된다. 이 영역들은 회복에 직접적인 영향을 주는 것들이다. 또한 이 영역들은 우리가 인식하고 수용하고 더불어 살아가고 다루어 내고 돌파해 나가고 종종 변화시킬 필요가 있는 대상들이기도 하다.

공동의존자의 특징을 열거하기 전에 나는 먼저 중요한 한 가지를 꼭 짚고 넘어가고 싶다. 그것은 우리가 공동의존과 관련하여 여러 문제를 가지

고 있다고 해서 우리가 나쁜 사람이거나 결함이 있거나 열등한 사람은 아니라는 점이다. 어떤 사람은 아동기 때 공동의존의 행동들을 배웠고, 어떤 사람은 아동기 이후 성장하는 과정에서 그것들을 배우기도 했다. 그리고 우리는 종교적 설명을 통해서도 그런 행동들의 일부를 배웠을 수도 있다. 어떤 여성들은 공동의존의 행동들이 바람직한 여성성이라고 가르침을 받았다. 우리가 어디서 배웠든지 우리 중 상당수는 충실히 그 가르침들을 받아들였을 것이다.

우리 중 대다수는 우리 자신을 보호하고 욕구를 채우고자 어쩔 수 없이 공동의존의 행동들을 하기 시작했다. 우리는 감정적, 정신적 생존, 때때로 육체적 생존을 위해 공동의존의 특징을 행했고 느꼈고 생각했다. 우리는 최선의 방식으로 복잡한 세상을 이해하고 거기에 대처하려고 노력했다. 정상적이고 건강한 사람들과 사는 일도 항상 힘들고 고달픈데, 병들고 정신장애가 있고 문제를 일으키는 사람들과 살아가야 하는 인생은 더 말할 나위가 없다. 게다가 헛소리나 하고 빽빽 고함을 질러 대는 알코올중독자와 함께 살아가야 한다는 것은 두려움을 주는 일이다. 우리 중 많은 사람들은 그런 참을 수 없는 상황들에 대처하려 애써 왔고 그들의 노력은 존경할 만한 대단한 것이었다. 우리는 할 수 있는 한 최선을 다해 왔다.

하지만 이러한 자기 보호의 장치들은 유용한 효과를 거두지 못했다. 우리 자신을 보호하기 위해 했던 일들 때문에 우리는 오히려 부담을 느끼고 상처를 입는다. 우리들이 사용한 자기 보호 장치들이 자기파괴적으로 작동한다. 많은 공동의존자들은 거의 견뎌 내지 못하며 자신들의 욕구를 채우지도 못한다. 상담가인 스콧 에글스톤Scott Egleston은 "공동의존이란 채울 수 없는 욕구를 채우려고 하는 방식이다."라고 말한다. 우리는 합당한 이유를 가지고도 잘못된 일들을 해 왔다.

우리가 변화될 수 있을까? 우리가 보다 건강한 행동들을 배울 수 있을까? 나는 정신적, 영적 그리고 정서적 건강이란 것이 가르쳐질 수 있는 것인지 잘 모르겠다. 하지만 우리는 고무되고 용기를 얻을 수는 있다. 우리는 다른 방식으로 행동하는 법을 배울 수 있다. 우리는 바뀔 수 있다. 나는 대부분의 사람들이 건강한 방식으로 최선의 삶을 살고자 하는 의지가 있다고 생각한다. 하지만 많은 사람들은 문제를 다른 방식으로 처리함으로써 좋은 결과를 가져올 수 있다는 점을 깨닫지 못한다. 많은 사람들은 여태껏 성공하지 못한 방식으로 자신의 문제를 해결하려고 노력해 왔다는 것조차 이해하지 못한다. 우리 중 대부분은 다른 사람의 문제에 대응하느라 너무 바빠서 정작 자신의 문제를 확인하고 살피는 일에는 엄두도 내지 못해 왔다.

많은 전문가들은 '인식'을 변화의 첫 단계로, '수용'을 변화의 두 번째 단계로 보고 있다.[1] 이 점을 잊지 말고 공동의존자의 특징을 살펴보자. 다음의 특징은 내가 가지고 있는 참고자료와 나의 개인적인 그리고 전문적인 경험을 토대로 정리한 것이다.

돌봄

공동의존자는 다른 사람을 돌보는 과정에서 다음과 같은 특징을 보인다.

- 다른 사람의 감정, 생각, 행동, 선택, 바람, 욕구, 행복, 행복의 결핍 그리고 궁극적 운명에 대해 생각하고 책임감을 느낀다.
- 다른 사람에게 문제가 생길 때 불안해하고 가여워하고 죄책감을 느낀다.
- 다른 사람의 문제를 해결해 주는 것에 의무감이나 압박감을 느끼면서 상대가 바라지도 않는 조언을 해 주고 제안들을 속사포처럼 쏟아

내며 그들의 기분을 바꿔 주려고 한다.

- 자신의 도움이 효과적이지 않을 때 화가 난다.
- 다른 사람의 욕구를 예측한다.
- 왜 자신이 해 준 만큼 다른 사람이 자신을 위해서 똑같이 해 주지 않는지에 대해 의아하게 생각한다.
- 하고 싶지도 않은 일들을 하고 자기 몫 이상의 역할을 감당하며 다른 사람이 스스로 할 수 있는 일들을 대신해 주고 "아니요!"라고 말해야 할 순간에 "예!"라고 대답한다.
- 자신이 원하고 필요로 하는 것이 무엇인지 모른다. 설령 그것을 안다고 해도 그것이 그렇게 중요하지 않다고 스스로에게 말한다.
- 자신보다 다른 사람을 기쁘게 하려고 노력한다.
- 자신이 부당한 대우를 받을 때보다 다른 사람이 부당한 대우를 당할 때 오히려 더 쉽게 분노를 느끼고 화를 낸다.
- 누군가에게 베풀 때 안도감을 크게 느낀다.
- 다른 사람에게 무언가를 받을 때 불안해하고 죄책감을 느낀다.
- 다른 사람에게는 자신의 인생을 걸다시피 하며 베풀지만 어느 누구도 자신이 베푼 만큼 돌려주지 않는 것 같아 슬퍼한다.
- 도움이 필요한 사람에게 마음이 끌린다.
- 만약 자신의 삶에 위기가 없고 해결할 문제가 없고 도와줘야 할 사람이 없다면, 지루하고 공허하고 무가치하다는 느낌을 갖는다.
- 누군가를 위해 특별한 일을 하거나 거기에 대응하면서 자신의 일상생활을 포기한다.
- 필요 이상으로 너무 깊게 개입하면서 자신을 속박한다.
- 괴롭힘을 당하고 압박받는다고 느낀다.
- 다른 사람이 어떻게든 자신을 책임져 줄 것이라고 마음속 깊이 믿고

있다.

- 자신이 처한 난처한 상황 때문에 다른 사람을 비난한다.
- 다른 사람이 그들의 방식대로 자신의 감정을 조정한다고 말한다.
- 다른 사람이 자신을 미치게 만든다고 믿는다.
- 화나고 자신이 희생당했고 다른 사람이 자신을 인정해 주지 않는다고 생각하면서 이용당했다는 느낌을 갖는다.
- 앞서 언급한 모든 특징 때문에 다른 사람이 자신에 대해 참을 수 없어하며 화를 낸다는 것을 알게 된다.

낮은 자존감

공동의존자는 낮은 자존감을 갖고 있으며 다음과 같은 경향을 보인다.

- 여러 가지 문제에 시달리는 억압적이며 역기능적인 가정에서 성장했다.
- 자신의 가족이 여러 가지 문제를 겪고 있고 억압적이며 역기능적인 특징을 지녔다는 점을 부인한다.
- 매사에 스스로를 비난한다.
- 생각하고 느끼고 바라보고 처신하고 행동하는 방식을 포함한 모든 일에 대해 스스로를 힐난하고 괴롭힌다.
- 자신이 일상적으로 자기 스스로에게 하는 일이지만 다른 사람이 그 일 때문에 자신을 야단치고 비난하면 노여워하며 화를 내고 방어하는 독선적인 경향을 보인다.
- 찬사나 칭찬을 거부한다.
- 찬사나 칭찬을 받지 못하면 우울해지는 애정결핍증을 보인다.

- 자신을 이방인이라고 느낀다.
- 자신을 그리 좋은 사람이라고 생각하지 않는다.
- 자신을 위해 돈을 쓴다거나 불필요하거나 즐거운 일을 하게 되면 죄책감을 느낀다.
- 거절을 두려워한다.
- 상황을 개인적으로 받아들인다.
- 성적, 신체적, 정서적 학대와 방임, 유기 또는 알코올중독의 희생자가 되어 왔다.
- 희생자가 된 것처럼 느낀다.
- 어떤 것도 잘 해낼 수 없다고 스스로에게 말한다.
- 실수하는 것을 두려워한다.
- 무언가를 결정하는 과정에서 자신이 왜 그렇게 힘들고 어려운 시간을 경험해야 하는지 잘 이해하지 못한다.
- 모든 일을 완벽하게 해내야 한다고 생각한다.
- 만족스러울 정도로 일을 해내지 못하는 이유에 대해서 의아하게 여긴다.
- '해야만 하는 것들(shoulds)'이 많다.
- 죄책감을 많이 느낀다.
- 자신에 대해 부끄러워한다.
- 자신의 삶은 살 만한 가치가 없다고 생각한다.
- 자신의 삶을 포기하면서까지 다른 사람을 돕는 데 주력한다.
- 다른 사람을 도와줌으로써 인위적인 자존감을 얻는다.
- 다른 사람의 문제와 실패에서 느끼는 당혹감과 패배감 때문에 강한 열등감에 사로잡힌다.
- '나에게 좋은 일들이 일어났어야 했는데.' 라고 생각한다.

- '나에게 좋은 일들은 일어나지 않을 거야.' 라고 굳게 믿는다.
- 자신을 좋은 일과 행복을 누릴 수 없는 가치 없는 존재라고 믿는다.
- '당신이 나를 좋아해 주고 사랑해 주기를 바랐는데.' 라고 생각한다.
- 다른 사람이 도저히 자신을 좋아하거나 사랑할 수 없었을 것이라고 믿는다.
- 자신이 다른 사람에게 괜찮은 사람이라는 것을 증명하려고 애쓴다.
- 자신이 다른 사람에게 필요한 존재라는 사실에 만족해한다.

억압

공동의존자는 다음과 같이 자신을 억압하려고 한다.

- 두려움과 죄책감 때문에 자신이 인식한 생각과 감정을 표출하지 못한다.
- 자신을 있는 그대로 드러내는 것을 두려워한다.
- 경직되어 있고 조종당하는 것처럼 보인다.

강박

공동의존자는 다음과 같은 강박적인 경향이 있다.

- 문제와 사람에 대해 몹시 불안해한다.
- 쓸데없는 걱정을 한다.
- 다른 사람에 대해 많은 것을 생각하고 많은 것을 말한다.
- 문제 또는 다른 사람의 행동 때문에 잠을 이루지 못한다.

- 걱정한다.
- 해답을 절대 찾지 못한다.
- 다른 사람을 점검한다.
- 다른 사람에게서 잘못된 행위들을 찾아내려고 애쓴다.
- 다른 사람이나 문제들에 대해 말하고 생각하고 걱정하는 일을 멈출 수 없다고 느낀다.
- 누군가 또는 어떤 일 때문에 당황스럽고 화가 나서 일상생활을 포기한다.
- 자신의 모든 에너지를 다른 사람들과 그들의 문제에 집중한다.
- 왜 자신이 그렇게 맥없이 살아가는지 그 이유에 대해 의아해한다.
- 왜 자신이 일을 마무리 짓지 못하는지 그 이유에 대해 의아해한다.

통제하기

공동의존자는 통제받고 통제하려는 과정에서 다음과 같은 특징을 보인다.

- 슬픔과 실망감을 안겨 주는 통제할 수 없는 사건과 사람 속에서 살아왔다.
- 다른 사람이 있는 모습 그대로 살아가도록 내버려두는 것 그리고 상황들이 자연스럽게 일어나고 진행되는 것을 두려워한다.
- 통제 상실에 따른 두려움을 받아들이지 못하고 잘 대처하지 못한다.
- 일들이 어떻게 진행되어야 하고 사람들이 어떻게 행동해야 하는지를 자신이 가장 잘 알고 있다고 생각한다.
- 무기력감, 죄책감, 강압, 협박, 조언, 조작 또는 지배를 통해 사건과

사람을 통제하려고 한다.

- 자신의 노력이 결국 실패로 끝나게 되거나 사람들의 분노를 일으키기도 한다.
- 좌절감을 느끼며 화를 낸다.
- 사건과 사람에 의해 통제되고 있다고 느낀다.

부정

공동의존자는 현실을 부정하고 무시하려고 하며 다음과 같은 경향을 보인다.

- 문제가 일어나지 않은 척하며 무시한다.
- 상황이 나빠도 그렇지 않은 척한다.
- 내일이면 상황이 더 좋아질 것이라고 스스로에게 말한다.
- 사건에 대해 생각하지 않으려고 분주한 상태를 유지한다.
- 혼란스러워한다.
- 우울함을 느끼며 아프다.
- 자주 병원에 가며 신경안정제를 복용한다.
- 일중독자가 된다.
- 강박적으로 돈을 쓴다.
- 폭식한다.
- 지금까지 열거된 일들이 일어나지 않는 것처럼 가장한다.
- 문제가 악화되는 것을 지켜본다.
- 거짓말을 믿는다.
- 스스로에게 거짓말을 한다.

- 자신이 미쳐 가는 것처럼 느끼는 이유를 궁금해한다.

의존

공동의존자는 다음과 같이 불안해하며 의존하려는 경향을 보인다.

- 스스로에게서 행복감, 만족감 또는 평화로움을 느끼지 못한다.
- 자신의 바깥에서 행복을 찾는다.
- 자신에게 행복을 줄 수 있다고 생각하는 누구든, 무엇이든 붙잡으려 한다.
- 자신에게 행복을 줄 수 있다고 생각하는 일 또는 사람의 상실로 인해 심각한 위협감을 느낀다.
- 부모에게서 사랑과 인정을 받지 못했다.
- 자신을 사랑하지 않는다.
- 다른 사람이 자신을 사랑할 수 없고 사랑하지 않는다고 믿는다.
- 필사적으로 사랑을 추구하며 인정을 받으려고 한다.
- 사랑을 줄 수 없는 사람들에게서 자주 사랑을 구한다.
- 다른 사람들이 자신을 위해서 결코 함께 있어 주지 않는다고 생각한다.
- 사랑과 고통을 동일한 것으로 본다.
- 자기 주변에 사람들이 있어 주기를 바라며, 항상 더 많은 사람들이 필요하다고 느낀다.
- 자신이 사랑받을 만하고 충분히 좋은 사람이라는 것을 입증하려고 애쓴다.
- 다른 사람이 자신에게 유익한 사람인지를 알아보려고 시간을 투자하지 않는다.

- 다른 사람이 자신을 사랑하거나 좋아하는지에 대해 걱정한다.
- 다른 사람을 사랑하거나 좋아하는지를 헤아려 보려고 자신의 시간을 투자하지 않는다.
- 자신의 삶의 초점을 주변 사람들에게 맞춘다.
- 자신에게 좋은 감정만을 주는 인간관계에 시선을 돌린다.
- 누군가를 사랑할 때 자신의 삶에 흥미를 잃는다.
- 사람들이 자신을 떠날 것이라고 걱정한다.
- 스스로 자신을 돌볼 수 있다고 믿지 않는다.
- 엇박자가 나며 고장 난 인간관계에 머물러 있다.
- 사람들이 자신을 계속 사랑할 수 있도록 학대를 참아 낸다.
- 인간관계 속에서 덫에 걸린 느낌을 갖는다.
- 좋지 않은 인간관계를 단절하기도 하지만 새롭게 형성하는 인간관계 역시 긍정적으로 작동하지 않는다.
- 사랑을 발견할 수 있을지 미심쩍어한다.

서투른 의사소통

공동의존자는 종종 다음과 같이 의사소통에 서투르다.

- 야단친다.
- 위협한다.
- 강요한다.
- 사정한다.
- 뇌물을 준다.
- 조언한다.

- 자신의 의도를 말하지 않는다.
- 자신이 말하려는 것과는 다른 의미를 전달한다.
- 자신의 의도가 무엇인지를 알지 못한다.
- 자신의 말을 진지하게 받아들이지 않는다.
- 다른 사람이 자신을 진지하게 받아들이지 않는다고 생각한다.
- 자신을 지나칠 정도로 진지하게 받아들인다.
- 바라고 필요로 하는 것들을 간접적으로, 예를 들면 한숨을 쉰다거나 하는 방식으로 요구한다.
- 핵심에 도달하기가 쉽지 않다.
- 핵심이 무엇인지 확실하게 이해하지 못한다.
- 원하는 결과를 얻기 위해 자신의 말을 주의 깊게 이리저리 재 본다.
- 사람을 즐겁게 하는 것이라고 생각되는 것들을 말하려고 애쓴다.
- 사람의 화를 돋우는 일이라고 생각되는 것들을 말하려고 애쓴다.
- 자신이 원하는 것을 다른 사람이 하도록 만들기 위해 자신이 바라는 것을 말하려고 애쓴다.
- 자신의 사전에 '아니요' 라는 단어를 삭제한다.
- 말을 너무 많이 한다.
- 다른 사람에 대해 이야기한다.
- 자신, 자신의 문제, 자신의 감정, 자신의 생각에 대해 이야기하는 것을 피한다.
- 모든 것이 자신의 잘못이라고 말한다.
- 어떤 것도 자신의 잘못이 아니라고 말한다.
- 자신의 의견은 중요하지 않다고 믿는다.
- 다른 사람의 의견을 파악할 때까지 자신의 의견을 표현하지 않고 기다린다.

- 사랑하는 사람을 감싸고 보호하기 위해 거짓말을 한다.
- 자신을 보호하기 위해 거짓말을 한다.
- 자신의 권리를 주장하는 하는 일에 어려움을 느낀다.
- 감정을 정직하게, 숨김없이, 적절하게 표현하는 일에 어려움을 느낀다.
- 자신이 말해야 하는 내용의 대부분이 중요하지 않다고 생각한다.
- 냉소적이고 자기를 비하하거나 혹은 적대적인 방식으로 대화를 시작한다.
- 다른 사람을 괴롭힌 일에 대해 사과한다.

약한 경계

공동의존자는 다음과 같이 자신의 경계가 약하며 삶의 원칙이나 기준이 없는 경우가 많다.

- 다른 사람이 하는 특정 행동에 대해 참을 수 없다고 말한다.
- 전에는 절대 참을 수 없다고 했던 일들을 견디며 그 일들을 해낼 때까지 인내심의 한계를 점차 키워 간다.
- 다른 사람이 자신의 마음에 상처를 주도록 내버려 둔다.
- 다른 사람이 자신의 마음을 아프게 하도록 계속 방치한다.
- 다른 사람이 자신의 마음을 왜 그렇게 아프게 하는지 그 이유를 잘 이해하지 못한다.
- 계속 그 상황을 견뎌내며 불평하고 비난하고 통제하려고 한다.
- 결국 화를 낸다.
- 관대함을 상실하며 옹졸해진다.

신뢰 부족

공동의존자는 다음과 같이 신뢰하는 일을 어려워한다.

- 자신을 신뢰하지 않는다.
- 자신의 감정을 신뢰하지 않는다.
- 자신이 내린 결정을 신뢰하지 않는다.
- 다른 사람을 신뢰하지 않는다.
- 신뢰하지 못할 사람을 신뢰하려고 애쓴다.
- 신이 자신을 버렸다고 생각한다.
- 신에 대한 믿음과 신뢰를 상실한다.

분노

공동의존자는 다음과 같이 분노에 익숙해 있다.

- 두려움이 많고 쉽게 상처받고 몹시 화를 낸다.
- 두려움이 많고 쉽게 상처받고 몹시 화를 내는 사람과 함께 산다.
- 자신의 분노를 두려워한다.
- 다른 사람의 분노를 두려워한다.
- 분노를 드러내면 다른 사람이 떠날 것이라고 생각한다.
- 다른 사람이 자신을 화나게 만든다고 생각한다.
- 다른 사람을 화나게 만들까 봐 두려워한다.
- 다른 사람의 분노에 좌지우지되는 느낌을 갖는다.
- 자신의 성난 감정을 억누른다.

- 보복하고 적대적으로 행동하고 폭력적 기질을 분출하기 위해 많이 울고 우울해하고 폭식하고 아프고 비열하고 불쾌한 일들을 저지른다.
- 자신을 화나게 만든 사람들을 처벌하려고 한다.
- 화를 느끼는 감정에 대해 창피하게 생각한다.
- 화를 느끼는 감정 때문에 스스로를 자책하고 창피하게 생각한다.
- 분노의 감정을 느낀 자신에게 죄책감과 수치심을 전가시킨다.
- 분노, 원한, 비통함의 감정이 점점 더 강해지고 있음을 느낀다.
- 감정이 상처받는 것보다 분노를 느끼는 것에 더 편안함을 느낀다.
- 자신이 언제쯤이나 화를 내지 않을지를 궁금해한다.

성적 문제

공동의존자는 다음과 같은 성적 문제를 경험하기도 한다.

- 잠자리에서조차도 돌보는 사람의 역할을 수행한다.
- 자신이 원하지 않아도 성관계를 갖는다.
- 상대가 자신을 조금이라도 수용해 주고 필요한 것들을 충족시켜 주고 사랑해 주면 성관계를 맺는다.
- 화가 나거나 상처 입었을 때 성관계를 가지려고 한다.
- 상대에게 너무 화가 나 있기 때문에 성관계를 거부하며 즐기지 못한다.
- 통제력을 상실하는 것에 대해 두려워한다.
- 성관계와 관련된 자신의 요구를 상대에게 말하기 어려워한다.
- 자신의 감정을 거두어들이고 상대방에 대해 냉정해지려고 한다.
- 상대에 대해 성적으로 강한 혐오감을 느낀다.
- 상대에게 혐오감을 느낀다고 말하지 않는다.

- 이유가 무엇이든 억지로 성관계를 갖는 경향이 있다.
- 성관계를 하나의 기술적 행위에 불과한 것으로 취급한다.
- 성관계를 왜 즐기지 못하는지에 대해 의아해한다.
- 성적인 것에 대한 흥미를 상실한다.
- 성관계를 절제해야 할 이유들을 만들어 낸다.
- 자신의 성적 상대가 죽거나 사라져 버리거나 자신의 감정을 그 상대가 감지해 주기를 바란다.
- 다른 사람에게 강력한 성적 환상을 가진다.
- 바람피우는 일을 생각하거나 실제로 바람을 피운다.

기타

공동의존자는 다음과 같은 경향이 있다.

- 지나치게 책임을 지려고 한다.
- 지나치게 무책임하다.
- 희생을 요구하지 않는 일임에도 자신과 다른 사람의 행복을 희생하면서 순교자가 된다.
- 사람들에게 친밀한 감정을 느끼는 것이 어렵다.
- 재미있게 즐기고 자발적으로 살아가는 일이 어렵다.
- 공동의존에 대해 대체적으로 울고 상처 입고 무기력한 모습의 수동적인 반응을 한다.
- 공동의존에 대해 대체적으로 폭력과 분노 그리고 지배라는 공격적인 반응을 한다.
- 수동적이고 공격적인 반응들이 공존한다.

- 선택과 감정 사이에서 이리저리 흔들린다.
- 울고 싶을 때 웃는다.
- 상처받을 때조차도 자신의 강박적인 모습을 흔들림 없이 유지하며, 사람들에게도 충실한 모습을 보이면서 자기 자리를 지킨다.
- 가족과 자기 자신, 인간관계와 관련된 여러 문제에 대해 창피하게 생각한다.
- 문제의 본질에 대해 혼란스러워한다.
- 문제를 은폐하고 보호하려고 하고 거짓말을 한다.
- 문제가 그렇게 심각하지 않고 자신은 중요한 사람이 아니라고 스스로에게 말하면서 도움을 구하려 하지 않는다.
- 문제가 왜 사라지지 않는지를 의아해한다.

진전된 상태

공동의존이 해결되지 않고 진전되는 후기 단계에 이르면 공동의존자는 다음과 같은 증상을 보인다.

- 무기력해진다.
- 우울해진다.
- 만사가 귀찮고 고립된다.
- 일상생활이 완전히 망가진다.
- 자녀를 학대하거나 방임하고 책임져야 할 일들도 포기하다시피 한다.
- 절망감을 느낀다.
- 자신을 위기에 빠뜨린 인간관계로부터 벗어나려는 계획을 세우기 시작한다.

- 자살을 생각한다.
- 폭력적으로 변한다.
- 정서적, 정신적 또는 신체적으로 심각하게 병이 든다.
- 과식 또는 식욕 부진과 같이 먹는 것과 관련된 장애를 경험한다.
- 알코올과 마약에 중독된다.

지금까지 언급한 체크리스트는 상당히 긴 내용임에도 불구하고 모든 현상을 다 포함하지는 못한다. 다른 사람들처럼 공동의존자는 많은 일을 하고 느끼고 생각한다. 어떤 사람이 공동의존자인지 아닌지를 가려낼 수 있는 명확한 기준은 없다. 사람마다 각각의 특성을 갖고 있고 저마다 자신만의 방식이 있다. 나는 단지 전체적인 윤곽을 그려 보고 싶었다. 내가 제시한 내용을 해석하거나 결정을 내리는 일은 당신에게 달려 있다. 우선적으로 해야 할 가장 중요한 일은 문제를 일으키는 당신의 행동이나 영역이 무엇인지 검토해 보는 것이고, 그러고 나서 당신 스스로 무엇을 해야 할 것인지를 결정하는 것이다.

나는 3장 끝부분에 제시한 과제에서 당신에게 공동의존을 나름대로 정의해 보라고 제안했다. 어니 라슨의 말처럼 만약 당신의 문제를 '알코올중독자와 함께 살고 있는 것'으로 정의했다면 당신은 알코올중독자와 살지 않는 것을 문제의 답으로 생각할지도 모르겠다. 그것은 부분적으로 맞을 수 있다. 그러나 공동의존자인 우리가 갖는 진짜 문제는 우리가 가지고 있는 특성, 즉 우리의 공동의존적 행동이다.

누가 공동의존자인가? 바로 나다.

미국에서는 약 80만 명 정도의 사람들이 약물의존자이거나 약물의존자와 관계된 사람일 것이라고 추정한다.[2] 그들은 아마 공동의존자들일 것이다.

문제를 가진 사람을 사랑하고 걱정해 주며 그들과 함께하는 사람 역시 공동의존자일 가능성이 높다.

섭식장애를 가진 사람을 돌보는 사람 역시 공동의존자일 가능성이 높다. 주디 홀리스Judi Hollis는 자신의 저서 『비만은 가족 문제다(Fat Is a Family Affair)』에서 섭식장애자 한 사람이 15명에서 20명의 공동의존자들을 분주하게 만들 수 있다고 쓰고 있다.[3] 섭식장애를 겪고 있는 많은 사람도 공동의존자다. 홀리스는 그녀의 책에 이렇게 쓰고 있다.

> 비공식적 조사지만 나는, 알코올중독자의 부인 중 적어도 40%가 비만임을 발견했다.[4]

당신은 지금 이 책을 당신을 위해 읽고 있을 것이다. 당신 또한 공동의존자일지도 모른다. 그렇지 않다면 다른 누군가를 돕기 위해 이 책을 읽고 있을 수도 있다. 정말 그렇다면 당신도 공동의존자일 가능성이 충분하다. 만약 당신의 관심이 집착으로 그리고 당신의 열정이 누군가를 돌보아 주려는 태도로 바뀌었고, 다른 사람은 돌보면서 자신을 돌보지 않는다면 당신은 이미 공동의존에 빠져 있는 것이다. 각 사람은 자신의 변화를 위해 무엇이 필요한지 그리고 언제 그러한 변화가 일어나야 하는지를 스스로 결정해야만 한다.

공동의존은 다양한 모습으로 나타난다. 먼저 공동의존은 사람에 대한 의존이다. 그것은 바로 사람의 기분, 행동, 질병이나 행복 그리고 사랑에 대한 의존이다. 공동의존은 역설적인 의존이다.[5] 공동의존자는 의존할 만한 사람으로 보이지만 오히려 그들이 의존하고 있다. 그들은 강하게 보이지만 무기력하다. 그들은 통제하는 것처럼 보이지만 실제로는 통제받고 있고 알코올중독과 같은 병에 의해 종종 지배를 받는다.

회복을 일으키는 중요한 요소가 있다. 먼저 문제를 해결해 나가는 과정에서 회복이 보람 있는 일이라는 것을 인식할 필요가 있다. 인간의 정신과 감정 그리고 영혼이 결부된 문제에서 회복하는 일은 길고도 험난한 과정이다. 그러나 그렇지 않을 수 있다. 우리가 인간이기에 느끼는 정상적인 감정과 우리가 다르게 행동하고자 할 때 경험하는 불편한 고통을 제외한다면 공동의존으로부터 회복하는 과정은 신나고 즐거운 일이다. 회복은 자유로움이라는 것을 알아야 한다. 회복은 있는 그대로의 자신의 모습을, 그리고 있는 그대로의 다른 사람의 모습을 받아들이게 한다. 회복은, 신이 우리에게 부여한 생각하고 느끼고 행동하는 힘을 다시 소유할 수 있도록 돕는다. 회복은 좋은 것을 느끼게 하고 평화를 가져온다. 회복은 우리 자신과 다른 사람을 사랑할 수 있게 한다. 회복은 우리가 그토록 찾기를 갈망해 왔지만 그것이 어떤 것인지 몰라 그저 좋은 것으로만 알았던, 바로 그 사랑을 받아들이도록 해 준다. 회복은 우리 주변 사람에게 그들의 건강을 유지할 수 있는 최적의 환경을 제공한다. 그리고 회복은 많은 이들이 어쩔 수 없이 함께 지내야 했던 참을 수 없는 고통을 멈추도록 돕는다.

회복은 신나는 일일뿐만 아니라 복잡하지 않다. 회복이 항상 녹록지 않다는 것이 사실이지만, 회복은 단순한 작업이다. 회복은 우리 각자가 자신을 책임져야 한다는 것을 잊고 살아왔거나 전혀 배우지 못했다는 전제에서 출발한다. 회복은 우리 자신에게 헌신하는 일, 즉 자기 자신을 돌보는 새로운 행동을 배우는 것을 의미한다. 우리는 다음 장부터 회복을 위한 구체적인 생각들을 논의할 것이다.

과 제

1. 공동의존 체크리스트를 다시 검토해 보면서 각각의 특징 옆에 숫자를 적는다. 전혀 문제가 없다면 0, 가끔 일어나면 1, 자주 일어나면 2로 표시한다. 뒤에서 당신의 목표를 수립하기 위해 체크리스트를 활용할 것이다. 당신이 읽고 싶은 다른 장들을 읽기 전에 체크리스트를 먼저 살펴본다면 이해하는 데 도움이 될 것이다.

2. 당신 자신을 변화시킨다는 것에 대해 어떤 느낌이 드는가? 당신이 변화하기 시작한다면 무슨 일이 일어날 것 같은가? 당신이 변화할 수 있다는 생각이 드는가? 왜 그런가? 아니라면 무엇 때문인가? 질문에 대한 대답을 두세 문단 정도의 길이로 작성해 보자.

제2부

자기 돌봄의 원칙

••• 05
분리

"분리란 마음을 쏟아 왔던 사람으로부터 그저 떨어져 나가는 것이 아니라,
뒤엉킨 관계 때문에 생기는
고통으로부터 벗어나는 것을 말한다(알아논 모임의 한 회원).1"

'자기 돌봄의 원칙' 이라고 명명된 제2부의 첫 장의 주제로 무엇을 정할지 고민하면서 내 머릿속에는 많은 주제들이 떠올랐다. 나는 결국 분리(detachment)라는 주제를 선택했는데, 분리가 다른 개념들보다 더 중요한 의미를 가지고 있기 때문에 그랬던 것은 아니다. 내가 분리를 첫 장의 주제로 선택한 것은 분리가 다른 개념들의 바탕이 된다고 생각했기 때문이다. 우리가 행복하게 살려고 몸부림칠 때 우리가 자주 해야 할 필요가 있는 중요한 일은 바로 분리다. 분리는 또한 공동의존자의 회복을 위해 실시되는 대다수 프로그램의 목표이기도 하며 우리가 앞으로 해야 할 일들을 진행하기 전에 가장 먼저 해야만 하는 일이기도 하다. 우리가 집착하는 대상으로부터 분리하지 않고서는 자신에 대해 어떤 일을 진행할 수도, 자신의 삶을 살아갈 수도, 자신의 감정을 느낄 수도, 자신의 문제를 해결할 수도 없다. 나뿐만 아니라 다른 사람들의 경험을 보더라도 우리가 분리하기

전까지는 심지어 절대자조차도 우리의 삶을 어찌해 볼 수 없다.

애착

한 공동의존자가 "나는 당신에게 사로잡혀 있는 것 같아요."라고 말할 때, "제발, 주의하세요!"라는 충고가 튀어나올 수밖에 없다. 그가 했던 말이 바로 '애착'을 의미한다.

대부분의 공동의존자는 사람과 주변에서 일어나는 문제에 애착되어 있다. 여기서 말하는 '애착'이란 사람을 좋아하고 문제에 대해 걱정하고 세상과 소통하는 그런 보통의 감정을 의미하는 것이 아니다. 그것은 지나치게 연관되어 있고 때때로 절망적일 정도로 얽혀 있어 거기에서 빠져나올 수 없는 상태가 되어 버렸다는 것을 말한다.

애착에는 다음과 같은 여러 형태가 있다.

- 사람이나 문제에 대해 지나치게 근심하고 정신이 팔려 있다. 그러한 상태는 우리의 정신 에너지가 애착되어 있다는 증거다.
- 사람과 주변의 문제에 대해 점점 더 집착하려 들고 통제하려 한다. 그러한 상태는 우리의 정신, 육체 그리고 감정 에너지가 집착하는 대상에게 향해 있을 때 나타나는 현상이다.
- 자신의 결단과 의지에서 우러나오는 진정 어린 행동을 하기보다는 상황에 반응하는 행동만을 하게 된다. 그러한 상태는 우리의 정신, 감정 그리고 신체 에너지가 애착되어 있음을 보여 주는 현상이다.
- 주변 사람에게 감정적으로 의존한다. 그러한 상태는 우리가 지금 실제로 이미 애착상태에 있다는 것을 보여 주는 증거다.
- 주변 사람에게 돌보는 사람(구원자, 조장자)으로 살아간다. 그러한 상

> 태는 우리를 필요로 하는 주변 사람의 욕구에 우리를 확실하게 애착 시킨 결과다.

애착으로 인해 문제들이 생겨난다(이 장에서는 애착이 가지고 있는 문제 중에서 걱정과 집착에 초점을 맞추고자 한다. 애착의 또 다른 문제들은 이어지는 장들에서 다루어질 것이다). 어떤 종류든지 다른 사람과 지나치게 연관되는 것은 우리 자신과 우리 주변의 사람을 혼돈의 상태에 빠지게 만든다. 우리의 모든 에너지를 주변 사람과 그들의 문제에 쏟아부으면 정작 우리의 삶을 위해 사용해야 하는 에너지는 거의 남아 있지 않게 된다. 그 자리를 대신 차지하게 되는 것은 지나친 걱정과 책임감뿐이다. 우리가 그 모든 것을 떠맡으면 주변 사람은 할 일이 없어진다. 주변 사람과 그들의 문제에 대해 지나치게 신경을 쓰는 것은 우리를 혹사시키고 다른 사람을 안일하게 만든다. 게다가 그렇게 하는 것은 실제로 어떤 도움도 되지 않는다. 그런 방법으로는 문제를 해결할 수도 없고 다른 사람뿐만 아니라 우리 자신에게도 도움이 되지 않는다. 힘만 낭비할 뿐이다.

웨인 다이어Wayne W. Dyer 박사는 『당신의 그릇된 영역들(Your Erroneous Zones)』2에서 다음과 같이 언급했다.

> 당신이 오랜 시간 동안 충분히 괴로워하고 걱정하는 것으로 어떤 사실을 변화시킬 수 있다고 믿는다면, 당신은 지구와는 전혀 다르게 현실세계가 작동하는 행성에서 살고 있는 것이다.

걱정하고 집착하는 것은 머리를 더 혼란스럽게 엉클어 놓기 때문에 문제를 해결할 수 없게 한다. 우리가 이런 방식으로 누군가에게 혹은 어떤 일에 붙들려 있을 때마다 우리는 자신으로부터 분리되고 우리 자신과의 접촉이 차단된다. 우리는 생각하고 느끼고 행동하고 스스로를 돌볼 수 있는 힘과 능력을 잃게 된다. 자신에 대한 통제력을 잃어버린다.

다른 사람이나 어떤 문제에 집착한다는 것은 자신을 그 대상에 사로잡히게 하는 끔찍한 일이다. 당신은 누군가 혹은 무언가에 빠져 집착하는 사람을 본 적이 있는가? 그런 사람은 집착하는 대상 외에 다른 어떤 것에 대해 말할 수도, 생각할 수도 없다. 또한 당신이 그 사람과 이야기할 때 그는 당신의 말을 경청하고 있는 것처럼 보이지만 실제로는 당신에게 집중하고 있지 않다. 그 사람의 마음은 강박적인 생각이 만들어 낸 끊임없이 돌고 돌아야 하는 경주 트랙에서 이리저리 뒹굴고 방향을 틀다가 여기저기 부딪히고 쿵쾅거리면서 빙글빙글 돌고 있는 것과 같다. 그 사람은 자신의 마음을 빼앗긴 상태다. 당신이 말하는 내용이 그 사람이 집착하고 있는 대상과 아무런 관계가 없음에도 그 사람은 자꾸 그 내용을 그 대상과 연관 지으려고 한다. 그 사람은 때때로 같은 말을 반복하고 때때로 표현을 살짝 바꾸기도 하지만, 본질적으로 같은 내용의 말을 계속 되풀이하며 이야기한다. 당신이 어떤 말을 할지라도 달라지는 것은 없다. 그래서 그 사람에게 "이제 좀 그만해."라고 말해 보지만 헛수고일 뿐이다. 그 사람이 멈추려고 할 때만 멈출 수 있다. 문제는 그 사람이 멈춰야 하는 순간에 멈추지 못한다는 것이다. 그것은 집착을 형성하며 신경을 건드리는 불쾌한 에너지가 그 사람의 마음속을 가득 채우고 있기 때문이다. 자신의 문제나 걱정거리가 그 사람을 괴롭힐 뿐만 아니라 통제까지 하고 있는 것이다.

나는 가족 단위로 진행되는 프로그램을 운영하면서 거기에 참여했던 많은 사람들이 자신이 걱정하는 사람에 대해 상당히 집착하고 있는 것을 보았다. 나는 그들에게 무엇을 느끼고 있는지를 물었다. 그런데 그들은 자신의 느낌을 말하는 대신, 다른 사람이 어떻게 느끼고 있는지를 나에게 설명했다. 이번에는 그들에게 무엇을 했는지를 물었다. 마찬가지였다. 자신이 했던 일을 이야기하는 것이 아니라 그 사람이 했던 일을 나에게 설명했다. 가족 구성원들의 마음은 온통 자기 자신보다 관심이 꽂힌 사람 혹은 그와 관련된 일에 집중되어 있었다. 그중에는 다른 사람에 대해 근심하고 반응하고 통제하려고 하면서 자신의 귀한 삶을 수년간이나 허비하고 있는 사람도 있었다. 그들은 속이 텅 빈 껍데기 같은 사람들이었다. 때때로 그 껍데기조차 닳아서 거의 보이지 않을 정도였다. 그들의 에너지는 거의 고갈되었지만 얼마 남지 않은 에너지조차 여전히 다른 누군가에게 향해 있었다. 그들은 자신이 무엇을 생각하고 느끼는지를 몰랐기 때문에 어떤 것도 나에게 말해 줄 수 없었다. 그들의 초점은 자신을 향해 있지 않았다.

당신은 누군가에게 또는 어떤 일에 집착해 왔는지도 모른다. 누군가가 어떤 일을 하거나 혹은 그것에 대해 말한다. 당신의 머리에 한 생각이 떠오른다. 그 어떤 일이 당신에게 과거의 한 사건을 생각나게 한다. 그 어떤 문제가 당신의 생각 속으로 파고든다. 어떤 일이 일어날 수도, 일어나지 않을 수도 있다. 혹은 어떤 일이 일어나고 있다고 느끼지만 그것이 어떤 것인지 확실하게 알지 못한다. 보통 때라면 지금쯤 전화를 해야 할 사람이 전화를 하지 않는다. 전화를 받지도 않는다. 받아야 하는데. 봉급날이다. 과거에 그는 봉급날 항상 취해서 돌아왔다. 그가 술을 끊은 지는 불과 3개월밖에 되지 않는다. 오늘 다시 그 일이 벌어지는 걸까? 당신은 어떤 일이 생길지, 어떤 이유 때문인지 알 수도 없고, 언제 그 일이 일어날지조차 확실하게 판단할 수 없다. 하지만 당신은 이미 좋지 않은 일이, 아니 더 끔찍한 일이 일어났거나 일어나는 중이거나 곧 일어날 것이라고 믿고 있다.

이런 생각들이 당신의 속을 쓰리게 한다. 속이 뒤틀리고 손이 부르르 떨릴 정도로 불안한 느낌이 당신을 파고드는데, 그것은 공동의존자에게 친숙한 현상이다. 그러한 불안 속에서 걱정과 집착이 자라나고 내면에 스며든 근심은 자신에게 상처 주는 일들을 서슴지 않고 하게 한다. 불안은 최악의 경우 두려움으로 치닫는다. 대개 두려움은 전투 준비를 끝내고 일시적으로 공포감이 감도는 비행기를 탄 것처럼, 우리를 그 상태에 몰아넣고 이리저리 왔다 갔다 한다. 그러나 걱정은 항상 제자리를 맴돈다. 걱정은 항상 똑같이 헛된 생각들을 끊임없이 재생산하게 하는 그 본연의 목적을 제외하고 그 어떤 것도 하지 못하도록 우리의 마음을 마비시키면서 우리를 장악한다. 우리는 이러한 걱정을 연료로 삼아서 갖가지 행동들을 통제하려고 한다. 문제를 해결하는 데 초점을 맞추지 않고 오직 상황들을 은폐하려고 하면서 문제를 통제하고 사라지게끔 하는 것에만 우리의 생각을 집중한다. 공동의존은 이처럼 걱정이라는 재료로 만들어진다.

집착에 빠져 있을 때 당신은 집착하고 있는 사람이나 문제에서 벗어날 수가 없다. 당신은 지금 스스로 무엇을 느끼는지 모른다. 과거에도 당신은 당신이 생각하고 있는 것이 무엇인지 몰랐다. 심지어 당신은 스스로 무엇을 해야만 하는지조차도 알지 못한다. 하지만 당신은 뭔가를 반드시 해야만 한다. 그것도 아주 빠르게!

걱정하고 집착하며 통제하는 것은 모두 환상이다. 이것은 우리가 우리 자신에게 사용하는 속임수다. 우리는 문제 해결을 위해 뭔가를 하고 있다고 느끼지만 실제로는 아무것도 하고 있지 않다. 우리 중 많은 사람은 정당하다고 느끼는 적절한 이유를 대며 이런 식으로 반응해 왔다. 우리는 우리의 삶을 교란해 왔던 심각하고 복잡한 문제들 속에서 살아왔고, 그 문제들은 정상적인 사람마저도 불안과 혼란, 걱정과 집착에 빠지도록 자극했을 것이다. 우리는 문제투성이의 통제할 수 없는 사람을 사랑하는지도 모른다. 그 사람의 문제는 알코올중독, 섭식장애, 도박, 정신이나 정서적인 상태와 관련되어 있으며 이러한 것들이 섞여 있을 수도 있다.

우리 중 어떤 사람은 그러한 상황보다는 덜 심각한 문제를 가지고 살아가지만, 그것 역시 어떤 식으로든지 우리를 걱정하게 만든다. 우리가 사랑하거나 또는 걱정하는 사람들은 변덕스러운 감정의 변화를 경험하고 있을 수도 있다. 그들은 우리가 하지 않았으면 하고 바라는 일들을 하는지도 모른다. 우리는 그들이 이전과는 다르게, 더 나은 방식으로, 많은 문제를 일으키지 않을 것이라고 우리가 믿고 있는 방식대로 일들을 처리해야 한다고 생각할지도 모른다.

우리 중 어떤 사람은 걱정하고 즉각적으로 반응하고 강박적으로 통제하려는 애착의 태도를 습관적으로 형성해 왔다. 아마도 우리는 통제의 한계를 넘어선 사람과 사건을 겪으면서 살아왔을지도 모른다. 어쩌면 우리는 진행되고 있는 일들의 균형을 유지하거나 상황들이 악화되는 것을 일시적으로 막아 보려고 집착과 통제라는 수단을 사용했는지도 모른다. 그런 다음에 우리는 그러한 방식을 계속 고수해 왔다. 과거에 우리가 아무것도 하지 않고 상황을 방치했을 때 끔찍하고 가슴 아픈 일들이 일어났던 적이 있었기 때문에 우리는 상황을 그냥 내버려 두는 것을 두려워하고 있는지도 모른다.

우리는 어쩌면 다른 사람에게 애착되어 너무 오랫동안 그들의 인생을 대신 살아왔기 때문에 현재 우리 자신의 인생을 살지 못하는지도 모른다. 우리는 이처럼 애착되어 있는 것이 더 안전하다고 느낀다. 우리가 무언가에 반응한다는 것은 적어도 우리가 살아 있다는 것을 확인시킨다. 집착하거나 통제하고 있는 동안에는 그래도 뭔가를 하고 있다는 느낌이 든다.

여러 가지 이유로든 공동의존자는 자신을 사람과 문제에 애착시키는 경향이 있다. "걱정이 어떤 문제도 해결할 수 없다는 사실에 대해 신경 쓸 필요 없어. 문제를 해결할 해법들이 그다지 많지 않다는 사실에도 신경 쓸 필요 없어. 너무나 집착한 나머지 책을 읽을 수도, 텔레비전을 볼 수도, 산책조차 할 수도 없다는 점에 대해서도 신경 쓸 필요 없어. 그녀가 어떤 말을 했든지, 안 했든지, 그녀가 어떤 일을 했든지, 안 했든지, 그녀가 다음에 무엇을 할 것인지에 대해 관심을 쏟느라 감정이 끊임없이 동요하고 있다는 사실에도 신경 쓸 필요 없어. 하는 일이 어느 누구에게도 도움이 되지 않는다는 사실에 대해서도 제발 신경 꺼! 어떤 희생을 치르더라도 우리는 인내심을 가지고 그 상태에 계속 머무를 거야. 이를 갈면서 전보다 더 악착같이."

우리 중 어떤 사람은 자신이 그렇게 악착같이 계속 붙들고 살아왔다는 사실조차 깨닫지 못한다. 또 어떤 사람은 그렇게 해야만 한다고 스스로에게 다짐해 왔다. 우리는 다른 사람이나 특별한 문제에 집착하면서 즉각적으로 반응하는 것 말고는 선택의 여지가 없다고 믿는다. 내가 공동의존자에게 사람이나 혹은 문제로부터 떨어져 나와야 한다고 제안하면, 그들은 종종 두려움에 뒷걸음친다. "아, 안 돼요. 난 절대 그렇게 할 수 없어요. 그 사람을 너무도 사랑한단 말이에요. 걱정 때문에 도저히 그럴 수 없어요. 제게 그 사람이나 그 문제는 너무 소중하니까요. 나는 계속 그 사람과 붙어 있어야만 해요."

그 말에 나는 이렇게 묻는다. "당신이 그래야만 한다고 누가 그러던가요?"

당신에게 꼭 알려 주고 싶은 좋은 소식이 하나 있다. 우리는 '그래야만 하는 것'을 '그래야만 하는 것'으로 생각할 필요가 없다. 한 가지 더 좋은 방법이 있다. 그것은 바로 우리가 '분리'라고 부르는 것이다.[3] 처음에는 무척 두려울 수도 있지만 분리는 궁극적으로 우리와 연관된 모든 사람들에게 유익하게 작용한다.

더 나은 방법

'분리'란 정확히 어떤 의미일까? 내가 당신에게 무엇을 묻는 것이라고 생각하는가? (당신이 이미 추측했을지도 모르지만, 이 용어는 특수하게 사용되는 전문용어다.)

먼저 분리라고 할 수 없는 것들에 대해 이야기해 보자. 분리는 냉정함과 적개심을 가진 채 물러나 있는 것이 아니다. 사람들이 우리 인생행로에 안겨 준 일들을 체념하며 절망하는 심정으로 받아들이는 것도 아니다. 주변 사람과 여러 문제에 대해 무관심하며 그것들로부터 어떤 영향도 받지 않는 로봇처럼 살아가는 것도 아니다. 세상 물정 모르고 그저 행복에 취해 있는 극단적 낙천주의도 아니다. 우리 자신과 다른 사람에 대한 진정한 책임감을 회피하는 것도, 관계를 단절하는 것도 분리가 아니다. 우리의 사랑과 관심을 끊어 버리는 것이 때때로 우리가 잠시 동안 시도할 수 있는 최선의 분리라고 이해할 수 있겠지만 그렇다고 그것을 분리라고 할 수 없다.

이상적으로 말하자면, 분리란 사랑의 관계에 있는 사람이나 문제로부터 자유로워지거나 떨어져 나가는 것을 뜻한다. 알아논 모임에서 수년 동안 계속 읽어 온 『분리(Detachment)』라는 제목의 소책자를 보면, 우리는 다른 사람의 삶과 그 사람이 져야 할 책임에 대해 자주 고통스러워하고 건강하지 않게 얽혀 있는 상황들로부터 그리고 우리가 해결할 수 없는 문제들로부터 정신적으로, 정서적으로 그리고 때때로 신체적으로 벗어난다는 표현이 있다.

분리는 다음과 같은 전제들을 필요로 한다. 첫째, 각 사람은 자기 자신에 대해 스스로 책임을 져야 한다. 둘째, 우리는 자신의 것이 아닌 문제들을 해결할 수 없다. 셋째, 걱정하는 것은 도움이 되지 않는다. 이제 우리는 다른 사람이 져야 할 책임에 대해 간섭하지 않고 우리 자신의 일에 대해서만 관심을 쏟는다는 원칙을 정한다. 만약 다른 사람이 파멸을 자초하는 일들을 행한다고 할지라도 우리는 그들이 자신의 현실을 책임질 수 있도록 내버려 둔다. 그들이 그들 자신의 모습으로 살아갈 수 있도록 허용한다.

그들이 책임감을 갖고 성장할 수 있는 자유를 선사한다. 우리 자신에게도 똑같은 자유를 부여한다. 우리는 우리가 할 수 있는 최선의 능력으로 우리의 삶을 살아간다. 우리가 변화시킬 수 있는 것들과 우리가 변화시킬 수 없는 것들을 분별하기 위해 노력한다. 그런 다음 변화시킬 수 없는 일들을 변화시키기 위해 해 왔던 노력들을 중단한다. 문제를 해결하기 위해 우리가 할 수 있는 것만을 한다. 초조해하거나 마음을 졸이지 않는다. 할 수 있는 일들을 했지만 문제가 해결될 수 없다고 느낀다면 그 문제와 더불어 살아가는 법을 배운다. 그리고 오늘 하루 우리의 삶에서 있었던 좋은 일에만 단호하게 집중하고 그것에 감사하며 행복하게 살아가려고 노력한다. 우리가 가지고 있는 것들을 최대한 잘 활용하면 그것들이 더 크고 풍성한 열매들로 바뀐다는 요술 같은 교훈을 배우게 된다.

분리는 '지금 이 순간의 삶', 즉 바로 지금, 우리가 서 있는 곳에서의 삶과 연계된다. 삶을 억지로 통제하기보다는 자연스럽게 흘러가도록 놔둔다. 과거에 대한 후회와 미래에 대한 두려움을 내려놓는다. 우리는 매일매일을 최대한 활용하며 살아간다.

또한 분리는 있는 그대로의 현실, 즉 사실을 받아들이는 것과 관련되어 있다. 분리는 우리 자신과 신, 다른 사람과 자연의 질서 그리고 세상에 존재하는 것들의 운명을 믿는 믿음을 요구한다. 우리가 직면하는 순간순간이 올바르다는 것 그리고 적절하다는 것을 믿는다. 문제가 해결되지 않았지만 무거운 짐과 걱정을 모두 내려놓고 자신의 삶을 즐기는 자유를 스스로에게 부여한다. 갈등하는 상황 속에서도 모든 것이 잘되고 있다. 우리 자신보다 더 위대한 존재가 무슨 일이 일어나는지를 알고 있고 그 일을 예정했으며 관심을 쏟고 있다는 사실을 믿는다. 문제를 해결하기 위해서 우리가 할 수 있는 것보다 더 많은 일들을 그 위대한 존재가 할 수 있음을 깨닫는다. 그래서 우리는 그 위대한 존재가 일하는 방식에 끼어들지 않으며 그가 그 일을 이루도록 모두 맡긴다. 때가 되면 우리는 아주 낯설고 때론 몹시 고통스러웠던 일들이 가장 좋은 결과를 낳고 있고 모든 사람에게 유익한 방향으로 진행되는 것을 보면서 모든 일이 잘 풀리고 있다는 것을 알게 된다.

주디 홀리스는 그녀의 저서 『비만은 가족 문제다(Fat Is Family Affair)』에서 공동의존에 대해 설명하며 '분리'를 언급했다. 그녀는 분리를 '건강한 중립성(a healthy neutrality)'으로 정의하고 있다.4

돌보지 않는 것을 분리의 의미로 이해해서는 안 된다. 분리란 우리가 정신을 놓지 않고 사랑하고 돌보고 관계하는 법을 배우는 것을 의미한다. 우리의 생각과 환경 속에서 혼돈을 만들어 내는 일을 중단한다. 우리가 불안해하지 않고 강박적으로 몸부림치지 않을 때 우리는 어떻게 사람을 사랑할 수 있는지, 어떻게 우리의 문제를 해결할 수 있는지에 대해 현명한 결정을 내릴 수 있게 된다. 우리는 다른 사람을 도우면서도 우리 자신에게 상처를 주지 않는 방식으로 그들을 돌보고 사랑하는 일을 자연스럽게 하게 된다.5

분리로부터 오는 보상은 굉장하다. 그것은 평온함이다. 그것은 평화를 깊이 느끼는 상태다. 그것은 자신을 강화시키고 활기찬 방식으로 사랑을 주고받을 수 있는 능력이다. 그것은 우리가 겪고 있는 문제들에 대한 진정한 해결책을 찾을 수 있게 하는 자유다. 우리는 분리를 통해 다른 사람에 대한 지나친 죄책감이나 책임감을 느끼지 않으면서도 자신의 삶을 살 수 있는 자유를 발견한다.6 때때로 분리는 주변 사람이 그들의 문제를 스스로 해결할 수 있도록 동기와 자유를 부여한다. 우리는 더 이상 그들에 대해 근심하지 않고 그들은 자신의 느슨해진 삶에 고삐를 조이며 마침내 자기 자신에 대해 걱정하기 시작한다. 대단히 인상적인 계획이지 않는가! 우리는 각자 자신의 일에만 관심을 쏟으면 된다.

앞서 나는 집착과 걱정에 사로잡혀 허우적대는 사람들의 상황을 설명했다. 나는 심각한 문제들 속에서 살아야만 했던 혹은 그런 문제들과 더불어 살기로 스스로 작정했던 많은 사람들을 알고 있다. 절대 술을 끊지 못하는 알코올중독자, 심각한 장애를 가진 자녀, 자신을 파괴하기로 작정하고 마약과 범죄에 막무가내로 자기 몸을 내던진 10대 청소년. 그런 사람과 함께 살아가는 사람들은 여러 가지 문제 속에서도 오히려 그 문제들과 함께 살아가는 방법을 배웠다. 그들은 자신이 겪어야 하는 상실 때문에 슬퍼했지만 나중에는 체념, 순교자적 희생, 절망감을 떨쳐 버리고 열정, 평화, 좋은 것에 대해 진심으로 감사하는 마음을 가지고 삶을 꾸려 나가는 방법을 발견했다. 그들은 자신이 져야 하는 실제적인 책임들을 잘 감당했다. 사람들에게 베풀었고 사람들을 도와주었고 사람들을 사랑했다. 그러나 그들은 이제 자신에게도 베풀 수 있게 되었고 자기 자신까지도 사랑할 수 있게 되었다. 자기 자신에 대해 깊이 존중하는 마음을 갖게 되었다. 그 일들이 완벽하게, 노력 없이, 즉각적으로 가능했던 것은 아니다. 그들은 그 일들을 해내기 위해 애를 썼으며, 마침내 그 방법들을 배웠다.

나는 그들에게 고마움을 느낀다. 그들은 나에게 분리가 가능하다는 것을 가르쳐 주었다. 그들은 나에게 분리가 삶에 작용하며 영향을 끼친다는 사실을 보여 주었다. 나는 그들이 이루었던 희망이 당신에게 전달되길 바란다. 또한 나는 당신이 다른 사람에게도 그 희망을 전달해 줄 수 있기를 바란다. 분리는 현실에서 일어나는 일이고 강화와 교육을 통해 더욱 활성화된다.

분리는 행위이며 기술이다. 분리는 삶의 한 방식이다. 나는 분리를 선물이라고 믿는다. 분리는 그것을 찾는 사람들에게 주어지는 것이다.

우리가 어떻게 분리를 실행할 수 있을까? 뒤엉킴이 주는 번민으로부터 우리의 감정과 정신, 몸 그리고 영혼을 어떻게 하면 빠져나오게 할 수 있을까? 처음엔 남의 옷을 입은 것처럼 어색할 수 있지만 최선을 다한다면 해낼 수 있다. A.A.와 알아논 모임에 전해 내려오는 오래된 격언이 있다. 그것은 'HOW'라고 불리는데, 세 가지 공식—'정직(Honesty)' '열린 마음(Openness)' '기꺼이 하려고 하는 자세(Willingness)' —을 제안하고 있다.7

나는 애착의 여러 유형에서 벗어날 수 있는 구체적인 개념들을 여러 장에 걸쳐 논의할 것이다. 내가 나중에 설명하려는 다른 여러 가지 개념 역시 결국 분리와 연결된다. 당신은 이러한 개념을 당신과 당신의 특별한 상황 속에서 어떻게 적용할 것인지를 결정해야 하며, 그런 다음 당신이 나아가야 할 길을 찾아야만 한다. 당신에게 약간의 겸손과 항복의 태도 그리고 거기에 조금의 노력이 더해진다면, 나는 당신이 그 일을 해낼 수 있다고 믿는다. 집착과 걱정 그리고 통제가 당신의 습관적인 반응이 된 것처럼, 분리도 연습을 통해 습관적인 반응으로 당신의 삶에 자리를 잡게 될 것이라고 나는 믿는다. 아마도 당신은 완벽하게 분리를 성취해 내지 못할 수도 있다. 사실 어느 누구도 완벽하게 해내기란 불가능하다. 성취하는 속도가 빠르든 느리든 어떤 식으로라도 당신은 분리를 당신의 삶에서 실행해야 하며 나는 그것이 당신을 위한 올바른 선택이라고 믿는다. 나는 당신이 분리하기를 원하는 사람을 위해 사랑의 마음을 가지고 그 일을 할 수 있었으면 한다. 나는 모든 일을 사랑의 마음으로 행하는 것이 훨씬 바람직하다고 생각한다. 그러나 우리는 여러 가지 이유로 인해 항상 그렇게 할 수는 없다. 만약 당신이 사랑의 마음으로 분리할 수 없다면, 내 생각으로는 분노를 통해서라도 분리하는 것이 애착관계에 머물러 있는 것보다 나은 선택이라고 생각한다. 분리한다면 우리는 분노로 가득 찬 우리의 감정을 다루어 낼 수 있는 더 좋은 기회를 확보하게 될 것이다. 그러나 우리가 계속 애착 상태를 유지한다면 아마도 우리는 혼란스러운 상태에서 벗어나지 못한 채 계속 제자리에 머물러 있을 수밖에 없을 것이다.

우리는 언제 분리를 시작해야 하는가? 누군가 혹은 무언가에 대해 생각하고 말하고 걱정하는 일을 멈출 수 없을 때, 우리의 감정이 자제심을 잃고 부글부글 끓어오를 때, 잠시라도 견딜 수 없을 정도로 누군가를 위해 도움을 베풀어야 한다고 느낄 때, 우리가 한 가닥 줄에 매달려 있는데 그 줄이 닳아서 떨어질 것 같은 위기를 느낄 때, 우리가 계속 더불어 살려고 애써 왔던 문제들과 이제 더 이상 함께 지낼 수 없다고 생각될 때, 바로 그 순간이 분리를 감행해야 하는 시점이다! 당신은 분리가 이루어져야 하는 적당한 시점을 분별하는 법을 배울 것이다. 경험적으로 보면 분리가 되어야 한다고 생각하지만 분리가 일어날 조짐이 전혀 보이지 않고, 또한 분리가 가능한 일로 전혀 느껴지지 않을 때, 오히려 그때가 당신에게 분리가 가장 필요한 때다.

실제 있었던 이야기를 끝으로 이 장을 마무리하고자 한다. 어느 날 자정쯤에 전화벨이 울렸다. 나는 잠을 자다 이런 야심한 시각에 누가 전화를 걸었는지 궁금해하며 수화기를 들었다. 아주 긴급한 상황일 것이라고 생각했다.

어떤 의미에선 긴급한 상황이었다. 낯선 여자의 목소리였다. 그녀는 위로를 받으려고 밤새 여러 친구에게 전화를 걸고 있었다. 그런데 그녀는 어느 누구에게도 자신이 기대했던 위로를 얻지 못했음이 분명했다. 누군가가 다른 사람의 전화번호를 알려 주고, 그 사람은 또 다른 누군가의 전화번호를 알려 주고, 그러다가 마지막으로 누군가가 나에게 전화해 볼 것을 그녀에게 권유한 것 같았다.

그녀는 자신을 소개하자마자 열변을 토해 내기 시작했다. 그녀의 남편은 A.A.에 다녔던 사람이다. 그는 그녀를 떠나 별거 상태였고 자기 자신을 발견한다는 구실을 내세우며 다른 여성을 만나고 있는 중이었다. 더군다나 그는 그녀와 헤어지기 전에 진짜 미친 사람처럼 행동했고, A.A.에도 참석하지 않았다. 그녀는 한참 어린 여자와 연애하는 남편이 지금 제정신이냐며 의아해했다.

나는 처음에는 아무 말 없이 듣고만 있었고 좀처럼 이야기할 기회를 잡지 못했다. 그녀의 이야기는 계속 이어졌다. 마침내 그녀는 내게 이렇게 물었다. "남편이 아픈 것 같지 않나요?" "제정신이 아닌 사람처럼 행동한다고 생각하지 않으세요?" "그에게 어떤 조치가 필요하다고 생각하지 않으세요?"

나는 대답했다. "그럴 수도 있겠죠." 그리고 이렇게 덧붙였다. "하지만 분명한 것은 나는 어떤 조치도 취할 수가 없어요. 당신도 마찬가지죠. 나는 당신이 더 걱정되는군요. '당신'은 지금 뭘 느끼고 있나요? '당신'은 지금 어떤 생각을 하고 있죠? '당신 자신'을 돌보기 위해 '당신'에게 필요한 것이 뭐라고 생각하세요?"

친애하는 독자 여러분! 나는 당신에게도 똑같은 말을 하고자 한다. 당신 역시 여러 가지 문제를 가지고 살아가고 있음을 나는 잘 알고 있다. 여러분 중에 많은 사람이 인연을 맺었던 사람에 의해 깊이 슬퍼하고 걱정하고 있음을 알고 있다. 당신이 지켜보는 앞에서 그들은 그들 자신과 당신, 당신의 가족을 파괴하는 일을 행하고 있는지도 모른다. 그러나 그러한 사람들을 통제하기 위해 내가 할 수 있는 일이라고는 아무것도 없다. 아마 당신도 그럴 수밖에 없을 것이다. 만약 당신이 할 수 있었다면 아마 벌써 그 일을 했을 것이다.

분리하라. 사랑의 마음으로 하든, 분노의 마음으로 하든 분리하기 위해 노력하라. 분리하는 것은 어려운 일이지만 하다 보면 점점 더 쉬워진다는 사실을 나는 알고 있다. 만약 당신이 완전히 내려놓을 수 없다면, 평정을 유지하도록 노력하라.[8] 긴장을 풀고 의자에 편안히 기대어 앉아 보자. 자, 이제 호흡을 깊이 가다듬어 보자. 초점을 당신에게 맞추자.

과 제

1. 지나치게 걱정하고 있는 문제 혹은 사람이 있는가? 그것에 대해 글로 써 보자. 당신 안에 있는 모든 것을 밖으로 배출한다는 기분으로 쓸 수 있는 만큼 충분하게 써 보자.
   쓸 만큼 썼다면, 이제 당신에게 초점을 맞춰 보자. 당신의 머리에 무슨 생각이 떠오르는가? 어떤 기분이 느껴지는가?

2. 당신은 그 사람 혹은 그 문제와 분리하는 것에 대해 어떤 기분이 드는가? 당신이 분리한다면, 무슨 일들이 일어날 것 같은가? 그 일들이 어떤 식으로든 일어날 수 있는 일이라고 생각하는가? 근심하고 집착하고 통제하고자 했던 '애착' 상태가 여태껏 어떤 도움을 주었는가?

3. 당신에게 그 사람 혹은 그 문제가 없었다면 어떤 삶을 살고 있었을 것 같은가? 어떻게 느끼고 행동했을 것 같은가? 당신의 문제가 해결된 상태는 아니지만 자신의 삶을 살아가고 스스로 느끼고 행동하는 당신 자신의 모습을 잠시 동안 상상해 보자. 당신이 근심하고 있는 사람이나 문제를 신의 손에 맡기는 당신의 손을 상상해 보자.[9] 그 사람을 붙들고 있는 부드럽고 사랑스러운 신의 손, 그 문제를 기꺼이 받아들이는 신의 손을 상상해 보자. 지금 당신을 감싸 안고 있는 신의 손을 상상해 보자. 순간 모든 것이 잘 풀린다. 모든 것이 그렇게 되어야 하고 그렇게 될 필요가 있는 대로 진행된다. 우리가 생각하는 것보다 훨씬 더 모든 것이 잘될 것이다.

06
모든 바람에 흩날리지 마라

> 너무 서두르지 마라.
> (12단계 프로그램의 표어)

나는 반응하는 사람이다.

어느 날 사무실에 앉아 있는데 불현듯 그런 생각이 강하게 내 머릿속을 파고들었다. 나는 사람들이 반응한다는 것에 대해 토론하는 것을 들었지만 그때까지 내가 얼마나 즉각적으로 반응하며 살아왔는지를 깨닫지 못했던 것 같다.

나는 다른 사람의 감정과 행동, 문제 그리고 생각에 대해 반응했다. 나는 그들이 무엇을 느끼고 생각하고 혹은 행동하고 있는지를 추측하며 거기에 반응했다. 나는 내 감정과 생각 그리고 내 문제에 대해 반응했다. 내 장점은 위기상황에 적극적으로 반응하는 것이라는 생각이 들기도 했다. 나는 내 삶에서 일어나는 거의 모든 일들을 위기상황으로 여겼다. 그래서 나는 과도하게 반응했다. 거의 히스테리와 유사한, 정체를 알 수 없는 극도의 당혹감이 많은 시간 동안 내 안에서 만들어지고 있음을 느꼈다. 때때로 나는 소극적으로 반응하기도 했다. 내가 안고 있는 문제가 심각한 것이라면 나는 종종 그것을 부정하는 방법으로 대처했다. 나의 의식과 환경의 범주에 들어와 있는 거의 모든 것에 반응했다. 내 삶은 온통 다른 사람의 삶, 다른 사람의 소망, 다른 사람의 문제, 다른 사람의 단점과 다른 사람의 성공, 다른 사람의 성격에 반응하는 것이 되어 버렸다. 악취가 심하게 나는 쓰레기봉투처럼 내가 질질 끌고 다녔던 낮은 자존감마저도 내가 취하는 반응 가운데 하나였다. 나는 아무나 혹은 아무것이나 나를 마음대로 잡아 당기도록 초대하고 허락한 조정 줄에 매달린 꼭두각시 같았다.

공동의존자는 대개 반응하는 사람이다. 우리는 분노와 죄책감, 수치심, 자기혐오, 걱정, 상처, 통제하려는 태도, 돌보려는 행동, 우울, 자포자기 그리고 격한 감정을 가지고 반응한다. 우리는 두려움과 불안으로 반응한다. 우리 중 어떤 이들은 사람들에게 둘러싸여 있는 상황이 고통스럽고 여러 큰 집단에 속해 있는 것이 고문을 당하는 것처럼 괴로워서 지나치게 반응한다. 물론 환경에 즉각적으로 반응하고 대응하는 일은 정상적인 행위다. 반응은 삶의 빠질 수 없는 구성 요소이자 상호작용의 한 부분이며 살아 있음과 인간다움을 드러내는 요소다. 그러나 공동의존자인 우리는 자신을 스스로 혼란스럽게 하고 정신을 분산시킨다. 사소한 일이든 큰일이든, 그 일들은 우리를 정상 궤도에서 벗어나게 하는 힘을 가지고 있다. 그리고 급하게 반응하고 나서 다시 대응하는 태도는 일이 최선의 방향으로 진행될 수 있는 기회를 차단한다.

우리는 자신에게 상처를 입히는 방식으로 다급하고 강박적으로 반응하며 대응해 왔는지도 모른다. 하지만 다급하고 강박적인 감정을 느끼는 것만으로도 우리는 상처를 받는다. 우리는 자신을 계속 위기상황으로 내몬다. 그래서 몸속에서 아드레날린이 분비되고 근육이 긴장하고 긴급하지 않는 경우에도 긴급한 상황처럼 즉각적으로 반응할 태세를 갖춘다. 누군가가 어떤 행동을 한다. 그러면 우리는 그것에 되받아칠 만한 무언가를 해야만 한다. 누군가가 어떤 말을 한다. 그러면 우리는 그 말에 되받아칠 만한 무언가를 말해야 한다. 누군가가 어떤 감정을 느낀다. 그러면 우리도 그 사람처럼 그런 감정을 똑같이 느껴야 한다. 우리는 우리에게 다가온 첫 느낌에 빠져 헤어나지 못하게 된다. 우리는 우리의 의식에 처음 생성된 생각을 계속 떠올리며 꼬리에 꼬리를 물고 생각을 확장해 나간다. 입에서 튀어나오는 첫 마디의 말을 내뱉고, 그것 때문에 자주 후회한다. 우리는 맨 처음 마음에 떠올랐던 일을 아무 생각 없이 즉각 행동에 옮긴다. 그것이 문제다. 우리가 어떤 상황 가운데 있을 때 과연 무엇을 해야 하는지, 그 상황을 어떻게 극복할 수 있는지에 대해 적절하게 고민해 보는 절차를 생략한 채 반응하는 것에만 급급하다. 우리의 감정과 행동은 우리의 환경 안에 속한 모든 사람과 모든 일에 의해 촉발되고 통제되기 시작한다. 어떻게 보면 우리는 우리가 스스로 해야 할 일을 다른 사람이 우리에게 지시하도록 간접적으로 허용하고 있는 것이다. 그 말은 우리가 우리 자신의 삶에 대한 통제력을 상실했다는 것을 뜻한다. 우리는 통제당하고 있는 것이다.

우리가 그런 식으로 반응하면서 살게 되면, 우리 자신에게 가장 바람직한 방향으로 생각하고 느끼고 행동할 수 있게 하는, 신이 우리에게 부여한 개인적인 능력을 상실한다. 우리가 행복해야 할 때를, 평화로워야 할 때를, 혼란을 겪어야 할 때를 그리고 우리가 말하고 행동하고 생각하고 느껴야 할 모든 것을 다른 사람이 결정하도록 내버려 둔 꼴이 된다. 우리는 종잡을 수 없는 환경 속에서 평화를 누릴 권리를 박탈당한다. 우리는 폭풍 가운데 있는 종이처럼 모든 바람에 이리저리 흩날린다.

내가 어떤 식으로 반응하는지 한 가지 예를 들어 보겠다. 내 사무실은 집 안에 있고, 나는 두 명의 어린 자녀를 두고 있다. 내가 일을 하고 있을 때 종종 아이들은 야단법석을 떨며 이 방 저 방을 돌아다니기 시작한다. 그들은 싸우고, 뛰고, 부엌에 있는 것들을 닥치는 대로 꺼내 먹고 마시면서 집안을 엉망으로 만들어 버린다. 맨 처음 본능적으로 튀어나오는 나의 반응은 아이들에게 "그만해!" 라고 날카롭게 비명을 지르는 것이다. 두 번째 반응은 더 큰소리로 잇달아 그만하라고 외쳐 대는 것이다. 연이어지는 반응들이 너무나 자연스럽다. 그런 식으로 반응하는 것이, 사무실에서 일어나 세탁실을 거쳐 위층으로 올라간 다음 차분하게 아이들과 함께 내가 겪은 상황에 대해 이야기를 나누는 것보다 쉽게 느껴진다. 또한 그렇게 하는 것은 이 상황을 어떻게 해결해야 할지 시간을 들여 고민하는 것보다 쉬워 보인다. 그러나 그렇게 반응하는 것은 문제가 뒤따른다. 고함을 치고 악을 질러 대는 것은 별 효과가 없다. 사실, 그렇게 하는 것도 쉬운 일이 아니다. 목을 아프게 할 뿐만 아니라 사무실에 앉아 고함치는 법을 아이들에게 가르쳐 주는 꼴밖에 되지 않는다.

대체로 반응하는 것은 그다지 효과적이지 않다. 우리는 지나치게 강렬하고 급한 마음을 가지고 정말 빠르게 반응한다. 그런 마음의 상태로는 우리는 어떤 일에도 최선을 다할 수 없다. 나는 우리가 그런 마음으로 일을 처리하도록 주변 환경이 우리를 내버려 둔다는 점이 모순이라고 생각한다. 우리가 평화로운 상태에서 잘 기능한다면 우리의 삶에서 이보다 좋은 것은 없다. 상황이 아무리 우리를 미치게 만들지라도 그렇게 행동한다고 해서 나아지지 않는다.

그렇다면 그 상황에서 우리는 왜 그렇게 행동하는 것일까?

이미 일어났고, 일어날 것 같은, 일어나고 있는 일들에 대해 불안해하고 두려워하기 때문에 우리는 반응한다.

우리 중 많은 사람들은 꽤 오랫동안 많은 위기 속에서 살아왔고, 그 결과로 위기에 즉각적으로 반응하는 것이 습관화되어 버렸기 때문에 모든 상황을 위기처럼 느끼고 반응한다.

어떤 일이 본래 일어나는 방식으로 일어나서는 안 된다고 생각하기 때문에 우리는 반응한다.

자신에 대해 좋은 감정을 갖고 있지 않기 때문에 우리는 반응한다.

대부분의 사람들이 반응하기 때문에 우리도 반응한다.

반응해야 한다고 스스로 생각하기 때문에 반응한다.

우리는 반응할 필요가 없다.

우리는 사람을 두려워할 필요가 없다. 그들도 우리와 똑같은 사람일 뿐이다.

우리가 평화로움을 잃어야 할 이유가 없다. 그것은 아무런 도움이 되지 않는다. 평화로울 때나 미칠 듯이 괴롭고 혼돈스러울 때나 우리가 활용할 수 있는 사실과 자원은 항상 똑같다. 실제로 우리의 마음과 감정이 최상의 상태에서 자유롭게 작용하게 함으로써 우리는 더 많은 자원을 활용할 수 있게 된다.

우리는 다른 사람이나 어떤 일 때문에 생각하고 느끼는 우리의 능력을 빼앗길 필요가 없다. 그렇게 살아야 한다고 어느 누구에게도 요구받은 적이 없다.

우리는 우리 자신과 사건들 그리고 다른 사람을 너무 심각하게 받아들일 필요가 없다. 우리는 우리의 감정과 생각, 행동, 실수를 크게 부풀려 떠벌리는 경향이 있다. 다른 사람의 감정과 생각, 행동에 대해서도 우리는 똑같이 그렇게 한다. 우리는 자신이 처한 일들을 두렵고 비극적인 것으로 여기며 마치 세상이 끝난 것처럼 스스로에게 이야기한다. 많은 일이 슬픔을 주고 너무 악화되어 있고 불쾌한 느낌을 준다. 그러나 세상이 끝났다고 말할 수 있는 유일한 상황은 말 그대로 세상이 실제로 끝났을 때뿐이다. 감정이란 것이 중요하긴 하지만 감정은 감정일 뿐이다. 생각 역시 중요하긴 하지만 생각은 생각일 뿐이다. 우리 모두는 많은 것들에 대해 이런저런 생각을 해 보지만, 생각은 늘 변하기 쉽다. 우리가 말하고 행동하는 것은 중요하다. 다른 사람이 말하고 행동하는 것도 마찬가지다. 그러나 세상은 어떤 특정한 말이나 행동에 의해 좌지우지되지 않는다. 만약 어떤 일이 이루어져야 하고 혹은 언급되어야 할 만큼 정말 중요한 일이라면 굳이 걱정할 필요가 없다. 그 일은 그렇게 될 것이다. 느긋하게 마음을 먹어라. 당신 자신과 다른 사람에게 움직일 수 있고 말할 수 있고 그 모습 그대로 인간다움을 누릴 수 있는 자유를 선사하라. 당신의 삶에 좋은 일들이 일어날 수 있는 기회를 부여하라. 당신 자신에게 그러한 삶을 즐길 수 있는 여유를 허락하라.

우리는 다른 사람의 행동을 마치 우리의 자존감에 손상을 주는 것으로 받아들일 필요가 없다. 사랑하는 사람이 부적절한 행동을 한다고 해서 우리까지 당황할 필요는 없다. 물론 그런 상황에서 당혹감을 느끼는 것은 인지상정이지만, 그 사람이 그런 행동을 계속한다고 해서 우리가 지속적으로 당황스러워하고 열등하게 느껴야 할 이유는 없다. 사람은 자신의 행동에 대해 각자 책임을 져야 한다. 만약 다른 사람이 부적절한 행동을 했다면, 그 사람이 자기 스스로 난처함을 느끼도록 내버려 두어라. 당신이 당황스러운 감정을 느껴야 할 일을 하지 않았다면, 당신이 그런 감정을 느껴야 할 이유가 없다. 이렇게 하는 것이 쉬운 일이 아니라는 것을 나는 알고 있다. 그러나 충분히 해낼 수 있는 일이다.

거부당하는 것이 우리의 자존감에 상처를 낸다고 생각할 필요가 없다. 당신에게 소중한 사람, 아니 소중하지 않은 사람조차도 당신 혹은 당신의 선택을 거부할 수 있다. 그러나 그런 일을 당하더라도 기억해야 할 것은 당신은 여전히 현실에 존재하고 있으며 당신이 거부당하지 않았을 때에 당신 스스로를 전적으로 가치 있는 사람이라고 생각했던 것처럼 당신은 여전히 가치 있는 사람이라는 사실이다. 거부당했을 때의 기분을 느껴 보자. 당신의 생각을 말해 보자. 하지만 다른 사람이 당신의 존재를, 당신이 해 왔던 일들을 인정하지 않거나 거부했다고 해서 자기 존중의 마음을 잃어버리지는 마라. 심지어 당신에게 가장 중요한 사람이 당신을 거부한다 할지라도 당신은 여전히 살아 있으며, 괜찮다. 당신이 부적절한 일을 했거나, 해결해야 할 문제를 가지고 있거나 혹은 어떤 행동을 변화시켜야 한다면, 자신을 돌보기 위해 적절한 조치들을 취해 나가라. 하지만 자신을 부인하지 말고 다른 사람이 당신을 거절했다는 사실에 당신의 힘을 빼앗기지 마라. 그것은 불필요한 일이다.

우리는 상황들을 개인적으로 받아들여서는 안 된다. 우리는 여러 가지 일들을 마음에 담아 놓고 사는데, 그렇게 마음에 담고 살아가야 할 일은 아무것도 없다. 예를 들어, 알코올중독자에게 "당신이 나를 사랑한다면, 당신은 술을 마시지 않을 거예요."라고 말하는 것은 폐렴에 걸린 사람에게 "당신이 나를 사랑한다면, 당신은 기침을 하지 않을 거예요."라고 말하는 것과 똑같다. 적절한 치료를 받기 전까지 폐렴 환자는 계속 기침을 할 것이다. 알코올중독자도 마찬가지다. 적절한 치료를 받기 전까지 그들은 계속 술을 마실 것이다. 강박장애가 있는 사람이 하지 않으면 견딜 수 없는 일들을 하는 것은 그들이 당신을 사랑하지 않아서가 아니다. 그것은 그들이 자기 자신을 사랑하지 않고 있음을 보여 주는 것이다.

우리는 사소한 일조차도 개인적인 의미로 받아들일 필요가 없다. 누군가가 하루를 힘들게 보내거나 화를 낸다고 해서 그것이 당신과 관련되어 있다고 받아들이지 마라. 그 상황이 당신과 관련되어 있을 수도 있지만 그렇지 않을 수도 있다. 정말 그것이 당신과 관련된 일이라면, 당신은 그 사실을 언젠가는 알게 될 것이다. 대개 많은 일이 우리가 생각하는 만큼 우리와 관련되어 있지 않다.

간섭과 다른 사람의 나쁜 감정 상태, 비수를 꽂는 말, 고통스러운 하루, 부정적인 생각과 문제 혹은 진행 중인 알코올중독이 우리의 삶과 우리의 하루를, 아니 하루의 한 시간조차도 좌지우지하거나 황폐화시키도록 해서는 안 된다. 누군가가 우리와 함께 있기를 원하지 않거나 건강하지 않은 행동을 한다고 해서 그러한 상황이 우리의 자존감에 흠집을 내는 일은 아니다. 그들이 그렇게 행동하는 것은 그들이 처한 현 상황을 그대로 반영하는 것이다. 우리는 분리를 실행함으로써 우리를 둘러싼 세계에 대해 우리가 행하는 파괴적인 반응을 줄여 나갈 수 있다. 당신 자신과 상황을 분리시켜라. 상황을 그대로 두어라. 사람들이 그들의 본래 모습 그대로 살아가도록 개입하지 말라. 당신은 어떤 사람이기에 간섭과 감정 상태, 말, 불쾌한 하루, 생각 또는 문제가 우리의 삶에서 중요하지 않다고, 필요한 부분이 아니라고 말하는가? 당신은 어떤 사람이기에 그러한 문제를 해결하는 것이 당신 자신과 다른 사람에게 궁극적으로 도움이 되지 않을 것이라고 말하는가?

우리는 반응할 필요가 없다. 우리는 여러 가지 다른 선택을 할 수 있다. 그것들 중 하나가 공동의존에서 회복되는 즐거움이다. 우리가 행동하고 생각하고 느끼고 처신하는 방식을 선택할 권리가 자신에게 있음을 알고 그러한 권리를 스스로 행사할 때마다 우리는 점점 더 편안해지고 강해지는 것을 느낀다.

그러나 당신은 "내가 왜 반응하지 않아야 하는 거죠? 내가 왜 상대방의 말에 대꾸하면 안 된다는 거죠? 내가 왜 속상해해서는 안 되는 거죠? 내가 소란을 피우고 공격해도 그 사람은 당연히 참아야해요."라고 항의할지도 모른다. 그런 의문이 생길 수도 있다. 하지만 당신은 그렇게 행동해서는 안 된다. 우리는 지금 당신이 경험하는 평화의 결핍, 침착성의 부족, 당신의 삶이 헛되이 낭비되는 순간에 대해서 이야기하고 있다. 랄프 에드워즈Ralph Edwards가 이야기했던 것처럼, 이것은 당신의 인생이다. 당신은 어떤 인생을 살고 싶은가? 당신이 지금 시도하고 있는 분리는 그 사람을 위한 일이 아니다. 분리는 바로 당신을 위해 해야 하는 것이다. 분리는 모든 사람을 이롭게 할 것이다.

우리는 큰 규모의 합창단에 속한 합창 단원과 같다. 만약 우리 옆에 있는 한 남성 단원이 음을 놓쳤다고 해서 우리도 잘못된 음으로 노래해야 하는가? 정확한 음을 유지하면서 노래하려고 애쓰는 나의 모습이 나와 그에게 도움이 되지 않을까? 우리는 우리가 맡은 부분의 음을 정확하게 표현하는 법을 배워야 하며 그것을 충분히 배울 수 있다.

사람과 문제에 대해 절대 반응해서는 안 된다고 말하는 것이 아니다. 그래서는 안 된다. 반응은 유용할 수 있다. 반응을 통해 우리는 우리가 좋아하는 것, 우리를 기분 좋게 만드는 것이 무엇인지를 알게 된다. 또한 우리는 반응을 통해 우리와 우리 주변에서 일어나는 문제를 확인할 수 있다. 그러나 우리 중 많은 사람이 너무 지나치게 반응한다. 우리가 하는 대부분의 반응은 무의미한 것이다. 그러한 모든 반응은 그다지 중요하지 않을 뿐더러 우리의 관심과 시간을 투자할 만한 가치가 없다. 우리는 우리에 대한 다른 사람의 반응에 대해 종종 반응하기도 한다("그가 미친 듯이 화를 내니까 나도 화가 난 거야." "내가 화를 내니까 그 사람도 열을 받은 거지." "그 사람이 나에게 화가 나 있다고 생각했기 때문에 같이 성질을 낸 거야." "그 사람은 화가 나지 않았어. 그 사람은 … 때문에 지금 상처받은 거야.").

모든 사람이 혼란스러운 상태에 있고 아무도 그 이유를 알 수 없기 때문에 우리의 반응은 그처럼 연쇄적으로 일어날 수 있다. 반응은 혼란만 더할 뿐이다. 그러다가 모든 사람이 억누르기 힘든 상황에 빠지게 되고 반응에 의해 지배당하는 지경에까지 이른다. 사람들은 종종 우리를 특정한 방식으로 반응하도록 자극하고자 특정한 방식으로 행동한다. 만약 우리가 반응하는 일을 멈추면 그들은 우리를 자극하기 위해 했던 행동에 대해 흥미를 잃게 된다. 그제서야 우리는 그들의 통제에서 벗어나 우리를 장악하고 있었던 그들의 힘을 물리칠 수 있게 된다.

종종 우리의 반응도 다른 사람을 특정한 방식으로 반응하도록 부추긴다. 우리는 그들이 하는 행동들을 정당화시키는 데 도움을 주기도 한다(우리는 더 이상 그렇게 해야 할 이유가 없다. 그렇지 않는가). 반응하려고 하는 태도는 종종 우리의 시각을 지나치게 협소하게 만들기 때문에 우리는 문제의 증상에 자꾸 반응하게 되면서 거기에 갇혀 버린다. 우리는 반응하느라 너무 분주해져 문제의 본질이 무엇인지 파악하는 일에 시간과 열정을 쏟을 수 없게 되고, 시간이 흐르면서 문제를 해결하는 방법으로부터 점점 멀어지게 된다. 우리는 문제의 핵심이 바로 알코올중독이라는 사실을 인식하지 못한 채 매번 술 마시는 일과 그것으로 생기는 위기상황에 반응하면서 수년간을 허송세월로 보낸다. 이제 필요하지도 않고 성공하지도 못할 방식으로 반응해 왔던 일을 중단하는 법을 배우자. 당신에게 상처만 주는 반응을 당신의 삶으로부터 제거하자.

당신이 다른 사람과 그들에게 하는 당신의 파괴적인 반응으로부터 당신을 분리하고자 할 때 도움이 될 수 있는 몇 가지 제안을 하고자 한다. 하지만 제안은 그저 제안일 뿐이다. 분리하는 것에 정확한 공식이란 없다. 당신만의 방법, 당신에게 성공적으로 작용하는 방법을 스스로 찾아야 한다.

1. 당신이 반응하는 시점 그리고 누군가 혹은 어떤 일이 당신을 조종하도록 당신이 허용하는 시점이 언제인지 파악하라. 일반적으로 당신이, 걱정하고 두렵고 화가 치밀어 오르고 거절감을 느끼고 자신을 딱하게 여기고 창피한 감정이 들고 혼란스러움을 느끼기 시작한다면, 당신 주변에 존재하는 어떤 대상에 당신은 이미 사로잡혀 있는 것이다(나는 그러한 기분을 느끼는 것이 잘못되었다고 지적하려는 것이 아니다. 사람이라면 누구나 그런 감정을 느낀다. 다만 차이가 있다면, 우리는 그러

한 감정을 얼마나 오랫동안 품어야 하는지, 문제를 해결하기 위해 무엇을 해야 하는지를 결정하는 법을 배워 가는 과정에 있다는 점이다). "그 사람 또는 그것이 내게 그런 느낌이 들도록 만들었어."라고 말하는 것은 우리가 지금도 반응하고 있음을 보여 준다. 우리 마음에서 평화와 평정심이 사라졌다는 것은 우리가 여전히 반응에 붙들려 살고 있음을 나타내 주는 가장 강력한 증거임에 분명하다.

2. 마음 편히 지내라. 당신이 극도로 혼란스러운 반응 상태에 있다고 스스로 인식했을 때, 마음이 차분해지고 평온해질 때까지 가능한 말하고 행동하는 것을 자제하라. 자기 자신과 다른 사람의 삶을 파괴하지 않으면서도 긴장을 푸는 데 도움이 되는 일을 해 보라. 숨을 깊이 들이마셔 보자. 산책을 해 보자. 부엌을 청소해 보자. 욕조에 편안히 몸을 담가 보자. 친구 집을 방문해 보자. 알아논 모임에 참석해 보자. 명상록을 읽어 보자. 멋진 곳으로 여행을 떠나 보자. 좋아하는 텔레비전 프로그램을 시청해 보자. 그리고 당신이 반응하는 대상으로부터 정서적으로, 정신적으로 그리고 필요할 경우 신체적으로도 분리할 수 있는 방법을 찾아보자. 불안한 마음을 덜어 내는 방법을 찾아보자. 술을 마시거나 좁은 골목길에서 고속도로를 달리듯 통제할 수 없는 속도로 차를 운전해서는 안 된다. 당신의 삶에 균형이 회복될 수 있도록 안전하고 유익한 방법을 시도하라.

3. 일어났던 일을 점검하라. 그 일이 단순한 사건이라면 당신은 그 일이 벌어진 상황을 자세히 살펴볼 수 있을 것이다. 그러나 당신이 안고 있는 문제가 심각하고 당신을 너무 당황스럽게 만드는 일이라면, 당신은 생각과 감정을 정리하기 위해 친구와 의논해 볼 수도 있다. 우리의 문제와 기분을 마음속 깊이 담아 두려고 할 때 오히려 그것은 요동친다. 당신의 감정에 대해 이야기하라. 그 감정에 대해 스스로

책임을 져라. 당신이 느끼는 감정이 무엇이든지 간에 느껴 보라. 어느 누구도 당신이 그런 감정을 갖도록 만들지 않았다. 누군가가 당신이 그런 감정을 느끼도록 부채질할 수는 있지만 당신이 느꼈던 모든 감정은 다른 누구도 아닌, 바로 당신이 만든 것이다. 그 문제를 잘 다루어 보라. 그런 다음에 실제로 일어났던 일이 무엇이었는지, 그 진실을 당신 자신에게 말해 보라.[1] 누가 그런 감정을 당신에게 심어 주려고 공격한 것인가? (만약 나에게 일어난 일을 나를 모욕하거나 거부한 것으로 받아들어야 할지, 아닐지 정확한 판단이 서지 않는다면, 나는 차라리 그 일을 나와 상관없다는 쪽으로 결론 내릴 것이다. 그렇게 하는 것이 내 시간을 아끼고 내 자신에 대해 더 좋은 감정을 유지할 수 있게 한다.) 당신은 다른 누군가를 혹은 어떤 사건을 통제하려고 노력하고 있는가? 그 문제나 그 상황이 얼마나 심각한 것인가? 당신은 다른 누군가를 책임지고 있지는 않는가? 당신이 정말 원했던 것, 당신이 실제 말하고자 했던 것을 누군가가 알아주지 않는다고 화가 난 것은 아닌가? 다른 사람의 행동을 지나치게 개인적인 감정으로 받아들이고 있지는 않는가? 누군가가 당신의 불안감, 죄책감을 불러일으키려고 당신 몸에 있는 작동 단추를 누른 것인가? 그 일이 정말 세상의 끝을 의미하는가 아니면 순간 지나가는 슬픔과 실망스러운 감정에 불과한 것인가?

4. 당신 자신을 돌보기 위해 무엇이 필요한지 생각해 보라. 당신의 결정은 현실의 토대 위에서 그리고 평화로운 마음의 상태에서 이루어져야 한다. 당신은 사죄할 필요가 있는가? 아니면 그냥 넘어가기를 바라는가? 누군가와 허심탄회하게 마음과 마음으로 대화할 필요가 있다고 느끼는가? 당신 자신을 돌보기 위해 몇 가지 결정을 내려야 할 필요가 있는가? 당신이 결정을 내릴 때 당신이 져야 할 책임이 무엇인지를 명심하라. 당신은 다른 사람이 그들의 문제를 해결할 수 있도

록 그들에게 실마리를 찾아줄 책임도, 그들의 잘못을 바로잡아 주려고 노력할 필요도 없다. 당신은 오직 당신의 문제를 해결할 수 있는 실마리를 찾고 당신 자신을 바로 세우는 일에만 책임이 있다. 만약 당신이 내린 결정이 당신의 마음을 불편하게 한다면, 그냥 넘어가라. 아직 결정할 시기가 아닌 것이다. 당신의 마음이 요동치지 않고 당신의 감정이 차분해질 때까지 기다려라.

느긋해져라. 두려워할 필요가 없다. 걱정과 불안으로 주체할 수 없는 감정에 빠질 이유도 없다. 균형잡힌 관점을 유지하라. 당신의 삶이 당신에게 더 쉽고 편한 것이 되게 하라.

과제

1. 당신은 당신 주변의 사람이나 일에 반응하느라 너무 많은 시간을 빼앗기고 있지는 않는가? 누구에게 혹은 어떤 일에 당신은 그렇게 반응하는가? 어떤 식으로 반응하는가? 당신에게 선택권이 있다면, 당신은 그런 식으로 행동하고 느끼는 것을 선택할 것인가?

2. 당신을 가장 괴롭히는 사람이 누구든지, 무엇이든지 그 대상과의 분리를 시도하라. 만약 당신이 대화가 필요하다면 가장 신뢰할 만한 친구를 선택하라. 필요하다면 전문가에게 도움을 요청하라.

3. 어떤 활동이 당신의 마음을 평화롭고 편안하게 만들어 주는가? (내가 좋아하는 활동은 12단계 모임에 참석하는 것, 뜨거운 사우나를 하는 것, 좋은 영화를 보는 것, 즐겁게 춤추는 것이다.)

07 스스로를 자유롭게 하라

"내려놓고, 신에게 맡겨라.
(12단계 프로그램의 표어)"

사람들은 공동의존자를 통제자라고 말한다.

우리는 잔소리로 괴롭힌다. 설교를 늘어놓는다. 악을 쓴다. 투덜댄다. 운다. 빈다. 매수한다. 강요한다. 주위를 맴돈다. 방어한다. 비난한다. 쫓아다닌다. 도망 다닌다. 설득하려고 한다. 단념시키려고 한다. 죄책감을 끌어들이려고 애쓴다. 부추긴다. 함정에 빠뜨린다. 점검한다. 얼마나 상처를 받았는지 나타내려 한다. 상처를 받는 느낌이 어떤 것인지 다른 사람이 알도록 자기가 받은 상처를 되돌려 준다. 자해할 것이라고 위협한다. 힘을 행사해 지배하려고 한다. 최후통첩성 발언을 자주 한다. 누군가를 위해 여러 가지 일을 한다. 누군가를 위해 해야 하는 일을 거부한다. 짓밟고 억압한다. 앙갚음한다. 우는 소리를 한다. 누군가에게 분노를 터뜨린다. 무기력하게 행동한다. 자신을 표현하지 않은 채 무거운 침묵 속에서 고통을 받는다. 다른 사람의 기분에 맞추려고 애쓴다. 거짓말한다. 자잘하면서도 비열한 일을 한다. 비열하면서도 큰 일을 벌인다. 자신의 가슴을 부여잡고 죽겠다고 위협한다. 자신의 머리를 쥐어뜯으며 미칠 것 같다고 위협한다. 자신의 가슴을 내려치면서 죽이겠다고 위협한다. 자신을 지지하는 사람들로부터 도움을 이끌어 낸다. 자신의 말을 주의 깊게 재 본다. 성관계를 맺는다. 성관계를 거부한다. 아이를 낳는다. 흥정한다. 억지로 상담하게 한다. 억지로 상담하지 못하게 한다. 뭔가에 대해 심술궂게 말한다. 다른 사람에게 심술궂게 말한다. 모욕한다. 책망한다. 기적을 위해 기도한다. 기적을 얻기 위해 돈을 사용한다. 가고 싶지 않은 곳에 간다. 곁에 머문다. 관리 · 감독한다. 일일이 지시한다. 명령한다. 불평한다. 어떤 일에 대해 편지를 쓴다. 누군가에게 편지를 쓴다. 집에 머물면서 기다린다. 밖에 나가 찾는다. 찾아내기 위해 여기저기 전화를 한다. 만나기를 기대하며 어두운 밤 골목을 운전하고 다닌다. 붙잡으려고 어두운 밤 골목을 따라 미행한다. 벗어나기 위해 밤에 골목길을 뛰어간다. 집에 데려온다. 집을 벗어나지 못하게 한다. 쫓아내고 못 들어오게 문을 잠근다. 입장을 바꾼다. 동조한다. 꾸짖는다. 마음에 새겨 넣는다. 충고한다. 훈계한다. 바로잡는다. 주장한다. 굴복한다. 달랜다. 약을 올린다. 질투심을 일으키려고 한다. 두려움을 느끼게 한다. 생각나게 한다. 조회한다. 암시한다. 주머니를 샅샅이 조사한다. 지갑 속을 몰래 엿본다. 옷장을 뒤진다. 자동차 수납박스를 뒤진다. 변기탱크를 들여다본다. 미래를 투시하려고 한다. 과거를 탐색하려고 한다. 친척들에게 전화한다. 타이른다. 문제를 한 번에 모두 해결하려고 한다. 문제가 해결되지 않자 다시 해결하려고 한다. 처벌한다. 보상해 준다. 거의 포기한다. 그런 다음 한층 더 열심히 하려고 한다. 그리고 나조차도 잊어버렸거나 시도한 적이 없는 다른 손쉬운 전략들의 목록을 만들려고 한다.

우리 같은 공동의존자는 어떤 일이 자연스럽게 일어나고 이루어지는 것을 견디지 못한다. 공동의존자는 엄청난 노력과 에너지를 쏟아 부으면서 일을 억지로 이루어 내기 위해 계속 밀어붙인다.

우리는 사랑이라는 이름으로 통제한다.

우리는 오직 돕고자 하기 때문에 통제한다.

우리는 일이 어떻게 진행되어야 하고 사람들이 어떻게 행동해야 하는지를 가장 잘 알고 있기 때문에 통제한다.

우리는 옳고 다른 사람은 틀렸기 때문에 통제한다.

우리는 통제하지 않으면 두렵기 때문에 통제한다.

우리는 통제하는 것을 빼면 무엇을 해야 할지 모르기 때문에 통제한다.

우리는 고통을 멈추기 위해 통제한다.

우리는 우리가 해야 한다고 생각하기 때문에 통제한다.

우리는 생각하지 않기 때문에 통제한다.

우리는 통제야말로 우리가 생각할 수 있는 모든 것이라고 여기기 때문에 통제한다.

결론적으로 우리가 늘 해 왔던 방식이 통제하는 것이기 때문에 우리는 통제한다.

폭군처럼 지배하려고 하는 몇몇 공동의존자는 스스로 자신에게 왕관을 씌우고 철권통치를 한다. 공동의존자는 강력하다. 공동의존자는 자신이 가장 잘 안다고 믿는다. 그래서 자신이 생각하는 방식대로 반드시 이루려고 한다. 공동의존자는 무슨 수를 써서라도 자신이 원하는 일을 처리하려고 한다.

어떤 공동의존자는 자신의 비열한 행동을 은밀하게 진행한다. 자신을 아름다움과 우아함으로 포장한다. 그리고 비밀리에 자신의 일을 수행한다. 그러나 실제로 그 일은 자신의 일이 아니라 다른 사람의 일이다.

어떤 공동의존자는 한숨짓고 울부짖으면서 자신의 부족함을 강조하고 자신의 의존적인 성향을 공공연히 나타내며 자신이 총체적으로 희생당하고 있음을 드러내면서 연약함을 통해 성공적으로 주변 사람을 통제한다. 그런 공동의존자는 너무나 무기력하다. 그들은 누군가의 협조를 몹시 필요로 한다. 그들은 누군가의 협조 없이 살 수 없다. 때때로 약자는 가장 강력한 조종자이자 통제자다.1 그들은 세상에 깔려 있는 죄책감과 연민이라는 이름의 줄을 잡아당기며 조종하는 법을 배웠다.

많은 공동의존자는 다양한 방법을 활용해 전술을 결합시킨다. 뭐라도 좋으니 성공하기를! (그러나 좀 더 정확하게 말하자면, 계속해서 한 가지라도 효과를 거두기를 바라지만 어느 것 하나도 되는 것이 없다.)

다양한 전술을 사용하지만 목표는 항상 그대로다. '내가 원하는 것을 다른 사람이 하게 만들겠어. 그들은 내가 생각하는 대로 행동해야만 해. 그들이 그렇게 행동하도록 만들겠어. 내 기준에서 볼 때 해서는 안 되는 방식으로 그들이 행동하게 내버려 두어선 안 돼. 내가 도와주지 않으면 그렇게 해 버릴 거야. 내가 정한 방식대로 그리고 내가 정한 시간에 일들이 해결되고 진행되도록 하는 게 좋아. 자연스럽게 일어날 수 있는 일, 아니 지금 일어나고 있는 일조차도 더 이상 일어나지 못하도록 해야 해. 꽉 움켜쥐고 내려놓지 않는 게 좋아. 미리 대본을 만들어 놓고 어떤 수단을 써서라도 내가 생각한 그대로 배우들이 연기하게 하고 장면이 전개되도록 만들겠어. 현실을 계속 강하게 부정하고 있다는 사실에 대해서는 신경 쓰지 않겠어. 그렇게 계속 꾸준히 밀고 나가야 해. 그래야 내 생각대로 움직이지 않는 삶의 흐름을 멈추게 하고 내 마음대로 사람들을 주무르고 내 뜻대로 상황들을 바꾸어 놓을 수 있지.'

우리는 지금 우리 자신을 우롱하고 있다.

마리아의 사례를 들어 설명하고자 한다. 그녀는 나중에 알코올중독자로 밝혀진 한 남자와 결혼했다. 남편은 폭음을 일삼는 사람이었다. 남편은 술을 매일 혹은 매주, 매달 마시지는 않았지만 일단 술을 마시기 시작하면, 주변 사람들에게 경계의 대상이 되었다. 남편은 며칠 동안, 어떤 때는 몇 주 동안 술에 취해 살았다. 남편은 아침 8시에 술을 마시기 시작해서 완전히 인사불성이 될 때까지 술을 마셔 댔으며, 모든 것을 토해 냈다. 남편은 가정의 경제를 파탄에 이르게 했고, 여러 차례 직장에서 해고당하기도 했다. 남편은 술을 마실 때마다 주변을 참을 수 없는 극도의 혼란 상태로 몰아갔다. 술을 마시지 않는 기간에도 남편의 삶은 완벽하지 않았다. 뭔가 불길한 일이 당장 일어날 것 같은 예감과 해소되지 않은 감정의 앙금들이 남편의 마음을 지배했다. 술 마시고 난 다음의 후유증 그리고 풀리지 않는 또 다른 문제들에 의해 가족의 삶은 뒤죽박죽되었다. 그들은 결코 그 재앙으로부터 벗어날 수 없었다. 곪은 상처를 안고 새로운 출발을 꿈꿨지만 그들은 항상 제자리였다. 남편이 술을 마시지 않을 때가 마리아와 세 자녀들에게는 조금이라도 행복한 시간이었다. 그때만큼은 뭔가 달라질 수 있을 것이라는 희망을 느꼈다.

그러나 어떤 변화도 일어나지 않았다. 수년 동안 마리아가 잠시라도 남편에게 집중하지 않고 그녀의 관심이 다른 곳을 향해 있는 순간마다 어김없이 남편은 만취 상태였다. 마리아가 주말에 집을 떠나 있을 때도, 아이를 출산하러 병원에 갔을 때도, 남편이 집을 떠나 다른 곳을 여행 중이었을 때도, 그녀가 그의 시야에서 벗어나기만 하면 그는 술을 마셨다.

마리아는 남편이 술을 마시는 곳이면 어디든 찾아가서 남편을 데리고 집으로 돌아왔다. 그럴 때마다 남편은 갑자기 술을 끊곤 했다. 그래서 마리아는 남편의 술을 끊게 할 수 있는 열쇠는 바로 자신이라고 생각했다. 그녀가 남편 곁을 계속 지키고 있으면 남편이 더 이상 술을 마시지 못할 것이라고 판단했다. 그녀는 집에서 남편을 계속 감시함으로써 남편의 술버릇과 거기서 비롯되는 모든 고통을 통제할 수 있었다. 그녀는 통제하는 방법을 배웠을 뿐만 아니라 수치감, 당혹감, 불안감이 증폭되고 공동의존을 동반하는 일반적인 심리적 상처가 더 강해지는 현상을 경험했다. 그 때문에 마리아는 은둔자가 되었다. 그녀는 여행을 가자는 제안도 거절했고 관심을 가졌던 교회 모임에 참석하는 것도 중단했다. 동네 식료품 가게 정도의 거리를 벗어나기만 해도 그녀가 유지했던 아니 그녀가 유지했다고 생각하는 삶의 균형이 위협을 받기 시작했다. 그녀의 단호하고 필사적인 노력에도 남편은 여전히 술 마실 기회만 엿보고 있었다. 남편은 그녀 몰래 집에서 술 마시는 방법을 찾아냈다. 그녀가 어쩔 수 없이 밤에 집을 비워야 할 때면 그는 여지없이 술을 마셨다.

어느 날 남편은 몸도 가누지 못할 만큼 취해서 자신이 술을 마시는 이유가 도저히 어떻게 해 볼 수 없는 경제적 파탄 때문이라고 마리아에게 말했다(남편은 자신의 술버릇 때문에 가정 경제가 곤란을 겪고 있다고는 말하지 않았다). 남편은 아내가 취업을 해서 재정적인 위기에서 벗어나게 된다면 자신이 더 이상 술을 마시고 싶은 유혹에 빠지지 않을 것 같다고 말했다. 그렇게 되면 자신을 술에 취하게 했던 부담감이 사라질 것이라고. 마리아는 남편의 말에 고민했고 마지못해 받아들였다. 그녀는 집을 떠나는 것이 두려웠고 일하는 동안 아이들을 어디에 맡겨야 할지 몹시 고민스러웠다. 그녀는 정서적으로나 정신적으로 직장에 나가 일할 수 있는 형편이 아니었다. 가정을 책임지지 못하는 무능한 남편 때문에 자신이 하지 않아도 될 경제활동까지 해야 한다는 사실에 특히 화가 났다. 하지만 그것은 시도해 볼 만한 가치가 있는 일이었다. 이 남자가 술을 끊을 수 있다면 무슨 일이든지!

얼마 안 되어 마리아는 법률회사의 비서로 채용되었다. 그녀는 자신이 생각했던 것보다 일을 더 잘 해냈다. 공동의존자는 대단한 일꾼이 된다. 그들은 불평하지 않는다. 자신의 몫보다 더 많은 일을 감당한다. 요청을 받은 일들은 무엇이든 해 준다. 사람의 기분을 맞춰 주고 일을 완벽하게 처리하려고 애쓴다. 그들이 화가 나고 분통을 터뜨리기 전까지 적어도 한 동안은 그렇게 한다.

마리아는 자신에 대해 좀 더 나은 기분을 느끼기 시작했다. 그녀는 사람들과 만나는 일을 즐겼다. 그것은 그녀가 살아오면서 놓쳤던 것이다.(남편이 가정을 책임지지 않는다는 사실 때문에 여전히 마음이 불편했지만) 그녀는 자신이 돈을 벌고 있다는 사실이 즐거웠다. 그녀의 상사들도 그녀를 높이 평가했다. 그들은 갈수록 그녀에게 중요한 책임을 맡겼고 그녀는 변호사 업무를 지원하는 자리로 승진을 앞두고 있었다. 하지만 바로 그 무렵, 마리아는 남편이 곧 다시 술을 마시게 될 것이라는 그녀만의 직감, 오래되고 익숙한 불안감을 느끼기 시작했다.

그런 느낌이 며칠 동안 들쑥날쑥 그녀를 떠나지 않았다. 그러던 어느 날 자신의 마음 한편에 자리를 지키고 있었던 그 불안감이 그녀를 거칠게 덮쳤다. 손이 부들부들 떨리고 속이 뒤틀리는 듯한 느낌이 들면서 걱정이 불현듯 다시 엄습해 왔다. 마리아는 남편에게 전화를 걸었다. 직장에서 일하고 있어야 할 남편은 자리에 없었다. 남편의 직장 상사는 남편이 어디에 있는지 모른다고 했다. 그녀는 계속해서 여기저기 전화를 걸었다. 어느 누구도 남편이 있는 곳을 알지 못했다. 그녀는 손톱을 물어뜯고 미친 듯이 전화를 걸면서 그날 하루를 다 보냈다. 그러면서도 그녀는 "모든 게 좋아요. 문제없어요."라고 반응하면서 아무 일 없는 듯 보이려고 애쓰는 그녀의 겉치레를 직장 동료들이 꿰뚫어 보지 않기를 바랐다. 그날 저녁 그녀가 집에 도착했을 때, 남편은 집에 없었고 남편이 아이들을 놀이방에서 데려오지 않았다는 것을 알게 되었다. 상황은 다시 걷잡을 수 없는 상태로 돌변하고 있었다. 남편은 다시 술을 마시고 있었다. 다음 날 아침, 그녀는 공식적인 통보도 없이 직장을 그만둬 버렸다. 오전 10시경, 그녀는 남편과 함께 집으로 돌아왔다.

몇 년 후, 그녀는 "저는 당시 그렇게 해야만 한다고 생각했어요. 그 상황을 통제해야 한다고. 내가 직접 말이죠."라고 말했다.

의문이 생긴다. 누가 누구를 통제한 것일까?

마리아는 남편과 남편의 음주문제를 전혀 통제하지 못했다는 것을 배웠다. 오히려 남편과 남편의 알코올중독이 마리아를 통제하고 있었던 것이다.

내가 치료기관에서 가족집단 프로그램을 진행하던 어느 날 저녁, 바로 그 점이 나에게 더욱 선명하게 부각됐다. (나의 내담자들은 나보다 훨씬 지혜롭다. 나는 그들의 이야기를 들으며 많은 것을 배운다.) 프로그램이 진행되는 동안 한 알코올중독자의 부인이 남편에게 공개적으로 말을 꺼냈다. 남편은 결혼생활의 오랜 기간 동안 술을 마셨고 실직 상태였으며 교도소에 다녀온 적도 있었다.

"당신은 내가 당신을 통제한다고 비난했어요. 그래서 나도 그렇게 생각했죠. 내가 옆에 있으면 당신이 조금이라도 술을 덜 마실까 싶어 술집에 따라간 적도 있었죠. 당신이 술에 취해 거칠게 행동하는데도 술을 더 이상 못 마시게 하려고요. 그리고 당신이 자해하면 안 되니까 당신을 집으로 들어오게 했어요. 나는 당신이 마신 술병을 세어 보기도 했고, 술 마시는 걸 싫어하지만 당신과 함께 술도 마셨고, 술병을 숨기기도 했고, 당신을 A.A.에 데려가기도 했죠. 하지만 진실은 당신이 지금까지 나를 통제해 왔다는 거예요. 내가 듣고 싶었던 이야기들이 적혀 있는, 당신이 교도소에서 보낸 편지들. 모든 약속과 모든 말들. 내가 당신을 영원히 떠나려고 할 때마다 당신은 착한 척 행동하고 듣기 좋은 말을 하면서 나를 떠나지 못하게 했죠. 당신은 내가 듣고 싶어 하는 말을 알고 필요할 때마다 나에게 그런 말을 하죠. 하지만 당신은 결코 변하지 않았어요. 당신은 변하려는 마음조차 없었죠. 당신은 단지 나를 통제하려 했을 뿐이에요."

그녀의 남편은 그녀의 말에 웃을 듯 말 듯한 표정을 지으며 고개를 끄덕였다. 그리고 이렇게 말했다. "맞아. 나는 당신을 통제해 왔어. 그리고 나는 그 일을 아주 잘해 왔지."

통제할 필요가 없는 사람과 상황을 우리가 통제하려고 할 때, 우리는 오히려 통제당하게 된다. 우리는 자신에게 가장 유익한 결과를 가져오는 방향으로 생각하고 느끼고 행동할 힘을 잃어 버린다. 우리는 빈번히 자신에 대한 통제력을 상실한다. 종종 사람이 아닌 다른 것, 즉 알코올중독이나 섭식장애 혹은 강박적인 도박과 같은 질병에 의해서도 우리는 통제를 받는다. 알코올중독이나 파괴적 장애들은 강력한 힘 그 자체다. 알코올중독자뿐만 아니라 걱정에 시달리는 사람은 통제 전문가란 사실을 절대 잊지 마라. 우리가 그들과 그들의 질병을 통제하려고 했을 때, 우리는 한바탕 전쟁을 치러야 했다. 우리는 전투에서 승리할 수 없었다. 우리가 패배할 수밖에 없는 전쟁이었다. 우리는 우리 자신, 우리 삶을 지켜 내지 못했다. 알아논에서 유래한 핵심을 찌르는 구절이 있다. "당신이 그 문제를 일으키지 않았다. 그래서 당신은 그것을 통제할 수도 치료할 수도 없다."

뭔가를 하려는 시도를 멈춰라! 불가능한 것을 하려고 할 때 우리는 처절한 좌절감을 맛본다. 그리고 대개 우리는 가능한 일조차 일어나지 못하도록 방해한다. 사람이나 상황에 지나칠 정도로 매달리거나 내 의지를 강압적으로 실현하려고 하는 태도는 내 안에 존재하는 절대적 힘이 그 상황, 그 사람 혹은 나에게 건설적으로 개입할 수 있는 가능성을 막아 버린다. 내 통제는 신의 능력마저 차단하고 다른 사람이 스스로 성장할 수 있는 기회를 앗아가 버린다. 내 통제는 상황들이 자연스럽게 일어나는 것을 불가능하게 하며 사람이나 일 속에서 즐거운 경험을 할 수 있는 기회를 박탈한다.

통제는 환상이다. 통제는 아무런 유익이 없다. 우리는 알코올중독을 통제할 수 없다. 우리는 다른 사람이 강박적으로 행하는 과식, 성관계, 도박과 같은 행위를 통제할 수 없다. 그들의 다른 어떤 행위도 통제할 수 없다. 우리는 다른 사람의 감정과 마음 그리고 선택을 통제할 수 없고, 우리가 간섭할 일도 아니다. 우리는 사건의 결과를 통제할 수 없다. 우리는 삶을 통제할 수 없다. 어떤 사람에게는 자신을 통제하는 것도 몹시 벅찬 일이다.

사람은 궁극적으로 자기 하고 싶은 대로 한다. 느끼고 싶은 대로 혹은 느끼는 그대로 느낀다. 사람은 생각하고 싶은 대로 생각한다. 해야 할 필요가 있다고 믿는 일을 한다. 사람은 변화할 준비가 되어 있을 때에야 비로소 변화한다. 다른 사람은 틀렸고 우리가 옳다는 사실은 중요하지 않다. 다른 사람이 스스로에게 상처를 입히고 있는지, 그렇지 않는지도 중요하지 않다. '만약 그 사람이 내 이야기를 새겨듣고 나와 협력한다면 내가 도와줄 수 있을 텐데.' 라고 가정해 보는 것도 중요하지 않다. 그런 일들은 중요하지 않다, 정말 중요하지 않다.

우리는 사람을 바꿀 수 없다. 다른 사람을 통제하려는 어떤 시도도 환상이고 기만일 뿐이다. 그들은 우리의 노력에 대해 저항하고 우리가 그들을 통제할 수 없다는 점을 증명하고자 한층 더 애쓸 것이다. 그들은 우리의 요구에 일시적으로 부응하지만 우리가 등을 돌리는 순간, 본래 상태로 되돌아갈 것이다. 게다가 그들은 하고 싶지 않는 일을 우리가 하게 만들었고 되고 싶지 않은데 우리 때문에 그렇게 되었다는 이유를 대며 우리를 벌하려고 할 것이다. 통제하는 것으로는 사람의 영구적이며 바람직한 변화를 이끌어낼 수 없다. 우리는 사람들에게 변화의 의지를 심어 주는, 다시 말해 그들의 변화 가능성을 높이는 데 도움이 되는 일들을 때때로 시도할 수는 있겠지만 그들의 변화를 보장할 수도, 주도할 수도 없다.

이것은 정말 맞는 말이다. 그러나 이 점이 마음을 아프게 한다. 특히 당신이 사랑하는 누군가가 자기 자신과 당신에게 아픔을 주고 있다면 이러한 진실을 받아들이는 것은 쉽지 않다. 그러나 어쩔 수 없는 현실이다. 당신이 지금 또는 앞으로도 변화시킬 수 있는 유일한 대상은 당신 자신뿐이다. 당신이 책임지고 신경을 써야 할 유일한 대상은 바로 당신 자신뿐이다.

분리하라. 백기를 들고 항복하라. 우리가 그렇게 할 때 우리가 바라고 기대하던 일들이 종종 빠르게 그리고 기적같이 일어난다. 때론 바라는 일이 일어나지 않을 수도 있다. 절대로 일어나지 않는 경우도 있다. 하지만 당신에게 이로울 것이다. 그동안 당신이 해 왔던 돌보는 일이나 사랑하는 일을 그만둘 필요가 없다. 학대를 견딜 필요도 없다. 전문가에게 도움을 받는 것 같은 건설적이며 문제 해결에 도움이 되는 방법들을 단념할 필요도 없다. 당신이 해야 할 유일한 일은 당신의 정서적, 정신적, 영적 그리고 신체적 손들을 당신의 호주머니 속에 다시 집어넣고 주변의 상황과 사람을 그냥 내버려 두는 것이다. 그들이 그들 스스로 존재할 수 있도록 내버려 두라. 당신 자신을 돌보는 데 필요한 결정들을 하라. 그러나 그 결정들이 다른 사람을 통제하는 수단이 되어서는 안 된다. 당장 자신을 스스로 돌보는 일을 시작하라!

"하지만 이것은 내게 너무 중요해요. 나는 분리할 수 없어요." 많은 사람들이 이렇게 저항한다.

만약 그것이 당신에게 그렇게 중요한 문제라면, 그것이야말로 당신의 삶이 분리를 더 절실히 필요로 하고 있음을 보여 주는 증거다.

나는 철부지 아이들의 입에서 튀어나온 분리에 대한 지혜가 담긴 말을 들은 적이 있다. 내 아들인 셰인은 나를 꼭 껴안은 채 너무나 꽉 그리고 지나치게 오랫동안 나에게 매달린다. 거의 나를 쓰러뜨릴 정도다. 나는 균형을 잃고 내 아들의 행동을 더 이상 참지 못할 지경에 이른다. 셰인에게서 벗어나기 위해 몸부림치기 시작한다. 아마 내 아들은 좀 더 오랫동안 내 곁에 가까이 머물고 싶어서 그런 행동을 하는 것일 것이다. 어쩌면 그것은 나를 통제하려는 한 가지 방법일지도 모른다. 나는 그런 줄 몰랐다. 어느 날 밤 내 아들이 평소처럼 내게 매달렸을 때, 내 딸이 그 모습을 지켜보다 참지 못할 상황에 이르렀다.

"셰인!" 내 딸은 자기 동생의 이름을 부른 뒤 이렇게 끝을 맺었다. "이제 그만 놓아 드릴 시간이야."

우리 각자에게도 놓아야 할 시간이 찾아온다. 당신은 그때가 이미 와 있다는 것을 알게 될 것이다. 당신이 할 수 있는 모든 것을 다 시도했던 바로 그때가 분리해야 할 순간이다. 당신의 감정들을 잘 다루어 보라. 통제를 상실할 것 같은 두려움에 맞서라. 당신 자신과 당신의 책임에 대한 지배권을 행사하라. 다른 사람이 자신의 모습대로 살아갈 수 있도록 그들을 자유롭게 해 주어라. 그렇게 할 때, 당신도 자유로워질 것이다.

과 제

1. 당신이 통제하려고 하는 사건이나 사람이 있는가? 당신은 왜 통제하려고 하는가? 두세 문단 정도의 분량으로 그 상황과 이유를 기록해 보자.

2. 당신이 통제하려고 하는 사람이나 대상에 의해 (정신적, 신체적, 감정적으로) 당신은 어떻게 통제받고 있는가?

3. 만약 당신이 그 상황이나 그 사람으로부터 분리하게 된다면 (당신과 그 사람에게) 어떤 일이 일어날 것 같은가? 당신이 통제하는 일을 그만두지 않을 경우에도 분리함으로써 일어날 수 있는 결과들이 어떤 식으로든 당신과 그 사람에게 동일하게 일어날 것으로 생각하는가? 상황을 통제하는 것이 당신에게 어떤 식으로 이로움을 주는가? 통제하려는 당신의 노력이 다른 사람에게 어떤 식으로 이로움을 주는가? 사건의 결과를 통제하려는 당신의 시도가 얼마나 효과적일 것으로 생각하는가?

08 희생자를 제거하라

> 우리는 어느 누구도 상처받지 않도록 마음을 쓰며 조심한다.
> 그러나 어느 누구라는 말에
> 우리 자신은 포함되어 있지 않다(알아논 모임의 한 회원).

내가 공동의존에서 회복 단계로 들어선 지 거의 일 년이 다 되어 갈 무렵, 나는 여전히 나에게 고통을 주는 일을 계속 되풀이하고 있음을 깨달았다. 나는 이러한 삶의 방식이 그동안 내가 맺어 왔던 많은 인간관계를 좀먹듯 손상시키는 어떤 원인과 관계가 있다는 것을 감지했다. 하지만 내가 하는 무엇이 나에게 고통을 가져다주는지 그 정체를 파악할 수 없었고, 그래서 나는 그런 삶을 그만둘 수 없었다.

햇살이 따사로운 어느 날, 나는 내 친구 스콧과 함께 보도를 걷고 있었다. 나는 걸음을 멈추고, 돌아서서 그에게 이렇게 물었다. "공동의존자들이 하고 또 하고 계속 반복해서 하는 일이 도대체 뭘까? 아주 개운치 않은 기분을 계속 느끼게 하는 그 정체는 도대체 뭐지?"

그는 잠시 동안 생각에 잠겼다. 그리고 다음과 같이 말했다. "공동의존자는 돌보는 사람, 구원자야. 그들은 사람을 구출해 내고, 그 다음엔 박해하고, 결국 희생당하는 것으로 끝을 맺지. 카프만의 드라마 삼각형(the Karpman Drama Triangle)을 공부해 봐." 그는 카프만의 드라마 삼각형과 거기에 나오는 구원자(rescuer), 박해자(persecutor) 그리고 희생자(victim)의 역할은 스테판 카프만Stephen B. Karpman이 고안해 낸 분석도구라고 말했다.1

나는 그의 말을 알아들을 수 없었다. 집에 돌아온 나는 수북이 먼지가 쌓여 있는 책장에서 몇 권의 치료 관련 책을 꺼내어 읽기 시작했다.2 잠시 후, 한 줄기 빛이 내 머릿속에 들어왔다. 나는 보았다. 나는 이해했다. 아주 경이로운 사실을 발견한 것 같았다.

이것이었다. 이것은 나의 방식이었다. 이것은 우리의 방식이며, 우리가 친구, 가족, 지인, 고객 또는 우리 주변 사람을 대상으로 반복적으로 하는 행동이다. 공동의존자로서 우리가 하는 많은 일 중에서 이것은 우리가 가장 잘하고 가장 자주 하는 것이다. 이것은 우리가 가장 즐겨 하는 반응이다.

우리는 구원자이며, 일을 가능하게 하는 조장자(enabler)다. 어니 라슨이 말한 것처럼, 온 세상 사람에게 우리는 위대한 대모이거나 대부다. 우리는 사람의 욕구를 충족시키는 것에 머물지 않고 그 욕구를 예측하기까지 한다. 우리는 다른 사람을 고치려 하고, 양육하고, 안달복달하며 걱정한다. 우리는 모든 일을 개선하고, 해결하고, 마음을 써야 한다고 생각한다. 우리는 그 모든 일들을 잘한다. "당신이 무엇을 원하든지 나는 그 소원을 들어주기 위해 최선을 다할 것이다." 이것이 우리의 주제다. "당신의 문제는 나의 문제다." 이것이 우리 삶의 모토다. 우리는 돌보는 사람이다.

구원이란 무엇인가

구원하는 일(rescuing)과 돌보는 일(caretaking)은 그 말이 갖는 본래의 의미 그대로 이해하면 되는 용어들이다. 우리는 다른 사람이 스스로 감당해야 하는 책임으로부터 그들을 구해 낸다. 우리는 다른 이들을 위해 그들의 책임을 떠맡아 돌본다. 그런 후에 우리는, 우리가 그 사람들을 위해 해 주었던 것들 때문에 그들에게 화를 낸다. 이용당했다는 기분이 들고 스스로 낙담한다. 이런 상황들이 삼각형을 구성하는 유형들이다.

구원하는 일과 돌보는 일은 동의어다. 그 용어들의 정의는 '조장하는 일(enabling)' 이라는 개념과 아주 밀접하게 연관된다. 조장은 치료현장에서 사용하는 특수용어로, 파괴적인 형태의 도움을 의미한다. 알코올중독자를 돕는 행위가 오히려 술을 계속 마시도록 도와주는 꼴이 되고, 술로 인한 고통스러운 결과를 알코올중독자가 경험하지 못하게 하는 상황을 초래한다. 어떤 의미에서 그러한 행위는 알코올중독자가 계속 술을 마실 수 있는 더 좋은 조건을 조성해 준다. 그래서 그런 행동들을 조장하는 행동이라 부른다.

상담가인 스콧 에글스톤에 따르면, 우리가 다른 사람의 일—생각, 감정, 결정, 행동, 성숙, 행복, 문제, 운명—에 대해 책임을 지려고 할 때마다 그것은 구원하는 일이 된다. 다음의 내용은 구원하고 돌보는 행동을 정리한 것이다.

- 진짜 하고 싶지 않은 일을 하는 행동
- 속마음은 '아니요' 라고 하는데 겉으로는 '예' 라고 말하는 행동
- 상대방이 충분히 해낼 수 있고 스스로 해야만 하는 일인데도 대신해 주는 행동

- 부탁을 받지도 않았고 서로 합의하지도 않았는데도 미리 나서서 사람들의 필요를 채워 주려는 행동
- 도와달라는 요청을 받았지만 자기 몫 이상으로 과도하게 도움을 주는 행동
- 특별한 상황에서 자신이 받았던 것보다 더 많은 것을 계속 주려는 행동
- 사람들의 감정을 고쳐 보려는 행동
- 상대방보다 더 잘 알고 있기 때문에 그 사람의 생각을 대신하려고 하는 행동
- 상대방의 의견을 대변해 주는 행동
- 사람들이 만들어 낸 결과에 대해서까지 고통을 자초하는 행동
- 사람들을 대신해서 그들의 문제를 해결해 주는 행동
- 공동 협력이 필요한 상황에서 상대방보다 더 많은 관심과 행동을 쏟아붓는 행동
- 원하는 것, 필요한 것, 바라는 것이 있는데 요청하지 않는 행동

우리가 다른 사람을 돌볼 때마다 우리는 구원하는 일을 하는 것이다.

우리가 구원하고 돌보고 있을 때, 우리는 다음에 제시한 감정들 중 하나 혹은 여러 가지 것들을 복합적으로 느끼기도 한다. 상대방이 처한 곤란한 상황에 대해 느끼는 불편함과 어색함, 뭔가를 해야 한다는 다급함, 연민, 죄책감, 성자가 된 듯한 느낌, 걱정, 그 사람이나 문제에 대한 극단적인 책임감, 두려움, 어떤 일을 억지로 또는 강압적으로 하고 있다는 느낌, 아무 일이나 은근하게 혹은 심하게 내키지 않는 마음, 우리가 도와주는 사람보다 우리 자신이 더 큰 능력을 가졌다는 느낌 또는 이러한 위치에 놓이게 된 것에 대해 느끼는 잦은 분노 같은 감정들이다. 또한 우리는 우리가 보

살피는 사람들이 무기력할 뿐만 아니라 우리가 그들을 위해 하고 있는 일들을 그들이 스스로 할 수 없을 것이라고 생각한다. 우리는 일시적으로 우리가 필요한 존재가 된 것처럼 느낀다.

지금 나는 합리적인 선에서 도움을 기대하고 요청하며 그래서 우리가 기꺼이 도와주는 상황에서 나타나는 사랑과 친절, 공감 그리고 진정한 마음으로 돕는 행동들을 말하고 있는 것이 아니다. 이러한 행동들은 삶을 풍요롭게 하기 위해 권장해야 할 미덕이다. 하지만 구원하거나 돌보는 일은 그렇지 않다.

돌보는 일은 그 말이 가지는 본래의 의미보다 훨씬 더 친근한 행동인 것처럼 느껴진다. 돌보는 일이 성립되기 위해서는 보살핌을 받는 사람의 무능력함을 전제로 한다. 스스로를 책임질 수 없다고 우리가 믿는 사람들, 즉 '희생자'를 우리는 구원한다. 그러나 우리 자신과 희생자로 불리는 그들이 인정하지 않을지라도, 실제로 그들은 자신을 돌볼 수 있는 능력이 있다. 보통 우리와 함께 머물기를 원하는 우리 주변의 희생자들은 삼각형의 꼭짓점 주변을 서성이며 우리가 스스로 그 삼각형 안으로 뛰어들기를 기다린다.

구원하는 일을 마치고 나면, 우리는 삼각형의 다음 꼭짓점인 '박해'로 자연스럽게 이동한다. 우리는 그동안 관대한 마음으로 도와주던 사람에게 분을 품고 화를 내기 시작한다. 우리는 원치 않은 일을 해 왔고 우리의 책임이 아닌 일을 해 왔다. 우리는 우리의 욕구와 바람을 외면해 왔고 그것 때문에 화가 치밀어 오른다. 문제를 더 꼬이게 만드는 것은 우리가 구원해 주었던 그 초라한 희생자가 우리가 베풀었던 도움과 우리가 감당했던 희생에 대해 충분히 고마워하지 않는다는 것이다. 그 사람은 마땅히 해야 할 행동을 하지 않는다. 심지어 우리가 선뜻 제안한 조언조차 받아들이지 않는다. 그 사람은 우리가 느끼는 좋지 않은 감정을 추스리지 못하게 한다. 뭔가 잘 풀리지 않는 것 같고 좋지 않은 느낌이 들면서 우리는 우리의 거룩한 후광을 접고 상대를 향해 날을 세운다.

사람들은 종종 우리가 짜증을 내는 상황을 애써 주목하지 않고 피하려 한다. 우리는 때때로 그런 기분을 어떻게든지 감추려고 한다. 우리는 때때로 속에 있는 모든 울분을 터뜨리기도 하는데, 특히 가족에게 그 울분을 쏟아붓는다. 가족과 연관된 일들을 통해 우리의 실제 모습이 여실히 드러나게 된다. 우리가 심란한 마음과 분노를 나타내든 아니면 그것을 완전하게 혹은 일부라도 숨기든, 이미 우리는 자신에게 무슨 일이 진행되고 있는지를 알고 있다.

대부분의 경우에, 우리가 구원한 사람들은 우리의 감정 변화를 즉각적으로 감지한다. 그들은 우리의 감정에 곧 변화가 일어날 것이라는 것을 알아차린다. 그들은 그러한 상황 인식을 우리에게 대항하는 구실로 사용한다. 박해의 꼭짓점에서 이번에는 그들이 가해자가 된다. 우리가 화를 내기 전이나 후 아니면 동시에 때를 가리지 않고 이러한 상황이 벌어진다. 희생자는 종종 우리의 분노에 반응한다. 대체로 그 반응은 그들에 대해 우리가 지고 있는 책임, 즉 그들이 얼마나 무능한 사람인지를 우리가 인식하고 있다는 사실을 그들에게 직간접적으로 표현하고 있는 상황에 대한 그들의 반응이다. 자신이 무능하지 않다고 아무리 목소리를 높여 항변할지라도 무능하다는 소리를 듣고 남들에게 그런 모습으로 비춰지면 그들은 역정을 낸다. 그리고 우리가 그들의 무능함을 지적한 후 그들에게 화를 내면 그들은 모욕을 당했을 뿐만 아니라 자존심에 심각한 상처를 받았다며 도리어 우리의 태도에 대해 불쾌감을 토로한다.

그런 다음, 우리는 마지막 단계로 향한다. 우리는 우리가 선호하는 지점, 즉 맨 아래에 놓인 희생자의 꼭짓점을 향해 똑바로 나아간다. 그것은 불을 보듯 뻔히 예측되는 피할 수 없는 구원의 결과물이다. 그 과정은 무기력과 상처받음, 서글픔, 창피함 그리고 자기 연민의 감정들로 충만하다. 우리는 또 다시 소진된다. 우리는 우리의 가치를 또 다시 인정받지 못했다. 우리는 사람들을 돕고 그들에게 좋은 사람이 되려고 열심히 노력한다. 우리는 '왜 그러지? 왜 이런 일이 항상 내게 일어나는 거지?' 라고 생각하며 스스로에게 탄식한다. 우리는 상대방이 우리를 짓밟아 왔고 골탕 먹였다고 생각한다. '이렇게 희생자로 살다가 삶을 마치는 것은 아닐까?' 라는 의문을 품는다. 우리가 구원하고 돌보는 일을 멈추지 않는다면, 아마 그럴지도 모른다.

많은 공동의존자는 삶의 어느 순간에 진짜 희생자들이었다. 그들은 누군가의 학대, 방임, 유기, 알코올중독 혹은 인간을 희생시킬 수 있는 수많은 상황들의 희생자들이었다. 어떤 순간에는 스스로를 보호하거나 자신의 문제를 해결할 수 없을 만큼 우리는 정말 무기력하게 살았다. 바라지 않았던 뭔가가 우리 삶에 끼어들었고, 그 때문에 우리는 심하게 상처를 입었다. 슬프고 가슴 아픈 일이다. 그러나 더 슬픈 현실은 많은 공동의존자들이 자신을 스스로 희생자로 바라보기 시작했다는 사실이다. 우리의 고통스러운 역사가 스스로 되풀이된다. 돌보는 사람으로서 우리는 다른 사람의 희생자가 되도록 스스로를 방치한다. 그리고 우리는 끊임없이 사람을 구원하면서 우리 자신을 희생자로 만드는 일에 참여한다. 구원하는 일과 돌보는 일은 사랑에서 비롯된 행동이 아니다. 드라마 삼각형은 증오의 삼각형이다. 증오의 삼각형은 자기증오를 키워 내고 유지하며 다른 사람에 대한 우리의 참된 감정들이 솟아나오지 못하도록 막는다.

구원자, 박해자, 희생자로 구성되는 삼각형 그리고 그 안에서 이루어지는 우리의 역할 이동은 경험을 통해 우리의 눈과 마음으로 선명하게 확인할 수 있는 과정이다. 역할과 감정의 변화가 마치 우리가 대본을 읽는 것처럼 명확하고 강렬하게 다가온다. 우리는 역할을 전환할 때 그다지 강렬한 감정을 느끼지 않으면서도 순식간에 그 과정을 완벽하게 경험할 수 있다. 어떤 경우에는 그 삼각형을 완전한 모양으로 만들어 내고 위험한 폭발에 이르는 데 수년이 걸릴 수도 있다. 우리는 하루에도 스무 번을 구원할 수 있다. 많은 공동의존자가 실제로 그렇게 한다.

구원과 관련하여 한 가지 사례를 들어 보겠다. 내 친구는 알코올중독자와 결혼했다. 남편이 어디론가 사라져 술을 마시고 있을 때마다 그녀는 그를 찾기 위해 차로 시내 곳곳을 누비고 다니면서 친구들에게 도움을 요청했다. 그녀의 끈질긴 추적은 그를 찾아낼 때까지 가차 없이 진행되었다. 그녀는 남편을 집에 데리고 와서 침대에 눕힐 때까지(남편과 남편의 음주문제에 책임진다) 일반적으로 자애로운 마음으로 남편을 염려하며 안쓰러워했다(구원이 일어났다는 경고다). 그런데 남편의 머리가 베개에 닿자마자 상황은 돌변했다. 그녀가 박해자로 자신의 역할을 변화시켰다. 그녀는 이 남자를 집안에 두고 싶지 않았다. 그가 아프다며 며칠간 앓는 소리를 해 댈 것이 뻔했기 때문이다. 남편은 가족에게 무책임했고 대체로 가장답지 못한 행동을 했다. 너무나 많은 세월 동안 그는 그렇게 살았다! 그래서 그녀는 작은 새가 지저귀는 것처럼 시작해서 세찬 태풍이 휘몰아치는 수준까지 남편을 다그치곤 했다. 남편은 무기력한 희생자에서 복수심이 가득 찬 박해자로 변하기 전까지는 일시적으로 그녀의 박해를 참곤 했다. 그런 후에 그녀는 희생자의 역할로 자신을 깊숙이 물들였다. 자기연민, 무력감, 수치심 그리고 절망감이 차올랐다. 이것이 그녀의 삶이었다. 그녀의 입에서 탄식이 흘러나오곤 했다. '그를 위해 나는 할 만큼 했어. 도대체 왜 나에게 이런 식으로 보답하지?' '왜 항상 나에게 이런 일들만 일어나는 걸까?' 그녀는 자신이 환경의 희생자, 남편의 부당한 행동의 희생자 그리고 삶의 희생자처럼 느껴졌다. 하지만 그녀는 자신이 자기 자신과 자기 행동의 희생자였다는 점을 결코 깨닫지 못했다.

구원의 또 다른 사례다. 어느 여름, 한 친구가 사과농장에 함께 갔으면 좋겠다고 나에게 연락을 했다. 사실 나도 가고 싶었고 그래서 친구와 약속을 정했다. 하지만 나는 가기로 한 그날까지 너무도 바빴다. 나는 그녀에게 전화를 했다. 차마 갈 수 없다고 말하지 못하고 날짜를 연기했으면 좋겠다고 말했다. 나는 그녀가 경험하게 될 기분에 대해서 죄책감과 책임감을 느꼈다. 이것은 또 다른 구원이 진행되고 있다는 신호다. 나는 그녀를 실망시킬 수 없었다. 나는 그녀가 스스로 자기 감정을 추스르고 책임질 수 없다고 생각했다. 그래서 나는 진실을 말할 수 없었다. 마치 누군가의 분노가 나 때문에 일어난 것처럼 내가 진실을 말한다면 그녀가 나에게 화를 낼 것이라고 생각했기 때문이다. 과도한 감정적인 책임감을 느꼈던 것이다. 가기로 한 날이 다시 다가오고 있었다. 나는 한층 더 바빠진 일정을 쥐어짜며 과수원에 가기로 했다. 정말 가고 싶지 않았다. 사과가 필요한 것도 아니었다. 우리 집 냉장고의 서랍 두 칸은 사과로 가득 차 있었다. 그녀의 집 앞에 차를 세우기 전, 나는 이미 박해자의 역할을 수행하고 있었다. 그녀와 함께 과수원에 가는 동안 내 속은 원망하는 마음과 신경이 곤두서는 생각들로 부글부글 끓었다. 우리가 과수원에 도착해 사과를 맛보고 매달린 사과를 구경하려고 했을 때, 우리 둘 중 어느 누구도 이 상황을 즐기고 있지 않다는 사실을 분명하게 느꼈다. 잠시 후에 친구는 고개를 돌려 나에게 이렇게 말했다. "난 사과가 별로 필요하지 않아. 지난주에 샀거든. 나는 네가 가고 싶어 하는 것 같아 따라온 거야. 네 마음이 상하는 걸 난 바라지 않거든."

이 예는 내가 나의 삶을 희생하며 행했던 수천 개의 구원 중 하나일 뿐이다. 내가 이 과정을 이해하기 시작했을 때, 나는 눈을 뜨고 있는 대부분의 시간을 나 자신 외에 이 사람 저 사람을 책임지며 삼각형의 톱날 같은 꼭짓점 주변을 이리저리 홱홱 옮겨 다니며 살았음을 깨달았다. 나는 종종 구원자로서 대단한 일들을 해냈고 소소한 역할들도 감당해 왔다. 내가 맺어 왔던 친구들과의 관계들을 보면 그 관계들은 구원의 궤도를 따라 움직였다. 구원의 관계 속에서 우정이 시작됐고 한동안 유지되다가, 결과적으로 그 관계들이 끊어져 나갔다. 내 가족이나 내담자들과의 관계에서도 구원하는 모습들이 스며들어 있었다. 구원하는 일은 나의 이성을 마비시키고 계속 나를 혼란 상태에 머물게 했다.

두 명의 공동의존자가 서로 인간관계를 맺고 있다면 이 둘은 서로에게 큰 타격을 줄 수 있다. 상대의 기분을 맞추려고 하는 특성을 가진 두 사람이 인간관계를 맺고 있는데 서로 그 관계에서 벗어나기를 원하는 상황이라고 가정해 보자. 어니 라슨의 말대로, 그들은 끔찍한 일들을 하게 될 것이다. 둘 중 한 사람이 구원하는 일을 멈추고 "나는 이 관계를 끝내고 싶어."라고 말하기 전에 그들은 상대방과 자기 자신을 거의 파괴할 것이다.

공동의존자로서 우리는 구원하는 데 많은 시간을 보낸다. 우리는 인간이 신보다 더 많은 것을 베풀 수 있다는 것을 보여 주는 살아 있는 증거가 되고자 한다. 나는 누군가를 만나 이야기를 해 보면 5분도 지나지 않아 그 사람이 공동의존자인지 아닌지를 알아볼 수 있다. 공동의존적인 사람은 내가 부탁하지도 않은 도움을 먼저 제안하거나, 분명 불편함을 느끼고 대화를 끝내고 싶어 하면서도 끊임없이 내게 말을 건넨다. 그 사람은 나를 책임지려 하고 자신에 대한 책임은 저버리면서 나와 관계를 맺기 시작한다.

우리 가운데 어떤 이들은 모든 사람을 책임져야 한다는 거대한 부담감에 너무나 지친 나머지 구원의 과정에서 나타나는 동정심과 염려의 감정을 뛰어넘어 바로 분노의 단계로 나아간다. 항상 화가 나 있다. 잠재적 희생자들을 향해 분노를 느끼고 원망의 감정을 품는다. 충족되지 않은 욕구와 문제를 가진 사람들은 공동의존자인 우리를 자극해서 뭔가를 해야 한다는 생각과 죄책감이 우리 마음에 일어나게 한다. 우리는 그들을 구원한 후에 우리가 처한 곤란한 상황에 대해 적대감을 가감 없이 그대로 표현한다. 나는 직업적으로 도움을 주는 사람들에게서 이런 현상이 일어나는 것을 자주 목격한다. 그들 중 많은 이들은 수년 동안 '말로 주고 되로 받는' 구원의 세월을 겪은 다음에 자신의 내담자들에게 적대적인 태도를 취한다. 몇몇 전문 상담가들의 이야기에 따르면, 그들은 그 상태를 계속 버티면서 자신의 내담자들을 지속적으로 돕다가 지독히도 희생당했다고 느끼면서 자신의 직업을 그만둔다.

돌보는 일은 진짜 돌보는 일이 아니다. 여러 가지 문제를 일으킨다. 우리가 사람들을 돌보면서 원하지 않는 일들을 할 때, 우리는 우리 자신의 개인적 욕구, 바람 그리고 감정을 무시하게 된다. 우리는 우리 자신을 한쪽 모퉁이에 밀어 넣는다. 우리는 때때로 다른 사람을 돌보느라 너무 분주한 나머지 우리 자신의 모든 삶을 정지 상태로 몰아간다. 돌보는 사람들의 상당수가 자신을 괴롭히며 지나친 의무감에 시달린다. 그들은 자신의 어떤 활동도 즐기지 못한다. 돌보는 사람은 책임감 있는 사람처럼 보이지만 실제로는 그렇지 않다. 가장 큰 책임감을 느껴야 할 대상인 자기 자신에 대해서는 책임감을 느끼지 않는다.

공동의존자인 우리는 받은 것보다 많은 것을 끊임없이 준다. 그런 후에 그것 때문에 학대받고 무시당했다고 느낀다. 우리가 다른 사람의 욕구에 대해 관심을 가지고 걱정하려고 할 때에도 우리의 욕구에 대해서는 왜 아무도 주목하지 않는지 그 이유를 궁금해한다. 우리는 우리 자신의 욕구가 충족되지 않은 것 때문에 심각할 정도로 침체된 기분을 느끼기도 한다. 그럼에도 돌보는 일을 자기의 중요한 책임이라고 생각하는 사람들은 누군가에게 줄 때 가장 편안하게 느낀다. 누군가로부터 받을 때 그리고 자신의 욕구를 채우려고 할 때, 그들의 마음에 죄책감과 불편함이 찾아온다.

공동의존자는 다른 사람을 돌보는 일에 자신의 역할을 한정해 버리기 때문에 돌보지 못하거나 구원할 수 없을 때, 즉 누군가가 자신의 도움을 받아들이지 않을 때 낙담하고 거부당했다고 느낀다.

돌보는 일이 일으키는 최악의 상태는 우리가 희생자가 되어 계속 그 상태에 머물러 있게 되는 것이다. 나는 약물중독, 섭식장애, 성적인 역기능 문제와 같은 심각한 자기파괴적 행동들이 희생자의 역할에서 비롯되었다고 생각한다. 우리는 희생자로서 가해자를 끌어들인다. 우리는 무기력감을 느끼기 때문에 우리를 돌보아 줄 사람이 필요하다. 결국 돌보는 특성을 가진 사람 중 몇몇은 정신적으로, 신체적으로, 재정적으로 또는 정서적으로 도움이 필요해서 자신을 돌보아 줄 사람이나 기관을 찾아다니며 자신의 상황에 대해 설명한다.

당신은 이렇게 질문할 수도 있다. "멀쩡하게 제정신을 가진 사람이 왜 자꾸 다른 사람을 구원하려고 하나요?" 많은 이유들이 있다. 우리 가운데 대부분은 자신이 지금 무엇을 하고 있는지조차 깨닫지 못하고 있다. 대부분의 사람은 진짜 누군가를 돕고 있다고 믿는다. 어떤 사람들은 누군가를 구원해야만 한다고 믿는다. 우리는 무엇이 도움이 되는지, 그렇지 않는지에 대해 혼란스러워한다. 우리 중 많은 사람은 누군가를 구원하는 일이 선을 베푸는 행위라고 확신한다. 우리는, 우리가 사랑하는 사람이 자신의 솔직한 심정을 직접 느끼고 헤쳐 나가게 내버려 두고, 자신이 만들어 낸 결과에 대해 고통을 감수하도록 간섭하지 않고, "안 돼."라는 말에 낙담하고, 우리의 필요와 바람에 대응하게 하고, 이 세상에서 자기가 져야 할 책임을 스스로 짊어지도록 우리가 냉혹하게 그들을 대하는 것이 잔인하고 비정한 행동이라고 생각할지도 모른다. 그래서 우리는 그들이 우리가 베푸는 도움에 대해 어떤 대가를 반드시 치르게 될 것이라는 점을 결코 신경 쓰지 않는다. 그 대가는 그들이 겪게 될 고통스러운 감정만큼이나 가혹한,

아니 그보다 더 잔인한 경험이 될지도 모른다.

우리 중 많은 사람은 자신이 책임져야 할 것과 책임지지 않아야 할 것을 구별하지 못한다. 우리는 다른 누군가가 문제를 겪고 있을 때 우리도 함께 그 혼란스러운 상태로 빠져들어야 한다고 생각한다. 많은 사람들은 그렇게 하는 것을 마치 자신의 책임인 것처럼 믿고 있다. 때때로 우리는 너무 많은 것을 책임지는 일에 진절머리가 나서 모든 책임을 거부하고 철저하게 무책임해지기도 한다.

구원하는 행위의 중심에는 낮은 자존감이라는 악마가 살고 있다. 우리는 스스로를 긍정의 눈으로 바라보지 못하기 때문에 누군가를 구원하려고 한다. 돌보는 일은 우리에게 좋은 기분, 자기 존재감 그리고 힘을 느끼게 한다. 그 감정들은 인위적이며 일시적으로 스쳐 지나가는 것들이다. 알코올중독자가 술을 마시면 순간적으로 기분이 좋아지는 것과 같이 구원하는 행위는 우리가 우리 모습대로 존재하고 살아가야 하는 고통에서 잠시 벗어나게 해 준다. 우리는 자신을 사랑받을 만한 존재로 생각하지 않기 때문에 누군가에게 이용당하더라도 필요한 존재이고 싶어 한다. 우리는 스스로에 대해 좋은 감정을 가지고 있지 않기 때문에 자신이 얼마나 괜찮은 사람인지를 증명하고자 뭔가 특별한 일을 해야 한다는 압박감을 느낀다.

우리는 다른 사람에 대해서도 좋은 감정을 느끼지 못하기 때문에 구원하려고 한다. 우리는 '그 사람은 자신을 스스로 책임질 수 없어.' 라는 생각을 정당화시키며, 때로는 그런 과정도 없이 그들을 그런 존재라고 믿어버린다. 그것은 진실처럼 보이지만 사실과는 거리가 멀다. 뇌 손상이나 심각한 신체장애를 가진 사람 그리고 유아를 제외하면 누구든 스스로를 책임질 수 있다.

우리는 다른 사람의 해결되지 않은 문제들에 부대끼며 느껴야 하는 불편함과 어색함을 다스리는 것보다 구원하는 일이 쉽게 느껴지기 때문에 그들을 구원하려 한다. "당신에게 어려움이 있다니 너무 안됐군요. 내게 필요한 것이 있나요?" 라고 말하는 법을 우리는 배우지 못했다. 대신 우리는 이렇게 말해 왔다. "자, 어서요, 내가 당신을 위해 그 일을 해 드리겠어요."

어떤 공동의존자들은 이미 어렸을 때 돌보는 사람이 되는 법을 터득했다. 그들은 알코올중독 부모나 여러 가지 문제들을 가지고 있는 가족과 살아야 했기 때문에 그렇게 될 수밖에 없었다. 또 어떤 사람들은 스스로를 돌보려 하지 않고 돌볼 능력도 없어 보이는 알코올중독자나 주변 사람과 얽히게 되면서 성장한 후에 돌보는 역할을 시작했을 수도 있다. 우리는 자신의 느슨함을 조이고 다른 사람의 책임까지 감당하면서 스스로 최선이라고 생각하는 방식으로 상황에 대처하고 생존하기로 마음을 먹었다.

많은 공동의존자들은 그 외의 다른 방법들로 인해 돌보는 사람이 된다. 누군가가 아마도 우리에게 거짓말을 가르쳤고 우리는 그것을 그대로 믿었을 것이다. "이기적으로 살지 말고 항상 친절하게 다른 사람을 도와줘라." "네 말이나 행동이 다른 사람의 감정을 좌지우지할 수 있으니 절대로 그 사람의 마음을 다치게 해서는 안 된다." "절대 '아니요.' 라고 말하지 마라." "무례한 사람으로 취급받으니 개인적인 기대나 욕구가 있어도 말하지 말고 참아라."

우리는 다른 사람에 대해서는 책임을 져야 하지만 스스로에 대해서는 책임을 지지 않아도 되는 것처럼 배워 왔다. 또한 많은 여성은, 훌륭하고 바람직한 아내와 어머니란 잘 돌보는 사람이라고 가르침을 받았다. 그 여성들에게는 돌보는 일이 요구되고 기대되었고 당연한 의무가 되었다. 일부 남성들도 좋은 남편과 아버지란 돌보는 사람, 즉 가족 구성원의 모든 필요를 채우는 슈퍼맨 같은 존재가 되어야 한다고 믿고 있다.

종종 우리는 유아나 어린아이를 돌볼 때 공동의존과 유사한 상황을 경험한다. 유아를 돌보는 사람은 자신의 욕구를 포기하고, 하고 싶지 않은 일을 해야 하고, 자신의 감정이나 기대를 억눌러야 하며, 모든 책임을 도맡아야 한다. 예를 들어, 아이가 배고파서 보채면 새벽 4시에라도 부모는 아이의 욕구를 충족시켜 주기 위해 일어나 젖을 줘야 한다. 그러나 아이를 돌보는 일은 구원이 아니다. 그 일은 실제적 책임이며 내가 말하고 있는 돌보는 일과는 다르다. 그런데 아이를 돌보는 사람도 공동의존자와 비슷한 경험을 한다. 아이를 돌보는 사람도 공동의존자처럼 자신을 돌볼 수 없는 상황에 처할 수 있는데, 그들도 이때 우울한 감정에 휩싸이게 된다.

어떤 공동의존자는 다른 사람을 돌봐야 한다는 종교적 신념을 반드시 따라야 하는 명령으로 해석해 왔다. 우리는 기꺼이 베푸는 사람이 되라는 이야기를 들으며 자랐다. "누가 억지로 5리를 가자고 하면 10리를 가 주어라." "네 이웃을 네 몸과 같이 사랑하라."는 말을 듣고 우리는 그렇게 살려고 했다. 우리는 정말 열심히 그 명령들을 지키려고 애를 쓴다. 우리의 노력은 열심이다 못해 지나칠 정도다. 그러나 이러한 종교적 신념이 삶에 제대로 실현되지 않자, 우리에게 무슨 문제가 있는 것은 아닌지 의심이 들기 시작한다. 우리의 삶이 제대로 작동하지 않는다고 느낀다.

종교적 신념은 인간의 삶에 긍정적인 영향을 끼친다. 당신의 삶도 의미있는 가치를 실현하며 잘 작동될 수 있다. 그런데 구원하는 일은 그렇지 않다. 나의 한 친구는 구원하는 일을 '빗자루를 가지고 나비를 잡으려고 애쓰는 것과 같은 행동'이라고 표현했다. 구원하는 일은 매 순간 우리를 당황스럽게 하고 혼란에 빠뜨린다. 구원하는 일은 공동의존자가 다른 사람과 애착관계를 형성하면서 정작 자기 자신과는 분리되는 또 다른 방식의 자기파괴적 반응이다. 구원하는 일은 공동의존자인 우리가 다른 사람을 통제하는 방법 중 하나지만, 그것은 오히려 우리가 다른 사람에게 통제받는 구실이 되기도 한다. 돌보는 일은 건강하지 못한 부모와 자녀 간의 관계에서 나타나며, 때때로 자신의 삶에 자기결정권을 가지고 있는 어른과 어른의 관계에서 그리고 종종 어른과 아이의 관계에서도 나타난다.

돌보는 일은 분노를 키운다. 돌보는 사람은 분노하는 부모, 분노하는 친구, 분노하는 연인이 된다. 우리는 불만족스럽고 낙심하고 혼란에 빠진 신앙인이 될 수 있다. 우리에게 도움을 받는 사람 역시 우리와 비슷한 감정의 혼란을 겪거나 무기력해지며 분노를 느끼는 희생자가 된다. 돌보는 사람도 결국 희생자가 된다.

많은 사람들은 성경에 나오는 마리아와 마르다의 이야기를 알 것이다. 마르다는 예수와 그의 제자들이 자기 마을에 도착하자 자기 집으로 그들을 초청했다. 마르다에게는 마리아라는 동생이 있었는데, 마리아는 예수와 함께 앉아 그의 이야기를 듣고 있었다. 반면 마르다는 청소하고 손님들을 대접할 음식을 준비했다. 얼마 후 마르다는 자신의 처지와 동생 마리아의 태도에 화가 나 요리하던 냄비를 시끄럽게 내리치며 마리아가 게으르다고 비난했다. 마리아는 아무것도 하지 않고 편히 쉬며 놀고 있는 동안 마르다는 모든 일을 자신이 도맡아 하고 있는 상황에 대해서 불평했다. 마르다의 불평이 어디서 많이 들어 본 낯익은 말 같지 않는가? 예수는 그 상황이 계속 진전되도록 내버려 두지 않았다. 예수는 마르다가 걱정하고 안절부절하지 못하는 상황을 꿰뚫으며 마음을 가라앉히라고 말했다. 그리고 예수는 마리아가 무엇이 중요한지를 알고 있고 올바른 선택을 했다고 말했다.

예수가 전하려고 했던 메시지는 청소하고 음식을 장만하는 일보다 사람들 속에 들어가 그 상황을 느끼고 즐기는 것이 더 중요하고 좋은 선택임을 의도하고 있다고 볼 수도 있다. 하지만 나는 예수의 메시지가 우리의 선택에 대해 스스로 책임을 지고, 우리가 하고 싶은 것을 하고, 우리가 원하는 것을 하지 못할 때 어떻게 화가 나는지를 깨달으라는 의미도 함께 담고 있다고 생각한다. 마리아의 선택은 그녀가 바라는 대로 행했기 때문에 옳았을지도 모른다. 우리가 한 가지 주목해야 할 점은 예수가 사람을 돕는 방식이다. 예수는 많은 사람들을 도와주었지만, 그는 정직하고 단순한 태도로 도와주었다. 예수는 사람들을 도와준 후에 그들을 박해하지 않았다. 그리고 예수는 사람들이 자신에게 무엇을 원하는지 직접 물었다. 때때로 그 이유도 함께 물었다. 예수는 사람들이 그들의 행동에 대해 스스로 책임질 수 있게 했다.

나는 돌보는 일이 베풀고 사랑하고 도우라는 성경의 메시지를 잘못 해석하고 있다고 생각한다. 성경 어디에도 다른 사람을 돕고 나서 그 사람의 눈을 할퀴고 상처를 내라는 메시지는 없다. 성경 어디에도 함께 5리를 더 간 후에 그 사람의 지팡이를 빼앗아 그 사람을 때리라는 메시지는 없다. 사람에게 관심을 갖고 베푸는 일은 선하고 가치 있는 속성이고 우리가 해야 하는 일이다. 하지만 많은 공동의존자는 그 제안을 '상처가 날 때까지 계속 베풀어야 하는 것' 으로 잘못 해석했다. 우리는 돌보는 일로 인해 상처를 받고도 몸서리치는 심각한 고통을 경험할 때까지 한참 동안 계속 베푼다. 뭔가를 거저 준다는 것은 훌륭한 일이다. 하지만 우리가 가진 모든 것을 소모하다시피 하며 거저 주는 것은 피해야 할 일이다. 우리 자신에게도 필요한 것들을 공급할 수 있도록 적절하게 그것들을 우리 안에 남겨 두는 것이 지혜로운 일이다.

신은 우리가 사람을 도와주고, 우리의 시간과 재능 그리고 재산도 그들과 함께 나누기를 원하고 있다고 나는 믿는다. 그러나 신은 또한 그 일들을 우리가 더 높은 자존감을 가지고 하기를 원하고 있다고 나는 믿는다. 우리 자신과 우리가 하고 있는 일들 그리고 우리가 친절을 베풀고 있는 사람들에 대해 좋지 않은 감정을 가진 채 하는 친절한 행동들은 본질적으로 친절한 것이 될 수 없다고 나는 확신한다. 나는 신이 우리 각자 안에 존재하고 우리 각자에게 직접 이야기한다고 생각한다. 만약 우리가 지금 하고 있는 일에 대해 온전히 긍정적인 느낌을 가질 수 없다면, 그것이 아무리 자애로운 것처럼 보이는 일일지라도 해서는 안 된다. 또한 우리는 다른 사람이 스스로 해야만 하고 혼자 힘으로 할 수 있는 일을 그들을 위해 대신 해 주어서는 안 된다. 사람은 무기력하지 않다. 우리도 무기력하지 않다.

미네소타 스틸워터에 있는 루터파 교회의 다니엘 존스Daniel Johns 목사는 "신은 우리에게 우리의 생명을 버리라고 말했다. 신은 우리의 생명을 사람들에게 내주라고 말했다."라고 설명하며 다음과 같이 덧붙였다. "하지만 나는 신이 사람들로 하여금 건강하지 못한 방법들로 성경의 말씀을 삶에 적용하게 했다고 생각하지 않는다."

사람에게 베풀고 사람을 위하고 사람과 함께 일하는 것은 건강한 삶과 건강한 인간관계를 만들어 가는 데 필수 요소들이다. 하지만 베풀지 않아야 할 때, 양보하지 않아야 할 때, 상대방을 위해 상대방과 함께 일하지 않아야 할 때를 구별하고 아는 일 또한 건강한 삶과 건강한 인간관계의 핵심 요소들이다. 자신의 책임을 회피할 목적으로 우리를 이용하는 사람을 돌보는 일은 바람직하지 않다. 그렇게 하는 것은 그들을 해롭게 하고 우리에게도 상처를 준다. 사람을 돕는 일과 상처를 주는 일 그리고 유익한 선행과 파괴적인 선행은 쉽게 구분되지 않는다. 우리는 그 차이를 구별하는 법을 배워야 하며, 배울 수 있다.

돌보는 일은 행동이자 태도다. 어떤 공동의존자에게는 돌보는 일이 자기의 모든 삶과 자기 주변의 모든 사람에 대한 역할이자 접근 방식이 된다. 나는 돌보는 일이 순교(공동의존자들의 이러한 상태는 자주 비난을 받는다)와 다른 사람의 기분을 맞추려고 하는 것(이러한 현상 때문에 공동의존자인 우리는 또 다른 비난을 받는다)과 아주 밀접하게 연관되어 있다고 생각한다. 어니 라슨에 따르면, 순교자는 일을 엉망으로 만들어 버린다. 희생을 필요로 하지 않는 알 수 없는 동기 때문에 우리는 다른 사람의 행복뿐만 아니라 우리의 행복을 계속 희생해야 한다고 생각한다. 어니 라슨의 주장처럼, 자신보다 남을 기쁘게 해 주기 위해 무리하게 노력하는 사람은 신뢰를 받을 수 없다. 우리는 거짓말을 한다. 그리고 돌보는 사람으로서 우리는 스스로를 돌보지 않는다.

돌보는 일과 관련하여 가장 필요하고 흥미로운 일은 돌보는 일이 무엇인지 그리고 우리가 언제 돌보는 일을 해야 하는지를 분별하는 법을 배우는 것이다. 그래야 우리는 돌보는 일을 그만둘 수 있다.

우리는 구원하는 일이 어떤 것인지 인식하는 법을 배울 수 있다. 구원을 거부하라. 다른 사람이 우리를 구원하도록 내버려 두지 마라. 스스로 자신에 대해 책임을 져라. 다른 사람도 그렇게 하도록 내버려 두라. 우리가 우리의 태도, 우리의 환경, 우리의 행동 또는 우리의 생각을 바꾸건 바꾸지 않건 간에, 우리가 할 수 있는 가장 친절한 일은 우리 안에 살고 있는 희생자를 제거하는 일이다.

과제

1. 이번 과제는 다소 시간이 걸릴 수도 있다. 만약 돌보는 일이 당신에게 문제를 일으키고 있다면, 이번 과제는 당신이 그것을 극복해 나가는 과정이 될 것이다. 종이 위에 당신의 책임이라고 생각하는 모든 일들을 자세하게 적어 보자. 자녀, 친구, 배우자나 연인과 관련된 일들에 대해 당신이 어떻게 관여하고 있는지에 대해서도 자세히 적어 보자. 다음으로 당신의 삶에서 당신이 지고 있는 책임들 가운데 다른 사람에게 돌려야 하는 것에는 어떤 것들이 있는지 상세하게 기록하며 목록을 작성해 보자. 만약 다른 사람과 공유해야 할

책임이라면, 각자 어느 정도 책임을 져야 하는지, 당신이 생각하는 퍼센트를 적어 보자. 예를 들어, 당신의 배우자가 일을 하고 있고 당신이 가사를 맡으면서 시간제 근무를 한다면, 당신이 감당해야 할 재정적 책임은 몇 퍼센트 정도인지, 당신의 배우자가 감당해야 할 집안일은 몇 퍼센트인지를 작성한다. 당신이 얼마나 많은 일들을 지나치게 책임지고 있었고 다른 사람에게 얼마나 적은 책임만 지도록 했는지를 확인하고 놀랄지도 모른다. 당신은 또한 다른 사람의 일에 간섭하느라 분주해 그동안 당신이 져야 할 본질적인 책임들을 얼마나 소홀히 해 왔는지 알게 될 것이다.

2. 카프만의 드라마 삼각형을 숙지하고, 당신이 그 과정을 당신의 삶에서 어떻게 경험하고 있는지를 이해해 보자. 당신이 구원하는 일을 하고 있다는 사실을 깨달았다면, 그 과정에서 당신이 어떤 역할을 했고, 어떤 감정의 변화를 경험했는지 유의하며 살펴보자. 마음에 분노가 일어나거나 이용당한다는 느낌이 들 때, 당신이 어떻게 구원하는 일을 했는지를 정확하게 살펴보라. 구원하지 않는 행동들을 실천해 보자. 예를 들어, "아니요."라고 말하고 싶을 때, "아니요."라고 말해 보라. 하고 싶은 일들을 해 보라. 사람들이 원하고 필요로 하는 것이 무엇인지를 추측하려고 하지 말자. 대신 다른 사람이 당신에게서 얻고자 하는 것들을 직접 요청하도록 주장하라. 당신이 원하고 필요한 것들을 직접 요구하라. 다른 사람의 책임을 떠맡으려 하지 마라. 자신을 보살피는 일을 당신에게 맡기는 데 익숙했던 사람들은 당신이 그 일을 중단했을 때 화를 내거나 좌절할지도 모른다. 당신을 지배했던 삶의 체계를 변화시키고 문제의 바다에 가만히 정지해 있던 배를 당신은 흔들어 대기 시작한 것이다. 이러한 변화는 당신이 돌보았던 사람들이 앞으로 더 많은 책임을 져야 하며 당신을 더 이상 이용할 수 없다는 것을 뜻한다. 당신이 하고 있는 일이 어떤 것인지를 그들에게 설명하고, 그들이 스스로 자신의 감정에 대해 책임질 수 있도록 하라. 시간이 지나면 그들도 당신이 내린 결단에 대해 고마워할 것이다. 그리고 그들은 당신을 놀라게 할지도 모른다. 우리가 돌보는 일을 중단했을 때, 스스로를 돌볼 수 없으리라 생각했던 사람들이 자신을 돌볼 수 있다는 것을 종종 증명하기 때문이다.

09
의존하지 않기

"뭘 어쨌기에 내가 이 지경이 된 거지?" 그녀가 물었다.
"내 자신에 대해 긍정적으로 느끼려면 죽은 시체라도 침대에 가져다 놓아야 하나?"
(Alice, 알코올중독자와 두 번 결혼한 공동의존자).

"누군가와 사귀고 있는 동안에는 저는 정말 남에게 의존하지 않고 독립적이었어요." 정서적으로 문제가 있는 남자들과 깊게 사귄 적이 있는 한 여성 경찰관의 말이다.

큰 규모의 사회복지 서비스 기관의 중견 간부로 근무하고 있는 한 여성은 자신의 상황을 이렇게 설명한다. "지난 10년 동안 남편은 술에 취해 소파에 누워 지냈고, 한 번도 월급봉투를 가져다준 적이 없어요. 대체 누가 이런 사람을 필요로 할까요?" 그녀는 자신의 질문에 스스로 답했다. "제가 그래요. 그런데, 제가 왜? 도대체 무엇 때문에요?"

어느 날 오후, 알아논 모임에 최근 합류했던 한 여성이 나에게 전화를 했다. 이 여성은 시간제 간호사로 일하면서 두 자녀의 양육을 전적으로 책임지고 있었고, 집 수리, 재정 문제 등 집안의 거의 모든 허드렛일까지 감당하고 있었다. 그녀는 "남편과 헤어지고 싶어요. 더 이상 그 사람을, 그 사람의 학대를 견딜 수가 없어요."라고 말하면서 훌쩍거렸다. 그러면서 나에게 물었다. "당신은 제가 제 자신을 돌볼 수 있다고 생각하나요? 제발 저에게 정확히 말해 주세요. 제발요."

표현은 다르지만 궁극적으로 생각은 같다. "저는 이 사람과 사는 게 괴로워요. 하지만 이 사람 없이는 살 수 없어요. 어떤 이유 때문인지 나는 모든 인간이 마주쳐야 하는, 아니면 계속 벗어나고 싶어 하는 외로움을 감당할 만한 자신이 없어요. 궁극적으로 나 홀로 내 자신을 돌보고 책임져야 하는 상황 말이죠. 내 스스로 내 인생을 책임질 수 있다고 생각하지 않아요. 내가 정말 그것을 원하는지도 확실하지 않아요. 나는 어떤 대가를 치루더라도 사람이 꼭 필요해요. 외로움이 주는 충격을 같이 견뎌 낼 수 있는, 그런 사람 말이에요."

콜레트 다울링Colette Dowling은 『신데렐라 콤플렉스(The Cinderella Complex)』라는 자신의 책에서 그러한 사고 유형에 대해 설명하고 있다. 페넬로페 러시아노프Penelope Russianoff도 『남자가 없다면 나는 왜 스스로를 아무것도 아니라고 느낄까?(Why Do I Think I Am Nothing Without a Man?)』라는 책에서 같은 문제를 다뤘다. 나도 여러 차례 그 문제를 언급했다.

상처받기 쉽고 무기력하게 보이거나, 아니면 억세고 강하게 보이거나, 대다수의 공동의존자들은 사랑과 관심을 얻기 위해 아파하고 절박해하면서 두려워하고 사람을 필요로 하며 쉽게 상처를 받고 결핍된 감정을 느끼는 어린아이들이다.

우리 안에 있는 어린아이는 자신이 사랑받을 수 없으며, 자신이 갈망하는 편안함을 결코 누릴 수 없을 것이라고 믿는다. 이 연약한 어린아이는 종종 지나치게 절망적이 되기도 한다. '사람들은 정서적으로 그리고 신체적으로 우리를 포기했어. 사람들은 우리를 거부했지. 사람들은 우리를 학대하고 무시했어. 필요할 때 곁에 머물러 주지도 않았지. 사람들은 우리의 필요를 보지도 듣지도 않았고 거기에 반응하지도 않았어.' 라고 생각한다. 우리는 앞으로도 우리가 필요할 때 사람들이 우리 곁에 머물러 주지 않을 거라고 믿게 될 것이다. 우리 중 많은 사람들에게는 심지어 신조차도 사라져 버린 것처럼 보인다.

우리는 정말 많은 사람들과 함께해 주었다. 대부분의 공동의존자는 누군가가 마지막까지 자신의 곁을 지켜 주기를 간절히 원한다. 우리는 황량한 외로움과 소외감 그리고 고통으로부터 우리를 벗어나게 해 줄 누군가가 필요하다. 우리는 좋은 것들로 우리의 내면을 채우고자 하지만, 불행히도 좋은 것들이 우리 안에는 없다. 우리의 고통이 우리 내면을 채우고 있다. 우리는 무기력하고 불확실한 감정에 빠진다. 오히려 다른 사람은 활력 있고 확신에 차 있는 듯 보인다. 우리에게는 없는 매력이 그들 안에는 깃들어 있다고 우리는 결론을 짓는다.

그래서 우리는 다른 사람에게 의존하게 된다. 우리는 연인, 배우자, 친구, 부모 혹은 자녀에게 의존한다. 우리는 그들이 인정해 주기를 바라며 거기에 의존하게 된다. 우리는 그들의 존재에 의존하게 된다. 우리는 우리를 위해서 그들의 필요에 의존하게 된다. 우리는 그들의 사랑을 결코 받지 못할 것이라고 믿으면서도 그들의 사랑에 의존하게 된다. 우리가 믿고 있는 것은 우리는 사랑받을 만하지 못하며 어느 누구도 우리의 욕구에 맞춰 우리를 사랑해 준 적이 없다는 것이다.

나는 공동의존자가 사랑과 인정을 바라고 요구하기 때문에 그들이 보통 사람과는 다른 별종임을 말하려고 하는 것이 아니다. 대부분의 사람들도 사랑의 관계 안에 머물기를 원한다. 그들은 자신의 삶에서 특별한 사람을 원한다. 대부분의 사람들은 친구를 원하고 필요로 한다. 대부분의 사람들은 자신을 사랑하고 인정해 주는 사람을 원한다. 이러한 욕구는 자연스럽고 건강하다. 어느 정도의 정서적 의존은 대부분의 인간관계에서 관찰

되는 현상이며, 이는 가장 건강하다고 할 만한 관계에서도 나타난다.[1] 하지만 그렇다고 해도 많은 사람들은 굳이 사람을 원하거나 필요로 하지 않는다. 우리만이 사람을 필요로 하고, 이러한 필요 때문에 조종당하고 통제받게 된다.

사람을 지나치게 많이 필요로 한다는 것은 여러 가지 문제를 일으킬 수 있다. 다른 사람이 우리가 추구하는 행복의 열쇠가 되어 버린다. 자신의 삶을 다른 사람의 삶의 궤도를 따라 돌게 만드는 타인 중심적 사고와 행동은 우리의 정서적 불안으로부터 비롯되었으며 공동의존과 톱니바퀴처럼 맞물려 돌아가는 현상이라고 나는 생각한다. 우리가 끊임없이 다른 사람에게 인정받으려고 몰두하는 것도 상당 부분 불안이 원인이다. 사람을 끌어당기는 매력이 다른 사람에게는 있고 우리에게는 없다고 생각한다. 밝고 긍정적인 느낌이 다른 사람에게는 있고 우리에게는 없다고 생각한다. 우리가 우리 안에서 긍정적이고 바람직한 특성을 찾아내지 못할수록 그러한 특성을 다른 사람에게서 찾고자 한다. 그들은 그 모든 것들을 가지고 있지만 우리는 아무것도 가지고 있지 않다. 우리의 존재는 그다지 중요하지 않다. 우리는 너무 자주 방치되어 왔고 소홀히 여겨져 왔기 때문에 우리 스스로 자신을 방치하는 것이다.

사람을 간절히 원하지만 우리는 사랑을 받을 수 없는 존재이며 사람들이 결코 우리와 함께하지 않을 것이라는 믿음이 우리 안에 깊게 뿌리내려 신념이 될 수 있다. 사람들이 실제 우리와 함께 있을 때도 그들이 우리 곁을 지키지 않았다고 우리는 종종 생각한다. 밖에서 채우려는 우리의 필요는 우리와 함께 머물고 있는 사랑의 존재를 볼 수 없도록 우리의 시야를 가로막기도 한다.

어느 누구도 우리가 원하는 방식으로, 즉 우리에게만 열중하고 우리를 위해 주고 우리가 완벽하게 만족하고 안전한 감정을 느끼도록 우리 곁에 머물러 줄 수 없다.

우리 가운데 많은 사람은 다른 사람을 너무 많이 원하고 필요로 하기 때문에 아주 사소하고 가치 없는 것도 참고 받아들인다. 우리는 알코올중독자나 특별한 문제를 가진 사람에게 의존하게 된다. 우리는 특별히 좋아하지도 사랑하지도 않는 사람에게 의존할 수 있다. 우리는 몹시 사람을 필요로 하기 때문에 종종 그 대상을 가리지 않고 받아들인다. 우리는 우리의 필요를 채워 주지 못하는 사람을 필요로 하게 된다. 또 다시 우리는 우리 곁을 지켜 줄 누군가가 필요한 상황 속으로 자신이 빠져 들어가 있다는 것을 알게 될 것이다. 그러나 우리가 선택한 사람은 우리 곁을 지켜 줄 수 없고, 우리와 함께하려 하지도 않을 것이다.

우리는 그 사람 없이는 살 수 없고, 심지어 그 사람이 나와 함께하지 않는다면 나는 시들어 죽어 갈 것이라고 스스로 다짐하고 있는지도 모른다. 그 사람이 알코올중독자이거나 심각한 문제를 가진 사람이라면, 우리는 우리의 정서적 안정감을 유지시켜 주는 심리적 보호막을 지켜내기 위해 그 사람을 우리의 삶에 계속 머무르게 하려고 학대와 비정상적인 일들을 참아내려 할 것이다. 우리의 필요가 너무 크기 때문에 우리는 하찮은 것이라도 참고 받아들인다. 우리의 기대는 정상치보다 아래로 그리고 우리가 형성하고 있는 인간관계에서 우리가 당연히 누려야 하는 수준보다 아래로 추락한다. 그런 다음, 우리는 덫에 걸린 것처럼 그 자리에서 꼼짝할 수 없게 된다.

……더 이상 캐멀롯은 없다. 그 사람은 그저 평범한 한 명의 인간일 뿐이다. 사실을 왜곡하는 것은 괴상한 짓이다. '그는 나를 때리지 않아.' '그녀는 바람피우지 않아.' '그는 일을 그만두지 않았어.' 그래서 나는 그 사람 곁에 계속 머물 것이다……. 결국에는 죽을 수밖에 없는 우리 같은 평범한 인간이 사

> 실을 왜곡하는 행동들 때문에 누군가로부터 신뢰를 얻는다고 상상해 보라. 아무리 최악의 상황이 진실일지라도, 아무리 그가 당신을 때린다고 할지라도, 아무리 그녀가 바람을 피운다고 할지라도, 아무리 그가 직장을 그만두었다고 할지라도, 그 모든 일들이 동시에 일어났다고 할지라도, 당신은 이렇게 할 것이다. '하지만 나는 그 사람을 사랑해요!' 그러면 나는 이렇게 묻는다. '말해 봐. 그 사람의 무엇이 그렇게 사랑스러운지?' 하지만 들려오는 대답은 없다. 그 침묵은 정서적으로 얽어매는 힘이 이성의 힘보다 훨씬 강하다는 사실을 보여 준다.2

나는 우리의 모든 친밀한 인간관계가 불안정한 감정과 의존하는 경향에 기초하고 있다고 말하려는 것이 아니다. 사랑의 힘은 분명히 상식을 뛰어넘는다. 때때로 사랑의 힘은 그런 방식으로 드러나야만 할 때도 있다. 우리가 알코올중독자를 사랑하고 그와 늘 함께하기를 바란다면, 어떤 상황에서도 우리는 그 사람에 대한 사랑을 계속 지켜 나가야 한다. 하지만 정서적 불안을 일으키는 힘은 이성적 능력이나 사랑의 힘을 능가할 수 있다. 우리 자신에게 초점을 맞추지 못하고 우리 자신에 대해 정서적 안정감을 느끼지 못한다면 우리는 헤어나기 어려운 함정에 빠져 있는 것이다.3 우리는 생명력 없는 파괴적인 인간관계를 단절하는 것에 대해 두려움을 느끼게 된다. 우리는 다른 사람이 우리에게 상처를 주고 학대하도록 허용하는데, 그렇게 하는 것은 우리의 삶에 전혀 도움이 되지 않는다.

거기에 갇혀 답답함을 느끼는 사람은 벗어날 궁리를 한다. 인간관계의 사슬에 얽매여 허우적거리는 자신을 자각한 공동의존자는 그제야 탈출로를 찾기 시작한다. 종종 우리의 탈출 방법은 긍정적이고 건강하다. 우리는 재정적으로 그리고 정서적으로 의존하지 않는 단계들을 밟기 시작한다. '의존하지 않기(undependence)' 란 페넬로페 러시아노프가 그녀의 책에서 사용한 개념으로, 사람과 사랑에 대한 건강하고 자연스러운 욕구를 인정하고 충족하지만 더 이상 그러한 욕구에 대해서 해로울 정도로 과도하게 의존하지 않는 바람직한 균형 상태를 뜻한다.

우리는 학교로 다시 돌아가고, 직장을 얻고, 우리에게 자유를 안겨다 줄 새로운 목표를 계획한다. 우리는 보통 우리를 옥죄는 덫에 걸려 충분히 아파할 무렵에 그러한 목표들을 세우기 시작한다. 하지만 어떤 공동의존자들은 파괴적인 결과를 초래하는 탈출 방법을 계획한다. 알코올이나 마약을 사용하여 우리를 가두고 있는 감옥으로부터 벗어나려고 한다. 우리는 일중독자가 되기도 한다. 우리는 우리가 벗어나려고 하는 사람과 비슷한 유형의 사람을 만나 그 사람에게 정서적으로 다시 의존함으로써 탈출을 시도한다. 예를 들어, 어떤 사람이 알코올 중독자로부터 벗어나려고 하다 또 다른 알코올중독자를 만나게 되는 경우다. 많은 공동의존자가 자살을 생각하기도 한다. 어떤 사람에게는 생을 마감하는 것이 이러한 고통에서 벗어나는 유일한 길인 것처럼 보인다.

또한 정서적 의존과 정체된 감정은 회복될 수 있는 인간관계에도 좋지 않은 영향을 줄 수 있다. 만약 우리와 상대방이 여전히 우호적인 관계에 있다면, 우리는 지나치게 두려운 나머지 그 사람으로부터 우리를 분리하고 우리 자신을 돌보는 일을 시작하지 못할 수도 있다. 우리는 자신을 억누르고 압박해서라도 상대를 우리로부터 떨어져 나가게 해야 할지도 모른다. 상대방도 그 필요를 명백하게 느낀다. 우리는 그렇게라도 해야 할 필요성을 인식하고 느낄 수 있다.

결과적으로 사람에 대한 지나친 의존은 사랑을 소멸시킬 수 있다. 사랑보다는 정서적 불안과 절박한 욕구에 기초한 인간관계들은 자기파괴적으로 변할 수 있다. 그러한 인간관계들은 잘 기능하지 않는다. 지나칠 정도로 높은 욕구는 사람을 떠나게 하고 사랑을 질식시킨다. 그것은 또한 사람을 겁에 질리게 해 쫓아 버리고 그릇된 성향의 사람을 끌어들인다. 그럴수록 우리 삶에 실제로 요구되는 필요들도 충족되지 못한다. 우리의 필요들은 줄어들지 않고 점점 더 커지고 덩달아 우리의 절망도 깊어진다. 그래서 우리는 자신에게 안정과 행복을 공급해 주는 진원지를 지켜 내려고 노력하면서 우리 삶의 초점을 그 사람에게 맞춘다. 우리 삶은 뒷전이 된다. 그리고 우리는 그 사람에게 분노의 감정을 품기 시작한다. 우리는 그 사람에 의해 통제된다. 우리는 그 사람에게 의존하게 된다. 우리의 힘과 권리를 그 사람에게 내준 우리는 우리가 의존하고 있는, 그러면서도 우리를 통제하고 있는 대상에게 결국에는 화를 내며 원망의 감정을 갖는다.4

또한 절망하고 의존하는 감정은 우리를 다른 위험 속으로 내몬다. 절망적 감정이 우리의 선택에 영향을 미치도록 내버려 둔다면, 우리는 헤르페스나 에이즈 같은 성 접촉에 의한 질병들에 감염될 수 있는 상황 속으로 우리 자신을 무의식적으로 방치할 수도 있다. 친밀해야 하는 인간관계에서 결핍을 느낀다는 것은 위험한 일이다.

때때로 우리는 우리가 의존하고 있다는 사실을 위장하기 위해서 스스로를 속이기도 한다. 콜레트 다울링에 따르면, 여러 가지 속임수들이 있다. 자기가 의존하는 대상을 평가절상하기("그 사람은 천재야. 바로 그게 그 사람 곁에 내가 머물려고 하는 이유지."), 평가절하하기("남자는 어린아이 같아. 그들은 스스로를 돌보지 못해.") 그리고 공동의존자가 즐겨 쓰는 속임수인 돌봐 주기 같은 것들이다. 다울링은 그의 저서 『신데렐라 콤플렉스』에서 매들린이라는 한 여성이 알코올중독자인 남편 매니와의 파괴적인 관계로부터 자신을 구한 실제 이야기를 인용하면서 그러한 속임수들을 언급한다.

의존적 성격을 가진 사람의 마지막 속임수는 상대방을 돌볼 책임이 자신에게 있다고 믿는 것이다. 매들린은 항상 자신보다 남편 매니의 생존에 더 큰 책임을 느꼈다. 매들린은 남편의 소극적인 자세와 우유부단함 그리고 술 마시는 문제에 관심을 집중하면서 자신의 모든 에너지를 남편의 문제를 해결하는 데 쏟아부었다. 그녀는 자신의 마음 깊은 곳을 들여다볼 겨를조차 없었다. 바로 이러한 점 때문에 항상 해 왔던 대로 그렇게 살았다면 결국 속은 채로 인생을 마쳤을 것이라는 사실을 22년이란 긴 세월이 지난 후에야 깨달았다. 자신을 되돌아보지 않았다면 그녀는 '자신의 삶을 제대로 살아 보지도 못한 채' 인생을 마감했을 것이다.

……성장하고 열매를 맺고 세상을 경험하는 기간이라고 사람들이 생각하는 열여덟에서 불혹의 나이인 마흔까지, 매들린 보로프는 '내 뜻대로 되면 어디 그게 인생이야.' '남편이 머지않아 자기 길을 잘 찾아갈 거야.' '나도 언젠가는 평화롭고 창조적으로 내 인생을 누리며 살아갈 수 있는 자유의 날이 오겠지.' 라는 생각에 빠져 현실을 부인하며 살아왔다.

그녀는 22년 동안이나 그러한 거짓말들에 당당히 맞선다는 것이 자신의 삶에 어떤 의미가 있는지 알지 못했기 때문에 자기가 처한 상황을 제대로 대처해 나갈 수 없었다. 그래서 그녀는 어느 누구에게도 해를 끼치지 않으면서 제대로 살아간다는 것이 너무나 두려운 나머지 진실에서 등을 돌렸다.

겉으로 드러난 몇 가지 사실만을 두고 보면 이 이야기가 극적으로 보일지도 모른다. 하지만 기본적인 흐름을 중심으로 살펴보면 매들린의 이야기는 그렇게 특별하지 않다. 그녀는 사람들을 잘 받아 주는 주는 특성을 보였고, 더불어 어떤 것도 기대할 수 없는 고갈된 인간관계로부터 자신을 구해 내지 못하거나 혹은 자신을 구해 내야 한다는 생각조차도 하지 못하는 뚜렷한 무능함을 드러냈다. 무기력함을 반영하는 이러한 징후는 심리적으로 의존 상태에 있는 여성에게서 나타나는 특성이다.[5]

우리는 왜 이런 일을 우리 자신에게 하는 것일까? 우리는 왜 우리의 삶을 제대로 꾸려 나갈 수 없을 정도로 불확실하고 견고하지 못한 감정을 느끼는 것일까? 우리 중 많은 사람들이 자신이 소유한 것들을 오랜 세월 견뎌 내며 생존해 왔다는 부정할 수 없는 사실을 통해 스스로가 상당히 강하고 능력 있는 존재라는 것을 이미 입증했음에도, 우리는 왜 자신을 믿지 못하는 것일까? 주변의 모든 사람을 돌보는 데 전문가인 우리가 왜 스스로를 돌볼 수 있는 능력이 있다는 점을 확신하지 못하는 것일까? 뭘 어쨌기에 우리가 이 지경이 된 것일까?

우리 중 많은 사람은 어린 시절 우리에게 매우 중요했던 사람들로부터 우리가 필요로 했던 사랑과 인정, 정서적 안정감을 받을 수 없었기 때문에 자기 자신을 불신하는 방법을 배웠다. 그래서 우리는 과거에 우리가 결코 받지 못했던 것들을 얻으려고 막연하게 또는 너무도 간절하게 찾아다니면서 우리가 할 수 있는 최선의 방식대로 우리의 삶을 경영해 왔다. 어떤 사람은 자신의 어머니나 아버지와 같이 자신에게 필요한 것을 줄 수 없는 사람에게 사랑을 받으려고 노력하는, 이룰 수 없는 소망을 붙잡으려고 여전히 애쓰고 있다. 그러한 현상은 차단되고 더 이상 기능할 수 없을 때까지 주기적으로 반복해서 나타난다. 이러한 상태를 '미해결된 영역'이라 부른다.

우리는 자신을 신뢰해서는 안 된다고 배웠는지도 모른다. 예를 들면, 우리가 어떤 감정을 느낄 때 누군가가 "그것은 잘못됐어." 또는 "그것은 적절하지 않아."라고 지적하면, 우리는 그 말들을 마음에 새긴다. 우리가 다른 사람의 거짓말이나 일관성 없는 태도에 화가 나 있는데 그때 누군가가 "당신 미쳤어."라고 지적하면 우리 자신에 대한 부정적인 시각이 마음을 따라 들어온다. 적절한 감정을 느끼고 진실을 자각하고 인생의 순간순간을 헤쳐 나갈 수 있는 능력을 확신하게 하는 우리 마음속 깊은 곳의 중요한 영역에서 우리 자신에 대한 믿음을 상실한다. 그리고 우리는 자신에 대해서 하는 이야기들, "제대로 하지 못해." "미친 것 아니야." "신뢰할 수 없어."와 같은 비난을 들으면서 곧바로 그 말들을 믿어 버린다. 우리는 자주 아프고, 문제를 일으키고, 통제 불능인 주변 사람을 바라보며 이렇게 생각한다. "그들은 괜찮아. 그들은 확실히 괜찮은 거야. 그들이 그렇게 나에게 말했어. 그래, 내가 문제야. 근본적으로 내게 뭔가 문제가 있는 거야." 우리는 자신을 포기하고 스스로를 돌볼 수 있는 능력이 우리 안에 있다는 믿음을 잃어버린다.

어떤 여성들은 의존하라고 배웠다. 그녀들은 자신의 삶의 중심을 다른 사람에게 맞추고 보살핌을 받으며 살아가라고 배웠다. 심지어 여성 해방 운동이 전개된 이후에도 많은 여성들은 혼자인 것을 내면 깊숙이 두려워한다.6 하지만 혼자 있는 것과 스스로를 돌보는 일을 두려워하는 것은 여성만이 아니다. 그것은 인간의 특성 중 하나다.

우리 중 어떤 사람들은 손상되지 않는 정서적 안정감을 가지고 성인기에 진입했을 수도 있다. 하지만 결국에는 우리가 알코올중독자와 관계되어 있었음이 밝혀진다. 정서적 안정감을 파괴하는 데는 알코올에 중독된 사람이나 강박장애를 가진 사람을 사랑하는 것만큼 빠른 것도 없다. 이러한 질병은 우리 삶의 중심을 그 사람에게로 옮겨 가게 만든다. 혼란과 무질서, 절망이 우리 위에 군림한다. 가장 건강한 사람조차도 알코올중독자와 살게 되면 스스로를 의심하기 시작한다. 욕구가 채워지지 않는다. 사랑은 사라진다. 갈수록 욕구불만의 강도가 세지고 점점 더 자신을 의심하게 된다. 알코올중독은 감정적으로 불안정한 사람을 자꾸 만들어 낸다. 알코올중독은 술을 마시는 사람과 술을 마시지 않는 사람, 모두를 희생자로 만든다. 그리고 우리는 스스로를 돌볼 수 있는 능력이 우리에게 있음을 더 이상 믿지 않는다.

어떤 이유에서든지 당신이 스스로를 돌볼 수 없다고 마음속으로 믿고 있다면 당신에게 알려 주고 싶은 좋은 소식이 있다. 이 책의 의도는 스스로를 돌볼 수 있도록 격려하는 것이다. 이 장의 목적은 우리가 스스로를 책임질 수 있다는 것을 보여 주려는 데 있다. 우리는 무기력하지 않다. 우리 자신을 되찾는 일과 우리 자신을 책임지는 일에 대해 고통스러워하고 두려워해야 할 필요가 없다. 우리는 우리의 삶이 우리에게 어떤 영향을 끼치더라도 잘 해낼 수 있다. 주변 사람에게 굳이 의존하며 살아갈 필요가 없다. 몸이 붙어서 태어나는 샴쌍둥이와 달리, 우리는 특별한 상대가 없어도 살아갈 수 있다. 한 여성은 의존하지 않아도 된다는 점을 자신의 관점에서 이렇게 표현했다.

> 나는 지난 수년 동안 각별한 남자 없이는 살 수 없다는 말을 나 자신에게 습관처럼 되뇌며 살아왔다. 그것은 잘못된 생각이었다. 나는 네 번 결혼했고 네 명의 남편과 함께 살았다. 그들은 모두 죽었다. 하지만 나는 여전히 살아 있다.

누군가가 없어도 살 수 있음을 아는 것은 우리가 그 사람 없이 살아야 한다는 의미가 아니다. 하지만 우리가 우리의 삶을 더 윤택하게 만드는 방식으로 사랑하고 살아가는 것은 우리를 자유롭게 할 것이다.

이제, 좋은 소식의 나머지 부분을 알려 주고자 한다. 의존하지 않고 살아가는 방법은 하룻밤 사이에 요술처럼 뚝딱 쉽게 이루어지는 것이 아니다.

우리가 현재 느끼는 정서적 안정감과 불안의 수준은 우리가 결정을 내릴 때 민감하게 고려해야 하는 요소다. 우리는 때때로 정서적으로뿐만 아니라 재정적으로 다른 사람에게 의존하게 된다. 이 두 가지 문제는 서로 연관될 수도 그렇지 않을 수도 있지만, 우리가 현실에서 마주칠 수밖에 없는 걱정거리다.7 어떤 문제도 가볍게 취급되어서는 안 되며 깊은 고민이 요구된다. 내가 하는 어떤 말도 우리가 이루고자 하는 어떤 소망도 그 문제가 갖는 현실성을 간과하는 한 실질적인 의미를 갖지 못한다. 만약 우리가 재정적으로나 정서적으로 의존하고 있다면, 그것을 분명한 사실로 수용하고 고려해야 한다. 나는 우리가 의존적인 삶을 살지 않기 위해서 지속적으로 분발할 수 있다고 생각한다. 우리가 원한다면 우리는 이제 더 이상 의존하지 않고 살 수 있다.

도움이 될 수 있는 몇 가지 생각을 정리한 것이다.

1. 어떤 식으로든 최선을 다해 어린 시절의 경험에서 비롯된 일들을 정리하라. 아파하고 슬퍼하라. 균형 잡힌 시각을 가져라. 어린 시절에 있었던 사건들이 현재 우리가 하는 행동에 어떻게 영향을 미치고 있는지를 곰곰히 생각하라.

다음은 두 명의 알코올중독자를 헌신적으로 사랑했던 한 내담자로부터 직접 들은 이야기다. 그녀의 아버지는 다섯 살 때 집을 나갔다. 아버지는 그녀와 함께 살았던 5년 동안 거의 술에 취해 살았다. 그녀는 아버지와 같은 도시에 살았지만 다섯 살 이후 아버지를 거의 보지 못했다. 아버지가 어머니와 이혼한 후에 그녀를 보기 위해 서너 번 집을 방문했지만 실질적인 부녀관계를 형성할 수는 없었다. 그녀는 고등학교 졸업식과 결혼식, 첫 아이 출산, 이혼과 재혼, 두 번째 임신 같은 중요한 사건이 있을 때에 가끔 아버지에게 전화를 걸었다. 그녀가 전화를 할 때마다 아버지는 5분 정도 대화를 이어 갔으며, 시간이 되면 언제 서로 만나자고 말하며 전화를 끊곤 했다. 당시 그녀는 마음에 특별히 상처를 받거나 화가 나지는 않았다고 말했다. 그녀는 아버지에게 그 정도만 기대했다. 아버지는 그녀가 필요할 때 항상 곁에 없었다. 앞으로도 그럴 것이다. 아버지는 부녀관계를 이어 가는 데 아무런 역할도 하지 않았다. 사랑뿐만 아니라 그 어떤 것도 아버지에게서 기대할 수 없었다. 그런 상황이 그녀를 특별히 화나게 하지는 않았다. 그녀는 그 상황을 자신의 삶에서 일어나는 평범한 사실로 받아들였다. 그녀는 아버지의 알코올중독을 체념하면서 그 문제로부터 자신이 벗어나 있다고 생각했고 그렇게 대처해 온 것은 잘한 일이라고 나름 판단했다. 수년 동안 그녀는 아버지와 그런 식으로 관계를 지속했고, 다른 알코올중독자들과도 관계를 이어 갔다.

그녀가 이혼 문제로 한창 골머리를 썩이고 있던 어느 날 저녁, 전화벨이 울렸다. 아버지였다. 아버지가 전화를 한 것은 처음이었다. 그녀는 그 순간 자신의 심장이 밖으로 튀어나올 정도로 흥분했었다고 나중에 당시의 상황을 설명했다. 아버지는 그녀와 가족의 안부를 물었다. 그것은 아버지가 항상 피해 왔던 질문이었다. 그녀가 이혼에 대한 이야기를 꺼내야 할지 말아야 할지 망설이고 있을 때(그녀가 하고 싶었던 것, 즉 그녀는 항상 울고 싶었고 아버지에게서 위로받기를 원했다), 아버지는 자신이 정신과 병동에 어떻게 갇히게 되었는지에 대해 한탄을 늘어놓기 시작했다. 자신은 아무 권한이 없고 자신이 그런 곳에 수용된 것은 합당한 일이 아니라고 주장하면서 자신을 도와줄 수는 없는지 물었다. 그녀는 급히 대화를 마무리 짓고 전화를 끊은 후에 바닥에 털썩 주저앉아 다짜고짜 소리를 질러 댔다.

"마룻바닥에 주저앉아 비명을 질렀던 기억이 나요. '당신은 내가 필요할 때 한번도 내 곁을 지켜 준 적이 없어. 단 한 번도! 지금 나는 당신이 필요하단 말이야. 나는 단 한 번만이라도 당신이 나에게 정말 필요한 존재라는 사실을 인정하고 싶었어. 하지만 주위를 아무리 둘러봐도 당신은 없었어. 이제 나보고 당신을 보살피라고 하다니. 말이나 돼!' 한참 울고 난 후에 이상하게도 마음이 평안해지더군요. 아버지 때문에 서글프게 울고 화를 낸 것은 그때가 처음이었어요. 몇 주가 지난 뒤에 알게 되었어요. 진짜 깨닫게 되었죠. 제가 필요할 때 아버지가 제 곁에 없었던 것은 당연하다는 것을요. 아버지는 알코올중독자였으니까. 자신도 책임질 수 없는데 아버지가 다른 누군가를 돌본다는 것은 상상할 수 없는 일이죠. 저는 또한 정교하게 포장된 제 겉치레 속에 숨어 있는 어떤 느낌, 즉 제가 스스로를 사랑받을 만한 사람이 아니라고 느끼고 있다는 사실을 깨닫기 시작했죠. 진짜 사랑받을 수 없는 존재! 제 안 어딘가에 숨겨진 그릇된 하나의 환상을 만들어 놓았죠. 제가 그렇게 훌륭한 사람이 아니기 때문에 사랑이 많은 제 아버지는 저와 떨어져 지내야 하고 저를 거부하고 있다는 환상 말이죠. 제 속에 뭔가 잘못된 것이 들어와 있었던 거예요. 이제야 그 진실을 알게 된 것 같아요. 사랑을 받을 수 없는 사람은 제가 아니었어요. 물론 저도 문제가 있다는 것을 알지만, 문제가 있는 사람은 제가 아니라 아버지였어요."
그녀의 말은 여기서 끝나지 않았다.

"그날 이후 제게 특별한 일들이 일어났어요. 저를 사랑해 줄 알코올중독자가 제 삶에 더 이상 필요하지 않게 되었죠. 저는 제가 깨달은 사실로 인해 정말로 자유로워졌어요."

나는 그녀가 더 이상 슬퍼하지 않아도 되기 때문에 혹은 자신의 생각을 변화시킨 한순간의 깨달음으로 인해 그녀의 모든 문제가 해결되었다는 것을 말하려고 하는 것이 아니다. 그녀는 여전히 자신의 공동의존 특성들을 이해하고 다루어야 하기 때문에 앞으로도 더 많은 눈물을 흘려야 할 것이다. 하지만 나는 그녀가 겪었던 경험이 그녀에게 도움이 되었다고 생각한다.

2. 우리 안에 살면서 몹시 두려워하고 쉽게 상처를 받고 결핍된 감정을 느끼는 그 아이를 잘 양육하고 소중하게 대하라. 우리가 아무리 자립할 정

> 도로 성장했다고 할지라도 그 아이는 결코 완전히 사라지지 않을 것이다. 스트레스는 그 아이를 울부짖도록 자극한다. 자극받지 않는다 해도 우리가 관심과 사랑을 받을 수 없는 상황에 처하게 되면, 그 아이가 밖으로 튀어나와 관심을 요구한다.

내 생각에 이 내용을 잘 설명해 줄 수 있는 꿈 이야기가 하나 있다. 내 꿈에서 아홉 살쯤 되어 보이는 여자아이가 며칠 밤낮을 엄마로부터 방치된 채 혼자 남겨져 있었다. 돌보는 사람도 없이 그 아이는 밤이 늦도록 이웃집 주변을 뛰어다녔다. 그러나 그 아이가 말썽을 피우거나 문제를 일으킨 것은 아니었다. 그 아이는 자신의 텅 빈 시간을 채우고자 뭔가를 찾아다니는 것처럼 보였다. 그 아이는 깜깜한 집을 혼자 지키고 싶지 않았다. 외로움이 너무나 두려웠다. 그 아이의 엄마가 마침내 집에 돌아왔을 때, 이웃 사람들은 그녀에게 그 아이가 누구의 보호도 받지 않고 이곳저곳을 돌아다녔다고 투덜대기 시작했다. 엄마는 화가 났다. 그리고 아이에게 고함을 쳤다. "내가 말했지. 내가 없는 동안 집에 가만히 있으라고. 문제를 일으키면 안 된다고 그랬지? 그랬어? 안 그랬어?" 엄마는 악을 질러 댔다. 그 아이는 어떤 말대꾸도 하지 않았다. 심지어 울지도 않았다. 그 아이는 고개를 들지도 못하고 풀이 죽은 모습으로 거기에 서 있었다. 그리고 이렇게 말했다. "배가 아픈 것 같아요."

그 아이가 홀로 어둠 속에 있으려고 하지 않을 때 그리고 두려움을 느낄 때 상처받기 쉬운 아이를 사납게 공격해서는 안 된다. 우리는 그 아이가 우리를 좌지우지 하도록 내버려 두어서도 안 되지만, 그렇다고 그 아이를 무시해서도 안 된다. 그 아이의 말에 귀를 기울여라. 그 아이가 울고 싶다면 울도록 내버려 두라. 그 아이를 격려하라. 그 아이에게 필요한 것이 무엇인지 곰곰이 생각해 보라.

3. 타인에게서 파랑새를 찾지 마라. 우리의 행복과 안녕의 원천은 다른 사람에게 있는 것이 아니라 바로 우리 안에 있다. 우리 중심에 우리 자신을 놓는 방법을 배워라.

타인을 내 삶의 중심에 두는 것과 타인에게 초점을 맞추는 일을 이제 중단하라. 다른 사람이 아닌 자기 자신과 함께 정착하고 거기에 편안히 거하라. 다른 사람으로부터 인정을 많이 받고 확인받으려는 태도를 버려라. 우리는 어느 누구의 인정도 필요하지 않다. 우리는 자신의 인정이 필요할 뿐이다. 우리도 다른 사람처럼 우리 자신 안에 행복을 추구하고 적절한 선택을 할 수 있는 모든 자원을 가지고 있다. 우리 내면에 깃들어 있는 평화와 행복 그리고 자존감의 공급처를 찾아 개발해 보자. 인간관계가 도움이 될 수도 있지만, 그것이 우리의 원천이 될 수는 없다. 정서적 안정감의 토대인 우리 마음속의 심지를 키워 내자.

4. 우리는 우리 자신에게 의존하는 법을 배울 수 있다. 아마도 다른 사람은 우리가 필요할 때 우리 곁에 있어 주지 않을 것이다. 하지만 우리는 우리 자신을 위해 우리 곁에 머무르기 시작할 수 있다.

우리 자신, 우리의 욕구, 우리의 바람, 우리의 감정, 우리의 삶 그리고 우리를 구성하고 있는 어떤 것도 방치하지 말라. 자신이 필요로 하는 자리에 항상 있겠다고 약속하라. 우리는 스스로를 신뢰할 수 있다. 우리는 우리의 사건, 문제, 감정을 잘 다루어 낼 수 있다. 우리는 우리의 감정과 판단을 신뢰할 수 있다. 우리는 우리의 문제를 해결할 수 있다. 우리는 해결할 수 없는 문제와 더불어 살아가는 법을 배울 수 있다. 우리는 우리가 의존하려고 하는 그 사람, 바로 우리 자신을 신뢰해야 한다.

5. 또한 우리는 신을 의지할 수 있다. 신은 항상 우리가 필요로 하는 곳에

존재하고 우리를 돌본다. 우리의 영적인 믿음은 우리에게 강한 정서적 안정감을 가져다준다.

사례를 들어 설명해 보고자 한다. 내가 으슥하고 위험한 동네에 살고 있었을 때의 일이다. 어느 날 밤, 차가 있는 곳까지 가기 위해 나는 집 뒤에 있는 골목길을 따라 걸어 내려가야만 했다. 나는 남편에게 내가 아무 탈 없이 잘 내려가고 있는지를 이층 창문에서 지켜봐 달라고 했다. 남편은 그렇게 하겠다고 했다. 나는 뒤뜰을 가로질러 가면서 점점 집으로부터 멀어졌고 칠흙 같은 어두움에 휩싸인 골목길로 들어섰다. 두려움이 몰려들기 시작했다. 나는 고개를 돌려 창 너머에 있는 남편을 보았다. 그는 나를 바라보고 있었다. 그는 나와 약속한 그 자리에 있었다. 곧바로 두려움이 사라졌다. 나는 편안해졌고 든든함을 느꼈다. 나는 신을 믿게 되었다. 신이 항상 나의 삶의 모든 것을 지켜보고 있다는 사실을 알게 되면서 나는 그날의 편안함과 든든함을 경험한다. 이러한 든든함에 내 시선을 머물게 하려고 애쓴다.

어떤 공동의존자들은 신이 자신을 버렸다고 믿기 시작한다. 우리는 그동안 너무 많은 고통을 겪어 왔다. 그래서 우리에게 필요한 많은 것들이 채워지지 않았고, 오랫동안 '신은 어디로 가 버린 거지? 신은 왜 사라진 걸까? 왜 이런 일이 일어나도록 내버려 두는 거야? 왜 도와주지 않지? 왜 신은 나를 버린 걸까?' 라고 원망하며 울부짖었는지도 모른다.

신은 우리를 버리지 않았다. 우리는 우리 자신을 포기하지 않았다. 신은 있어야 할 곳에 있으며 우리를 돌본다. 신은 우리가 스스로를 사랑함으로써 그와 협력하기를 기대한다.

6. 의존하지 않으려고 노력하라. 우리가 정서적으로, 재정적으로 주변 사람에게 어떻게 의존했는지를 검토하라.

우리가 지속하고자 하는 관계에서든지 아니면 벗어나고자 하는 관계에서든지, 먼저 우리 자신을 돌보는 일을 시작하자. 콜레트 다울링은 『신데렐라 콤플렉스』에서 '용기 있는 취약성(courageous vulnerability)'의 태도를 가지고 자신을 돌보는 일을 시도해 볼 것을 제안하고 있다. 용기 있는 취약성이란 바로 이런 태도다.[8] "몹시 겁이 난다. 하지만 어떤 상황에서든 할 것은 한다."

우리는 우리의 감정을 느끼고, 우리의 두려움에 대해 말하고, 우리 자신과 우리의 현재 상태를 받아들일 수 있다. 그런 다음 우리는 의존하지 않는 상태로 나가는 여정을 시작할 수 있다. 우리는 해낼 수 있다. 의존하지 않기 위해 그리고 우리 자신을 돌보기 위해 항상 강해져야 한다고 생각할 필요는 없다. 우리는 두려움과 약함 그리고 무기력감마저 느낄 수 있으며, 앞으로도 그런 감정의 동요를 겪게 될 것이다. 그것은 지극히 정상적이며 건강한 경험이다. 실질적인 힘도 우리의 감정을 무시하는 데서 나오는 것이 아니라 우리의 감정을 느끼는 데서 나온다. 실질적인 강함은 항상 강한 척하려고 하는 데서 나오는 것이 아니라 자신이 약하고 상처 받기 쉬운 존재라는 것을 스스로 인정하고 솔직하게 그러한 감정들을 느끼면서 살아갈 때 나온다.

많은 사람들의 마음속에 어두운 밤이 자리 잡고 있다. 불확실성과 외로움, 충족되기를 갈망하지만 겉으로는 주목받지 못한 채 그냥 지나가는 욕구와 소망이 일으키는 고통을 느끼면서 우리는 살아가고 있다. 때때로 우리가 다니는 길은 안개가 자욱하고 미끄럽기까지 하며 우리에게 어떤 희망도 품지 못하게 한다. 우리가 느끼는 것은 온통 두려움뿐이고 우리가 볼 수 있는 것은 온통 어두움뿐이다. 이와 같은 분위기가 느껴지는 어느 날 밤, 나는 불순한 날씨 속에 차를 몰고 어딘가를 향하고 있었다. 나는 운전하는 것을 그다지 좋아하지 않는데, 날씨가 좋지 않은 날이라 더더욱 그랬다. 운전하면서 나는 온몸이 경직되는 것을 느꼈고 겁이 났다. 앞을 거의 볼 수 없었다. 전조등은 불과 몇 미터 앞도 제대로 비춰 주지 못했다. 나는 거의 맹인에 가까웠다. 몹시 당황하기 시작했다. 위험한 일이 일어날 수도 있어! 그때, 한 가지 평온한 생각이 내 마음을 파고들었다. 불과 몇 미터 앞도 분간할 수 없는 길, 그러나 내가 그렇게 몇 미터씩 나아갈 때마다 전조등은 그만큼씩 새로운 길을 비추어 주고 있었다. 멀리 내다볼 수 없다는 사실은 문제가 되지 않았다. 내가 여유를 갖는다면 순간순간 내가 필요하다고 생각하는 거리까지 나는 바라볼 수 있다! 내가 처했던 상황이 우리의 현실을 정확하게 반영하는 이상적인 사례는 아니지만 마음을 평안히 하고 내가 활용할 수 있는 것을 가지고 어려움들을 해결해 간다면 어떤 문제라도 충분히 헤치며 나아갈 수 있다는 사실을 나는 깨달았다.

당신도 어두움으로 뒤덮인 상황들을 극복하며 나아갈 수 있다. 당신은 당신 자신을 충분히 돌볼 수 있으며 당신 자신을 신뢰할 수 있다. 신을 신뢰하라. 당신이 볼 수 있는 데까지 한 걸음, 한 걸음 나아가라. 당신이 그곳에 도착할 즈음, 당신은 보다 멀리 볼 수 있게 될 것이다.

우리는 그것을 '천 리 길도 한 걸음부터' 라고 부른다.

과 제

1. 다음의 표에 나오는 의존적인(혹은 애착된) 인간관계와 건강한(혹은 사랑의) 인간관계의 특징들을 각각 검토해 보자. 그런 다음 당신은 둘 중 어떤 인간관계에 속해 있는지를 파악해 보라.

특징

사랑(개방 체계)	중독(폐쇄 체계)
자기를 성장시키고 발전시킬 수 있다. 상대의 성장을 소망한다.	의존이 안정감과 편안함을 준다. 실제로는 두렵고, 불안하며, 외롭지만 상대에 대한 필요와 열중의 강렬함을 사랑의 증거로 사용한다.
서로의 이해관계를 분리한다. 다른 친구들이 있다. 다른 의미 있는 관계들을 유지한다.	모든 문제들에 서로 얽혀 있다. 사회적 관계가 제한된다. 기존의 친구관계, 이해관계를 소홀히 한다.
서로 자기 영역을 넓혀 가도록 격려한다. 자신의 가치를 인정한다.	다른 사람의 행동에 대해서 지나치게 신경 쓴다. 자신의 정체성과 자존감을 타인의 인정에 의존한다.
신뢰한다. 개방적인 태도를 갖는다.	질투, 소유욕, 두려움, 경쟁심을 느낀다. 이와 같은 문제를 일으키는 대상을 보호하려고 한다.
상대에 대해 성실한 태도를 지속적으로 유지한다.	다른 사람의 욕구를 위해 자신의 욕구를 제한한다. 자기박탈감을 느낀다.
위험을 기꺼이 감수하며, 현실을 그 자체로 받아들인다.	발생 가능성이 있는 위험을 제거하는 등 상처받지 않으려고 완벽한 자기방어를 추구한다.
관계 속에 있을 때 느끼는 감정들, 어떤 관계가 주는 특별한 감정들을 이해하고 탐색하려는 의지가 있다.	반복적인 습관, 의식화되어 있는 행동들을 행함으로써 안정감을 느낀다.
혼자 있는 시간을 즐길 수 있다.	인내심이 약하며, 힘들고 갈등하는 상황에서조차 분리되는 것을 견디지 못한다. 더 집요하게 매달려 있는다. 자신의 감정을 표현하지 않고 거두어들이며, 식욕부진, 불안, 무기력, 갈피를 잡을 수 없는 고통에 시달린다.

관계 단절

사랑(개방 체계)	중독(폐쇄 체계)
자신에 대한 자긍심, 자존감을 손상당하지 않고, 관계의 단절을 받아들인다.	자신에 대해 부적절하고, 무가치하다고 느낀다. 자주 한쪽으로 치우친 결정을 한다.
헤어지더라도 상대방이 잘되기를 바라며, 친구로 남을 수 있다.	종종 상대에게 증오감을 드러내며, 고통을 주고, 앙갚음을 하려고 하는 등 폭력적인 갈등을 빚으며 관계를 끝맺는다.

일방적 애착

사랑(개방 체계)	중독(폐쇄 체계)
	자신을 부정하며, 환상 속에 산다. 다른 사람의 헌신을 과대평가한다. 자기 외부에서 해결책—마약, 알코올, 새로운 관계, 상황의 변화 등—을 찾는다.[9]

10 너 자신의 삶을 살라

> 당신은 당신의 삶을 살고, 다른 사람의 삶은 다른 사람이 살게 하라.
> (12단계 프로그램의 표어)

내가 이 책을 통해 강조하고 싶은 것이 한 가지가 있다면, 자기 자신의 삶을 그릇된 길로 이끄는 가장 확실한 방법은 다른 사람의 일에 깊게 관여하는 것이고, 자신의 삶을 건강과 행복으로 이끄는 가장 빠른 지름길은 자신의 일을 돌보는 것이라는 사실이다.

나는 지금까지 이런 생각과 밀접하게 연관된 개념들과 의견들에 대해 언급해 왔다. 그리고 우리는 공동의존의 전형적인 반응들을 살펴보았고, 분리를 통해 어떻게 하면 이전과 다른 방식으로 반응할 수 있을 것인지 그 방법들에 대해 이야기를 나누었다. 우리가 분리를 통해 주변 사람을 통제하지 않는 단계로 나아갔다면, 우리에게 남아 있는 것은 도대체 무엇일까? 이제 우리 각자에게 남은 것은 우리 자신이다.

나는 이 진실과 마주했던 그날을 기억한다. 나는 나의 불행했던 처지를 오랫동안 원망하며 다른 사람들을 탓했다. "내가 이렇게 된 것은 다 당신 때문이에요! 당신이 나에게 무슨 짓을 했는지 보란 말이에요. 순간순간,

매 시간마다, 내 삶 전체를 통해 당신이 저질렀던 짓들을 말이에요." 나는 내 속에 담고 있던 생각들을 비명처럼 토해 냈다. 하지만 내가 분리를 하고 내 자신에 대해 책임지는 삶을 살기 시작한 후로, 내 인생을 내 것답게 살지 못했던 원인이 다른 사람에게 있지 않다는 생각이 들었다. 아마도 그들은 내가 필요했던 핑곗거리였음이 분명하다. 나의 운명, 나의 오늘과 내일이 침울하게 느껴졌다.

어떤 이들에게도 자신의 삶을 살아간다는 것이 신나고 밝은 미래를 약속하는 일이 아닐 수 있다. 우리는 다른 사람에게 지나치게 열중한 나머지 자신의 삶을 어떻게 살아가야 하는지, 어떻게 즐겨야 하는지를 잊어버렸는지도 모른다.

우리는 심각할 정도로 우울한 감정에 사로잡혀 있어 세상 살맛이 나지 않는다고 느낀다. 우리의 모든 것이 고통 그 자체라고 생각한다. 그것은 진실이 아니다. 우리는 우리의 문제만으로 우리의 존재를 구성하지 않는다. 우리가 겪고 있는 문제만을 가지고 우리를 설명할 수 없다. 앞으로 우리는 우리의 문제를 뛰어넘어 새로운 존재로 나아가게 될 것이다.1 지금까지의 삶이 계속 고통스러운 상태에 있었다고 앞으로도 계속 그런 아픔을 겪으라는 법은 없다. 우리의 삶을 그렇게까지 상처투성이로 만들 필요가 없다. 우리가 변하기만 한다면 더 이상 그런 일은 일어나지 않을 것이다. 앞으로의 삶이 항상 장밋빛으로 채워지지는 않을 것이다. 그렇다고 언제나 가시덤불만 헤치고 다닐 일도 없다. 우리는 우리의 삶을 개선해 나가야만 하고, 실제로 그렇게 할 수 있다. 한 친구가 했던 말이 떠오른다. "제대로 좀 살아 봐!"

어떤 공동의존자들은 장래도 목적도 없고 그렇다고 해서 크게 잘될 일도 안될 일도 없는 그런 인생을 왜 아등바등 살아가야 하는지 자문하며 인생은 별로 살 만한 가치가 없는 것이라고 생각한다. 이 생각 또한 진실이 아니다. 신이 우리 각자를 위해 신나고 흥미로운 일들을 준비해 놓고 있다고 나는 믿는다. 인생에는 사람을 돌보거나 누군가의 부속물이 되는 것 말고도 즐길 만하고 가치 있는 목적이 있다고 나는 믿는다. 우리가 자신을 스스로 돌봄으로써 이러한 태도를 유지해 나갈 수 있다고 나는 믿는다. 우리는 자신과 협력하기 시작한다. 우리는 우리 속에 존재하며 우리가 활용할 수 있는 우리의 선함과 풍성함에 그리고 자기 스스로에게 우리 자신을 활짝 열어 놓는다.2

나는 지금까지 계속해서 "자기 자신을 돌본다."라는 표현을 사용해 왔다. 나는 이 표현이 종종 오용되고 있다는 것을 알고 있다. 사람들이 다른 사람을 통제하고 억누르며 그들의 의지를 강요할 목적으로 이 표현을 사용하는 것을 들은 적이 있다. ("초대 받지 않았는데도 나는 다섯 아이들과 고양이를 데리고 불쑥 찾아갔지. 우리는 그곳에서 한 주를 보낼 예정이야. 나는 지금 내 자신을 돌보고 있는 중이지!") 나는 사람들이 성난 감정을 적절하게 조절하지 못한 채 다른 사람을 박해하고 처벌하는 것을 정당화할 목적으로 조작하듯 그 표현을 사용하는 것을 들은 적이 있다. ("나는 당신에게 하루 종일 고함치고 불평할 거야. 내가 해 달라고 했던 것을 당신이 하지 않은 탓이야. 그렇다고 내게 발끈하면 안 돼. 나는 내 자신을 돌보는 중이거든.") 나는 사람들이 책임을 회피하기 위해 이 표현을 사용하는 것을 들은 적이 있다. ("난 내 아들이 자기 방에서 헤로인을 자기 몸에 직접 놓는다는 것을 알고 있지. 하지만 그것은 그 애의 문제야. 난 걱정하지 않아. 나는 가게에 가서 50만 원을 긁어 버릴 생각이야. 그 돈을 어떻게 갚을지 걱정할 필요가 뭐가 있어. 난 지금 내 자신을 돌보고 있는 중이니까.")

이러한 행동들은 내가 말하려는 의미와 다르다. 자신을 돌본다는 것은 자신을 스스로 책임진다는 뜻을 내포하고 있는 자기 자신과 삶에 대한 태도다. 나는 내 삶을 살아가는 것 혹은 내 삶을 살지 못하는 것에 대해 스스로 책임을 진다. 나는 나의 영적 · 정서적 · 신체적 · 재정적 건강을 돌보는 일에 스스로 책임을 진다. 내 필요를 정확히 파악하고 그것을 충족시키는 일에 스스로 책임을 진다. 내 문제를 해결하는 것도 내가 져야 할 책임이며, 내가 해결할 수 없는 문제들과 더불어 사는 법을 배우는 것도 내가 져야 할 책임이다. 내가 한 선택에 대해 책임을 진다. 내가 주고받는 것에 대해 책임을 진다. 내 목표를 정하고 성취하는 것에 대해 책임을 진다. 내 삶을 얼마나 열심히 즐길 수 있는지에 대해, 일상의 활동을 통해 느끼는 즐거움이 얼마나 큰 것인지에 대해 스스로 판단하고 그것을 누리며 살아가는 것에 대해 책임을 진다. 내가 사랑하는 사람에 대해, 그에게 내 사랑을 어떻게 표현할 것인지에 대해 책임을 진다. 다른 사람에게 어떤 행동을 할 것인지, 다른 사람이 나에게 어떤 행동을 하도록 허용할 것인지에 대해 책임을 진다. 내 바람과 열망에 대해 책임을 진다. 나의 모든 것, 내 존재를 이루고 있는 모든 모습들이 중요하다. 나는 특별한 사람이다. 나는 소중하다. 내 감정은 신뢰할 만하다. 내 생각은 적절하다. 나는 내 소망과 욕구를 존중한다. 나는 일시적이든 지속적이든 학대와 모욕을 받을 만한 사람이 아니며, 그것을 참아 내려고 하지도 않을 것이다. 나는 권리를 가지고 있으며, 그것을 주장하는 것도 내 책임이다. 내가 내리는 결정과 내가 행동하는 방식은 나의 높은 자존감을 반영할 것이다. 결정을 내릴 때, 나는 내 자신이 져야 할 책임을 먼저 깊이 고려할 것이다.

나는 다른 사람들—배우자, 자녀, 친척, 친구—이 져야 할 책임까지도 충분히 고려해 필요한 결정들을 내릴 것이다. 결정을 내리기 전에 내가 져야 할 책임이 무엇인지 먼저 검토하고 정확히 그 책임을 이해할 것이다. 나는 또한 주변 사람의 권리, 즉 그들의 적절한 판단대로 자신의 삶을 살아갈 수 있는 권리에 대해서도 깊이 생각할 것이다. 나는 자신을 스스로 돌볼 수 있는 다른 사람의 권리에 대해 참견하고 강요할 수 있는 권한을 가지고 있지 않다. 마찬가지로 그들도 나의 권리를 좌지우지할 권한을 가지고 있지 않다.

자신을 돌보는 일은 상호 존중의 태도다. 그 일은 삶을 책임감 있게 살아가는 법을 배우는 것을 의미한다. 그 일은 우리가 우리의 삶을 살기 위해 내린 결정들에 대해 다른 사람이 간섭하지 않을 때 우리도 그들이 선택한 삶을 그들이 스스로 살 수 있도록 허용해 주는 것을 의미한다. 자신을 돌보는 일은 사람들이 생각하는 것만큼 이기적이지 않으며 많은 공동의존자들이 믿는 만큼 이타적인 것도 아니다.

다음 장부터는 자기 자신을 돌보는 방법들에 대해 구체적으로 이야기를 풀어 갈 것이다. 거기에는 목표 세우기, 감정 조절하기, 12단계 프로그램을 활용하기 등이 포함되어 있다. 나는 자기 자신을 돌보는 일이 하나의 기술이라고 생각한다. 이 기술에는 많은 사람들이 아주 낯설어하는 한 가지 근본적인 원리가 포함되어 있다. 그 원리란 바로 '우리가 필요로 하는 것을 우리 자신에게 공급해 주는 것'이다.

이 원리는 무엇보다 우리 자신과 우리의 가족 체계에 충격을 줄지도 모른다. 대부분의 공동의존자는 자신에게 필요한 것을 요구하지 않는다. 많은 공동의존자는 자신이 바라고 필요로 하는 것을 모르고 있고, 그것에 대해 깊게 생각하지도 않는다(나는 책 곳곳에 필요(욕구)와 바람이라는 용어를 써 왔고, 앞으로도 두 용어를 서로 바꿔 가며 사용할 것이다. 나는 필요(욕구)와 바람을 중요한 개념으로 이해하고 있으며, 두 용어를 똑같이 의미 있게 다룰 것이다).

우리 중 많은 사람은 자신의 필요가 중요하지 않으며 그것을 언급해서는 안 된다는 잘못된 믿음을 가지고 있다. 심지어 어떤 사람들은 자신의 필요가 나쁘거나 잘못된 것이라고 믿어 왔다. 그래서 우리는 자신의 필요를 억눌러서 자신의 인식 밖으로 밀어내는 법을 배웠다. 우리는 우리의 필요가 별로 중요하지 않다고 생각했기 때문에, 어차피 채워지지도 않을 것이기 때문에 그 필요가 무엇인지를 알기 위해 배우거나 들어 보려고 하지 않았다. 어떤 사람들은 자신의 필요를 어떻게 적절히 채워야 하는지를 배우지 못했다.

우리가 필요로 하는 것을 우리 자신에게 주는 일은 어렵지 않다. 나는 우리가 그 일을 짧은 시간 안에 배울 수 있다고 믿는다. 그 공식은 간단하다. 어떤 상황에 처하든지 먼저 분리하고 이렇게 물어라. “나를 돌보기 위해 나는 무엇을 해야 하지?”

그런 다음, 우리 안에서 들려오는 자기 자신과 절대자의 소리에 귀를 기울일 필요가 있다. 우리가 생각하고 느끼고 원하는 것에 대해 스스로를 벌주는 이상한 행동 그리고 우리가 누구인지를 들으려고 하지 않으며 우리 속에 존재하는 또 다른 우리가 우리 자신에게 몸부림치며 말하려고 하는 뭔가를 그냥 무시해 버리는 상식을 벗어난 행동을 이제 그만둬야만 한다. 당신은 신이 당신과 함께한다는 것에 대해 어떻게 생각하는가? 내가 전에 말했던 것처럼 신이 우리를 버렸고 우리가 우리 자신을 버렸다고 생각하는 것은 이상한 일이 아니다. 그러나 우리는 우리 자신에게 정중해질 수 있고 우리 자신을 받아들일 수 있다. 우리는 허울뿐인 그저 그런 인간이 아니다. 우리는 인간이 되도록 창조되었고 그렇게 되도록 의도된 존재다. 그리고 우리는 우리 자신에게 연민의 마음을 느낄 수도 있다. 그런 후에 아마도 우리는 다른 사람에 대한 진정한 연민의 마음도 키워 나갈 수 있을 것이다.3 우리의 소중한 자기(self)가 우리가 필요로 하는 것들이 무엇인지에 대해 우리에게 말하고 있는 것을 들어라.

우리는 때로 급히 서둘러 높은 위치에 올라가야 할 필요가 있다. 우리는 천천히 여유를 부리며 직장을 하루 정도 쉴 필요도 있다. 우리는 운동이나 낮잠이 필요할 수도 있다. 우리는 홀로 있어야 할 필요가 있을 수도 있다.

우리는 사람들 주변에 머무르기를 원하는지도 모른다. 우리는 일할 수 있는 직장이 필요할 수도 있다. 우리는 좀 더 적게 일할 필요도 있다. 우리는 따스한 포옹과 입맞춤, 누군가 우리의 등을 어루만져 주는 것과 같은 스킨십이 필요할지도 모른다.

우리가 필요로 하는 것을 우리 자신에게 준다는 것은 종종 우리 자신에게 재미있는 무언가를 베풀어 준다는 의미이기도 하다. 예를 들어, 외식하기, 헤어스타일 바꾸기, 새 옷과 새 신발, 새로운 장난감 사기, 극장에서 저녁시간 보내기, 경치 좋은 곳으로 여행 떠나기와 같은 일들이다. 우리가 필요로 하는 것을 우리 자신에게 준다는 것은 때때로 해야 할 필요가 있는 일을 한다는 것이다. 우리는 어떤 특성은 제거하고 어떤 특성은 발달시켜야 한다. 우리는 관계를 통해 일해야 한다. 다른 사람에 대한 우리의 책임, 동시에 우리 자신에 대한 우리의 책임을 잘 다루어 내야 한다. 이처럼 우리가 필요로 하는 것을 우리 자신에게 주는 일은 자신에게 선물을 준다는 의미 정도로 끝나는 행위가 아니다. 그것은 책임 있게 살아가기 위해 필요한 일을 하는 것을 의미한다. 그것이 지나쳐 많은 책임을 떠맡아서도 안 되며 그렇다고 무책임하게 살아서도 안 된다.

우리의 필요는 순간순간 그리고 매일매일 다르고 다양하다. 공동의존에 수반되는 극도의 불안을 느끼고 있는가? 그렇다면 우리는 알아논 모임에 가야 할 필요가 있다. 우리의 생각이 부정적이고 절망적인가? 우리는 명상과 관련된 혹은 우리의 영감을 자극하는 책을 읽어야 할 필요도 있다. 육체적인 문제 때문에 걱정하는가? 우리는 의사를 만나 치료를 받아야 할 것이다. 자녀가 제멋대로인가? 우리는 자녀에게 규율을 가르치기 위해 가족 차원에서 필요한 계획들을 검토해야 할 것이다. 사람들이 우리의 권리를 짓밟고 있는가? 경계선을 설정해야 할 필요가 있다. 우리의 마음속이 복잡한 감정들로 끓어오르고 있는가? 우리의 감정을 잘 다루어 내야 한다. 우리는 분리하고, 속도를 늦추고, 보상하고, 중재하고, 관계를 주도하고, 기혼자의 경우에는 이혼 소송을 제기해야 할 필요가 있을지도 모른다. 우리에게 달려 있다. 우리가 무엇을 해야 한다고 생각하는가?

우리가 필요로 하는 것을 우리 자신에게 베푸는 일 이외에도 우리가 필요로 하고 원하는 것을 다른 사람에게 요청해야 한다. 그것은 우리가 자신을 돌보고 책임감 있는 인간이 되기 위해서 해야 하는 일들 중 하나다.

중독 분야에서 활발하게 활동하고 있는 필 한센Phil L. Hansen 목사의 말처럼 우리가 필요한 것을 우리 자신에게 주는 행위는 우리가 경험해 왔던 신나고 새로운 모험, 즉 우리 자신의 삶을 누리며 사는 일에서 우리가 개인적인 상담가, 비밀을 털어놓을 만한 친구, 영적인 조언자, 파트너, 최고의 친구 그리고 돌보는 사람이 된다는 것을 뜻한다. 우리는 모든 결정을 현실을 바탕으로 수립하고 우리에게 가장 유익이 되는 방향으로 결정한다. 우리는 다른 사람에 대해 져야 할 우리의 책임이 무엇인지 주의 깊게 판단해야 한다. 책임감 있는 사람은 그렇게 한다. 또한 우리는 우리가 중요한 존재라는 사실을 알고 있다. 우리가 내리는 결정들 중에서 '해야만 하는 일들'을 제외하기 위해 노력하고 우리 자신을 신뢰하는 법을 배워야 한다. 만약 우리가 자기 자신과 절대자의 소리에 귀를 기울인다면, 우리는 잘못된 길로 인도되지 않을 것이다. 우리가 필요로 하는 것을 우리 자신에게 베풀고, 자기 주도적인 삶을 배우기 위해서는 신념이 필요하다. 우리의 삶과 좋은 관계를 유지하기 위해 충분한 확신이 필요하고, 앞으로 나아가기 위해 작은 일일지라도 매일 그것을 실천하는 것이 필요하다.

우리가 우리 자신의 필요에 관심을 기울이고 충족시키는 방법들을 배우는 동안, 실수할 때는 스스로를 용서하고 잘했을 때는 스스로에게 축하의 말을 건네는 것도 필요하다. 또한 우리가 어떤 일을 행할 때 그 일을 형편없이 잘못 처리했다거나 그저 그런 수준의 평범한 결과를 얻었을 때도 그러한 상황을 편안하게 받아들일 필요가 있다. 왜냐하면 그것도 우리의 삶의 일부이기 때문이다. 우리 자신 그리고 우리의 인간다운 행동과 모습을 보며 웃는 법을 배워야 한다. 마찬가지로 울어야 할 필요가 있을 때 우는 법도 배워야 한다. 우리는 자신을 진지하게 받아들여야 하지만 그것이 지나칠 정도가 되어서는 안 된다.

우리는 결국 다음과 같은 놀라운 진실을 발견하게 될 것이다. "우리 자신을 돌보지 않고 우리가 필요로 하는 것들을 우리 자신에게 공급해 주지 않는다면, 우리 삶에서 긍정적인 변화를 기대할 수 없다." 우리가 우리 자신을 돌보고 우리의 필요에 깊은 관심을 기울일 때에야 비로소 우리의 상황이 개선된다는 사실을 우리는 알게 될 것이다.

나는 내 자신을 돌보는 방법들을 파악해 가는 중이다. 나는 그 방법들을 이미 배웠거나 배워 가고 있는 많은 사람들을 알고 있다. 나는 모든 공동의존자가 그 방법들을 배울 수 있다고 확신한다.

과제

1. 당신이 자신의 삶을 살아가려 할 때, 일단 멈춰 서서 자신을 돌보기 위해 무엇이 필요한지를 스스로에게 물어보라. 당신이 필요하다고 느끼는 만큼 시간을 내어 자주 그렇게 물어보라. 적어도 하루에 한 번씩은 그렇게 하길 바란다. 당신이 위기상황에 처해 있다면, 매 시간마다 그렇게 할 수도 있다. 그런 후에 당신이 필요하다고 생각하는 것을 당신 자신에게 베풀어라.

2. 당신이 주변 사람에게서 얻고자 하는 것은 무엇인가? 적절한 시간에 그들과 함께 이야기를 나눠 보자.

11 자신과 사랑에 빠져라

> 무엇보다도 너 자신에게 진실하라.
> 그러면 밤이 낮을 따르듯,
> 다른 어느 누구에게도 거짓되지 않을 수 있다(William Shakespeare).

"네 이웃을 네 몸과 같이 사랑하라." 많은 공동의존자들의 문제는 그 말을 곧이곧대로 행한다는 데 있다. 그런데 더 큰 문제는 우리 같은 공동의존자들은 다른 사람에게 하듯 자신에게 하는 것을 생각조차 할 수 없다는 것이다. 우리는 감히 그렇게 할 수도 없고, 우리가 그렇게 하도록 다른 사람들이 내버려 두지도 않는다.

대다수의 공동의존자들은 그러한 태도 때문에 정체를 쉽게 파악할 수 없는 예리한 고통과 큰 어려움을 겪는다. 우리는 자신에 대해 좋은 감정을 느끼지 못하고 자신을 좋아하지도 않으며 자신을 사랑한다는 것에 대해 생각해 보려고 하지도 않는다. 우리 중 일부 공동의존자들에게 낮은 자존감이란 단지 자존감이 낮다는 것 이상이다. 그들은 자신을 그냥 싫어하는 것이 아니라 증오하기까지 한다.[1]

우리는 우리의 모습이 마음에 들지 않는다. 우리의 몸이 못 견디게 싫다. 우리는 스스로를 어리석고, 무능하고, 재능도 없고, 많은 경우에 사랑조차 받을 수 없는 존재라고 생각한다.[2] 우리는 자신의 생각이 잘못되었고 부적절하다고 판단한다. 우리의 감정에도 문제가 있고 사리에 어긋나 있다고 본다. 우리는 자신을 하찮게 여기며, 우리의 감정이 이상하거나 문제가 있는 것이 아님에도 그 감정을 소중하게 받아들이지 않는다. 우리는 우리의 욕구가 중요하지 않다고 확신한다. 우리는 다른 사람의 욕구나 방식에 대해서도 편하게 인정해 주지 못한다. 우리는 다른 사람보다 열등하다고 느끼며 그들과는 다르다고 생각한다. 더 나아가 우리는 자신이 남들과 다르다는 것을 독특하다라고 생각하기보다는 이상하고 부적절하다고 느낀다. 우리는 결코 우리 자신을 똑바로 대면한 적이 없으며 장밋빛 색깔의 안경이 아닌 뿌옇게 때가 묻어 있는 회갈색 필름을 통해 우리 자신을 바라보고 있다.

우리는 옷을 단정하게 차려 입고, 머리를 가다듬고, 반듯한 집에서 살고, 선망하는 직장을 다님으로써 자신에 대한 진짜 감정을 숨기는 법을 배웠다. 우리는 자신이 성취한 결과들을 떠벌리고 자랑하지만 그 화려한 장식 밑에는 비밀리에 그리고 쉴 새 없이 우리 자신을 처벌하고 고문하는 지하 감옥이 놓여 있다. 때때로 우리는 스스로에 대한 험담을 늘어놓고 자신의 품위를 떨어뜨림으로써 사람들 앞에서 우리 자신을 공개적으로 벌하기도 한다. 때때로 우리는 사람들이나 종교적 관습들로 인해 우리 자신을 죄책감에 빠지도록 내버려 두는 것처럼 그리고 다른 사람이 우리에게 상처를 주도록 허용하는 것처럼 우리 자신을 미워하도록 우리를 부추기는 대상들을 애써 불러들인다. 우리에게 최악의 충격을 주는 채찍질이 우리의 마음속에서 비밀리에 계속 진행되고 있다.

우리는 우리의 의식 위에 '해야만 하는 일들' 을 잔뜩 쌓아 놓고 무가치하며 고약한 죄책감 뭉치들을 자꾸 만들어 내면서 우리 자신에게 못되게 군다. 그 죄책감을 마음에서 우러나오는 진정한 죄책감과 혼동해서는 안 된다. 마음에서 우러나오는 진정한 죄책감은 변화를 위한 동기를 부여하고, 가치 있는 교훈을 가르치며, 우리 자신과 사람들 그리고 절대자와의 친밀한 관계 속으로 우리를 이끈다. 하지만 우리는 자신에 대해 좋지 않은 감정들을 느낄 수밖에 없는 상황으로 스스로를 끊임없이 밀어 넣는다. 우리는 어떤 것을 생각하고 나서, 그렇게 생각해서는 안 된다고 스스로에게 말한다. 우리는 어떤 감정을 느끼고 나서, 그렇게 느껴서는 안 된다고 스스로에게 말한다. 우리는 어떤 것을 결정하고 행동으로 옮긴 다음, 그렇게 행동하지 말았어야 했다고 스스로에게 말한다. 우리가 무엇을 잘못했는가? 우리는 잘못한 일이 없다. 그러한 상황들 속에서 우리가 바로 잡아야 할 어떤 것도, 보상해야 할 어떤 것도 없다. 우리는 우리를 계속 근심하게 하고 혼란스럽게 하고 숨 막히도록 고안된 형틀에 묶여 있다. 우리는 자신을 함정에 빠뜨린다.

나를 괴롭히기 위해 내가 종종 사용하는 몇 가지 고문 방법이 있다. 그 중 내가 제일 잘하는 방법은 두 가지 일 사이에서 갈팡질팡하는 궁지의 상황으로 나를 몰아가는 것이다. 나는 먼저 두 가지 일 중에서 하나를 선택한다. 그 일을 즉시 행동으로 옮긴다. 그런 다음, 나 자신에게 '다른 일을 해야겠어.' 라고 말한다. 나는 즉시 순서를 바꿔 다른 일을 시작한다. 얼마 지나지 않아 나는 나 자신에게 이렇게 핀잔을 준다. '아니야. 이 일을 해서는 안 돼. 아까 했던 일을 다시 하는 것이 좋겠어.' 내가 즐겨하는 자기고문에는 이런 것도 있다. 머리를 다듬고 화장을 하고 거울을 들여다보면서 스스로에게 말한다. '뭐야, 왜 이렇게 괴상하게 보이지? 이런 모습 정말 싫어.'

어떤 공동의존자는 도저히 용서받을 수 없는 나쁜 짓들을 스스로 저질렀다고 믿는다. 또 어떤 공동의존자는 자신의 삶 자체가 실수라고 믿는다. 우리 가운데 많은 공동의존자들은 자신이 했던 모든 것이 다 실수라고 믿는다. 몇몇 공동의존자들은 스스로 어떤 일도 똑바로 할 수 없다고 믿으면서도 자신에게 완벽함을 요구한다. 우리는 스스로를 꼼짝할 수 없는 상황들 속으로 밀어 넣고, 왜 그것들로부터 벗어날 수 없는지 의문을 갖는다.

마지막으로 우리는 자신에게 모욕을 주면서 자신을 돌보지 않는 일을 마무리한다. 우리는 자신이 하는 일을 좋아하지도 않고, 우리 본연의 모습 그대로를 긍정적으로 받아들이지도 않는다. 기본적으로 우리는 그렇게 훌륭한 사람들이 아니라고 느낀다. 몇 가지 이유만 보더라도 신은 우리 안에 자신의 삶과 불협화음을 만들어 내는 부적절한 인간을 만들어 놓았다.

우리의 삶을 이루고 있는 많은 영역들처럼 공동의존 현상도 그 안에서 모든 것들이 서로 연결되어 있고, 하나의 현상이 또 다른 현상을 이끈다. 예를 들어 우리의 낮은 자존감은 종종 우리가 하는 일 혹은 하지 않는 일과 상당 부분 연결되어 있으며 우리가 겪고 있는 많은 문제의 원인이 된다.

공동의존자로서 우리는 자기 자신을 너무도 싫어하기 때문에 자신을 배려하는 일을 옳지 않은 행위나 이기적인 일로 생각한다. 자신을 가장 우선적으로 생각하고 배려한다는 것은 우리 같은 공동의존자에게는 생각조차 할 수 없는 일이다. 다른 사람을 위해 일하고 다른 사람을 돌볼 때에야 비로소 우리는 가치 있는 사람이 된다. 그래서 우리는 절대 "아니요."라고 말하지 않는다. 우리 같은 그저 그런 인간들은 다른 사람에게 사랑받기 위해 5리를 가자고 하면 10리라도 동행해 주어야 한다. 정신이 제대로 박힌 사람은 우리와 함께 있는 것을 좋아하지도, 우리와 함께 있는 것을 즐기려고 하지도 않는다. 우리는 다른 사람과 친밀한 관계를 맺고 유지하기 위해 특별한 뭔가를 그들에게 해 주어야 한다고 생각한다. 내가 그동안 공동의존자들에게서 목격했던 방어적 경향의 출처를 생각해 보면, 자기 자신을 비난받을 일 없이 나무랄 데 없는 존재로 여기는 자긍심에서 비롯된 것이 아니다. 그것은 많은 부분 우리의 보잘것없는 너무도 낮은 자존감에서 비롯된다. 우리는 우리를 향해 다가오는 공격들을 감지해 내는데, 우리는 낮은 자존감으로 인해 그 공격을 마치 우리를 파멸시킬 것 같은 위협적인 대상으로 받아들이고 방어막을 펼친다. 또한 우리는 자신에 대해 좋지 않은 감정을 느끼고 자신을 완벽하게 포장하면서 수치심을 피하려는 욕구를 가지고 있기 때문에 우리가 잘못한 일을 다른 누군가가 우리에게 이야기하도록 내버려 두지 않는다. 사람들이 다른 사람을 잔소리로 괴롭히고 비난하는 것은 그들이 자기 자신에게 그렇게 하기 때문이다.

어니 라슨이나 권위 있는 여러 전문가의 주장처럼, 나 역시 우리의 낮은 자존감이나 자기 증오감이 공동의존의 모든 양상과 단단하게 묶여 있다는 사실에 동의한다. 삶을 즐기는 것을 거부하는 순교, 너무 바빠 삶을 즐길 여유조차 없는 일중독, 자기 자신을 즐기도록 허용하지 않거나 자신이 하는 일들에 대해 만족하지 않는 완벽주의, 자기 자신에 대한 죄책감과 불신감을 계속 쌓아올리는 결단력 없는 자세, 인간관계로부터 벗어나려 하고 자기 의무를 회피하려고 하며 파괴적인 인간관계를 유지하면서 다른 사람에 대한 친밀감을 차단해 버리는 태도, 자신에게 별 유익이 없는 사람과의 관계는 주도하려고 하면서 유익한 사람과의 관계는 오히려 배척해 버리는 것과 같은 행동 등을 통해 그러한 경향을 확인할 수 있다.

우리는 자신을 괴롭히는 방법들을 끊임없이 찾아낸다. 폭식하기, 우리 자신의 필요를 무시하기, 자신을 다른 사람과 비교하기, 경쟁하기, 집착하기, 고통스러운 기억 속에 머물기, 아직 일어나지도 않은 미래의 고통스러운 장면을 상상하기와 같은 것들이다. 그녀가 다시 술을 마시면 어쩌지? 그녀가 바람을 피우면 어쩌지? 태풍에 집이 날아가 버리면 어쩌지? 이와 같은 '어쩌지?' 하는 태도는 두려움을 불러일으키게 하는 강력한 촉진제다. 우리는 스스로에게 겁을 주고, 왜 그렇게 두려워했는지를 나중에 궁금해한다.

우리는 자신을 좋아하지 않으며 가치 있고 좋은 것을 소유할 만한 자격이 없다고 생각하기 때문에 스스로에게 좋은 것을 허용하지 않는다.

공동의존자인 우리는 자기 자신과 완전히 적대적인 관계를 맺으려는 경향이 있다.[3] 어떤 사람들은 알코올중독자인 부모의 영향을 받아 가족 내에서 자기증오의 행동을 배웠다. 또 어떤 사람들은 알코올중독자인 부모로부터 벗어나려고 했지만 다시 알코올중독자와 결혼함으로써 자신을 더욱 경멸하게 되었다. 우리는 취약한 자존감을 가진 채 어른이 되어 새로운 인간관계를 맺고, 그런 후에 우리 안에 자리 잡고 있는 자존감이 성숙하지 못하고 분열된 상태로 남아 있음을 깨닫기도 한다. 몇몇 사람들은 자신에게 좋지 않은 영향을 미치는 사람을 만나기 전까지 또는 자신을 괴롭히는 문제를 경험하기 전까지 자존감을 손상시키지 않은 채 완벽하게 지키기도 하지만, 부정적인 변화를 겪으면서 갑자기 혹은 점차 자기 자신을 증오하고 있다는 사실을 인식하게 된다. 알코올중독과 강박장애는 그 증세를 지닌 사람의 자존감뿐만 아니라 그 사람 주변에 있는 공동의존자들의 자존감도 함께 파괴시킨다. 알코올중독과 강박장애가 얼마나 자기파괴적인 행위인지를 명심하기 바란다. 어떤 사람들은 자기 자신을 알코올중독자나 비정상적인 사람과 비교하기 때문에 자신이 얼마나 자존감을 느끼지 못하며 살아가는지, 자기를 얼마나 증오하며 살아가는지를 인식하지 못한다. 그렇게 비교한다면, 우리는 더 이상 배울 것도 올라갈 곳도 없는 최고의 자리에 서 있는 사람들이다. 우리의 낮은 자존감은 아무런 조치를 취하지 않은 채 그냥 내버려두면 살금살금 파고들어 우리를 괴롭힌다.

우리가 언제부터 우리 자신을 괴롭혀 왔는지는 실제로 중요하지 않다. 우리는 지금 당장 그것을 멈춰야 한다. 바로 지금, 우리는 우리의 넓은 아량의 감정과 정신으로 우리 자신을 꼭 껴안아 주어야 한다. 우리는 괜찮다. 우리 자신으로 존재하며 살아가는 것은 놀라운 일이다. 우리의 생각도 긍정할 만하다. 우리의 감정도 적절하다. 오늘 우리는 이 순간 있어야 할 자리에 정확히 서 있다. 우리에게 잘못된 것은 없다. 근본적으로 잘못되어 있는 것도 없다. 우리가 잘못을 저질러 왔다고 해도 상관없다. 왜냐하면 그것이 우리가 할 수 있었던 최선이었을 테니까.

공동의존자로서 통제하고 구원하려고 하는 습성에서 우리가 벗어나지 못하고 다른 여러 가지 성격적 결함들이 우리에게 존재한다고 할지라도, 우리는 괜찮다. 우리는 그러한 모습으로 존재할 수밖에 없었고, 바로 그것이 정확한 지금 우리의 모습이다. 나는 변화가 필요한 여러 가지 문제들과 사건들 그리고 상황들에 대해 많은 이야기를 해 왔다. 그것들은 삶의 질을 높이기 위해 우리가 실현해야 할 목표들이며 해야 할 일이다. 현재 우리의 모습도 그런대로 괜찮다. 실제 내가 알고 있는 공동의존자들은 세상에서 가장 사랑이 많고 관대하며 선한 심성을 지니고 배려심이 많은 사람들이다. 다만 우리는 스스로를 속임수에 넘어가도록 내버려 둠으로써 자신에게 상처 주는 일들을 했을 뿐이다. 그래서 지금 우리는 자신의 삶에서 그와 같은 실수들을 되풀이하지 않는 방법을 배우려고 하는 것이다. 하지만 그러한 속임수는 우리의 문제일 뿐, 우리 자체는 아니다. 만약 우리에게 질색할 수밖에 없는 성격상의 결함이 있다면, 그것은 바로 우리가 스스로를 몹시 미워하고 괴롭히는 방식이다. 그것은 더 이상 우리가 참아야만 하는 것도, 받아들여야만 하는 것도 아니다. 우리 스스로 자신을 괴롭혀 왔기 때문에 자신을 괴롭히는 일을 중단할 수 있다.[4] 우리 몸에 배어 있는 그 습성은 우리의 잘못이 아니다. 그러나 그것을 멈추는 방법을 배우는 것은 우리의 책임이다.

우리는 자기 자신과 자신의 삶을 소중하게 대할 수 있다. 우리는 자신을 잘 양육하고 사랑할 수 있다. 우리는 자신의 모든 실수, 결점, 강점, 약점, 감정, 생각 그리고 그 밖의 다른 모든 것들을 소유한 경이로운 자신의 모습을 받아들일 수 있다. 우리는 우리가 투자할 만한 가장 좋은 대상이다. 우리의 모습으로, 본래 의도된 자신의 모습대로 살아가는 것이 가장 좋은 일이다. 우리 자신으로 살아가는 것은 실수가 아니다. 우리 자신은 앞으로 우리에게 일어날 수 있는 변화 중 가장 위대한 것이다. 자신이 그런 존재임을 믿어라. 그런 믿음이 당신의 삶을 더 쉽고 편안하게 만들어 준다.

공동의존자와 그렇지 않은 사람과의 유일한 차이는 있는 그대로의 자신의 모습 때문에 자기 자신을 괴롭히느냐 아니면 인정해 주느냐에 있다. 모든 사람들은 비슷한 생각들을 하고 인지상정의 감정들을 느끼면서 살아간다. 모든 사람들은 실수를 하며 손에 꼽힐 정도의 몇 가지 일들만을 성공적으로 해내며 살아간다. 그렇게 다를 것이 없는 인생, 그래서 우리는 홀로 설 수 있다.

우리는 한참 뒤처진 채로 앞서 가는 사람들의 뒤만 보고 뛰어야 하는 2등 인생이 아니다. 우리는 열등한 삶을 살아야 하는 사람이 아니다. 그리고 우리는 최선이라고 할 수 없는 그저그런 인간관계에 만족하며 살아야 하는 사람이 아니다! 우리는 사랑받을 만하고 알고 지낼 만한 가치가 있는 사람이다. 우리를 사랑하고 좋아한다고 해서 그 사람이 어리석거나 덜 떨어진 사람은 아니다. 우리에게는 행복할 권리가 있다.[5] 우리는 좋은 보상을 받을 만한 충분한 가치가 있는 사람이다.

세상에서 가장 아름답게 보이는 사람도 우리와 똑같은 사람이다. 유일한 차이점은, 그들은 자신의 그러한 점을 늘 상기하고 가는 곳마다 스스로를 밝게 드러낸다는 것이다. 가장 심오하고 지적이며 재치 넘치는 말을 하는 사람들도 우리와 똑같은 사람이다. 그들은 자신의 모습을 그대로 인정하며 스스로를 자유롭게 한다. 확신에 차 있고 여유 만만한 사람들도 우리와 별 차이가 없다. 그들 역시 두렵고 떨리는 상황들을 자초하지만 그들은 자신에게 그 상황들을 충분히 이겨낼 수 있다고 말한다. 성공한 사람들도 우리와 똑같은 사람이다. 그들은 앞을 향해 나아가고 자신의 재능과 소질을 계발하며 자신을 위한 목표를 세운다. 텔레비전에 나오는 우리의 스타들, 우상들조차도 우리와 똑같은 사람이다. 우리는 모두 거의 공통된 재료, 즉 사람이라면 누구나 소유하는 인간다움이라는 재료를 가지고 삶을 만들어 간다. 우리 자신을 어떻게 느끼느냐, 우리 자신에게 어떤 말을 하느냐가 큰 차이를 만들어 낸다.

우리는 훌륭하다. 우리는 충분히 훌륭하다. 우리는 자신의 삶과 조화를 이룬다. 우리가 걱정하고 두려워하는 것 중 많은 부분은 우리가 사는 이 세계 그리고 우리가 그곳에서 경험하는 모든 상황과 맞설 만한 능력이 우리에게는 없다고 끊임없이 스스로에게 말하는 데서 생긴다. 나다니엘 브랜든Nathaniel Brandon은 이것을 '현실에 적합하지 않은 이름 없는 감각(a nameless sense of being unfit for reality)'이라고 불렀다.[6] 나는 이 시점에서 우리가 얼마나 현실에 적합한 존재인지를 말하고자 한다. 긴장을 풀어라. 우리가 어디를 가든, 무엇을 하든, 어떤 상황에서도 우리는 적절한 사람이다. 우리는 멋지게 해낼 수 있다. 마음을 편안히 하라. 지금 그대로의 모습도 괜찮다. 우리가 다른 누구, 다른 무엇이 될 수 있을까? 당신이 요청받는 일이 무엇이든지 최선을 다하라. 우리가 최선을 다하는 것 외에 다른 무엇을 할 수 있겠는가? 때로는 최선을 다할 수 없는 경우도 있다. 그래도 괜찮다. 우리는 다양한 감정과 생각, 두려움, 연약한 모습을 동시에 지닌 채로 인생을 헤쳐 나간다. 우리는 모두 다 그렇게 살아간다. 다른 누구도 하지 않는 것을 하고 다른 누구도 느끼지 않는 것을 느낀다고 생각하면서 자신을 다른 사람과 비교하여 이질적인 사람으로 취급했고 자신이 그런 사람이라는 것을 자신의 생각에 지금까지 계속 주입해 왔다면, 이제 그 일을 중단해야 한다.

우리는 자신에게 더 나은 사람이 될 필요가 있다. 우리는 자기 자신을 더 공감해 주는 자신에게 더 친절한 사람이 될 필요가 있다. 우리가 자신을 미워하고 증오하는데 어떻게 자신을 스스로 돌볼 수 있겠는가?

우리는 자신과의 관계를 적대적인 상태로 흘러가게 해서는 안 된다. 자신에게 비난의 화살을 돌리는 일도, 자신을 희생자로 만드는 일도 중단하라. 그 희생자를 당신의 삶에서 제거할 수 있도록 책임감 있는 조치를 취하라. 죄책감이 활동하지 못하도록 제압하라. 죄책감과 수치심은 우리가 성취해야 하는 인생의 장기 목표들을 이루어 나가는 데도 도움이 되지 않는다. 죄책감은 수치심과 우리가 지켜야 할 도덕적 규범을 따르지 않았을 때와 일시적으로 우리에게 경각심을 일깨우는 신호등으로 작동할 때만 필요하다. 죄책감과 수치심은 우리의 삶에 유용한 태도라고 할 수 없다. '해야만 하는 것들'을 중단하라. 자신을 언제 스스로 처벌하고 괴롭히는지를 의식하면서 자신에게 긍정적인 메시지를 말하도록 혼신의 노력을 하라. 특별히 뭔가 해야 할 일이 있다면 그것을 행동에 옮겨라. 자신을 고문하고 있다면 이제 그만 멈춰라. 자신을 다르게 대하는 일이 점점 더 쉬워질 것이다. 우리는 자신에게 큰소리로 웃어 줄 수 있고 더 이상 속지 않을 것이라고 말해 줄 수 있으며 우리 자신을 너그러운 마음으로 안아 줄 수 있다. 그런 후에야 우리는 우리가 선택한 삶을 새롭게 시작할 수 있다. 마음으로부터 우러나오는 진정한 죄책감을 느끼고 있다면, 그것을 잘 다스려라. 신은 우리를 용서할 것이다. 신은 우리가 느끼는 죄책감이 아무리 최악의 것이라 할지라도 우리가 그것을 해결하기 위해 몸부림치며 최선을 다해 왔다는 것을 알고 있다. 하지만 신 혹은 다른 누군가에게 우리가 그 문제 때문에 얼마나 마음을 쓰고 걱정하고 있는지를 증명하기 위해 죄책감을 느끼면서까지 자기 자신을 벌할 필요는 없다.7 우리는 우리 자신을 용서해야 한다. (18장에서 언급하는 12단계 프로그램 중) 4단계와 5단계를 적용해 보자. 신뢰할 만한 사람에게 말하라. 신에게 고백하라. 평온을 되찾고 그 일을 마무리하라.

우리는 자신에게 수치심을 느끼는 일을 그만두어야 한다. 죄책감처럼 수치심도 이제는 더 커진 우리의 목표에 결코 도움이 되지 않는다. 우리가 수치심을 느껴야 한다고 사람들이 직간접적으로 우리에게 말하더라도 그 말을 그대로 믿을 필요가 없다. 우리 자신을 미워하고 수치스러워하는 일은 한순간도 도움이 되지 않는다. 죄책감이나 수치심을 계속 느낀다고 상황이 달라진 적이 있다면 이야기해 보라. 죄책감이나 수치심을 계속 느껴서 문제가 해결된 적이 있다면 이야기해 보라. 죄책감과 수치심을 느끼는 것이 무슨 도움을 줄 수 있겠는가? 죄책감과 수치심에 빠져 있는 대부분의 시간 동안 우리는 계속 불안을 느끼기 때문에 자신의 삶에 최선을 다할 수 없게 된다. 죄책감은 모든 일을 더 어렵게 만든다.

우리는 우리 자신의 가치를 높이고 자존감을 키우는 데 필요한 결정과 선택을 해야 한다.

토비 라이스 드류Toby Rice Drew는 자신의 저서인 『술에서 그들을 깨우자(Getting Them Sober)』8에서 우리에게 다음과 같이 충고한다.

> 당신이 자신을 절망적인 사람이 아니라 소중한 사람으로 여기고 행동하는 법을 배울 때마다 그렇게 하는 것이 다음번에는 당신에게 더 쉬운 일이 된다.

우리는 우리 자신과 감정, 생각, 필요, 바람, 기대 그리고 우리를 구성하고 있는 모든 것들에 대해 편안해지고 애정을 느끼며 귀를 기울이고 세밀한 관심을 가지면서 친절해질 수 있다. 우리는 우리 자신과 우리의 모든 것들을 받아들이며 인정할 수 있다. 지금 당신이 머무르고 있는 곳에서 시작하라. 우리는 더 새롭게 변화될 것이다. 타고난 재능과 소질을 계발하라. 자신을 믿어라. 자신을 주장하라. 우리는 신뢰받을 수 있다. 자신을 존중하라. 자신에게 진실하라. 자신을 명예롭게 하라. 자신을 명예롭게 여기는 데서 새로운 힘들이 나오기 시작한다. 이것이 세상을 여는 우리의 열쇠다.

다음은 자존감에 대한 나다니엘 브랜든의 탁월한 책 『자기 존경하기(Honoring the Self)』에서 발췌한 내용이다. 주의 깊게 읽어 보기 바란다.

> 우리가 인생을 살면서 내린 판단 중에서 우리 자신에 대해 내렸던 판단만큼 소중한 것은 없다. 왜냐하면 그 판단은 우리 존재의 핵심을 건드리고 있기 때문이다.
>
> ……우리의 사고와 동기, 감정이나 행동 등 삶에 중요한 의미를 갖는 그 어떤 것들도 자기 자신을 평가하는 것에 영향을 받지 않을 수 없다…….
>
> 자기 존경의 첫 번째 행위는 자기 의식을 주장하는 것이다. 자기 의식을 주장한다는 것은 생각하고 깨닫고자 하는 선택이며, 자기 의식의 탐조등을 밖으로는 세상을 향해, 안으로는 우리 존재를 향해 비추는 선택이다. 그것에 대한 노력을 태만히 하는 것은 근본적으로 자신에 대한 태만이다.
>
> 자기 자신을 존경한다는 것은 기꺼이 독립적으로 생각하려고 하는 의지이며 자기 정신으로 살아가는 것이고 자기 인식과 판단에 대해 용기 있는 마음을 갖는 것이다.
>
> 자기 자신을 존경한다는 것은 우리가 생각하고 느끼고 원하고 필요로 하고 소망하는 것이 무엇인지 그리고 우리를 두렵게 하며 화나게 하는 것이 무엇인지를 기꺼이 알고자 하는 것이며, 그런 느낌을 경험할 수 있는 우리의 권리를 인정하고 받아들이는 것이다. 이와 상반되는 태도는 부정과 포기 그리고 억압과 같은 자신을 거부하는 행동들이다.

자기 자신을 존경한다는 것은 자기수용의 태도를 유지하는 것이다. 자기수용이란 자기를 압박하거나 징계하려는 자세와 자기 존재의 진실성을 거짓으로 꾸미려는 태도 그리고 자신과 다른 사람을 속이려는 의도로, 자신이 만들어 둘러친 위장막을 모두 벗어 버린 후에 지금 존재하는 모습 그대로 자신을 받아들이는 것이다.

자기 자신을 존경한다는 것은 마음에서 우러나오는 진정성을 가지고 살아가는 것이며 우리의 가장 깊은 곳에서 솟아나는 확신과 느낌에서 나오는 말과 행동을 하는 것이다.

자기 자신을 존경한다는 것은 느끼지 않아도 되는 죄책감을 물리치는 것이며 우리가 그동안 느껴 왔던 죄책감을 바로잡기 위해 최선을 다하는 것이다.

자기 자신을 존경한다는 것은, 우리의 삶이 다른 사람의 소유가 아니며 다른 사람의 기대에 맞춰 사는 것이 우리의 존재 목적이 아니라는 사실에 바탕을 두고 우리 삶의 권리에 충실하는 것이다. 하지만 많은 사람에게 있어 권리란 끔찍한 책임감이다.

자기 자신을 존경한다는 것은 자신의 삶과 사랑에 빠지는 것이고, 자신의 성장과 삶의 기쁨을 삶 속에서 실현하는 가능성과 사랑에 빠지는 것이며, 우리 각자가 가진 인간으로서의 독특한 잠재성을 발견하고 탐구하는 과정과 사랑에 빠지는 것이다.

따라서 자기 자신을 존경한다는 것은 가장 숭고하고 고결한 의미의 이기심을 실천하는, 아니 이기심이라는 말로는 설명될 수 없는 상태로 나아가는 것이라는 사실을 우리는 알게 된다. 그리고 나는 그 상태가 대단한 독립성과 용기 그리고 성실성이 요구되는 일이라고 주장하고 싶다.[9]

우리는 자신을 사랑하고 자신에게 헌신할 필요가 있다. 수많은 공동의 존자들이 다른 사람에게 베풀고자 했던 끝없는 충성심을 이제 자기 자신에게 베풀어야 한다. 이기심이 아닌 친절함과 자애의 진실한 행동들이 우리의 높아진 자존감으로부터 발현될 것이다.

우리가 주고받는 사랑은 우리 자신에게 베푸는 사랑에 의해 한층 강화될 것이다.

과 제

1. 당신은 자신에 대해 어떻게 느끼고 있는가? 당신의 생각을 기록해 보자. 당신이 좋아하는 것들과 좋아하지 않는 것들을 함께 기록해 보자. 기록한 내용을 다시 읽어 보자.

••• 12
수용의 기술을 배우라

❝ 우리가 현실에 당당하게 맞서고 있다는 것에 나는 한 표 던지고 싶다
(〈Bob Newhart 쇼〉* 의 진행자). ❞

건전한 사고방식을 가진 사람이라면 현실을 수용하려는 태도를 적극 권장하고 격려한다. 현실을 인정하고 받아들이는 자세는 치료과정에서 실현되어야 할 목표이자 치료의 분명한 목표다. 현실에 당당히 맞서면서도 현실을 인정하고 타협하려고 하는 태도는 유익하다. 수용하는 일은 평화를 가져오며 종종 변화의 전환점이 되기도 한다. 하지만 현실을 수용하며 살아간다는 것은 사실 말처럼 쉽지 않다.

공동의존자가 아닌 사람들은 그날그날, 그때그때의 상황 속에서 현실을 받아들일 것인지 아니면 거부할 것인지를 고민하며 살아간다. 우리는 아침에 눈을 떠서 잠자리에 들 때까지 일상의 삶에서 많은 것들을 수용하며 살아간다. 우리의 현재 상황들은 우리가 누구인지, 우리가 어디에서

역자주

* 1972년 9월부터 1978년 4월까지 미국 CBS에서 방송된 총 142편의 시대 풍자 코미디물로, 밥 뉴하트가 주인공인 정신과 의사 역할을 맡아 출연했다.

살고 있는지, 우리가 누구와 살고 있는지, 우리가 일하는 곳은 어디인지, 우리가 이용하는 교통수단은 무엇인지, 우리가 얼마나 부자인지 혹은 가난한지, 우리가 책임져야 할 일들은 무엇인지, 우리가 즐겁게 살기 위해 하고 있는 활동은 무엇인지 그리고 우리에게 어떤 문제들이 일어나고 있는지를 모두 담아낸다. 어떤 날에는 우리의 삶에서 일어나는 모든 상황들을 쉽고 편하게 받아들인다. 그저 자연스럽다. 머리 모양도 산뜻하고, 아이들도 얌전히 굴고, 직장 상사도 합리적인 듯하고, 재산도 적당하게 있고, 집도 깨끗하고, 차도 잘 굴러가고, 배우자나 연인을 가슴 깊이 사랑하고 있다. 우리는 무슨 일들이 일어날지 알고 있고, 그 일들은 모두 받아들일 만한 것들이다. 이 정도면 훌륭하다. 하지만 다른 날은 뭔가가 꼬이기 시작하고 하루 종일 일이 잘 풀리지 않는다. 자동차 브레이크가 갑자기 고장 나고, 지붕이 새고, 아이들은 말대꾸하고, 팔이 부러지고, 직장을 잃고, 배우자나 연인은 우리를 더 이상 사랑하지 않는다고 말한다. 뭔가 일이 터졌다. 우리에게 문제가 생겼다. 전혀 다른 상황이다. 일들이 전혀 딴판으로 돌아간다. 우리는 뭔가를 잃어 가고 있다. 우리의 현재 상황들이 더 이상 예전만큼 편하지 않다. 우리를 둘러싼 환경들이 계속 바뀌고 있고, 우리는 이제 새로운 상황을 받아들여야 한다.

달라진 현실에서 우리가 보이는 첫 번째 반응은 자신에게 일어난 변화와 문제 그리고 상실의 상황을 부정하거나 그것에 저항하는 것이다. 우리는 모든 것들이 예전 그대로이기를 원한다. 문제가 하루 빨리 해결되기를 원한다. 예전의 편안한 상태로 다시 돌아가기를 원한다. 앞으로 어떤 일이 우리에게 일어날지 알고 싶어 한다. 우리가 처한 현실에 더 이상 평화로움을 느끼지 못한다. 거북하기만 하다. 일시적으로 우리는 균형을 잃고 쓰러진다.

공동의존자는 자신에게 무슨 일이 일어날지 결코 예상하지 못한다. 특히 알코올중독자, 마약중독자, 도박중독자, 범죄자, 중대한 문제 또는 강박장애를 가진 사람과 가까운 관계에 있다면 더욱 그렇다. 우리 같은 공동의존자는 여러 가지 문제, 잃어버린 것 그리고 변화된 상황이 퍼붓는 공격에 시달린다. 우리는 산산조각 난 희망, 놓쳐 버린 좋은 자리, 깨어진 약속, 새빨간 거짓말을 참아 낸다. 우리의 재정 상태는 흔들리고 불안한 감정이 솟구친다. 사랑하는 사람에 대한 믿음뿐만 아니라 신과 자기 자신에 대한 믿음마저 잃어버린다. 우리는 자신의 건강, 소유물, 만족스럽게 성생활을 즐기는 능력, 좋은 평판, 사회생활, 높이 쌓은 경력, 자기 통제력, 자존감, 무엇보다 자기 자신까지 상실할지도 모른다.

우리 중 어떤 이들은 사랑하는 사람에 대한 존중과 믿음을 상실한다. 때때로 우리는 과거에 사랑했던 사람에 대한 사랑과 헌신의 마음조차 상실한다. 이러한 현상이 흔하게 발생한다. 그 현상은 병적인 상태가 지속되면서 생기는 자연스럽고 일반적인 결과다. 『알코올중독자 가족을 위한 지침서(A Guide for the Family of the Alcoholic)』라는 소책자에는 다음과 같은 내용이 실려 있다.

> 이치에 어긋난 사랑은 사랑이 아니다. 사랑은 다른 사람을 참아 주며 그 사람과 고통을 함께 나누는 연민의 마음을 갖는 것이다. 그러나 다른 사람의 부당한 행위에 의해 고통받는 것을 연민의 마음이라고 일컬을 수는 없다. 알코올중독자의 가족은 자주 반복되는 그런 부당함 때문에 고통받는다.[1]

이러한 부당한 상황이 흔히 일어나는 일일지라도 그 부당함이 주는 고통의 크기는 절대 줄어들지 않는다. 사랑하는 사람이 우리에게 깊이 상처 주는 일을 행할 때, 우리는 뼈저린 배신감을 경험한다.

공동의존자들이 마주하는 가장 고통스러운 상실의 경험은 우리의 꿈,

대부분의 사람들이 가지는 미래에 대한 희망적이고 때때로 이상적이기조차 한 기대를 잃어버리는 것이다. 이것은 가장 받아들이기 힘든 부분이다. 우리가 병실에 누워 있는 자녀를 볼 때, 우리는 아이가 회복하리라는 희망을 품는다. 하지만 우리의 자녀가 알코올이나 마약으로 심각한 문제에 빠져 있다면 그런 희망조차 품기가 어려워진다. 우리는 그러한 상황을 아예 기대조차 할 수 없었다. 결혼식 날, 우리는 이루고 싶은 여러 가지 꿈들로 가득 차 있었다. 사랑하는 사람과 함께하는 미래는 경이로움과 희망들로 가득 차 있었다. 결혼은 인생의 새로운 전환점이자 사랑의 시작이었고 우리가 오랫동안 갈망해 왔던 특별한 일의 시작이었다. 말로 표현되었든 혹은 침묵으로 받아들였든, 미래를 향한 꿈과 전망은 대부분의 사람들에게 손에 잡힐 듯 아주 가까이에 있었다.

자넷 워이티츠는 『공동의존, 최근 떠오르고 있는 문제』에서 다음과 같이 쓰고 있다.

> 각각의 부부들은 서로 다르게 출발하지만, 약물에 의존하는 결혼관계들에서 나타나는 모습을 살펴보면 그들이 경험하는 과정은 본질적으로 똑같다. 시간을 거슬러 올라가 결혼할 때 했던 서약을 들여다보자. 대부분의 결혼식에서 다음과 같이 질문한다. “기쁠 때나 슬플 때나, 부유할 때나 가난할 때나, 건강할 때나 아플 때나 죽음이 서로를 갈라놓을 때까지 사랑하겠는가?” 모든 문제가 그 질문으로부터 시작되는지도 모른다. 당신이 그 질문에 “예.”라고 했다면, 당신은 정말 당신이 대답한 대로 살 마음을 가지고 그렇게 말한 것인가? 만약 그 당시에 당신의 미래가 기쁨보다 슬픔으로, 건강보다 아픔으로, 부유함이 아니라 가난함으로 채워지게 될 것이라고 당신이 미리 알았다면, 당신이 그때 느꼈던 사랑이 그 모든 악조건들을 충분히 견디고 이겨 낼 정도로 가치가 있었던 것일까? 당신이 “예.”라고 말할 수도 있겠지만, 나는 궁금

하다. 당신이 낭만적이라기보다 현실적인 사람이라면, 슬픔은 순간이고 기쁨은 영원할 것이라고 가정하면서 좋은 일뿐만 아니라 나쁜 일을 통해서도 그 서약이 의미했던 것을 해석했을 수 있다. 결혼이라는 계약은 선한 믿음에서 시작되지만, 때늦은 후회와 고민은 아무 의미가 없다.2

꿈들은 그곳에 있었다. 우리 가운데 많은 사람들이 잇따른 상실과 실망을 경험하면서도 그 꿈들을 부여잡고 오랫동안 견뎌 왔다. 그 꿈들이 진실이라는 바다에서 이리저리 흔들릴 때도 그 꿈들을 현실에 맞게 조정하거나 축소시키지 않으면서 꿋꿋하게 자신의 이상을 갈망하며 살아왔다. 그러나 어느 날, 우리는 진실이 무엇인지를 깨닫고 그것을 더 이상 외면할 수 없었다. 우리가 그러한 상황을 원했던 것도, 계획했던 것도, 요구했던 것도, 희망했던 것도 아니었다. 앞으로도 우리는 그러한 상황을 결코 원하지 않을 것이다. 꿈꿔 왔던 것들은 이미 죽었고, 다시는 숨 쉬지 못하게 되었다.

어떤 사람들은 꿈과 희망을 이미 짓밟아 부수어 버렸는지도 모른다. 또 어떤 사람들은 자신의 인생에서 제일 중요하고 의미 있는 일들, 즉 결혼이나 자신의 삶에 직접적으로 영향을 미치는 인간관계들에서 실패를 경험하고 있을지도 모른다. 우리가 소유했던 사랑 혹은 우리가 꿈꿔 왔던 것들을 잃게 될 것이라는 예감이 얼마나 큰 고통을 동반하는지 나는 잘 알고 있다. 우리가 하는 어떤 말로도 그러한 상황이 주는 고통과 슬픔을 달랠 길이 없다. 알코올중독에서 비롯된 것이든 다른 문제에 의한 것이든, 자신의 꿈이 파괴되는 것은 우리에게 깊은 상처를 남긴다. 그런 질병은 치명적이다. 그 병은 우리의 가장 고상한 꿈들을 포함해 눈에 보이는 모든 것들을 파멸시킨다. 자넷 워이티츠는 "약물의존은 천천히 그러나 철저하게 파괴한다."라고 결론을 내렸다.3 그 말은 정말 맞는 말이다. 그 말은 정말 우리를 아프게 하는 진실이다. 꿈만큼이나 더 서서히, 더 고통스럽게 죽어 가는 것도 없다.

회복하는 과정에서 상실을 경험할지라도 우리는 더 많은 변화를 수용하기 위해 몸부림쳐야 한다.4 알코올중독에 걸린 배우자가 술을 끊을 때 상황이 변한다. 변화와 관련된 패턴들이 있다. 공동의존의 특성들, 다시 말해서 우리에게 계속 영향을 끼쳐 왔던 부정적인 삶의 방식이 그 본연의 모습을 상실하게 되는 과정을 우리는 반드시 겪어야만 한다. 이러한 상실이 긍정적인 변화인 것은 분명하다. 하지만 상실은 상실이다. 그런데 우리의 삶에 바람직하지 않는 것들을 상실했다는 사실이 묘하게 편안함을 가져다준다. 이러한 변화의 패턴들은 우리의 삶에 일어나는 실제 상황이다. 우리가 그러한 상황을 겪으면서 기대할 만한 어떤 것도 찾아내지 못했을지라도 우리는 적어도 무엇을 기대하며 살아가야 하는지를 알게 된다.

많은 공동의존자들이 매일 직면하고 받아들여야만 하는 상실은 그 존재감이 대단히 크며 끊임없이 지속된다. 우리가 부딪히는 문제와 상실은 보통 사람이 일상생활에서 경험하는 일반적인 문제와 상실과는 차이가 있다. 우리의 문제는 우리가 돌보고 걱정하는 사람에 의해 빚어진 것들이다. 우리가 겪는 문제와 상실은 사랑하는 사람의 질병과 이상 상태 혹은 강박장애의 직접적인 결과들이지만, 고의적이고 악의적인 행동들처럼 보인다. 우리는 사랑했고 믿었던 사람의 손아귀에서 고통을 겪고 있다.

우리는 변화와 문제를 수용하려고 몸부림치면서 균형을 계속 상실한다. 우리는 무엇을 기대해야 하는지 혹은 그것을 언제 기대해야 하는지조차 모른다. 우리의 상황은 늘 끊임없이 변한다. 우리는 모든 영역에서 상실이나 변화를 경험할 수 있다. 미칠 것 같은 기분이 든다. 자녀도 혼란을 겪고, 배우자나 연인은 비정상적으로 행동하고, 할부금을 갚지 못해 차를 압류당하고, 몇 주 동안 아무도 일하지 않고, 집은 엉망진창이고, 수중에

돈은 점점 떨어져 가고 있다. 상실은 걷잡을 수 없이 빠른 속도로 진행될 수 있고 혹은 서서히 일어날 수도 있다. 자동차와 직업, 집, 돈 그리고 우리가 관심을 쏟아 왔던 사람과의 관계가 상실될 때까지 우리의 삶은 아주 잠시 안정 상태에 머무르기도 한다. 감히 용기를 내어 희망을 품어 보지만, 꿈은 다시 산산히 부서질 뿐이다. 문제가 마술처럼 정리될 것이라는 환상에 의지해서 어리석게도 우리가 희망을 품었다는 사실은 그다지 중요하지 않다. 산산조각 난 희망은 산산조각 난 희망일 뿐이다. 실망은 실망일 뿐이다. 잃어버린 꿈은 죽은 것이며, 그 꿈은 그저 고통만 가져다줄 뿐이다.

현실을 수용하라? 우리에게 주어진 절반의 시간 동안 우리는 현실이란 것이 도대체 무엇인지 이해하지 못한 채 살아간다. 우리는 누군가에게 속고 있다. 우리도 자신에게 거짓말을 한다. 그래서 현기증이 날 정도다. 나머지 절반의 시간은 우리가 결코 참아낼 수 없는, 아니 어느 누구도 참아낼 수 없는 현실과 마주하고 있다. 현실을 부정하는 것이 우리의 삶에서 상실을 지속적으로 만들어 내는 알코올중독이나 다른 심각한 문제들의 필수조건임을 왜 수수께끼처럼 이해하기 힘든 것일까? 우리가 수용해야 할 것들은 너무 많고 우리의 현재 상황은 불가항력적이다. 우리는 다른 사람의 문제를 해결해 주려고 노력하면서 위기와 혼란에 자주 빠지고, 너무 분주한 나머지 무엇을 수용해야 하는지조차 생각할 겨를이 없다. 하지만 우리는 어느 시점에서 현실과 타협해야만 한다. 우리의 상황이 이전과는 달라져야 한다고 느낀다면, 우리는 현실을 수용해야만 한다. 잃어버린 꿈들을 새로운 꿈들로 대체하고 맑은 정신과 평화로움이 느껴지는 삶을 살고 싶다면, 우리는 현실을 수용해야만 한다.

수용은 순응과 다르다는 것을 명심하라. 수용이란 후회스럽고 비참한 상황을 체념하며 받아들인다는 의미가 아니다. 수용이란 학대를 받아들이거나 견뎌 낸다는 의미도 아니다. 수용이란 지금 이 순간 우리 자신과 주변 사람을 포함한 우리의 모든 상황을 우리의 삶에서 존재하는 그 모습 그대로 인정해 주고 받아들인다는 의미다. 수용이란 우리의 상황을 평가하고 거기에서 적절한 변화를 이끌어 내고 우리 자신의 문제를 해결할 수 있는 평화로운 마음과 능력을 갖춘 상태에서만 가능하다. 학대받는 사람은 자신이 학대를 받고 있다는 사실을 인정할 때에야 비로소 학대를 중단하기 위해 필요한 결정들을 내릴 수 있다. 학대받는 사람은 자신에게 가해지고 있는 학대가 마술을 부린 것처럼 갑자기 사라질 것이라는 생각을 멈춰야 하고 학대받지 않는 것처럼 꾸미려고 해서도 안 되며 학대받는다는 사실에 대해 변명하려는 일도 그만두어야 한다. 우리가 수용의 태도를 견지해 나갈 때 우리를 둘러싼 환경에 책임감 있게 대응할 수 있다. 이러한 상태에 머물 때에야 우리는 우리가 변화시킬 수 있다고 생각하는 일들을 실제로 변화시킬 수 있는 힘을 얻게 된다. 알코올중독자는 자신이 알코올과 알코올중독 앞에서 무기력하다는 사실을 수용한 후에야 술을 끊을 수 있다. 섭식장애를 가진 사람은 음식 앞에서 자신이 무기력하다는 사실을 수용해야만 자신의 문제를 해결할 수 있다. 공동의존자인 우리도 우리 자신의 특성과 문제, 즉 사람과 알코올중독 그리고 필사적으로 통제하려고 노력했던 상황에 대해 우리가 철저히 무능했음을 깨달을 때에야 비로소 변화할 수 있다. 수용은 최고의 모순이다. 왜냐하면 우리가 자신을 있는 그대로 수용하기 전에는 결코 우리의 모습을 변화시킬 수 없기 때문이다.

다음은 자기 수용에 대한 책인 『자기 존경하기』에서 가져온 글이다.

……나는 존재하는 모습 그대로의 나이고, 내가 느끼는 것을 내가 느끼고, 내가 했던 것을 내가 했던 것이라고 내가 받아들일 수 있다면, 그리고 내가 좋아하든 싫어하든 상관없이 그 모든 사실을 있는 그대로 내가 받아들일 수

> 있다면, 그때야 비로소 나는 나 자신을 수용할 수 있다. 나는 나의 단점과 나 자신에 대한 의심 그리고 형편없이 낮은 자존감까지도 수용할 수 있다. 그 모든 것들을 수용할 수 있을 때에 현실과 자꾸 싸우려는 내가 아니라 현실의 편에 굳건히 서 있는 나를 발견할 수 있다. 앞으로 나는 내가 처한 상황에 대해 왜곡된 생각들을 유지하기 위해 내 의식을 비틀어 혼란에 빠뜨리는 일을 더 이상 하지 않는다. 그 결과로 나는 나의 자존감을 강화하기 위한 첫 번째 단계의 조치를 취할 수 있게 된다.
>
> ……우리가 존재하는 순간순간마다 우리의 현재 모습을 있는 그대로 수용할 수 없는 한, 우리가 한 선택과 행동의 본질을 스스로 깨닫지 못하는 한 그리고 우리의 의식 속으로 진실이 흘러들어 가도록 우리가 허용하지 않는 한, 우리는 변할 수 없다.5

내 경험에 비추어 볼 때, 절대자가 나에게 이미 많은 것을 주었다는 사실을 내가 인정하기 전까지는 절대자조차도 나의 상황에 개입하는 것을 주저하는 것처럼 보인다. 수용은 영원히 지속되지 않는다. 수용은 지금 이 순간의 선택이다. 그리고 수용은 진실해야 하고 마음속 깊은 곳에서 우러나오는 것이어야 한다.

어떻게 하면 우리는 평화로운 상태에 이를 수 있을까? 어떻게 하면 한 순간도 외면하지 않고 우리의 현실을 꾸밈없이 그대로 응시할 수 있을까? 어떻게 하면 우리의 인생과 다른 사람이 우리에게 안겨 준 상실, 변화 그리고 문제를 모두 받아들일 수 있을까?

소소한 저항과 비명이 없을 리 없다. 우리는 다섯 단계를 거치면서 상황을 수용한다. 엘리자베스 퀴블러-로스Elisabeth Kübler-Ross는 죽음을 앞둔 사람이 죽음, 즉, 자신의 궁극의 상실을 받아들이는 과정을 다섯 단계에 걸쳐 설명했다.6 그녀는 그것을 슬픔의 과정이라 불렀다. 그 이후로 정신

건강 전문가들은 사람이 상실을 경험할 때 죽어 가는 사람과 똑같은 단계를 밟아 간다는 사실에 주목했다. 5,000원짜리 지폐를 잃어버렸다거나 기다렸던 편지를 받지 못한 것 등의 사소한 상실도 있지만, 이혼이나 죽음으로 배우자를 잃거나 직장을 잃고 실업자가 되는 심각한 상실도 있다. 우리가 새로운 집을 사면 예전 집을 떠나는 것처럼 아무리 긍정적인 변화라 할지라도 변화 뒤에는 반드시 상실이 따라오며, 다음의 다섯 단계를 경험하게 된다.[7]

1. 부정

첫 번째 단계는 부정이다. 이 단계는 충격, 마비 증세, 공황 상태를 경험하며 현실을 수용하거나 인정하는 것을 일반적으로 거부하는 상태다. 우리는 상황을 원래 상태로 되돌리거나 일어나지 않은 것처럼 만들기 위해 모든 일 혹은 필요한 일을 시도한다. 이 단계에서 사람은 상당한 불안과 두려움을 느낀다. 부정의 전형적인 반응에는 현실을 믿는 것을 거부하기('아니야. 도저히 있을 수 없는 일이야.'), 상실의 중요성을 부인하거나 최소화하기('별거 아니야.'), 상실에 따른 감정을 부정하기('관심 없어.'), 정신적인 회피(잠을 자거나 집착하거나 강박적인 행동을 한다거나 계속 분주하게 움직인다)와 같은 것이 있다.[8] 우리는 우리 자신으로부터 다소 분리되었다고 느끼고, 우리의 정서적 반응은 아주 평범하거나 전혀 없거나 부적절하게 표현되기도 한다(울어야 할 때 웃고, 행복해야 할 때 운다).

부정의 단계에서 우리는 집착하기, 통제하기, 감정 억누르기와 같은 다양한 공동의존의 행동을 실행에 옮긴다. 미칠 것 같은 우리의 감정도 부정의 단계와 연관되어 있다고 나는 생각한다. 우리가 자신에게 거짓말을 하고 있기 때문에 미칠 것 같은 느낌을 갖는다. 우리가 다른 사람의 거짓말을 믿기 때문에 미칠 것 같은 느낌을 갖는다. 누군가에게 속는 것만큼 우리를 더 빨리 비정상적으로 만드는 것도 없다. 거짓말을 믿는 것은 우리 존재의 가장 핵심적인 부분을 붕괴시킨다. 깊은 곳에 자리 잡고 있는 우리의 본능적인 내면은 진실을 알고 있지만, 우리는 그 내면이 우리를 향해 외치는 소리를 외면하면서 그곳에 이렇게 외친다. "네가 틀렸어. 입 닥치고 있어." 상담가인 스콧 에글스톤에 따르면, 그런 후에 우리는 자신에 대한 의심을 떨쳐 버리지 못하고 근본적으로 우리에게 잘못이 있다고 판단하면서 우리 자신뿐 아니라 내면 깊숙한 곳에 자리한 직관적인 존재를 신뢰할 수 없는 것으로 낙인찍어 버린다.

우리는 어리석거나 고집이 세거나 모자라서 우리가 부정하는 어떤 것도 부정하지 못하고 그대로 받아들인다. 우리는 자기 자신에게 의식적으로조차 거짓말하지 않는다. 상담심리학자인 노엘 라슨Noel Larsen 은 "부정은 거짓말이 아니다. 부정은 당신의 현실을 알지 못하게 한다."라고 설명한다.

부정은 인생의 괜한 걱정거리다. 부정은 잠자는 것과 같다. 우리가 하는 행동들을 모두 끝마칠 때까지 우리는 자신이 무엇을 했는지 깨닫지 못한다. 우리는 자기 자신에게 하는 거짓말을 어느 정도 실제로 믿는다. 그럴 만한 이유가 있다.

『아이들이 분리와 상실에 대처하도록 돕기(Helping Children Cope with Separation and Loss)』의 저자인 클라우디아 주이트Claudia L. Jewett는 다음과 같이 설명한다.

> 스트레스를 지나치게 받을 때, 우리는 정서적으로, 때로는 지적으로, 가끔은 육체적으로 우리의 인식을 차단해 버린다. 이미 우리 내부에 형성되어 있는 구조들은 파괴적인 정보를 걸러 내어 우리가 너무 부담스러워하지 않도록 만든다. 심리학자들은, 부정이란 우리가 위협받을 때 느끼는 불안을 피하거나

> 감소시키고 막아 내기 위해 사용하는 의식적 또는 무의식적 방어기제라고 설명한다. 알게 되면 너무 혼란스러울 일들을 인식하지 않기 위해서 우리는 부정을 사용한다.[9]

부정이란 영혼을 위한 충격흡수제라고 할 수 있다. 부정은 고통과 상실 그리고 변화에 대한 본능적이고도 자연스러운 반응이다. 부정은 우리를 보호한다. 우리가 다른 대체 자원을 확보할 때까지 부정은 인생에서 부는 바람을 비껴가게 해 준다.

2. 분노

우리가 상실한 것에 대해서 부정하는 일을 그만둘 때, 우리는 다음 단계, 즉 분노로 넘어간다. 우리의 분노는 이성적일 수도, 그렇지 않을 수도 있다. 우리는 우리의 분노를 정당하게 표출하기도 하고, 때로는 무언가와 누군가에게 비이성적으로 우리의 분노를 쏟아붓기도 한다. 우리가 상실해 버린 것들 때문에 우리는 자기 자신과 신 그리고 주변의 모든 사람들에게 비난의 화살을 돌리기도 한다. 우리는 상실이 주는 혼란스러움에서 헤어 나오지 못한 채 짜증을 내기도 하며, 때로는 약하게 때로는 노골적으로 분노를 드러내며 영혼을 뒤흔드는 격한 감정에 사로잡히기도 한다.

그런 상태에 빠져들면 누군가의 생각을 바로잡아 주려고 해도, 누군가에게 해결의 실마리를 애써 제시하려고 해도 그리고 심각한 문제에 과감히 맞서 싸우려고 아무리 애를 써도 우리가 기대했던 방식으로 일들이 잘 풀리지 않는다. 만약 우리가 상황을 부정하고 있다면, 현실을 수용하는 단계로 곧바로 나아가지 못하고 분노의 상태에 돌입한다. 그렇기 때문에 우리는 충돌이 발생할 수 있는 주요 직면 상황에 대해 조심스럽게 접근할 필요가 있다.

존 파웰John Powell은 『내가 누구란 것을 당신에게 말하는 것이 왜 두려울까?(Why Am I Afraid To Tell You Who I Am?)』라는 자신의 책에서 다음과 같이 쓰고 있다.

> 사람들의 삶을 바로 세워 주고, 그들의 가면을 벗겨 내고, 그들에게 억압된 진실을 바라보게 하는 직업은 위험하기 짝이 없고 파괴적이기까지 하다. 그가 현실을 어느 정도 깨달았다고 해서 곧바로 좋은 삶을 살 수는 없다. 어떤 식으로든 그는 자신의 심리적 조각들을 자기 기만의 형태로 고스란히 유지하려고 한다. ……만약 그 심리적 조각들이 그에게서 뜯겨 나가는 상황이 일어난다면, 과연 어떤 사람이 땅에 떨어진 그 심리적 조각들을 주워 주려고 하겠으며, 어느 누가 파괴되어 원상복구가 어려워진 그 불쌍한 존재를 원상태로 짜맞추어 주려고 애쓰겠는가?10

사람들이 오랫동안 스스로 부정해 왔던 진실을 마침내 마주 보게 되었을 때, 나는 그들이 깜짝 놀랄 만한 폭력적인 행동을 취하는 모습을 목격했다. 누군가의 개입이 필요하다고 생각된다면, 우리는 전문가에게 도움을 요청할 필요가 있다.

3. 타협

마음을 진정시킨 후에 우리는 우리의 삶과 우리 자신 그리고 상대방 혹은 신과 타협하려고 한다. 만약 우리가 적절한 행동을 취하고 누군가가 필요한 일들을 알아서 해 준다면, 우리는 굳이 상실로 인한 고통을 받을 필요가 없을 것이다. 우리는 자신에게 일어날 수밖에 없는 불가피한 일들의 진행을 늦추려고 하지 않는다. 오히려 그 일들을 아예 일어나지 못하도록 차단하려고 한다. 우리가 맺은 타협이 합리적이며 생산적일 때도 있다.

'만약 남편(혹은 아내)과 내가 상담을 받는다면, 우리의 관계는 깨지지 않을 거야.' 하지만 우리는 종종 어리석은 타협을 하기도 한다. 한 알코올중독자의 아내는 자신의 과거 경험을 다음과 같이 떠올린다. '내가 집을 좀 더 말끔하게 정리해 놓는다면, 아니 이번에는 냉장고를 아주 깨끗하게 잘 청소해 놓으면, 남편이 더 이상 술을 마시지 않을 거야.'

4. 우울

우리의 타협이 성공하지 못했음을 확인할 때, 현실을 피하려고 몸부림치다가 마침내 지쳐 버렸을 때 그리고 우리의 삶이 우리에게 가한 충격적인 일들을 인정하기로 마음먹었을 때, 우리는 서글퍼지고 지독하게 우울해진다. 우울은 슬픔의 본질이며, 우리는 자신이 느낄 수 있는 최고조의 슬픔을 경험하게 된다. 우울은 우리가 어떤 대가를 치르더라도 회피하고자 했던 것이다. 바로 이때가 우리가 울어야 할 때이고, 아픔을 느낄 때다. 슬픔을 다루는 가족상담가인 에스더 올슨Esther Olsen은 우리가 우리 자신을 겸손하게 내려놓을 때 우울의 단계가 비로소 시작된다고 말하면서, 이 단계를 '용서의 과정'이라고 불렀다. 또한 그녀는 이 과정이 해결되고 마무리될 때에야 비로소 우울이 사라질 것이라고 설명했다.

5. 수용

이제야 수용이란 개념이 등장한다. 우리는 눈을 질끈 감은 채 현실을 외면했고 몸부림쳤고 비명을 질러 댔고 타협을 했고 결국 고통을 견뎌야 했다. 그런 후에야 우리는 마침내 수용의 단계에 다다른다.

엘리자베스 퀴블러-로스는 수용에 대해 다음과 같이 설명했다.

'포기해 버릴까?'라는 체념하고 절망적인 생각들과 '무슨 필요가 있겠어.'

> 또는 '더 이상 어떻게 해 볼 수 없어.' 라는 자포자기의 심정을 드러내는 부정적인 마음의 소리들이 들려오겠지만, 수용은 그런 생각과 감정을 어쩔 수 없이 받아들이는 수동적인 상태가 아니다. 그런 생각은 우리의 몸부림이 이제 끝나기 시작했다는 것을 나타내는 조짐이다. 하지만 '무슨 필요가 있겠어?' '더 이상 어떻게 해 볼 수가 없어.' 라는 생각은 수용의 단계에 들어와 있음을 보여 주는 지표가 아니다. 수용을 행복의 단계로 오인해서는 안 된다. 수용은 거의 감정을 느끼지 못하는 공허한 상태다. 마치 고통이 사라지고 몸부림이 끝난 것처럼 느껴지기도 한다.11

우리는 현실감을 가지고 평화의 상태에 있다. 우리는 자유롭게 머물고 자유롭게 일을 진행해 나가며 우리가 결정할 필요가 있다고 생각하는 것들을 스스로 자유롭게 결정한다. 우리는 자유다! 상실이 사소한 것이든 중대한 것이든, 우리가 경험한 상실을 우리는 있는 그대로 수용한다. 상실이 우리의 현재 상황 속에서 충분히 용인된다. 우리는 자신의 상실과 삶에 대해 편안함을 느낀다. 우리는 적응했고 재조정되었다. 예전처럼 우리는 자신의 현재 상황과 자기 자신에 대해 편안함을 느낀다.

우리는 그동안 우리가 견뎌 내야 했던 상황과 변화에 대해 편안함을 느끼게 될 뿐만 아니라, 어떤 식으로 혹은 어떤 이유로 일어났는지 완벽하게 이해할 수는 없지만 우리가 경험한 상실과 변화가 우리의 삶에 유익을 끼쳤다는 사실을 믿게 된다. 우리는 모든 것이 잘되고, 우리가 경험했던 것들을 통해 우리가 성장했다는 사실을 믿게 된다. 우리는 자신을 둘러싼 상황이 그리고 그 상황의 세세한 부분들이 마땅히 일어나야 하는 그 순간에 정확히 일어나고 있음을 마음속 깊이 인정하게 된다. 우리의 두려움, 느낌, 발버둥치는 모습, 혼란스러운 상황 그리고 우리의 부족한 통찰력에도 모든 것이 괜찮다는 것을 우리는 알게 된다. 우리는 있는 그대로를 받아들인다. 우리는 안정을 되찾는다. 도망가고, 회피하고, 통제하고, 숨는 일을 그만둔다. 바로 이 지점이 우리가 앞을 향해 나아갈 수 있는 유일한 출발점이 될 수 있음을 우리는 깨닫는다.

바로 이러한 과정을 통해 사람은 상황을 수용할 수 있게 된다. 상담가인 에스더 올슨은 슬픔의 과정이라고 일컫는 이 과정을 용서의 과정, 치유의 과정 혹은 '신이 우리와 함께 일하는 방식'이라고 불렀다. 이것은 그저 편안하게 통과할 수 있는 과정이 아니다. 실제로 이 과정에서 우리는 혼란스러워하고 때때로 고통스러워한다. 자신이 산산조각 나는 것처럼 느껴지기도 한다. 이 과정이 시작되면서 우리는 충격과 극도의 당황스러움을 일반적으로 경험한다. 각각의 단계를 통과해 나갈 때에도 우리는 자주 혼란스러워하며 쉽게 상처를 받고 외로워하며 고립되었다고 느낀다. 우리는 보통 통제력 상실을 느끼지만, 이것을 겪지 않기를 바라는 마음은 비현실적이다.

아마도 우리는 자신의 삶 속에서 수용하지 못했던 사실을 매듭짓기 위해서 이 과정을 밟아 나가야 할지도 모른다. 공동의존자나 약물의존자는 여러 상실에 의해 슬픔의 과정을 순서대로 밟아 가지 않고 여러 단계를 동시에 경험할 수도 있다. 부정, 우울, 타협 그리고 분노가 한꺼번에 다발적으로 일어나기도 한다. 우리는 무엇을 수용해야 하는지를 이해하지 못할 수도 있다. 우리는 어떤 상황을 수용하기 위해 몸부림치고 있다는 사실조차 모를 수도 있다. 우리는 단순히 자신이 미쳤다고 느낄 것이다.

우리는 미치지 않았다. 이 과정에 익숙해지자. 사소한 상실의 경우 30초 안에 전 과정이 일어날 수도 있다. 심각한 상실의 경우 수년이 걸릴 수도 혹은 일평생이 걸릴 수도 있다. 이 과정은 하나의 모델이기 때문에 내가 설명한 순서대로 각각의 단계를 경험하지 않을 수도 있다. 우리는 분노에서 부정, 부정에서 타협, 타협에서 다시 부정으로 두서없이 앞뒤를 오가며 슬픔의 과정을 경험할 수도 있다. 속도와 과정의 순서에 상관없이 우리는 각각의 단계를 두루 체험해야만 한다. 엘리자베스 퀴블러-로스는 슬픔의 과정을 그대로 따라야 하는 유일하고 표준화된 과정으로 규정하지 않았다. 그녀는 다만 슬픔의 과정과 그 과정에 속한 각각의 단계를 경험해야 할 필요성이 있다고 강조했다. 우리의 삶에 부는 풍파를 충분히 잠재울 정도로 우리가 준비되기까지는 부정이라는 방어기제를 사용하여 그 풍파들을 피해 가야 한다. 우리는 분노하고 비난하는 감정을 우리의 삶의 체계 밖으로 몰아내기 전까지 그 감정을 느끼며 살아갈 수밖에 없다. 우리는 타협하기 위해 노력해야 하고 울기도 해야 한다. 하지만 애써 각 단계에 맞춰 우리의 행동을 조정할 필요는 없다. 그러나 평안과 수용의 자세가 우리의 삶에 깊이 뿌리내리도록 각 단계마다 개인적으로 적절한 시간을 투자할 필요는 있다. 주디 홀리스는 이러한 태도와 관련하여 게슈탈트 치료의 창시자인 프리츠 펄스Fritz Perls의 말을 인용한다.

> 유일한 탈출구는 끝에서 끝까지 관통해 나가는 것뿐이다.[12]

우리는 강인한 존재다. 또한 우리는 여러모로 깨지기 쉬운 존재다. 우리는 변화와 상실을 수용할 수 있다. 그러나 그것은 자신의 능력과 상황에 맞춰 자신만의 고유한 방식으로 이루어진다. 그리고 오직 우리와 신만이 그 적절한 시기를 가늠할 수 있다.

목사이자 심리학자인 도널드 앤더슨Donald L. Anderson은 『축복받는 것보다 더 좋은 것(Better Than Blessed)』에 다음과 같이 쓰고 있다.

> 슬퍼하는 사람은 건강하다. 우리는 아주 최근에 이르러서야 슬픔을 부정하는 일이 자연스러운 인간의 기능을 부정하는 것이고 종종 비참한 결과들을 초래

> 한다는 사실을 깨닫기 시작했다. 진솔한 감정인 슬픔이 표현되면서 신체적 변화들이 나타나고 정신적 에너지가 발산된다. 만약 그런 에너지가 정상적인 슬픔의 과정을 통해 소모되지 않는다면, 그 에너지는 사람의 내부에서 파괴적으로 작용하게 된다. ……신체적 질병이라는 것도 우리 내부의 해소되지 않은 슬픔에 대해 대가를 지불하는 현상일지도 모른다. ……어떤 사건이든지 어떤 깨달음이든지, 그것이 당신에 대한 상실감을 포함하고 있다면, 거기에 대해 슬퍼할 수 있어야 하고 슬퍼해야만 한다. 그런데 이렇게 슬픔을 느껴야 한다는 것이 우리의 인생을 슬픔 속으로 끊임없이 몰아넣어야 한다는 의미는 아니다. 그것은 고통을 애써 웃어넘기려 하기보다 자신이 느끼는 솔직한 감정을 기꺼이 수용해야 한다는 것을 뜻한다. 상실에 동반되는 슬픔을 수용하는 일은 얼마든지 허용되어야 할 경험일 뿐만 아니라 건강한 선택이기도 하다.[13]

우리의 상실과 변화가 소소한 것일지라도, 우리가 그것을 직면할 때 우리 자신에게 슬픔의 과정을 경험할 수 있는 기회를 주게 된다. 자신에게 온화해져라. 슬픔의 과정은 우리를 서서히 고갈시키고 매우 지치게 할 것이며 에너지를 소모시키고 균형을 잃게 할 것이다. 우리가 슬픔의 단계를 어떻게 통과하는지 지켜보자. 우리가 느껴야 하는 감정을 느껴 보자. 신뢰할 만하고, 편안함을 주며, 우리를 지지해 주고, 이해해 줄 수 있는 사람에게 말해 보자. 마음껏 이야기해 보자. 계속 이야기해 보자. 나에게 도움이 되었던 한 가지 방법은 내가 지금 경험하고 있는 현상에 대해 내가 어떤 감정을 느꼈는지 그리고 내가 어떤 생각을 떠올렸는지와 상관없이 내가 경험한 상실과 내가 처한 현실에 대해 신께 감사를 돌리는 것이었다. 많은 사람들이 도움을 받았던 방법으로는 평온의 기도(Serenity Prayer)가 있다. 우리가 부적절하게 행동하고 처신할 필요는 없지만 슬픔의 과정을 온전하게 경험해 나가야 할 필요는 있다. 이는 공동의존자가 아닌 다른 사람에게도 필요한 체험이다. 슬픔의 과정을 이해함으로써 우리는 다른 사람에게 도움이 되는 존재가 될 수 있다. 또한 이 과정을 적절하게 경험함으로써, 우리는 어떻게 행동할 것인지와 자신을 돌보기 위해 무엇을 해야 할 것인지를 판단하고 선택할 수 있는 힘을 얻게 된다.

수용의 기술을 익혀라. 수용의 기술은 많은 슬픔을 경험하는 것이다.

과 제

1. 당신은 크나큰 상실 때문에 슬픔의 과정을 경험하고 있는가? 당신 주변에 그 과정을 겪고 있는 사람이 있는가? 당신 혹은 그 사람이 어느 단계를 경험하고 있다고 생각하는가?

2. 당신의 삶을 되돌아보며 당신이 겪었던 중요한 상실과 변화를 떠올려 보자. 슬픔의 과정 속에서 당신이 경험했던 것들을 회상해 보자. 그것들이 머릿속에 떠오를 때 어떤 감정들이 느껴지는지 적어 보자.

··· 13
자신의 감정을 느껴라

" 감정을 억누를 때마다 내 위장은 그 모든 감정들을 기억하고 있다(John Powell).1 "

“나는 사람들이 자신의 감정을 잘 다스리도록 도와주는 몇몇 집단의 도우미로 참여했죠.” 한 알코올중독자의 아내가 자신의 경험을 이야기한다. “나는 내 감정을 솔직하게 표현하려고 했어요. 그렇게 참여한 지 8년이 지난 지금, 내가 만약 도우미로서 그 사람들과의 관계에 내 삶을 의존한 채 지냈더라면 내가 느끼고 있는 감정을 당신에게 표현할 수 없는 지경에 이르렀을 거예요.”

공동의존자인 우리는 종종 자신의 정서적 영역과의 접촉을 차단한다. 때때로 우리는 감정적으로 좌절감을 느끼기 싫어 자신의 감정을 한 걸음 뒤로 물러서게 한다. 감정적으로 취약해지는 것은 위험한 일이다. 상처가 난 부위에 또 다른 상처가 생겨도 어느 누구도 관심을 가져 주지 않는다. 멀리 피해 버리는 것이 차라리 더 안전하다. 우리는 너무 많은 고통에 짓눌려 살아가고 있지만 우리 자신을 보호하기 위해 모르는 척하며 그냥 넘어간다.

우리는 우리에게 상처를 입힐 것 같은 사람들로부터 정서적으로 비켜서 있다. 그들을 신뢰하지 않기 때문에 그들과 함께 있을 때 우리는 감정을 숨긴다.

우리는 종종 자신의 감정을 내세워서는 안 된다고 느낀다. 알코올중독 또는 다른 장애들 때문에 고통받고 있는 가족체계에서는 정서적인 정직함이 거부되고 때때로 정직해서는 안 된다고 요구받는 것 같다. 만취한 상태에서 차를 부수고 생일 파티를 엉망으로 만들고 침대에 토하기까지 한 사람에게 우리가 어떤 감정을 가지고 있는지 말하려 한다고 생각해 보자. 우리의 감정은 다른 사람의 마음에 분노와 같은 불쾌한 반응을 일으키는 자극제가 될지도 모른다. 또한 우리가 감정을 표현한다는 것은 우리의 육체적인 안녕에도 위험이 될 수 있다. 왜냐하면 우리의 감정은 우리의 가정에 평지풍파를 일으킬 수 있기 때문이다.

가족력에 알코올중독자가 없는 가족조차도 다른 사람의 감정을 거부한다. "그런 식으로 느껴서는 안 돼. 그 감정은 적절하지 않아. 어떤 감정도 품어서는 안 돼!" 우리가 들어 왔던 이야기일지 모른다. 우리는 자신의 감정이 중요하지 않으며 문제가 있다는 식의 거짓말을 재빨리 배운다. 더 이상 우리 자신의 감정이 마음에 인식되지 않으며, 그래서 우리는 자신의 감정에 관심을 기울이는 일을 포기한다.

때로는 감정을 느끼지 않는 것이 차라리 더 쉬워 보인다. 우리는 주위 사람에 대해 상당한 책임을 떠맡고 있기 때문에 우리가 느끼는 책임감도 그만큼 크다. 우리는 어쨌든 필요한 것을 해야만 한다. 우리가 시간을 들여서라도 감정을 느끼는 법을 배워야만 하는 이유라도 있는 것인가? 감정을 느낄 수 있다는 것이 도대체 어떤 변화를 가져다준다는 말인가?

우리는 자신의 감정을 두려워하기 때문에 그 감정을 사라지게 하려고 종종 애를 쓴다. 우리가 실제 어떤 식으로 느끼는지를 인정한다는 것은 우리의 입장에서 우리의 행동 또는 변화를 이끌어 내는 결단을 요구한다.[2] 그렇게 함으로써 우리는 우리의 현실과 정면으로 대면할 수 있게 된다. 우리는 자신이 무엇을 생각하고 있는지, 무엇을 원하고 있는지 그리고 무엇을 필요로 하고 있는지를 깨닫게 될 것이다. 그러나 우리는 아직 그렇게 할 준비가 되어 있지 않다.

공동의존자는 괴롭힘을 당하고 침체되어 있고 억눌려 있다. 우리 가운데 많은 공동의존자들은 자신이 아닌 다른 사람이 무엇을 느끼고 있는지, 왜 그런 방식으로 감정을 느끼는지, 얼마나 오랫동안 그렇게 느껴 왔는지 그리고 그런 감정 때문에 어떤 행동을 할 것인지를 재빠르게 열거할 수 있다. 우리는 다른 사람의 감정에 대해 이러쿵저러쿵 이야기하면서 우리 자신의 삶을 소비한다. 우리는 다른 사람의 감정을 고치려고 한다. 우리는 다른 사람의 감정을 통제하려고 한다. 우리는 그들에게 상처 주지 않기를, 그들을 당황스럽게 만들지 않기를 그리고 그들의 비위를 건드리지 않기를 원한다. 우리는 다른 사람의 감정에 대해 책임감을 느낀다. 하지만 정작 자신이 지금 무엇을 느끼고 있는지 모른다. 설령 그것을 안다고 할지라도 우리는 우리 자신을 고치기 위해 무엇을 해야 하는지를 모르고 있다. 많은 공동의존자들은 자신의 정서적 자아를 포기했거나 결코 책임지려고 하지 않았다.

감정이 얼마나 중요한 것인가? 이 질문에 답하기 전에, 내가 1973년경 미네소타에 있는 윌마 주립 병원에서 약물의존으로 치료를 받았던 경험을 들려주고자 한다. 나는 10년간 버릇처럼 해 온 알코올, 헤로인, 딜라우디드, 몰핀, 메타돈, 코카인, 바르비투르, 암페타민, 마리화나 그리고 내가 느끼는 감정에 아주 조금이라도 변화를 줄 가능성이 있는 약물들을 모두 끊어야 하는 현실과 마주했다. 내가 어떻게 하면 약물을 끊을 수 있는지에 대해 담당 상담가인 루스 앤더슨과 다른 상담가들에게 물었을 때, 그들은 나에게 이렇게 제안했다. "당신의 감정을 잘 다루세요." (또한 그들은 나에게 A.A. 모임에 참석하라고 권유했고, 그 후에도 여러 방법들을 조언해 주었다.) 나는 내 감정을 다루기 시작했다. 처음에는 정말 끔찍했다. 나는 정수리가 찢겨 나갈 것 같은 감정의 폭발을 경험했다. 하지만 효과가 나타났다. 약물에 손대지 않고 하루, 이틀, 사흘 그리고 한 달, 두 달, 그러면서 여러 달을 그렇게 살 수 있었다. 치료를 마무리해야 할 시간이 다가왔다. 병원을 떠나 사회에 적응해 살아가야 하는 두려운 현실이 나를 기다리고 있었다. 나는 이력서를 작성할 수 없었다. 헤로인중독자가 벌이가 괜찮은 번듯한 일자리를 구하고 직장생활을 계속 유지한다는 것은 쉬운 일이 아니었다. 나는 알고 지냈던 모든 약물의존자들과 관계를 끊어야만 했다. 그들은 내가 맺어 왔던 인간관계의 전부였다. 가족은 나의 회복에 대해 미심쩍어했고 내가 과거에 했던 일들에 대해 여전히, 어쩌면 당연하게도 언짢은 감정을 가지고 있었다. 파괴와 혼란의 흔적이 아직도 나에게 남아 있었고, 이 사회에는 나를 위한 공간이 없는 듯 느껴졌다. 삶이 내 앞에 펼쳐져 있었지만 기약할 만한 것은 거의 없었다. 이와 같은 고민에 휩싸여 있는 나에게 담당 상담가는 앞으로 나아가라고 그리고 삶을 시작하라고 말하고 있었다. 나는 다시 그녀에게 그렇게 살기 위해 내가 정확히 무엇을 해야만 하는지를 물었다. 그녀뿐만 아니라 다른 상담가들 역시 전에 했던 답변을 반복했다. "당신의 감정을 계속 다루어 나가세요. 그리고 A.A. 모임에 참석하세요. 그러면 모든 상황이 괜찮아질 거예요."

나는 그 충고가 지나치게 단순하다고 생각했지만 선택의 여지가 없었다. 절대자가 베푸는 도움에 의해 그 제안은 놀랍게도 지금까지 내 삶에 유효하게 작용하고 있다. 감정을 다루기에 내 자신이 지나치게 복잡하다는 생각이 들었을 때, 나는 공동의존이라는 심연에 빠져들었다. 내가 내 경험을 통해 하고 싶은 이야기는 감정을 다루는 일과 A.A. 모임에 참석하는 일이 약물의존으로부터 회복하는 데 큰 도움을 준다는 것이다. 그런데 그 경험은 그러한 교훈을 뛰어넘어 내가 앞에서 던졌던 “감정이 얼마나 중요한 것인가?” 라는 질문에 대해서도 답하고 있다.

감정이 우리의 삶에 유일한 것은 아니다. 감정이 우리의 행동을 강요하거나 통제하게 해서는 안 된다. 하지만 우리도 감정을 무시할 수는 없다. 감정은 우리가 무시한다고 해서 무시되는 것도 아니다.

이러한 이유 때문에 결국 감정이 중요하다는 점은 아무리 강조해도 지나치지 않다. 감정은 정말 중요하다. 우리의 감정 영역은 특별하다. 우리가 자신의 감정을 쫓아내고 밀어내 버린다면, 우리는 자기 자신과 자신의 삶에서 중요한 영역을 잃어버리는 것이다. 감정은 슬픔과 두려움, 분노와 기쁨의 원천이 된다. 우리의 감정 영역은 우는 것과 웃는 것을 포함한다. 우리의 감정 영역은 따사로운 사랑의 빛을 주고받는 중심이다. 우리는 감정 영역을 통해 사람에게 친밀함을 느끼고 접촉의 기쁨을 누리며 관능적인 느낌을 즐긴다.

또한 우리의 감정은 지표다. 행복하고 편안하고 따스하고 만족스러운 느낌을 경험할 때 우리는 일반적으로 그 순간 내가 속한 세상의 모든 것이 잘 풀려 가고 있음을 안다. 우리가 분노와 두려움 혹은 슬픔 때문에 불편함을 느끼고 있다면, 우리의 삶에 문제가 생겼음을 그 감정이 우리에게 말하고 있는 것이다. 그 문제는 우리가 하고 있는 혹은 생각하고 있는 것에서 비롯된, 즉 우리 내부에서 발생된 것일 수도 있고 아니면 우리 외부에서 발생된 것일 수도 있다. 여하튼 뭔가가 잘못되어 가고 있다는 것을 우리는 느낀다.

또한 감정은 긍정적인 동기를 부여해 주는 역할을 한다. 분노는 문제를 속히 해결하도록 우리를 자극한다. 두려움은 우리가 위험에서 빨리 벗어날 수 있도록 우리를 재촉한다. 반복되는 상처와 정서적 고통은 우리에게 그 원인으로부터 멀리 떨어져 있을 것을 요구한다.

우리의 감정은 우리에게 우리의 욕구와 바람 그리고 야망을 알게 하는 단서를 제공한다. 또한 우리의 감정은 우리 자신과 우리의 실제 생각을 발견하도록 도와준다. 우리의 감정은 의식적 · 인지적 사고 과정과 연결되어 있으며 본능과 직관이라 불리는 신비로운 능력과도 맞닿아 있다.

그러나 감정에는 어두운 면이 존재한다. 정서적 고통은 상처를 준다. 감정이 주는 아픔은 우리를 몹시 고통스럽게 하기 때문에, 내부가 감정으로 전부 채워져 있는 우리는 앞으로도 계속 감정 덩어리로 살아갈 수밖에 없을 것이라고 생각한다.

고통과 슬픔은 자꾸 꾸물거리며 우리 주변을 맴돈다. 두려움은 방해꾼이 되어 우리가 우리의 삶을 위해 하기를 원하고 해야 할 필요가 있는 것들을 하지 못하게 한다.

때때로 우리는 캄캄한 우물 속처럼 정체를 알 수 없는 어두운 감정에 갇혀 헤어나지 못한다. 우리는 그곳에서 절대 빠져나올 수 없을 것이라 생각한다. 분노는 곪고 곪아 원한과 비통함을 만들어 내고 언제 떠날 것이라는 기약도 없이 우리 곁에 머물겠다고 위협한다. 슬픔은 우리를 질식시키며 우울증으로 진화한다. 어떤 공동의존자들은 오랫동안 두려움을 떨쳐 버리지 못한 채 살아간다.

우리의 감정은 우리를 속이기도 한다. 우리의 감정은 우리의 머리가 가지 말라고 하는 상황 속으로 우리를 끌고 갈 수 있다. 이는 감정이 종종 부풀어 올라 실제보다 크게 보이는 솜사탕과 같기 때문이다.

감정은 어두운 면—고통을 주고 쉽게 사라지지 않으며 우리를 속인다—을 가지고 있지만, 그렇다고 우리가 감정에 좌지우지되지 않고 냉정해지면 한층 더 황량한 풍경이 우리에게 펼쳐진다. 느끼려고 하지 않는 것, 감정을 묵혀 두는 것, 감정의 영역을 무시해 버리는 것은 불쾌한 기분을 일으키며 건강에도 도움이 되지 않는 자기파괴적인 행위다.

감정을 억누르거나 부정한다는 것은 두통과 위장장애, 요통을 일으킬 수 있으며, 우리의 몸을 전반적으로 질병에 취약한 상태로 만들 수 있다. 감정을 억제하는 것, 특히 슬픔의 과정 중 부정의 단계에서 감정의 표현을 제한하려는 시도들은 과식, 식욕부진, 알코올과 마약 사용, 강박적인 성적 행동, 강박적인 소비, 수면장애, 집착, 통제하는 행위, 기타 다른 강박장애들과 같은 위험요소의 발생 가능성을 높인다.[3]

감정은 에너지다. 억눌린 감정이 우리의 에너지를 차단한다. 우리의 에너지가 발산되지 못할 때 우리는 최선의 능력을 발휘할 수 없게 된다.

감정이 억눌리면서 동반되는 또 하나의 문제는 그 억눌린 감정이 결코 사라지지 않는다는 것이다. 억눌린 감정은 우리 속에 계속 머무르면서 더 강해지기도 하고 우리를 자극해 이상한 일을 하게 만든다. 우리는 우리를 자극하는 그 느낌보다 한발 앞서 가야만 한다고 생각한다. 그래서 우리는 계속 분주한 상태에 머물러 있어야 한다. 우리는 뭔가 특별한 일을 하고 있어야만 한다. 우리는 그 감정을 느끼기 때문에 감히 고요해질 수도, 평화로워질 수도 없다. 그 감정은 우리 안에서 파열음을 내며 우리가 결코 의도하지 않았던 일—자녀에게 고함을 지르고, 고양이를 걷어차고, 좋아하는 옷을 망치고, 파티장에서 우는 일 등—을 하게 할 것이다. 감정을 누르려고 하기 때문에 우리는 그 감정 속에 꼼짝없이 붙들려 있게 된다. 그 감정은 집요하게 구는 이웃 사람처럼 그 존재를 우리가 인정해 주기 전까지는 우리 곁을 절대 떠나지 않을 것이다.

우리가 감정을 억누르지 말아야 하는 가장 큰 이유는 감정을 철회하는 태도가 우리의 긍정적인 감정마저 잃어버리게 만들기 때문이다. 우리는 느낄 수 있는 능력을 상실한다. 고통이 너무 크고 끊임없이 계속된다면 우리는 이러한 능력의 상실을 위안으로 여기며 기꺼이 환영할 수도 있지만,

그러한 생각은 우리의 삶에 도움이 되는 태도가 아니다. 우리가 우리의 감정을 차단해 버릴 때 우리는 마음속 깊은 곳에서 우러나오는 사랑하고 사랑받고자 하는 욕구도 같이 차단해 버린다. 우리는 성과 사람의 감촉을 느끼고 즐길 수 있는 능력을 잃는다. 우리는 사람들에게 친밀감을 느끼는 능력을 잃는다. 우리는 우리의 삶에서 펼쳐지는 유쾌한 일들을 즐길 수 있는 능력을 잃는다.

우리는 우리 자신 그리고 우리의 환경과 접촉할 수 있는 끈을 놓쳐 버린다. 우리는 더 이상 우리의 본능과 연결되지 못한다. 우리는 우리의 감정이 우리에게 말하려고 하는 것이 무엇인지, 우리를 둘러싼 환경에서 일어나는 문제가 무엇인지 깨닫지 못한다. 우리는 감정이 일으키는 동기 부여의 능력을 상실한다. 만약 우리가 자신의 감정을 느끼지 않는다면, 우리는 그 감정이 불러일으키는 생각을 감지할 수 없을 것이다. 그리고 우리가 자신의 감정을 다루어 내지 못한다면 우리는 변할 수도 성장할 수도 없다. 우리는 그저 정체되어 있을 뿐이다.

감정이 항상 즐거움으로 충만할 수는 없겠지만 그것을 억누르는 것은 어리석게도 비참한 일이다. 과연 어떤 해결책이 있을까? 기쁨과 부담이 공존하는 것처럼 느껴지는 이러한 귀찮은 감정을 어떻게 처리해야 하는 것일까?

우리는 감정을 느낀다. 우리는 느낄 수 있다. 자신의 감정을 느낀다는 것은 좋은 일이다. 우리가 느낄 수 있는 모든 감정을 느낀다는 것은 바람직한 일이다. 남자로서 느낄 수 있는 감정을 느낀다는 것도 좋은 일이다. 감정은 잘못된 것이 아니다. 부적절한 것도 아니다. 우리는 자신의 감정 때문에 죄책감을 느낄 필요가 없다. 감정은 행동이 아니다. 예를 들어 살인적인 분노를 느끼는 것과 살인하는 것은 완전히 다르다. 감정을 선악의 개념으로 판단해서는 안 된다. 감정은 정서적 에너지이지 인성이 아니다.

사람은 짜증 내고, 발끈하고, 열광하고, 기뻐하는 감정 등에 이르기까지 일일이 열거할 수 없는 수백 가지의 감정을 느끼며 살아간다. 몇몇 치료 전문가들은 화, 슬픔, 기쁨, 무서움으로 감정을 분류하기도 한다. 감정은 그렇게 크게 네 가지로 분류되고 그 외의 감정은 그 네 가지 감정에 속한 것이거나 그것으로부터 변형된 것들이다. 예를 들어 외롭고 맥이 빠진 느낌은 슬픔이라는 범주에 들어갈 것이고 불안과 긴장은 무서움이 변형된 감정이며 좋아서 미칠 것 같은 혹은 행복한 기분이 드는 것은 기쁨의 감정으로 분류할 수 있을 것이다. 당신은 그 감정을 당신이 원하는 대로 이름 지을 수 있다. 하지만 중요한 것은 우리가 그 감정을 느끼는 것이다.

그렇다고 해서 어떤 감정이 찾아올 것에 대비해 우리가 항상 경계를 서고 있어야 한다는 의미는 아니다. 또한 우리 인생의 엄청난 시간을 진흙탕 같은 감정 속에서 이리저리 뒹굴고 다니는 데 바쳐야 한다는 의미도 아니다. 실제로 우리의 감정을 느낀다는 것은 우리가 그 진흙탕 밖으로 빠져나올 수 있게 되었다는 것을 의미한다. 그것은 정서적 에너지인 감정이 우리에게 밀려들면 우리가 그 감정을 그대로 느끼는 것을 의미한다. 우리는 잠깐 동안 시간을 들여 그 감정을 인정하고 다음 단계로 이동한다. 그 감정을 검열해 고치려 하지 않는다. 그 감정을 차단하지 않는다. 그 감정으로부터 벗어나려 하지 않는다. 우리는 자신에게 다음과 같이 말해서는 안 된다. "그걸 느끼면 안 돼. 내게 무슨 문제가 있는 게 분명해." 우리는 자신의 감정 때문에 스스로를 정죄해서는 안 된다. 우리는 자신의 감정을 경험한다. 우리는 그 에너지가 우리 몸 전체를 관통하며 흘러가도록 허용하고 그 에너지를 우리의 정서적 에너지이자 우리의 감정으로 받아들인다. 우리는 "괜찮아."라고 긍정적으로 말한다.

다음으로 우리는 많은 사람들이 언급했던 신비스러운 작업, 즉 우리의 감정을 다루어 내는 일에 착수한다. 우리의 감정에 적절하게 반응한다. 그

감정에 따라오는 생각을 살피고 억누르거나 수정하려 하지 말고 생각을 받아들인다.[4]

그런 후 다음 단계로 가야 할지, 말아야 할지를 결정한다. 이 단계는 우리가 판단한 것을 수행하는 곳이고 우리의 도덕률이 작동하는 곳이다. 우리가 포착한 감정 때문에 우리 자신을 여전히 정죄해서는 안 된다. 만약 우리가 하고자 한다면 우리는 자신의 감정과 그것에 동반된 생각에 대해 우리가 하고 싶은 것을 결정한다. 그 상황을 평가하고 우리의 도덕률과 자기보호라는 새로운 목적에 따라 우리의 행동을 선택한다. 우리가 해결해야 할 또 다른 문제는 없는가? 우리의 생각이 기본에서 벗어나지는 않았는가? 우리는 자신에게 떠오른 파괴적인 생각의 유형들을 바로잡아야 할지도 모른다. 예를 들어, "차가 고장 나서 너무나 걱정되고 슬퍼요. 정말 죽고 싶어요."라는 말보다는 "차가 고장 나서 슬퍼요."라는 말이 더 정확한 표현일 것이다. 문제가 있다면 당신이 그것을 해결할 수 있는가? 그 문제가 다른 사람과 연관되어 있는가? 그 사람과 감정에 대해 서로 이야기를 나누는 것이 필요하거나 적절한 일인가? 만약 그렇다면, 언제 해야 하는가? 아마도 감정을 느끼고 생각을 인정하는 것만으로도 충분할 것이다. 만약 당신이 어떤 행동을 취할지에 대해 확신이 서지 않고 당신의 감정이 아주 강렬하고 혹은 당신이 취하려고 하는 행동이 극단적이라는 생각이 들 경우, 나는 당신이 평온해지고 안정을 되찾을 때까지 하루 정도 기다려 보기를 권한다. 우리가 취해야 하는 이러한 행동을 달리 표현한다면, 분리하는 것이다.

감정이 우리를 다스리게 해서는 안 된다. 화가 난다는 이유만으로 악을 지르고 때려서는 안 된다. 슬프고 우울하다는 이유만으로 온종일 방에 누워 있어서는 안 된다. 겁이 난다는 이유만으로 일자리를 구하려는 노력을 포기해서는 안 된다. 나는, 어떤 상황에서는 우리의 감정이 우리의 행동을 통제하도록 허용해야 한다고 언급하려는 것도 제안하려는 것도 아니다. 내가 말하려는 것은 그 반대다. 만약 우리가 자신의 감정을 느끼지 못하고 책임감 있게 다루지 못한다면, 그 감정이 우리를 통제할 것이다. 반대로 우리가 자신의 감정을 적절하게 다루고 있다면, 우리는 그 감정을 우리의 지성과 이성, 도덕과 윤리적 행동의 원칙에 복종하게 할 수 있다.5

자신의 감정에 대해 우리가 적절하게 반응한다는 것은 또한 우리의 감정을 책임져야 하는 의무가 우리에게 있음을 의미한다. 각 사람의 감정은 그 개인의 것이다. 어느 누구도 누군가를 느끼게 만들 수 없다. 우리가 아무리 자신의 감정에 대한 책임이 다른 사람에게 있다고 주장할지라도 우리 자신 외에 어느 누구도 자신의 감정에 대해 궁극적으로 책임을 질 수 없다. 다른 사람이 우리가 어떤 감정을 느끼도록 거들 수는 있겠지만 그런 감정을 우리가 느끼도록 만들 수는 없다. 다른 사람도 우리가 감정을 느끼는 방식을 변화시킬 수 없다. 오직 우리만이 그 일을 할 수 있다. 다른 사람의 감정에 대해 배려하기로 마음을 먹었다면, 그 일을 실행하는 것은 우리의 몫이지만 우리가 그들의 감정까지 책임질 수는 없다. 책임 있는 사람은 때때로 다른 사람의 감정을 적절하게 배려한다. 그러나 대부분의 공동의존자는 그 일을 너무 지나치게 하려는 경향이 있다. 우리는 자신의 감정에 대해서도 배려할 필요가 있다. 우리의 감정은 우리의 삶에서 벌어지는 상황에 대한 반응이다. 또한 당신이 누군가와 어떤 감정에 대해 이야기할 때, "당신이 ……상황에서 나에게 ……감정을 갖게 했어요."라고 말하는 것이 아니라 "당신이 ……상황에서 ……태도를 취했기 때문에 나는 ……기분이 들어요."라고 말하는 지혜가 필요하다.6

그러나 우리는 자신의 감정을 다루는 방법에 대해 또 다른 결정을 내려야 할 필요가 있을 것이다. 만약 우리가 누군가의 행동에 대해 매우 우울한 감정을 가지고 지속적으로 반응한다거나 상대에게 그러한 감정을 말한 후에도 그가 계속 우리를 고통스럽게 한다면, 의심할 여지없이 또 다른 결정이 필요하다. 아마도 당신이 자신의 감정을 느끼기 위해서는 아주 대단한 도움이 필요하지는 않을 것이다. 감정은 지표이고 동기부여를 해 주는 대상이라는 사실을 기억하라. 우리에게 어떤 감정을 갖게 하는 일정한 유형에 대해 주목하라. 우리는 그 유형을 이해함으로써 우리 자신과 우리가 형성하는 인간관계에 대해 많은 것들을 배우게 될 것이다.

때때로 감정을 다룬다는 것은 생각의 변화가 필요하다는 것을 의미한다. 많은 치료 방법들은 우리가 생각하는 것과 우리가 감정을 느끼는 것 사이에 직접적인 상관관계가 있음을 인정한다.[7] 그 둘은 서로 연결되어 있다. 우리의 생각은 우리가 어떻게 느끼느냐에 영향을 준다. 종종 부정확하고 과잉 반응적이며 부적절한 사고 유형은 어떤 감정의 원인이 되거나 그 감정이 필요 이상으로 지속되게 만든다. 우리가 어떤 일에 대해 끔찍하다는 생각을 가지고 있고 그 일이 절대 좋아지지 않을 것이고 좋아져서는 안 된다고 판단을 내리면, 우리의 감정은 점점 악화될 것이다. 나는 이러한 생각의 태도를 재앙적 사고라 부른다. 바로 이러한 이유 때문에 우리는 자신의 감정을 느낀 후에 생각을 검토해 보는 것이 중요하다. 생각을 밖으로 끌어내어 밝은 곳에 비추어 보라. 만약 그 생각이 적절하지 않다면, 바로 그때 우리가 그 문제를 해결하기 위해 무엇을 해야 하는지를 알게 될 것이다. 그렇지 않을까?

우리의 감정과 생각을 다른 사람과 함께 나눠야 할 때가 있다. 고립된 상태에서 살아가는 것은 건강하지 않다. 우리의 감정 영역을 다른 사람과 나누는 일은 더욱 친밀하고 친근한 관계를 형성하게 한다. 또한 다른 누군가가 우리의 모습을 있는 그대로 수용해 주는 것은 우리가 자기 자신을 수용하는 데도 도움을 준다. 이러한 경험은 항상 경이로움을 느끼게 한다. 우리는 불평을 늘어놓고 무슨 일이 일어날지 애써 고민하기보다는 우리의 말을 그저 잘 들어 주는 친구와 그 일들에 대해 종종 이야기 나누고 싶을 것이다. 우리가 우리의 내면에 가두어 놓은 것들은 너무 크고 너무 강력한 것들로 변한다. 그런데 그것들을 밖으로 꺼내 놓으면 더 작아진다. 우리는 조망할 수 있는 능력을 얻게 된다. 기쁨과 우리가 거둔 성공 그리고 좋아서 눈물이 날 것 같은 유쾌한 감정을 나누는 것은 항상 신이 나는 일이다. 만약 우리가 누군가와 친밀한 관계를 원한다면 우리의 계속되는 감정을 그 사람과 나누는 것이 필요하다. 이것을 감정의 정직성이라고 부른다.

주의해야 할 것이 하나 있다. 스콧 에글스톤에 따르면, 특별히 행복한 감정에 익숙하지 않은 공동의존자들은 강렬한 행복감을 강렬한 슬픔만큼이나 마음을 어수선하게 하고 두려움마저 느끼게 하는 감정으로 받아들인다. 많은 공동의존자들은 행복감 뒤에 항상 슬픔이 뒤따라온다고 믿는다. 왜냐하면 그들은 과거에 자신이 느꼈던 행복이 그런 식으로 끝나 버리는 경우를 자주 경험했기 때문이다. 어떤 공동의존자는 자기 자신을 행복을 느낄 수도 없고 느껴서도 안 되고 행복을 누릴 만한 가치조차 없는 존재라고 믿는다. 때때로 우리는 행복감을 느낀 후에 혹은 행복한 일이 일어나려고 할 때 일부러 슬픈 감정을 만들어 내려고 뭔가를 추진한다. 행복을 느끼는 것은 좋은 일이다. 슬픔을 느끼는 것도 괜찮다. 정서적 에너지를 우리 속에 흐르게 하자. 그리고 우리의 마음에 평화와 균형이 유지되도록 노력하자.

우리의 감정을 다루기 위해 전문가의 도움이 필요한 경우가 있다. 만약 우리가 특별한 감정에 얽매여 있다면 우리는 자신에게 필요한 것을 공급해 주어야 한다. 상담가, 치료사, 심리분석가, 사회복지사 또는 신뢰할 만한 사람을 만나 보자. 우리 자신을 돌보자. 우리는 그럴 만한 가치가 있다. 우리가 오랫동안 자신의 감정을 억눌러 왔다면 혹은 우리가 억눌러 왔던 것이 굉장히 강렬한 것이라고 판단된다면, 전문가에게 도움을 청할 필요가 있다.

때때로 우리의 감정 영역을 일깨우기 위해서는 약간의 실천과 인식이 필요하다. 나는 다음의 방법들을 통해 내 감정과 계속 접촉하고 있다. 운동하기, 부칠 필요가 없는 편지 쓰기, 편안함을 느끼는 사람과 대화하기, 고요한 명상의 시간을 즐기기 등이다. 우리 자신을 인식하는 일을 습관화하는 것이 필요하다. '그런 식으로 느껴서는 안 돼.' 라고 우리 자신에게 말하는 태도에 우리는 주의를 기울여야 한다. 우리는 자신이 느끼는 편안함의 수준에 주의를 기울여야 한다. 우리는 자신이 생각하고 말하는 내용뿐만 아니라 자신이 어떤 어조로 말하고 있는지에 대해서도 관심을 기울여야 한다. 우리는 우리가 지금 하고 있는 행동을 잘 주시해야 한다. 우리는 우리 자신에게 적절하게 기능하는 방법, 자신의 감정에 이르고 자신의 감정을 가로질러 경험하는 방법을 찾아낼 것이다.

자신의 감정을 자신의 삶 가운데로 불러들일 필요가 있다. 그런 후에 그 감정을 부드럽고 사랑스러운 마음으로 돌볼 수 있도록 헌신하라. 우리의 감정을 느끼자. 우리의 감정을 신뢰하고 우리 자신을 신뢰하자. 우리는 우리가 생각하는 것보다 현명하다.

과 제

1. 당신이 써 왔던 일기나 당신의 감정이 배어 있는 글들을 꼼꼼히 읽어 보라. 당신이 그 글들을 썼을 때 어떤 감정이 마음으로부터 솟구쳐 올라왔으며 쏟아져 나왔는가?

2. "…… 하면 어떻게 될까?"라는 게임을 해 보자. 지금 당장 당신이 원했던 것을 느낄 수 있고, 그 방식이 당신을 나쁜 사람으로 만들지 않을 거라고 느껴진다면 어떻게 될까? 당신은 무엇을 느끼게 될까? 그것에 대해 써 보자.

3. 신뢰할 만하고 잘 들어 주고 수용적이며 구원자를 자청하지 않는 사람을 찾아보자. 당신의 감정을 그 사람과 터놓고 솔직하게 나눠 보자. 판단하거나 그 사람의 감정을 지나치게 배려하려는 자세를 버리고 그 사람의 감정에 대해 집중해 보라. 그것은 정말 기분 좋은 경험임에 틀림없다. 그런 느낌이 들지 않는가? 만약 당신에게 그런 사람이 없다면 지지집단 모임에 참석해 보라.

14 분노

> 한 남자가 술을 끊은 지 6개월이 지난 어느 날 아내에게 물었다.
> "나의 무엇이 그렇게 싫소?"
> 그의 아내는 쏘아보며 이렇게 대답했다.
> "당신의 모든 것이요." (익명의 인용문)

나는 지난 몇 년 동안 거의 분노의 감정을 느낀 적이 없었다. 나는 울었다. 마음이 아팠다. 내 속에 다시 화가 치밀어 오르는 것인가? 아니, 나는 그렇지 않았다.

공동의존에서 회복하기 시작한 후, 나는 앞으로 내가 분노를 느끼지 않고 살아갈 수 있을지 궁금했다.

자넷 워이티츠의 책 『좌초의 위기에 놓인 결혼생활(Marriage on the Rocks)』에서 인용한 다음의 글이 나의 상황을 설명해 주고 있었다.

> 당신은 경직되고 의심이 많아진다. 당신에게서 일어나는 강한 분노가 마땅한 배출구를 찾지 못해 당신을 삼킨다. 당신의 집에 들어온 누구든지 당신이 일으키는 분노의 파장을 느낄 수 있다. 누구든 그 파장으로부터 벗어날 길이 없

다. 당신이 그렇게 독선적인 마녀로 변하게 될 줄 감히 누가 생각이나 했겠는가?[1]

분노는 거의 모든 사람들의 삶의 일부를 이루고 있는 감정이다. 아이들도, 성장한 10대들도, 어른이 되어서도 분노를 느낀다. 때때로 분노는 우리의 삶에서 있는 듯 없는 듯 소소한 역할을 감당하며 특별한 문제를 일으키지 않는다. 분노가 일어나면 우리는 그것을 발산한 다음 정리한다. 우리는 삶에서 일어나는 여러 가지 일을 계속 다루어 가며 살 수밖에 없고, 그러면서 우리의 문제도 풀려 간다.

그러나 우리 같은 공동의존자의 경우는 다르다. 우리가 알코올이나 마약중독자 또는 심각한 문제를 가진 사람과 관계를 맺고 있다면 특히 더 그렇다. 분노는 우리의 삶에 커다란 역할을 한다. 분노는 우리 삶 자체가 되기도 한다. 알코올중독자가 화를 낸다. 우리도 화를 낸다. 자녀가 화를 낸다. 강아지조차 화를 낸다. 모든 사람이 항상 화가 나 있다. 어느 누구도 충분히 자기의 분노를 발산한 적이 없는 것처럼 보인다. 우리가 고함을 치지 않는다 할지라도, 화가 나 있지 않은 척하려고 해도, 우리 마음에는 화가 차 있다. 우리는 표정과 세밀한 몸짓들을 통해 우리의 심정을 드러낸다. 적대감은 여차하면 튀어나올 기세로 수면 아래에 숨어 있다. 분노는 종종 폭탄처럼 폭발한다. 폭탄은 터지면 없어지지만 분노는 터져도 없어지지 않는다. 알코올중독자가 다음과 같은 말을 한다. "당신이 어떻게 감히 나에게 화를 낼 수 있지? 나는 왕이야. 나는 내 뜻대로 할 거야. 다른 방법이 있을 수 없어. 하지만 당신은 화를 내서는 안 돼." 공동의존자는 다음과 같이 반응한다. "내가 화를 낸 건 아무튼 당신 때문이야. 화내고 싶을 때는 나도 언제든지 화를 낼 거야." 하지만 공동의존자는 다음과 같이 혼자 생각하기 시작한다. '어쩌면 이 사람이 옳을지도 몰라. 내가 감히 알코올중독자에게 화를 내다니! 이런 감정을 느낀다는 것 자체가 내게 문제가 있는 거야.' 우리는 이렇게 죄책감을 덧씌우며 우리의 자존감에 가해진 충격을 다스리려 한다. 하지만 분노는 여전히 우리 주위를 맴돈다. 문제들은 해결될 기미가 없고 분노의 바람은 잦아들지 않는다. 분노가 안에서 곪아 가며 들끓고 있다.

술을 끊거나 진행 중이던 문제로부터 회복되는 축복 같은 일들이 일어났다 할지라도 분노는 자기 자리를 지키고 떠나지 않는다.2 이것은 일반적인 현상이다. 보통 알코올중독자가 도움을 받아야 하는 상황에 이르면 분노는 절정을 향해 치닫는다. 알코올중독자를 포함해 어느 누구도 비정상적인 상황을 더 이상 참을 수 없다. 분노는 종종 더 강해진다. 공동의존자는 아마 자신이 느끼는 분노가 자신의 잘못이 아니라는 것을 태어나서 처음으로 배우게 될지도 모른다. 공동의존자는 너무도 오랫동안 분노를 자신의 책임이라고 믿어 왔던 것에 대해 심지어 새로운 분노를 느낄지도 모른다! 공동의존자가 그제서야 처음으로 분노를 느끼고 표현한다고 해서 걱정스럽게 바라볼 필요는 없다. 과거에 자신이 왜 그렇게 화가 나 있었고 지금도 여전히 화가 나 있는지 이유를 스스로 깨달았기 때문에 상황은 마침내 고요를 되찾게 될 것이다. 그러나 이러한 상태는 더 많은 갈등을 빚는다. 알코올중독자의 경우에는 자신의 추한 과거의 흔적을 말끔히 정리한 후에 새 출발을 하고 싶어 하기 때문이다. 어쨌든 새로운 삶을 살려고 한다.

알코올중독자는 말한다. "당신이 어떻게 감히 지금도 내게 화를 내지? 다시 열심히 살아 보겠다는데 말이야."

공동의존자는 응답한다. "그것은 당신 생각이고, 나도 이제 갓 새롭게 시작한 사람이에요."

그런 후에 공동의존자는 낮아진 자존감과 죄책감을 느끼며 은밀하면서도 자신을 괴롭히는 다음과 같은 생각을 덧붙일 것이다. '그 사람 말이 맞아. 내가 지금 화를 내다니! 나는 황홀감에 젖어 있어야만 해. 고마움을 느껴야 한다고. 내게 문제가 있어.'

게다가 모든 사람이 분노하기 때문에 모든 사람이 죄책감을 느낀다. 그리고 공동의존자가 죄책감을 느끼기 때문에 모든 사람이 더 분노하게 된다. 공동의존자는 알코올중독자가 술을 끊었다는 사실이 기대만큼 기쁨을 주지 않기 때문에 속았다는 기분이 들고 화가 치밀어 오른다. 상대가 술을 끊었다는 사실은 불행 끝 행복 시작의 전환점이 아니었다. 오해하지 않기를 바란다. 술을 끊었다는 것은 훨씬 더 나은 상황으로 바뀌었음을 의미한다. 사람이 맑은 정신으로 살아갈 수 있다는 것은 한층 더 바람직한 상태로 진입했음을 뜻한다. 하지만 술을 끊었다는 것이 분노와 인간관계에서 파생된 모든 문제를 한순간에 없애 주는 마법의 치료약이 될 수는 없다. 오래된 분노는 타서 없어지고 새로운 분노가 불을 지피는 연료가 된다. 알코올이나 혹은 문제에 의한 위험이 여전히 존재하고 있지만, 그것은 더 이상 비난의 대상이 될 수 없다. 분노를 치료할 의료적 목적으로 더 이상 약물을 사용할 수 없다. 공동의존자는 더 이상 친구들로부터 공감을 받는 일도 그리고 그들에게 자신을 의탁하는 일도 기대할 수 없다. 우리는 알코올중독자가 술을 끊었다는 사실 혹은 쉽게 고쳐질 수 없는 문제가 해결되었다는 사실이 놀랍기만 하다. 우리는 스스로에게 이렇게 묻는다. '나에게 무슨 문제가 있나?' '용서하고 잊어버릴 순 없나?' 그리고 공동의존자는 한 번 더 예전처럼 자신에게 문제가 있는 것은 아닌지 궁금해 한다.

분노는 그저 평범한 감정일지 모른다. 하지만 그것을 다스리는 일은 매우 어렵다. 대부분의 공동의존자는 분노를 어떻게 다루어야 하는지를 배우지 못했다. 사람들은 분노를 어떻게 다루는지를 우리에게 보여 줄 뿐,

우리에게 그 방법까지 가르쳐 주지 않는다. 대부분의 사람들이 분노를 다스리는 방법들을 정확히 모르고 있기 때문에 그들이 우리에게 제시하는 방법들 중에는 부적절한 것들이 많다.

사람들이 우리에게 도덕적으로 훌륭한 충고를 해 줄 것이다. "화를 내도 좋아. 하지만 죄를 지어선 안 돼." "해가 지기 전까지는 분노를 해결해야 해."[3] "보복하려고 해서는 안 돼." 우리 중 많은 사람은 이런 명령들을 지켜 낼 수 없다. 우리 중 어떤 사람은 그 명령들의 의미를 화를 내서는 안 되는 것으로 해석한다. 우리 가운데 많은 사람은 분노에 대한 자신의 생각을 정확히 모른다. 또 어떤 사람들은 분노에 관한 잘못된 거짓말들을 믿고 있다.

공동의존자들뿐만 아니라 다른 많은 사람들은 다음과 같은 분노에 대한 잘못된 신화들을 믿고 있다.

- 분노를 느끼는 것은 바람직하지 않다.
- 분노는 시간과 에너지를 낭비하는 것이다.
- 착하고 친절한 사람은 분노를 느끼지 않는다.
- 일할 때 화를 내서는 안 된다.
- 화를 내면 통제력을 상실하고 미쳐 갈 것이다.
- 우리가 다른 사람에게 화를 내면, 그들은 우리 곁을 떠날 것이다.
- 다른 사람이 우리에 대해 분노를 느껴서는 안 된다.
- 사람들이 우리에게 화를 낸다면, 우리가 잘못을 저질렀음이 분명하다.
- 사람들이 우리에게 화가 나 있다면, 우리가 그들을 그렇게 만든 것이기 때문에 그들의 기분이 회복되도록 책임을 져야 한다.
- 우리가 화가 나 있다면, 누군가가 우리를 그렇게 만든 것이기 때문에 우리의 기분이 회복되도록 그 사람이 책임을 져야 한다.

- 우리가 누군가에게 분노를 느끼고 있다면, 그 관계는 끝이 난 것이고 그 사람은 우리 곁을 떠나야 한다.
- 우리가 누군가에게 분노를 느끼고 있다면, 그 사람이 우리가 그런 느낌을 갖도록 만든 것이기 때문에 우리는 그 사람을 처벌해야 한다.
- 우리가 누군가에게 분노를 느끼고 있다면, 그 사람은 우리가 더 이상 분노하지 않도록 그 자신이 지금 하고 있는 일을 바꿔야 한다.
- 우리가 분노를 느끼고 있다면, 우리는 누군가를 때리거나 뭔가를 깨뜨리는 것과 같은 파괴적인 행동을 해야 한다.
- 우리가 분노를 느끼고 있다면, 우리는 고함을 치고 불평해야 한다.
- 우리가 누군가에게 분노를 느낀다면, 그것은 우리가 더 이상 그 사람을 사랑하지 않는다는 의미다.
- 누군가가 우리에게 분노를 느낀다면, 그것은 그 사람이 더 이상 우리를 사랑하지 않는다는 의미다.
- 분노는 벌을 받아야 마땅한 감정이다.
- 우리가 자신의 감정을 정당화할 수 있는 경우에만 화를 내는 것이 좋다.[4]

A.A.와 같은 프로그램에 참여하는 사람은 회복 과정에서 절대로 화를 내서는 안 된다고 생각한다. 하지만 회복 프로그램이 의도하는 것은 분노가 해로운 원한으로 변화되어 우리 마음에 자리 잡기 전에 적절하게 그리고 즉각적으로 분노를 처리하는 법을 배우라는 것이다.

우리는 공동의존자로서 우리의 분노와 타인의 분노에 대해 두려움을 느꼈을지도 모른다. 아마도 우리는 한 가지, 아니 더 많은 잘못된 신화들을 믿고 있을지도 모른다. 아니면 다른 이유들 때문에 분노를 두려워하고 있는지도 모른다. 누군가가 화가 났을 때 우리를 때렸거나 학대했을 수도 있다. 반대로 우리가 화가 났을 때 다른 누군가를 때렸거나 학대했을 수도 있다. 종종 누군가가 화가 난 상태에서 발산하는 여과되지 않은 에너지의 수준은 두려움을 주기에 충분하다. 만약 그가 술에 취한 채 분노를 표출하는 상황이라면 그 수준은 더욱 심각해진다.

우리는 자신의 분노와 타인의 분노에 모두 반응한다. 분노는 자극을 일으키는 감정이며 전염력이 있을 수 있다. 그리고 우리는 무언가에 반응하려고 하는 분노를 많이 품고 살아간다. 우리는 슬픔을 동반하는 분노를 많이 품고 살아간다. 우리는 구원하거나 돌보는 과정에서 더 나아가 박해의 단계에서 분노를 드러내기도 한다. 많은 사람들이 삼각형의 꼭짓점에 머무르며 빠져나오지 못한다. 우리는 "꼭 해야만 해." "끔찍하고 두려워." "절대 아니야." "항상 그랬어."와 같은 반응적이며 파괴적인 생각에서 비롯되는 정당화될 수 없는 비이성적인 분노의 감정을 가지고 있다. 우리는 누군가가 분노를 정당화할 때 어느 누구라도 느낄 수 있는 온갖 종류의 분노들을 정당화해 왔다. 우리는 자신의 상처와 두려움을 숨기기 위해 분노의 감정을 품기도 한다. 슬프고 두려운 감정은 분노로 변하고, 우리 중 많은 사람들은 크게 상처받고 두려워한다. 우리에게는 죄책감에서 비롯되는 분노도 있다. 마땅히 느껴야 하는 죄책감이든 그렇지 않은 죄책감이든, 모든 죄책감은 쉽게 분노로 바뀐다.[5] 공동의존자는 죄책감에서 진화된 분노의 감정을 품고 있다. 믿어지지 않겠지만, 알코올중독자도 그렇다. 알코올중독자는 죄책감을 분노로 바꾸는 데 훨씬 능숙하다.

그리고 우리는 반응적으로 분노한다. 상대방이 화를 내기 때문에 우리도 화를 낸다. 그런 후에 그들이 더 화를 내고, 우리는 그 때문에 더 화를 낸다. 얼마 지나지 않아 모두가 화를 낸다. 어느 누구도 그 이유를 정확히 모른다. 이상하게도 우리는 모두 화가 나 있다. 그리고 그것에 대해 죄책감을 느낀다.

우리는 때때로 분노한 상태로 있기를 원한다. 그렇게 할 때 우리 자신이 덜 상처받고 더 강한 존재로 느끼기 때문이다. 분노는 방패와도 같다. 만약 우리가 화를 내면, 적어도 눈에 보일 정도로 두드러지게 상처를 받거나 두려움을 느끼지는 않을 것이다.

슬프게도 많은 공동의존자들은 분노를 처리할 만한 적절한 공간을 찾지 못했다. 우리는 분노를 삼키고 혀를 깨물며 어깨를 긴장시키고 분노를 우리의 위장 속으로 밀어 넣으며 머릿속에서 분노가 소리치며 돌아다니게 하고, 분노로부터 도망치려 하고, 분노를 약물로 해결하려고 하고, 술과 마약으로 잠재우려 한다. 우리는 자신을 비난하고, 분노를 우울로 바꾸고, 우리를 잠재우려 하고, 죽고 싶어 하고, 분노 때문에 생긴 병에 시달리기도 한다. 결국 우리는 무작정 화부터 내는 정말 끔찍한 존재라는 사실을 스스로 인정하고 신에게 용서를 구한다.

우리 중 많은 사람이 분노 때문에 실제로 궁지에 몰려 있다. "감정을 느끼면 안 돼. 화를 내는 것은 더더욱 안 돼."라고 말하는 가족체계 안에서 우리가 살아가고 있다면 더욱 그럴 수밖에 없다. 알코올중독자는 우리가 얼마나 화가 나 있는지에 대해 들으려 하지 않는다. 우리가 화가 나 있다고 알코올중독자에게 이야기하면 알코올중독자는 아마도 우리가 화내는 것이 합리적이지 않다고 생각하고, 우리의 화가 자신을 괴롭힌다고 말할 것이다. 우리의 분노는 알코올중독자의 죄책감을 작동시키는 발사단추와도 같다. 그래서 알코올중독자는 우리가 계속 죄책감을 느끼고 억눌리도록 자신의 분노를 사용하여 우리를 제압하려 들 것이다.

우리는 자주 자신이 어떤 감정을 가지고 있는지를 부모에게 말할 수 없거나 말하고 싶어 하지 않는다. 우리의 부모는 우리가 알코올이나 마약 문제를 가진 사람과 사귄다는 이유만으로 우리에게 화를 낼 것이다. 우리의 부모는 중독자들의 좋은 면을 이해하기는 하지만 우리를 어리석고 판단력이 없다고 생각할 것이다. 우리의 친구들은 우리가 터뜨리는 불평에 싫증을 낼 것이다.

우리 가운데 어떤 공동의존자들은 너무나 창피한 나머지 자신이 얼마나 분노하고 있는지를 신앙적으로 신뢰할 만한 사람들에게조차 말할 수 없다고 생각한다. 그 사람들은 우리 같은 공동의존자를 죄인이라고 부를지도 모른다. 우리는 그들의 그러한 이야기를 더 이상 귀담아들을 필요가 없다. 그 말은 우리가 자신에게 말해 왔던 그 이상도 그 이하도 아니다. 우리 가운데 많은 사람은 절대자에게로 돌아가 자신이 얼마나 분노하고 있는지를 고백하려는 마음조차 품지 못할 것이다.

그렇다면 우리는 우리 속에 단단하게 자리 잡고 있는 분노를 어떻게 처리해야 하는 것일까? 우리는 우리와 관계를 맺고 있는 거의 모든 것들을 똑같은 방법으로 다룬다. 억누르고 죄책감을 느낀다. 다른 억눌린 감정처럼 억눌린 분노는 문제를 일으킨다. 우리의 분노는 때때로 부적절하게 표출되기도 한다. 우리는 만나는 사람에게 고함칠 생각이 전혀 없었는데도 어느 순간 그 사람에게 고함을 지르고 있다. 우리는 얼굴을 찡그리고 입술을 깨물면서 주변에 있는 사람을 자극해 그로 하여금 우리와 함께 있고 싶지 않다는 마음이 들도록 한다. 우리는 이미 많은 것들을 깨뜨려 없앴기 때문에 가치 있는 무언가를 깨뜨릴 만한 여유가 없는데도 주변에 있는 접시들을 내던지는 것을 주저하지 않는다.

어떤 경우에는 우리의 분노가 다른 표정을 지으며 그 정체를 드러내기도 한다. 우리는 성관계를 즐기고 싶지도, 즐길 수도 없다고 생각하며 그 자체를 거부한다.[6] 우리는 자신이 아무것도 즐기지 못한다는 것을 알게 된다. 그런 후에 우리는 자신에게 어떤 문제가 있는 것은 아닐까라는 생각과 우리 자신을 향해 표출해 왔던 적대감으로 쌓아 올린 자기부정이라는 이름의 쓰레기더미 위에 다시 자기혐오의 감정을 얹어 놓는다. 사람들이 우리에게 "무슨 일 있어?"라고 물어보면, 우리는 입을 앙당그리면서 "아무 일도 없어. 아주 좋아. 고마워."라고 말한다. 우리는 우리를 화나게 한 것들에게 앙갚음을 하기 위해 크고 작은 비열하고 심술궂은 일들을 도모하기도 한다.

분노가 오랜 시간 동안 충분히 억눌려 있는 상태라면 조금씩 새어 나오던 분노가 더 과감하게 분출되기 시작한다. 불쾌한 감정은 잡초와 같다. 우리가 무시한다고 해서 분노가 없어지지 않는다. 그 감정은 제멋대로 자라나서 우리를 접수한다. 분노의 감정이 어느 날 솟구쳐 나올지도 모른다. 우리가 의도하지 않았던 것들을 말하게 될지도 모른다. 아니면 평소에 그랬던 것처럼 우리가 정말 의도했던 것을 말할지도 모른다. 우리는 통제력을 상실해 싸우고, 침 뱉고, 날카로운 비명을 질러 대고, 머리를 잡아당기고, 접시를 깨뜨리게 하는 분노에 우리 자신을 내맡긴다. 아니면 우리는 스스로에게 상처 주는 일을 하기도 한다. 우리의 분노는 점점 굳어져 비통함과 증오, 모멸감, 강한 반감 또는 원한으로 변해 가기도 한다.

우리는 여전히 "내게 문제가 있나?"라는 생각을 버리지 못한다.

우리는 자주 그 질문을 되새긴다. 하지만 우리가 잘못한 것은 아무것도 없다. 『당신은 화가 나는 게 당연해요!(Of Course Yor're Angry!)』라는 책 제목처럼 우리는 당연히 화가 난다.[7] 그런데 제정신인 상태에 있는 사람도 누구나 화를 낸다는 사실에 우리는 화가 치밀어 오른다. 『좌초의 위기에 놓인 결혼생활』이라는 책에 나오는 뛰어난 글 하나를 소개하고자 한다.

> 알코올중독이 활성화되어 있는 사람과 함께 살아가면서 그 사람이 끼치는 엄청난 영향들을 피해 나갈 수 있는 재간이 당신에게 있을 리 없다. 당신이 받았던 폭격 같은 영향들을 받고 있는 사람은 누구든지 그 끈질긴 생존력을 칭찬받아야 한다. 당신이 그 상황을 이야기할 수 있을 만큼 세상을 잘 안다는

사실만으로도 당신은 훈장을 받을 만한 자격이 있다.[8]

분노는 알코올중독이 깊숙하게 영향을 미치게 되면서 일어나는 결과다. 또한 분노는 강박장애가 일으킨 영향에서 비롯되었거나 공동의존자가 살아가면서 겪는 문제들의 결과이기도 하다.

우리가 중대한 문제를 겪는 상황이 아니더라도 혹은 심각한 병에 걸린 사람과 살고 있지 않다 하더라도 화가 날 때 화를 내는 것은 나쁜 일이 아니다. 분노는 삶이 우리에게 미치는 수많은 뿌리 깊은 영향들 중 하나다. 분노는 우리의 감정 중 하나다. 그리고 분노가 솟구쳐 오를 때나 아니면 억누를 때나, 어쨌든 우리는 분노를 느끼고 있다. 정신건강 분야의 전문가이자 내 친구인 샤론 조지는 이렇게 말한다. "나는 화를 내지 않는 사람을 신뢰하지 않아. 사람이란 화를 내든지 아니면 앙갚음을 하든지 둘 중 어느 것 하나는 하게 되어 있지."

우리는 분노를 느낄 수 있는 전적인 권리를 가지고 있다. 우리는 화가 나는 만큼 화를 느낄 수 있는 전적인 권리를 가지고 있다. 다른 사람도 마찬가지다. 하지만 우리는 자신의 분노를 적절하게 다루어야 하는 책임을 무엇보다 먼저 스스로 질 수 있어야 한다.

우리는 원래의 제안, "우리의 감정을 잘 다루어야 한다."로 돌아간다. 어떻게 우리는 분노와 같은 강력한 감정을 다스릴 수 있을까? 어떻게 우리에게서 분노의 감정이 사라지도록 할까? 언제 분노가 일어날까? 분노는 어디를 향해 움직이는 걸까? 우리는 누구에게 우리의 속마음을 털어놓을 수 있을까? 누가 우리의 모든 상황에 대해 귀담아들어 줄 수 있을까? 아마 우리 자신조차도 듣고 싶지 않을 것이다. 무엇보다도 우리가 분노를 느끼는 대상은 병든 사람이다. 그렇기 때문에 우리는 연민과 밝고 좋은 감정을 느껴야만 하지 않을까? 병든 사람에게 분노를 터뜨린다는 게 정말 잘하는 일일까?

그렇다. 우리는 병든 사람에게도 화를 낼 권리가 있다. 우리는 그 문제를 자청하지 않았다. 그들에게 느껴야 하는 우리의 이상적인 감정은 깊은 연민이지만, 우리가 분노를 다루어 내기 전까지는 그러한 마음을 갖지 못할 것이다. 우리는 아픈 사람에게 가여운 감정을 느끼면서 살인적인 분노를 느끼기도 하고 때로는 하고 싶은 말이 있어도 침묵하기도 한다. 그런데 이 두 지점 사이 어딘가에 우리의 분노를 피해 가는 길이 있다. 그러나 나는 억눌린 감정을 다스리는 일이 하룻밤 사이에 이루어질 수 있다고 믿지 않는다. 그 일은 한 달이 지나도, 아니 일 년이 지나도 일어나지 않을 수 있다. 우리 속에 자리 잡은 강한 분노감을 키우는 데 얼마나 많은 시간들이 걸렸는가? 적지 않은 양의 억눌린 분노를 다스리기 위해서는 많은 시간과 노력이 필요하다. 새로운 분노를 처리하는 데도 연습이 필요하다.

다음은 분노를 다스리는 데 도움이 되는 제안들이다.

- 우리가 동의해 왔던 분노에 대한 신화들에 대해 이야기해 보자. 우리가 분노를 느낄 필요가 있다고 생각할 때, 우리 자신에게 분노를 느낄 수 있는 기회를 허용하자. 다른 사람에게도 그렇게 할 수 있는 기회를 주자.
- 감정을 느껴라. 그 감정이 분노라고 할지라도, 감정은 단지 정서적 에너지일 뿐이다. 감정에는 옳고 그름이 없다. 감정은 어떤 판단도 요구하지 않는다. 분노를 정당화하거나 합리화할 필요가 없다. 분노의 에너지가 거기에 있다면, 그곳에서 그 감정을 느껴라. 상처나 두려움 같은 잠재된 감정도 느껴라.
- 감정에 동반되는 생각들을 인정하라. 오히려 이러한 생각들을 큰 소리로 표현하라.

- **감정과 함께 떠오르는 생각들을 점검하라.** 그 생각들을 밝게 비추어 보라. 그 생각들 안에 오류가 없는지 유심히 살펴라. 반복적으로 일어나는 감정의 유형과 상황에 대해서도 주의 깊게 관찰하라. 우리 자신과 우리를 둘러싼 환경에 대해 많은 것들을 배우게 될 것이다. 회복 중인 알코올중독자는 술을 다시 마시고자 하는 욕망의 지표이자 악취를 풍기는 사고로 이름 붙은 부정적인 사고 유형들을 자꾸 발전시켜 나간다.
- **우리가 취해야 할 행동이나 조치들이 있다면 거기에 대해 책임 있는 결정을 내리자.** 우리의 분노가 우리에게 무엇을 말하려고 하는지를 이해하라. 우리의 분노가 우리 안에 혹은 우리의 환경 가운데 존재하는 어떤 문제에 대해 우리가 관심을 기울여야 한다고 가리키고 있지 않는가? 때때로 우리는 신에게 우리가 화를 멈출 수 있도록 도와 달라고 요청하는 반면에, 신은 우리에게 특별한 것을 말하려고 시도한다. 우리에게 변화가 필요한가? 다른 사람으로부터 얻고자 하는 것이 있는가? 많은 분노들이 채워지지 않는 욕구에서 비롯된다. 분노를 해결하는 한 가지 빠른 방법이 있다. 그것은 분노의 대상이 되는 사람을 향해 내지르는 고함을 멈추고, 우리가 그 사람에게서 얻고자 하는 것이 무엇인지를 생각한 후에 그에게 그것을 요구하는 것이다. 만약 그 사람이 우리가 요구하는 것을 줄 수 없다면, 우리 자신을 돌보기 위해 다음으로 해야 할 일은 무엇인지 곰곰히 생각해야 한다.
- **분노가 우리를 통제하게 내버려 두어서는 안 된다.** 우리가 분노의 통제를 받고 있다는 것을 깨닫게 되면 우리는 스스로 그것을 멈출 수 있다. 우리가 계속 고함을 질러 대야 할 이유가 없다. 잘못 이해해서는 안 된다. 소리를 지르는 것이 유용할 때도 있다. 하지만 그렇지 않을 때도 있다는 것을 알아야 한다. 분노가 우리 자신에 대한 결정권을 행

사하도록 허용하지 말고 우리의 상황을 우리 스스로 결정할 수 있어야 한다는 점은 두말할 나위 없이 바람직한 일이다. 우리는 자기 행위에 대한 통제력을 상실해서는 안 된다. 분노는 단지 에너지일 뿐이며 우리를 재갈 물린 풀리지 않는 마법의 저주가 아니다. 분리하라. 다른 방으로 옮겨라. 다른 집으로 이사하라. 평화로운 마음을 회복하라. 그런 다음 무엇을 해야 하는지 곰곰히 따져 보라. 우리는 다른 사람의 분노가 우리를 통제하도록 내버려 두어서는 안 된다. 나는 공동의존자들이 다음과 같이 말하는 것을 자주 듣는다. "그 사람이 화를 낼 게 분명하기 때문에 나는 이러지도 저러지도 못해요." 우리의 안전이 더 이상 위협받지 않도록 우리의 것이든 다른 사람의 것이든 어떤 분노에도 더 이상 지배받지 않도록 노력하라. 분노에 반응할 필요가 없다. 분노는 그냥 정서적 에너지일 뿐이다. 원하지 않는다면 어떤 상황에 대해서도 분노로 애써 반응해야 할 이유가 없다. 그렇게 할 수 있도록 자주 노력하라.

- 적절한 시간에 우리가 느끼는 분노에 대해 솔직하게 터놓고 이야기를 나누어 보자. 술에 취한 사람과는 이야기하지 말라. 우리는 우리의 분노를 솔직하게 그리고 적절하게 표현하는 것에 대해 바람직한 결정들을 내릴 수 있다. 우리가 사람을 대하는 방식에 유의하라. 분노는 분노를 낳는다. 다른 사람을 상대로 우리의 분노를 터뜨리기에 앞서 자신의 감정을 느끼고, 자신의 생각들을 점검해 보고, 그 사람에게서 얻고자 하는 것이 무엇인지를 잘 생각해 보자. 그런 다음, 다시 그 사람에게로 돌아가서 큰소리로 윽박지르는 대신에 우리가 필요로 하는 것이 무엇인지를 표현해 보자.
- 우리의 분노에 대해 책임을 지자. 우리는 "너는 나를 화나게 해."가 아니라 "○○ 때문에 네가 □□을 할 때 나는 화가 나."라고 구체적으로

말할 수 있다. 나는 사람들이 여유를 가지고 대화하기를 원한다. 마치 우리가 치료집단에서 치료를 받다 방금 밖으로 나온 사람인 것처럼 항상 정확하고 똑바로 무언가를 표현하려고 할 필요는 없다. 있는 그대로 우리 자신으로 살아가자. 단, 우리의 분노는 모두 우리 자신의 책임이라는 것을 명심하자. 우리의 성난 감정이 누군가의 부적절한 행동에 대한 우리의 적절한 대응일지라도, 그것조차 우리의 책임이다.

- **우리가 신뢰하는 사람에게 이야기하자.** 분노에 대해 이야기를 나눈다는 것, 누군가가 우리의 이야기를 들어주고 있는 그대로 수용해 준다는 사실은 마음의 앙금을 푸는 데 실질적인 도움을 준다. 신뢰하는 사람과 소통하는 일은 우리가 자신을 받아들이는 데도 도움을 준다. 우리가 자신의 지금 모습을 있는 그대로 받아들일 수 있을 때에야 비로소 앞을 향해 나아갈 수 있다는 사실을 기억하라. 그렇다. 분노에 대해 관심을 갖는 사람들이 있다. 우리는 그와 같은 사람들을 만나기 위해 집을 떠나거나 혹은 알아논 모임에 참석해야 할 것이다. 하지만 그 사람들은 세상 어느 곳에나 있다. 우리 안에 원한으로 굳어진 분노의 감정이 있다면, 그것을 당신의 정신적인 조언자에게 이야기하거나 아니면 12단계 회복 프로그램 중 4단계와 5단계를 적용해 볼 수도 있다. 우리 속에 자리 잡은 분개하는 마음은 자신을 도울 수 없으며 도리어 많은 상처를 준다.
- **분노의 에너지를 태워 없애라.** 부엌을 청소하자. 좋아하는 운동을 해 보자. 춤을 춰 보자. 눈을 치워 보고 마당도 쓸어 보자. 필요하다면 작은 오두막이라도 한 채 지어 보자. 분노는 극도로 스트레스를 받은 상태고 육체적으로도 자꾸 에너지를 소모시킨다.
- **화가 난다는 이유로 우리 자신이나 다른 사람들에게 육체적으로 가혹한 행위를 해서는 안 된다.** 다른 사람이 화가 난 상태에서 우리를 때리거

나 학대하게 해서는 안 된다. 화가 난다고 우리 역시 다른 사람을 상대로 폭력을 행사해서는 안 된다. 학대가 일어나는 상황이라면 전문가에게 도움을 청하라.

- **보낼 필요가 없는 편지를 써 보자.** 자신의 분노에 대해 죄책감을 느끼고 있다면 이 방법이 실제로 도움이 된다. 자신에게 묻고 답하는 방식으로 편지를 시작해 보자. 예를 들어 보겠다. "내가 어떤 일에 대해 분노할 수 있다는 사실을 아는 사람은 아무도 없을 거야. 그런 식으로 느낀다는 것은 잘못된 것이 아니었어. 나를 화나게 하는 것은 바로 ……이야." 일단 우리의 분노를 종이 위에 적다 보면, 우리는 죄책감에서 벗어날 수 있고 분노를 어떻게 다스려야 하는지를 알 수 있다. 편지 쓰기는 우울함 때문에 고통을 받고 있는 경우에도 도움이 된다.
- **죄책감을 다스려라.** 느껴야 할 이유가 없는 죄책감에서 벗어나라. 죄책감을 모두 제거하라. 죄책감은 도움이 되지 않는다. 신은 우리가 했던 일들을 용서해 줄 것이다. 게다가 신은 우리가 했던 잘못에 대해서도 우리가 생각하는 만큼 대단히 큰 잘못을 저질렀다고 여기지 않을 것이다. 나는 확신한다.

일단 분노를 다스리기 시작하면, 우리가 많은 시간 분노를 느끼면서 살아왔다는 것을 알아차리게 된다. 대부분이 그러한 경험을 한다. 우리는 새로운 장난감을 가진 어린아이와 같다. 우리는 그 장난감을 가지고 마음을 가라앉힐 수 있을 것이다. 인내가 필요하다. 우리는 그 장난감을 완벽하게 다루지는 못할 것이다. 어느 누구나 마찬가지다. 실수를 하겠지만 우리는 그것을 통해 배우게 될 것이다. 보복을 추구하지 말아야 하는 이유는 보복이 분노에 대한 일반적인 반응이기 때문이다. 자신이 부적절한 일들을 해왔고 아직도 그 일들을 하고 있다면, 거기에서 비롯된 마땅히 느낄 수밖에 없는 죄책감을 잘 다스리면서 물러서지 말고 앞으로 계속 나아가라. 앞으로 나아갈 수 있도록 끊임없이 노력하라.

만약 우리가 이제까지 무거운 분노의 짐들에 억눌려 왔다면, 우리 자신에게 관대해질 필요가 있다. 시간이 걸릴 것이다. 우리는 당분간 그렇게 분노를 느끼며 살아가야 할 필요가 있을지도 모른다. 우리가 더 이상 분노할 필요가 없을 때, 우리가 원한다면 우리에게 일어나는 분노의 감정을 떨치게 될 것이다. 분노의 감정에 매몰되어 도저히 빠져나올 수 없는 것처럼 느껴진다면, 전문가의 도움을 받아라.

우리 가운데 어떤 사람들은 절대 화를 내서는 안 된다고 생각한다. 만약 우리가 자신의 생각을 통제하고 있고 적절하게 분리되어 있다면, 우리는 결코 분노에 반응하지도 그리고 분노의 진흙탕에 빠져 허우적대지도 않을 것이다. 절대 화를 내서는 안 된다는 생각은 정말로 맞는 이야기처럼 들린다. 그러나 나라면 내 자신을 엄격하게 분노로부터 보호하려고 하기보다는 차라리 긴장을 풀고 편안한 마음으로 어떤 일이 일어나는지를 보려고 할 것이다. 내 친구가 했던 이야기처럼, 나는 웃음을 띤 채 절대 화를 내지 않는다고 말하는 사람을 경계한다. 오해하지 않기를 바란다. 내 말은 우리가 계속 분노나 원망에 머물러 있어야 한다고 충고하려는 것이 아니다. 분노가 인생의 초점이 되어서는 안 되고, 우리가 우리 자신을 시험하기 위해 화를 낼 이유들을 찾아다녀서도 안 된다. "줄곧 화를 내는 것은 좋은 일이 아니다."라고 상담가 에스더 올슨은 말했다. 적대적으로 행동하는 것은 건강한 일이 아니다. 우리의 삶에는 분노보다 소중한 것들이 많이 있다.

그러나 우리가 필요할 때 화를 내는 것은 괜찮다.

과 제

1. 당신이 분노의 감정을 느끼기 시작했다면, 당신에게 어떤 일이 일어날 것 같은가?

2. 당신은 내면 깊숙이 분노에 대해 어떤 믿음을 가지고 있는가? 당신이 받아들인 분노의 신화에는 어떤 것들이 있는가? 당신이 분노에 대해 새로운 믿음을 받아들일 필요가 있다면, 적극적으로 그렇게 하라. 잘못된 분노의 신화가 당신을 공격할 때마다 그것을 오히려 공격하라.

3. 최근 당신의 가족은 어떻게 분노를 다스리고 있는가? 과거에 당신의 어머니와 아버지, 형제 그리고 자매는 자신의 분노를 어떻게 다스렸는가? 당신은 분노를 다스리기 위해 반복적으로 하는 행동 유형이나 습관 같은 것을 가지고 있는가?

4. 만약 당신이 분노를 계속 억눌러 왔다면, 필기장에 그 내용들을 정리해 보자. 새로운 필기장을 마련하여 당신이 느끼는 분노에 대한 기록장으로 계속 활용할 필요가 있다.

5. 분노가 당신을 괴롭히는 감정이라면, 필기도구와 종이를 옆에 두고 하루 종일 어떤 분노의 감정이 당신을 괴롭히는지 그때그때마다 기록해 보라.

15
당신은 분명 생각할 수 있다

> 하나님이 우리에게 주신 것은 두려워하는 마음이 아니요,
> 오직 능력과 사랑과 절제하는 마음이니.[1]
> -디모데후서 1:7

나는 언젠가 공동의존의 혼란 속에 심각하게 빠져 있는 한 여성으로부터 "내가 무엇을 해야만 하나요?"라는 질문을 받은 적이 있다. 그녀는 남편과 자녀에 대해서 매우 중요한 결정을 내려야 할 기로에 서 있었다.

나는 답변 대신 이렇게 물었다. "당신은 어떻게 생각하나요?"

그녀는 "지금 제게 묻는 건가요?"라고 되물었다. 그리고 덧붙였다. "저는 가게에서 표백제를 살 때에도 59센트짜리로 사야 할지 아니면 63센트짜리로 사야 할지를 결정하는 데만 해도 15분이나 걸려요. 저는 그런 사소한 결정들을 내리는 것조차 힘겨워요. 그런데 어떻게 당신은 이처럼 크고 중요한 일을 나 혼자 결정할 수 있을 거라고 생각하시죠?"

공동의존자 가운데 많은 사람들이 자신의 마음을 신뢰하지 않는다. 우리는 우유부단함이 주는 두려움을 정확하게 알고 있다. 식당에 가서 무엇을 주문해야 할지 혹은 어떤 병에 담긴 표백제를 사야 할지 등, 아무것도

아닌 정말 사소한 문제를 결정하는 일조차도 우리를 무능하게 만들어 버린다. 문제를 어떻게 해결해야 할지, 우리의 삶을 어떻게 헤쳐 나가야 할지, 누구와 같이 살아가야 할지 등 우리가 직면하는 보다 중요한 의미를 갖는 결정들은 우리의 기를 꺾어 버린다. 우리 중 많은 사람들은 이러한 일들에 대해 생각하는 것을 쉽게 포기하거나 거부한다. 우리 중 어떤 사람들은 본인의 의지보다는 다른 사람에 의해 또는 자신이 처한 상황에 의해서 그러한 결정이 내려지도록 내버려 둔다.

이 장은 짧지만 중요하다. 나는 지금까지 계속해서 당신이 자신의 일에 대해 스스로 생각하고 스스로 이해하며 당신이 필요로 하고 원하는 것이 무엇인지 스스로 결정하고 당신의 문제를 해결하는 방법에 대해서도 스스로 결정하도록 격려해 왔다. 여러분 중에서는 그 일이 가능한지에 대해 미심쩍어할 수도 있다. 이 장의 목적은, 당신이 생각할 수 있고 자신의 상황을 이해할 수 있을 뿐만 아니라 합리적이면서 건강한 결정을 내릴 수 있는 능력이 당신에게 있음을 보여 주려는 데 있다.

우리는 생각할 수 있고 우리의 일을 이성적으로 잘 풀어 나갈 수 있는 능력이 우리 자신에게 있다는 믿음을 다양한 이유 때문에 잃어버렸다. 거짓을 믿기, 자신에게 거짓말하기(부정), 혼돈, 스트레스, 낮은 자존감, 억눌린 감정의 욕망 등이 사고할 수 있는 우리의 능력을 가린다. 그래서 우리는 더욱 혼란스러워진다. 바로 이것이 우리를 스스로 생각할 수 없는 존재로 만들어 버린 원인이다.

과잉 반응하는 것은 우리의 정신적 기능을 손상시킨다. 우리는 다른 사람이 무슨 생각을 하는지를 걱정하고, 자신이 완벽해야 하며, 서둘러야 한다고 생각함으로써 과감하게 결정을 내리지 못한다. 우리는 스스로가 잘못된 선택을 해서는 안 되고, 앞으로 우리에게 다른 기회가 절대 찾아오지 않을 것이고, 온 세상이 우리가 내린 결정에 대해 심각하게 받아들일 것이라는 잘못된 믿음을 가지고 있다. 우리는 이와 같은 생각을 자신에게 주입해서는 안 된다.

자신을 미워하고, 올바른 결정을 내리지 못할 것이라고 스스로 생각하고 그런 다음 결정을 내리려고 할 때마다 해야만 하는 일들에 자신을 옭아매는 것은 우리의 사고 과정에 결코 도움이 안 된다.

우리의 욕구와 바람에 관심을 갖지 않고, 우리가 열망하는 것은 잘못된 것이라고 생각하는 부정적인 자세는 우리가 더 나은 선택을 하는 데 필요한 정보들을 받아들일 수 없게 한다. 어림으로 대충 판단하려는 태도, 이런 일이 생기면 어떡하지 하며 걱정하는 생각 역시 도움이 되지 않는다. 지금 우리는 자신을 사랑하고 신뢰하며 자신에게 귀기울이는 법을 배우고 있다.

우리는 걱정하고 집착하면서 우리의 마음을 부적절하게 사용해 왔다. 우리의 마음은 지쳐 있고 학대받고 불안한 생각들로 가득 차 있다. 우리는 이러한 패턴으로부터 자유로워지는 법을 배우고 있다.

어쩌면 누군가가, 우리는 생각할 수도, 올바른 결정을 내릴 수도 없는 사람이라고 계속 우리에게 말해 왔기 때문에 생각할 수 있는 충분한 능력이 우리에게 있다는 믿음을 스스로 포기했는지도 모른다. 우리가 어렸을 때 우리의 부모는 직·간접적으로 우리를 그렇게 다루었는지도 모른다. 또한 우리의 부모는 우리에게 어리석다고 말했는지도 모른다. 우리의 부모는 우리를 위해 우리가 내려야 할 모든 결정을 대신 내려 주었는지도 모른다. 어쩌면 우리의 부모는 우리의 모든 선택을 비난했는지도 모른다. 우리가 집에서 자신의 문제들을 이야기할 때 우리의 부모는 생각할 수 있는 우리의 능력을 인정하지 않거나 거부함으로써 우리를 혼란스럽게 만들었는지도 모른다.

조금 더 자라 학교에 다니게 되자, 우리는 아마도 공부해야 하는 여러 과목들 때문에 어려움을 겪었을 수도 있다. 우리는 어려움을 해결하기 위해 필요한 일들을 하기보다는 포기하기에 급급했고, 자신에게는 생각할 능력도 그리고 문제를 이해할 능력도 없다고 스스로에게 되뇌었는지도 모른다.

사람들은 여성의 지적 능력을 무시해 왔을 수도 있다. 그러나 그것은 전혀 상식에 근거하지 않는 한갓 주장일 뿐이다. 우리는 어리석지 않다. 여성도 남성도 생각할 수 있다. 아이도 생각할 수 있다.

우리는 "너는 생각할 능력이 없어."라고 우리에게 직·간접적으로 말하고 있는 사람들과 함께 살고 있는지도 모른다. 그들 중 어떤 사람들은 한술 더 떠 우리가 제정신이 아니라고 우리에게 말하기도 한다. 알코올중독자는 자신과 함께 사는 사람들에게 그런 식으로 말한다. 우리는 아마도 자신이 제정신이라는 사실을 의심하기 시작했는지도 모른다. 그러나 어떤 순간에라도 그런 말을 믿어서는 안 된다.

우리는 생각할 수 있다. 우리의 정신은 잘 작동되고 있다. 우리는 상황을 파악할 수 있는 능력이 있다. 우리는 결정을 내릴 수 있는 능력이 있다. 우리는 자신이 무엇을 하기를 원하는지, 무엇을 할 필요가 있는지, 그것을 언제 해야 하는지를 판단할 수 있다. 그리고 우리는 자신의 자존감을 높이기 위한 선택을 할 수 있다.

우리는 의견을 제시할 수 있는 권한을 가지고 있음이 분명하다! 그렇다. 우리에게는 표현하고 싶은 의견이 있다. 우리는 적절하게 그리고 합리적으로 생각할 수 있다. 우리는 자신과 자신의 생각을 평가할 수 있는 능력도 가지고 있다. 그렇기 때문에 우리는 자신의 생각이 파괴적이고 분별력이 없을 때 그것을 바로잡을 수 있다.

우리는 자신의 행동을 평가할 수 있다. 우리는 자신이 필요로 하는 것과 원하는 것에 대해 결정을 내릴 수 있다. 우리는 자신의 문제가 무엇인지 그리고 그것을 해결하기 위해 무엇을 해야 하는지를 이해할 수 있다. 우리는 그것이 사소한 것이든 대단한 것이든, 어떤 일에 대해서도 스스로 결정을 내릴 수 있다. 우리가 결정을 내리거나 문제를 해결하려고 노력할 때 우리는 좌절감을 맛볼지도 모른다. 하지만 그러한 모습은 정상적이다. 우리는 종종 생각의 돌파구를 찾아내기 위해 좌절을 경험할 필요도 있다. 그 경험은 어차피 겪어야 하는 당연한 과정이다.

우리가 내리는 결정이 완벽할 필요가 없다는 사실을 기억하라. 우리는 완벽할 필요가 없다. 완벽에 가까울 필요도 없다. 우리는 지금 존재하는 모습대로 살아갈 뿐이다. 우리는 선택하면서 실수할 수도 있다. 우리는 스스로 저지른 실수를 감당할 수 없을 정도로 나약하지 않다. 실수는 별 일 아니다! 실수는 누구나 경험하는 삶의 일부다. 우리는 실수를 통해 배울 수 있고 필요한 결정을 내릴 수도 있다. 다음의 인용은 기업 내에서 이루어지는 의사결정에 대해 이야기하고 있다. 나는 이 내용이 우리의 삶에도 똑같이 적용될 수 있다고 생각한다.

> 만약 당신이 기업에서 의사결정을 내리는 위치에 있다면, 당신은 그곳에서 이미 중심적인 존재다. 그런데 당신이 내린 결정들 중 30%만이라도 적중된다면 당신은 그야말로 대단한 거물이 될 것이다.[2]

우리는 자신의 마음을 바꿀 수 있다. 바꾸고 난 후에 다시 바꾼다. 바꾸고 또 바꾼다. 공동의존자는 마음을 잡지 못하고 이리저리 동요한다.[3] 우리는 공동의존자로서 혼란한 상황 한가운데 서 있다. 우리는 정말 갈팡질팡하며 어찌할 바를 모르고 살아간다. 우리는 알코올중독자를 밖으로 내쫓고 다시 집으로 데리고 온다. 그 다음에는 우리가 그의 곁을 떠난다. 그리고 다시 돌아온다. 그런 다음 다시 그를 버려두고 떠난다. 바로 이것이 우리가 도달하고자 하는 곳에 이르는 방법이다. 그래도 괜찮다. 한 걸음씩만이라도 앞으로 발을 떼어 보자. 그렇게 사는 것은 전혀 이상한 일이 아니며, 종종 당신에게 필요한 모습이다. 그러나 어떤 공동의존자들은 반대 의견을 제시하기도 한다. "당신은 내 마음을 몰라요. 가끔 내 머릿속엔 끔찍한 생각들이 떠올라요. 때론 입에 담기도 무서운 상상들을 하기도 하지요." 우리 모두가 그런 상상을 한다. 특히 우리가 알코올중독자와 함께 살고 있다면 너무도 당연한 일이다. 마음속으로는 백 번도 넘게 알코올중독에 빠진 배우자의 장례식에 참석했을 수도 있다. 우리의 생각은 우리의 감정에 이르게 하는 열쇠다. 우리의 감정은 우리의 생각에 다가설 수 있는 열쇠다. 억누를 필요가 없다. 우리는 자신의 생각과 감정이 활성화될 수 있도록 허용해야 하며, 그런 다음 자기 자신을 돌보기 위해 무엇을 해야 하는지 잘 판단해 보아야 한다.

다음의 제안들은 자신의 정신적 능력을 신뢰하는 데 도움을 줄 것이다.

- 당신의 마음에 평화를 심어라. 분리하라. 고요하라. 만약 우리가 크건 작건 간에 결정을 내려야 하는 상황이라면, 먼저 마음을 평화롭게 하고, 그런 다음 결정하자. 우리 마음이 안정을 되찾을 때까지 기다리자. 만약 우리가 오늘 어떤 일에 대해 결정을 내려야 하는데 도저히 그럴 수 있는 상황이 아니라면, 오늘은 그 일을 결정해야 할 때가 아닌 것이 분명하다. 결정할 만한 시간이 찾아올 때, 우리는 결정할 수 있으며, 그 일을 잘 해낼 것이다.
- 생각할 수 있는 힘을 달라고 신에게 요청하라. 나는 매일 아침 바른 생각, 바른 말, 바른 행동을 할 수 있는 능력을 달라고 신에게 요청한다. 나는 신에게 그의 지혜와 인도함을 베풀어 달라고 요청한다. 나는 신에게 내가 겪는 여러 가지 문제들을 해결할 수 있도록 도와 달라고 요청

한다.4 나는 신이 나를 도와줄 것이라고 확신한다. 나는 신이 그렇게 하리라는 것을 알고 있다. 하지만 신은 내가 나의 역할을 스스로 잘 감당하고 스스로 생각하기를 바란다. 어떤 날은 다른 날보다 일이 더 쉽게 풀린다.

- 당신의 마음을 그만 학대하라. 걱정과 집착은 자신의 정신을 학대하는 것이다. 그것과 관련된 일체의 행동을 중단하라.
- 당신의 마음을 먹이고 키우라. 우리의 마음에 정보를 주자. 우리가 안고 있는 문제가 폭식이든, 알코올중독이든, 인간관계에 관련된 것이든, 컴퓨터를 구입하는 방법에 관한 것이든, 우리가 판단하고 결정하는 데 필요한 정보들을 공급해 주자. 우리의 마음에 적절한 양의 정보를 제공하고, 그런 다음 우리의 마음이 우리의 일들을 자세히 살피고 이해할 수 있도록 허용하자. 적절한 답과 해결책을 찾게 될 것이다.
- 당신의 마음에 건전한 생각들을 공급하라. 우리의 생각을 북돋아 주고 긍정적인 자극을 주는 활동에 몰입하자. 매일 아침 우리의 마음과 생각을 돌아보게 하는 책을 읽어 보자. "할 수 없다."는 말 대신에 "할 수 있다."고 우리를 격려해 주는 대상을 찾아라.
- 당신의 마음이 활짝 피어나도록 하라. 우리 가운데 많은 사람들은 자신과 다른 사람의 문제에 대해 너무 신경을 쓰느라 신문을 읽을 수도, 다큐멘터리를 볼 수도, 책을 읽을 수도, 새로운 것들을 배울 수도 없었다. 우리를 둘러싼 세계에 대해 관심을 갖자. 새로운 것을 배우자. 강의를 들어 보자.
- 당신의 생각에 악담을 퍼붓는 일을 그만 멈춰라. "나는 바보야." "나는 올바른 결정을 내릴 수 없어." "나는 사실 그렇게 똑똑하지 않아." "나는 왜 이렇게 상황 파악이 안 될까?" "나는 결정을 내리는 일에 너무 서툴러." 이렇게 자신에게 말해 왔다면, 이제 그만두자. 자기 자신에

대해 긍정적으로 말하는 것은 자신에 대해 부정적으로 말하는 것만큼이나 쉽다. 그 결과로 우리는 자신에 대해 긍정적인 것들을 믿게 될 것이고, 그것들이 사실이라는 것을 알게 될 것이다. 신나고 기대할 만한 일이지 않는가?

• 당신의 마음을 사용하라. 결정을 내려라. 의견을 체계화하라. 그리고 그 의견을 표현하라. 창조하라! 상황을 꿰뚫 듯 충분히 생각하라. 그렇다고 걱정하고 집착하지는 마라. 병실에 입원하여 아무것도 할 수 없는 상황이 아니라면 어느 누구도 우리 자신의 문제에 대해 우리 대신 결정하도록 허용하지 말자. 설령 우리가 병실에 아파 누워 있다 할지라도 우리는 여전히 생각할 수 있고 스스로 결정하고 선택할 수 있다. 다른 사람이 우리의 문제를 결정하도록 내버려 두는 것은 우리가 구원을 받고 있다는 증거이며 우리가 자신을 희생자처럼 느끼고 있다는 의미이기도 하다. 우리는 희생자가 아니다. 또한 자신을 스스로 책임질 수 있는 사람을 대신해서 그들이 내려야 할 결정을 우리가 내려 주는 것도 우리의 일이 아니다. 우리 모두는 생각할 수 있는 능력을 이미 가지고 있다. 우리는 다른 사람이 자신의 생각에 대해 스스로 책임질 수 있도록 내버려 두어야 한다. 더 좋은 감정이 느껴지기 시작하고 크건 작건 스스로 결정을 내리기 시작하면서 자신에 대해 더 큰 자신감을 얻게 될 것이다. 우리의 주변 사람들도 그들이 스스로 선택하고 실수하도록 허용될 때 성장할 것이다.

우리는 자기 마음에 대해 더 편안한 감정을 느낄 수 있다. 우리의 마음과 더 친숙해지자. 우리의 마음은 우리의 일부이고 그것은 작동하고 있다. 우리의 마음과 생각할 수 있는 우리의 능력을 신뢰하라.

과 제

1. 누가 당신을 대신해 결정을 내리는가? 그것에 대해 어떤 감정이 느껴지는가?

2. 당신의 삶에 중요한 영향을 끼쳐 온 사람들 중에 "너는 생각할 수 있는 자격도, 올바른 결정을 내릴 수 있는 능력도 없어."라고 당신에게 말한 사람이 있는가? 어떤 사람인가?

3. 당신의 정신적 능력을 개발하기 위한 일을 매일 한 가지씩 해 보자. 예를 들어, 신문 기사를 한 가지 읽고 그 의견을 체계적으로 정리해 보자. 어느 날 당신은 누군가에게 당신이 읽었던 주제에 대해 위험을 무릅쓰면서까지 당신의 의견을 말하고 싶어질 수도 있다. 당신도 언젠가는 생기 넘치는 논쟁에 참여하게 될 것이다.

16
자신의 목표를 세우라

> 삶이 살 만한 가치가 있다는 것을 믿어라.
> 당신의 그러한 믿음은 현실이 될 것이다.
> 사는 것을 두려워하지 말라(William James).

내가 약물을 끊고 공동의존으로부터 회복하는 과정에서 발견했던 가장 흥미로운 사실은 목표를 정하는 과정에서 일어나는 마술과 같은 일들이었다. 어떤 상황이 발생한다. 그 상황이 변한다. 나는 중요한 과제를 성취해 낸다. 내가 변한다. 새로운 사람을 만난다. 나는 흥미로운 장소에 있다. 어렵고 힘든 시간을 약간의 혼란만을 경험하며 돌파해 나간다. 문제가 해결된다. 나의 욕구와 기대가 충족된다. 꿈이 현실이 된다.

나는 목표를 세우는 일에 흥분을 느낀다. 나는 나의 열정이 당신에게 온전히 전달되기를 바란다. 가고 싶어 하는 곳에 가고 바라는 것을 얻고 문제를 척척 해결하고 하고 싶은 것을 자기 마음대로 항상 할 수 있는 것만큼 좋은 일이 이 세상에는 없다.

많은 공동의존자들은 그 기쁨을 모른다. 나에게도 새롭다. 내가 진정으로 원하고 필요로 하는 것이 무엇인지, 내가 가고 싶어 하는 곳이 어디인지, 내가 하고 싶은 것이 무엇인지에 대해 애써 생각해 보려 하지 않으면서 나는 내 삶의 많은 시간들을 그저 그렇게 흘려보냈다. 삶은 그저 견뎌내야 하는 것이었다. 나는 나 자신을 좋은 것들을 마땅히 누려도 되는 가치 있는 존재로 생각하지 않았다. 나는 가장 좋은 것들이 내 손이 닿을 만한 거리에 있을 것이라고 생각하지 못했다. 나는 스스로를 다른 사람의 부속물쯤으로 생각하면서 내 삶에 흥미조차 느끼지 못했다. 내 삶을 살아간다는 것에 대해 생각해 보지도 못했다. 나는 다른 사람에게 지나칠 정도로 초점을 맞추면서 살아왔다. 나는 행동하기보다는 반응하느라 너무 바빴다.

나는 우리 삶에서 일어나는 모든 사건을 우리가 통제할 수 있다고 말하려는 것이 아니다. 우리는 할 수 없다. 우리는 자신의 삶에서 일어나는 많은 부분들에 대해서도 최종 결정권을 갖고 있지 않다. 신만이 한다. 그러나 나는, 우리가 선한 의지와 협력할 수는 있다고 믿는다. 우리가 계획할 수 있고 요구할 수 있고 그리고 새롭게 일을 추진할 수 있다고 믿는다.

데이비드 슈워르츠David Schwartz는 그의 유명한 저서 『크게 생각할수록 크게 이룬다(The Magic of Thinking Big)』에서 "활용될 때에야 비로소 소망은 능력이 된다."라고 쓰고 있다. 가장 하고 싶은 것을 하기 위해 소망을 좇다가 일어난 실패는 우리의 평범한 일상이 된다. 슈워르츠는 또 이렇게 설명한다. "성공은 마음과 영혼의 수고를 요구하고 당신은 자신의 마음과 영혼을 진짜 바라는 것 속에 집어넣어 줄 수 있을 뿐이다."[1]

목표는 우리에게 방향과 목적을 알려 준다. 나는 차에 올라타지도 않았고 시동을 켜지도 않았고 차를 출발시키지도 않았고 특별히 어느 곳을 가야 한다는 희망도 아직은 없다. 나는 내가 가고 싶어 하는 곳 또는 내가 마지막에 다다르고 싶은 곳과 아주 가까운 지역을 찾아가기로 결심한다. 그런 다음 그곳에 이르기 위해 그곳과 대체로 일치하는 방향으로 자동차를 운전하며 나아간다. 바로 이것이 내가 내 삶을 살아가는 방식이다. 그러나 종종 일들이 생기고 여러 가지 이유들 때문에 가고자 했던 곳에 도착하지 못할 수도 있다. 내가 마음을 바꾸거나 또는 내 통제에서 벗어나 있는 문제들이 자꾸 개입하게 되면, 나는 원래 계획했던 것과는 다른 일을 하게 된다. 적절한 시기와 변하지 않을 것 같은 상황도 바뀔 수 있다. 그래도 괜찮다. 나는 대체로 더 나은 곳 혹은 나에게 보다 적합한 곳에 도착한다. 그곳은 바로 수용과 신뢰, 확신, 자유로운 마음이 소통하는 곳이다. 적어도 나는 인생을 아무런 목적 없이 이곳저곳을 떠다니는 부초처럼 살아가지는 않는다. 나는 내가 바라는 것보다 더 많은 것들을 실현하기 원한다. 나는 내 문제들을 목표로 전환하였기 때문에 그 문제들을 해결하는 일에 별로 신경 쓰지 않는다. 그리고 나는 내가 원하고 필요한 것들에 대해 생각하고 거기에 관심을 쏟기 시작한다.

목표는 신나는 것이다. 목표는 삶에 흥미와 열정을 불러일으킨다. 목표는 삶을 즐거운 것으로 만들어 주고 때로는 설레는 흥분이 숨 쉬는 곳으로 회복시킨다.

> ……당신 자신을 당신의 소망에 내맡겨라. 에너지와 열정 그리고 정신적 원기를 공급받고 지금보다 더 건강해져라. ……당신이 이루고 싶은 목표를 정하고 그 목표를 향해 똑바로 나아가기로 굳게 결심할 때, 당신의 에너지는 커지고 확장된다. 누구라도 새로운 목표를 선택하고 그 목표를 성취하기 위해 자신이 가진 모든 것을 쏟아 붓는다면 새로운 힘을 얻게 된다. 목표는 지루함을 치료한다. 목표는 여러 가지 고질적인 병들까지도 치료한다.[2]

목표를 정하고 그것을 글로 써 보는 일에는 마법과 같은 신비함이 있다. 목표를 글로 적어 보는 일은 강력한 심리적, 영적 그리고 정서적 힘이 작동한다. 그 일을 통해 우리가 성취해야 하는 일들이 무엇인지 깨닫게 되고 그 일들을 실행하게 된다. 해야 할 일들이 마음속에서 떠오르기 시작한다! 다음의 글은 『크게 생각할수록 크게 이룬다』에서 인용한 것이다.

> 목표가 가지고 있는 힘을 좀 더 깊이 탐구해 보자. 당신은 자신을 소망에 순순히 내맡길 때 그리고 자신을 당신의 목표에 집중시킬 때, 당신은 목표를 성취해 내는 데 필요한 육체적 힘과 에너지 그리고 열정을 얻을 수 있다. 게다가 당신은 힘과 열정만큼이나 가치 있는 다른 것들도 소유할 수 있게 된다. 당신의 목표를 향해 당신을 똑바로 나아가게 해 주는 자동장치 같은 것이 당신 속에 장착된다.
>
> 깊숙이 뿌리를 내린 목표가 행하는 가장 놀라운 일은 목적지에 이르는 길을 당신이 따라갈 수 있도록 당신을 계속 인도한다는 것이다. 이 말은 허튼 소리가 아니다. 실제로 이와 같은 일이 일어난다. 당신이 자신의 목표에 초점을 맞추고 묵묵히 따라갈 때, 목표는 스스로 당신의 잠재의식 속에 자리를 잡고 활동하기 시작한다. 당신의 잠재의식은 항상 균형을 유지하고 있다. 그런데 당신의 의식이 잠재의식 속에 깃든 생각과 조화를 이루어 내지 못하면, 당신의 의식은 균형을 상실한다. 잠재의식의 완전한 협조가 없다면, 사람은 망설이고 혼란스러워하고 우유부단해진다. 이제, 당신은 잠재의식에 흡수된 당신의 목표에 자동으로 그리고 올바른 방식으로 반응하게 된다. 의식은 분명하고 솔직한 생각을 통해 자유로움을 느낀다.[3]

우리의 목표는 무엇인가? 이번 주, 이번 달, 올해, 앞으로 5년 동안 우리의 삶에 어떤 일들이 일어나길 바라는가? 어떤 문제들이 해결되기를 바라는가? 무엇을 가지고 싶은가? 우리 안에 어떤 변화들이 일어나기를 바라는가? 더 나은 경력을 위해 정말 하고 싶은 일이 무엇인가? 무엇을 이루고자 하는가?

나는 어떻게 하면 당신의 목표를 정확하게 세울 수 있을 것인가에 대해 교과서처럼 설명하지 않을 것이다. 목표를 정하는 것은 너무나 오랜 시간 동안 지루함을 느끼게 하는 일로 여겨져 왔다. 다음은 내가 중요하다고 믿고 있는 여러 가지 생각들을 정리한 것이다. 유효한 방법을 찾아내라.

• 모든 것을 목표로 바꾸어 내라. 만약 문제가 있다면, 그 문제를 해결하는 것을 목표로 만들어라. 우리가 해결책을 알아야 할 필요는 없다. 우리의 목표는 문제를 해결하는 것이다. 원하는 것이 있는가? 그것이 새로운 침대, 빨간 스웨터, 새 차, 긴 머리, 더 기르고 싶은 손톱인가? 그것을 목표로 바꾸어 내라. 가고 싶은 곳이 있는가? 유럽, 남아메리카, 서커스 공연? 사랑을 주고받는 더 건강한 관계를 원하는가? 그것을 목표로 바꾸어 내라. 항상 해 보기를 소원했던 일들이 있는가? 학교에 다니기, 원하는 회사에서 근무하기, 1년에 1억 원을 벌기? 그것들을 목표로 바꾸어 내라. 자신의 경력을 위해 하고 싶은 일들을 결정해야 하는가? 그 결정들을 목표로 바꾸어 내라. 신과 더 가까워지고 주일마다 교회에 가고 매일 성경을 읽고 싶은가? 그것들을 목표로 바꾸어 내라. 자신에 대해 무언가 변화시키고 싶은 것이 있는가? "아니요."라고 말하고 싶다거나, 특별한 결정을 내린다거나, 분노를 해결한다거나 등등. 그것들을 목표로 바꾸어 내라. 자녀, 친구, 배우자, 친척과의 관계를 개선하고 싶은가? 그것들을 목표로 바꾸어 내라. 새로운 관계를 형성하고, 몸무게를 줄이고 혹은 늘리고, 걱정하는 일을 멈추고, 통제하는 일을 이제 그만두고 싶은가? 즐겁게 사는 법을 깨닫고, 성적 만족감을 높이는 법을 배우고, 특별한 사람이나 좋지 않은 사건들을 수용할 수 있는 능력을 키우고, 누군가를 용서하고 싶은가? 나는 우리가 삶의 모든 내용들을 훌륭하게 목표로 바꾸어 낼 수

있다고 믿는다. 목표가 우리를 괴롭히면, 그것 또한 목표로 만들어라. 무언가 변화되어야 할 필요가 있다고 느낀다면, 그것을 목표로 만들어라. 원하는 것이 있다면 무엇이든 그것을 목표로 바꾸어 내라.

- '해야만 하는 일들'을 없애라. 우리는 '해야만 하는 일들'에 의해 삶을 조종당한다. 그 일들이 우리의 목표가 되어서는 안 된다. 그동안 해야만 한다고 생각했던 일들의 75%를 제거하는 것을 목표로 세워라.
- 당신 자신을 한계 짓지 마라. 모든 것을 성취하려고 노력하라. 우리가 원하고 필요한 모든 것, 우리가 해결하고 싶은 모든 문제, 우리의 모든 소망, 심지어 우리의 변덕까지도. 걱정하지 마라. 이루어 내려고 하지 않는다면, 우리는 그것을 이루어 내지 못할 것이다. 우리가 이루고자 하는 마음이 있다면, 그것을 목표로 전환함으로써 이룰 수 있는 더 높은 가능성을 갖게 될 것이다.
- 목표를 글로 기록하라. 목표들을 우리 안에 느슨하게 품고 있기보다 그것들을 글로 기록하라. 거기에는 특별한 힘이 뒤따른다. 목표를 글로 쓰게 되면, 우리는 그것에 대해 덜 걱정하고 덜 생각해도 된다. 목표를 기록하는 것은 우리의 목표에 더 분명한 초점을 제공해 주고 그 목표를 조직화한다. 또한 목표를 기록하는 것은 우리가 자신의 에너지를 잘 사용할 수 있도록 도와주고 절대자와 접촉할 수 있는 길을 열어준다. 우리의 목표를 말끔하게 그리고 완벽하게 쓸 필요는 없다. 목표를 기록하기 위해 특별한 단어나 어떤 체계를 사용할 필요도 없다. 모든 목표를 그저 종이 위에 적극적으로 기록하라.
- 기록한 목표들을 신에게 맡겨라. 우리가 기록한 목표들에 대해 관심을 가지고 있으며, 그 목표들을 이루기 위해 신의 도움이 반드시 필요하다고 신에게 말하라. 그런 후에 겸손하게 순종하라. "내가 아니라 당신이 하십니다."

- 내려놓아라. 필요할 때마다 쉽게 볼 수 있도록 목표를 항상 당신 가까이에 두어라. 목표를 이루는 방법과 시기에 대해 걱정하며 집착하지도 말고, 어떤 상황을 가정하려고 하는 태도나 이런 일이 생기면 어쩌지 하는 마음도 모두 버려라. 어떤 사람들은 목표를 매일매일 점검해야 한다고 주장한다. 내 생각은 다르다. 매일매일 목표를 세워야 하는 상황을 제외하면 그렇게 할 필요가 없다. 그러나 당신이 원하는 방식대로 하라. 목표를 일단 종이에 기록했다면, 나는 그것을 억지로 통제하거나 강제로 밀어 부치지 않는다.
- 하루하루 할 수 있는 일을 성실하게 행하라. 24시간이라는 틀 안에서 적당하고 적절하게 느껴지는 만큼의 일을 행하라. 매일 우리를 향한 신의 뜻을 행하라. 무언가 우리의 마음에 해야 한다고 북돋워진 일을 하라. 우리의 삶에 해야 할 필요가 있다고 생각되는 일을 먼저 하라. 평화롭고 신뢰하는 마음으로 그 일을 행하라. 그렇게 하다 보면 우리의 삶에 놀라운 일이 일어나는 것을 경험하게 될 것이다. 실제로 그러한 일들이 일어난다. 시도해 보라. 우리는 자신의 역할을 잘 감당해야 한다. 다른 무엇보다 하루하루 성실하게 살아감으로써 우리가 할 수 있는 몫을 최선의 방식으로 잘 감당해 낼 수 있고 앞으로도 그럴 것이라고 나는 믿고 있다. 무언가를 해야 할 때가 오면 우리는 자연스럽게 그 때를 알게 될 것이다. 어떤 일이 일어날 때가 되면 자연스럽게 그 일은 일어날 것이다. 우리 자신과 신을 신뢰하자.
- 목표를 필요에 따라 정기적으로 세워라. 나는 매년 새해가 시작될 때 그 해의 목표를 세우는 일을 좋아한다. 그 일은, 내가 그 해에도 여전히 내 삶을 살아가는 데에 관심을 기울이고 있음을 나 스스로에게 일깨워 주는 작업이다. 나는 새해의 결심들을 믿지 않는다. 대신 나는 내 목표들을 믿는다. 나는 연중에도 목표들이 머릿속에 떠오를 때마다

그것들을 기록한다. 내가 문제에 직면하고 필요를 발견하고 새로운 바람을 마음속으로 느끼게 되면, 나는 그것을 목표로 전환하고 목록에 기록해 놓는다. 위기를 겪으면서 마음이 흔들릴 때도 나는 나의 목표를 붙잡고 그 위기를 헤쳐 나간다. 나는 하루, 일주일 혹은 한 달 단위로 내가 이루기를 원하고 이루어야 할 필요가 있는 모든 것을 적어 놓는다.

- **당신이 성취한 목표들을 점검하라.** 그렇다. 우리는 목표에 다다르기 시작할 것이다. 우리의 바람과 욕구가 이루어지고 충족될 것이다. 우리는 중요한 일들을 성취할 것이다. 이러한 일이 일어날 때마다 목표를 하나하나씩 지워 가고 그러면서 자축하고 신에게 감사한다. 우리는 우리 자신에 대해, 우리가 세운 목표에 대해, 우리를 인도하는 신에 대해 그리고 그런 방식으로 진행되는 우리의 삶의 리듬에 대해 더욱 큰 믿음을 갖게 될 것이다. 우리에게 좋은 일들이 일어나고 있음을 우리의 눈으로 직접 확인하게 될 것이다. 우리는 종종 자신의 목표를 달성했을 때 허탈감을 경험할 수도 있다. 목표를 달성하는 데 너무 많이 에너지를 소모했거나 마술적 사고를 지속적으로 해 왔다면 그런 느낌이 들 수도 있다. (마술적 사고란 '일단 이 문제만 해결되면 나는 다시 불행해질 일이 없을 거야.' 또는 '새로운 자동차를 사면 나는 정말 행복할 거야.' 와 같은 상상이다.) 허탈감을 피하기 위해서는 목표를 모두 기록해 놓은 목록을 만드는 것과 마술적 사고를 피하는 것이 필요하다. 나는 지금까지 나를 평생 행복하게 살게 해 주는 목표를 성취했다거나 그런 느낌이 들 정도로 큰 문제를 해결했던 적이 한번도 없었다. 내 삶은 여전히 진행 중이고, 나는 행복하게 그리고 평화롭게 살려고 노력할 뿐이다.

우리 모두는 목표로 바꾸어 내야 할 문제들을 한 짐씩 이고 살아간다. 우리는 늘 이루고자 하는 바람과 욕구 속에 살아갈 것이다. 하지만 삶의 목표를 설정하는 과정은 우리의 삶을 보다 즐길 만한 것으로 만들어 줄 뿐만 아니라 늘 희비가 교차하는 인생길에서 확실한 믿음과 삶에 필요한 보편적인 미덕들을 키워 가는 데 도움을 준다. 문제가 해결된다. 바람과 욕구가 무엇인지 깨닫게 된다. 바람과 욕구가 이루어지며 충족된다. 다시 꿈을 꾸게 된다. 그 꿈이 이루어진다. 일들이 일어난다. 좋은 일들이 일어난다. 그런 다음에 더 많은 문제들이 생겨난다. 그러나 그렇더라도 이제는 모든 일이 괜찮다.

- 인내하라. 신이 정한 때가 있음을 신뢰하라. 우리가 이미 성취해 냈어야 하고 이미 우리 것이 되어 있어야만 하는 목표가 우리의 생각대로 아직 이루어지지 않았다고 할지라도, 그 목표가 우리 인생에서 여전히 중요한 의미가 있는 것이라면 목록에서 절대 없애지 마라. '이미 이루었어야 하는데.' '이미 가지고 있어야 하는데.' 라는 생각들이 우리의 삶의 모든 부분에 스며들어 우리를 비참하게 만든다. 내가 세운 목표 중에는 성취하는 데 수년이 걸리는 것도 종종 있다. 연간 목표를 세울 때 나는 적어 놓은 목록과 내 생각을 살핀다. 그러면서 이런 생각을 한다. '아, 이 문제는 절대 해결할 수 없을 것 같아. 몇 년간이나 계속 목록에 머물러 있었어.' '이 꿈은 절대 이루어지지 않을 거야. 4년 동안 계속 목록에 올려놓았는데.' '나의 이런 모난 성격을 바꾼다는 것은 애초부터 무리였어.' 하지만 이러한 생각들은 진실이 아니다. 그 일들은 아직 일어나지 않았을 뿐이다. 내가 읽은 글 하나를 소개하고자 한다. 데니스 홀리Dennis Wholey가 알코올중독에 관해 쓴 책인 『변화를 위한 용기(The Courage to Change)』에서 인용한 글로 인내심을 가장 적절하게 표현하고 있다.

> 기다림은 하나의 기술이며, 기다림은 많은 일들을 성취하게 한다는 사실을 나는 깨닫기 시작했다. 기다림은 매우 강력한 것이다. 시간은 매우 가치 있는 것이다. 당신이 아무리 열심히 일할지라도, 아무리 엄청난 돈을 공중에 뿌려 대듯 쓴다고 할지라도 그리고 당신의 머리를 아무리 많이 찧어 댄다 할지라도 오늘은 도저히 이루어 낼 수 없는 일을 당신이 2년만 참고 기다린다면 종종 성취할 수 있게 된다 …….[4]

우리가 준비될 때, 신이 준비될 때, 세상이 준비될 때, 다시 말해 적절한 시기가 되면 일들은 자연스럽게 일어난다. 마음을 비워라. 내려놓으라. 그러나 당신이 이루고자 하는 것이 있다면 그것이 당신의 목록에 끝까지 머물러 있게 하라.

우리 스스로 목표를 세워야 할 필요가 있다. 이 장을 다 읽어 가는 시점, 바로 지금부터 시작하라. 당신이 지금 어떤 목표도 가지고 있지 않다면, '몇 가지 목표 정하기'를 당신의 처음 목표로 설정하라. 당신의 삶이 앞으로도 계속 행복을 보장받을 수는 없겠지만, 이제야 당신은 행복하게 사는 과정을 시작한 것이다.

과 제

1. 종이에 당신의 목표들을 기록하라. 당신의 소망, 해결해야 하는 문제, 당신에게 일어나야 하는 변화 등의 내용들로 최소한 10개 이상 기록하라. 생각이 나는 대로 계속 목표들을 적어 가라.

2. 제4장에서 제시한 '공동의존자의 특징'에 대한 목록을 다시 살펴보라. 당신의 문제라고 생각되는 특징들을 변화시키기 위해 그것들을 목표로 바꾸어 보자.

17 의사소통

> 당신이 자신에게 적절하다고 생각하는 일을 하려고 할 때,
> 그 일에 대해 한 번쯤 언급해 보는 것이 좋다.
> 그런 후에는 더 이상 그 일에 대해 논의하려고 하지 마라(Toby Rice Drews).[1]

다음의 대화들을 읽어 보자. 당신은 이 대화를 통해 당신이 경험한 상황을 떠올릴지도 모른다. 고딕체는 대화 내용이며 이탤릭체로 되어 있는 부분은 대화가 담고 있는 의미를 해석한 것이다. 해석된 내용들은 공동의존자들이 실제로 어떤 의도를 가지고 있는지, 어떤 식으로 생각하는지를 설명한다.

다니엘은 스타시에게 전화를 하려고 하는 참이다. 다니엘은 스타시가 이번 주말에 자신의 세 아이들을 돌봐 주길 바라면서도 솔직하게 부탁하려고 하지 않는다. 다니엘은 스타시의 마음을 조작해 그 일을 하게끔 만들 생각이다. 다니엘의 수법들에 관심을 기울여 보자.

스타시 여보세요.

다니엘 안녕(중얼거린다), 어휴(한숨을 쉰다). *이 한숨은 '아이고, 힘들어. 나는 아주 곤혹스러운 상태에 빠져 있어. 그러니 내게 무슨 문제가 있는지 물어봐 줘. 그곳에서 나를 구원해 줘.' 라는 의미를 담고 있다.*

스타시 (긴 침묵 후에) 어, 안녕, 다니엘! 목소리 들으니 반갑다. 어떻게 지내? *침묵하는 동안 스타시는 '오, 맙소사. 괜히 받았네.' 라고 생각했다. 다시 한숨을 쉬며 탄식했다. '야단났네! 이번엔 또 뭘 원하는 거지?'*

다니엘 어휴, 어휴, 맨날 그 모양이지. 알다시피 나는 항상 문제투성이잖아. *다니엘이 말하고자 하는 것은 이것이다. '어서 제발, 내게 무슨 일이 일어났는지 물어봐 줘!'*

스타시 (다시 긴 침묵이 흐른 후에) 무슨 일 있어? 뭔가 큰일이 생긴 모양이네. *긴 침묵이 이어지는 동안 스타시는 이런 생각을 했다. '그녀에게 무슨 문제가 있는지 물어보지 않을 거야. 나는 붙들리고 싶지 않아. 뭐가 문제인지 결코 물어보지 않을 거야.' 이런 생각이 떠오르자 스타시는 화가 났고 이윽고 죄책감(구원하려고 하는 감정)을 느끼기 시작했다. 그래서 "무슨 일이 있어?" 라고 물으며 다니엘을 구원하기 시작했다.*

다니엘 글쎄, 남편이 이번 주말에 멀리 출장을 가야 하는데 그걸 방금 알게 됐나 봐. 그런데 남편이 나에게 같이 가자고 하더라고. 나도 정말 함께 가고 싶은데, 너도 알다시피 내가 어디를 나가 본 적이 있어야지. 누구에게 아이들을 맡겨야 할지도 모르겠고. 남편에게 못 간다는 소리도 할 수 없었어. 거절했어야 했는데. 만약 그랬다면 남편의 기분이 상했을 거야. 남편이 내게 화를 낼까 봐 걱정이 되기도 했고. 글쎄,

일이 이렇게 되어 버렸네. 어휴, 어휴. *다니엘은 과장해서 말하고 있다. 다니엘은 스타시가 자신과 자신의 남편을 불쌍히 여겨 스타시의 마음에 죄책감이 일어나기를 원했다. 다니엘은 언어를 조심스럽게 선별해서 사용했다. 다니엘은 이미 남편에게 자신이 갈 수 있으며, 부탁하면 스타시가 아이들을 돌봐 줄 것이라고 말한 상황이었다.*

스타시 (길고 긴 침묵) 글쎄, 생각해 봐야겠지만 너를 도와줄 수 있는 방법을 찾아볼게. *침묵하는 동안, 스타시는 '오, 안 돼, 안 돼, 안 돼, 안 된다고. 난 정말 다니엘의 아이들을 돌보고 싶지 않아. 다니엘은 내 아이들을 한번도 돌봐 준 적이 없어. 난 정말 그러고 싶지 않아. 부탁을 들어주지 않을 거야. 젠장! 쟤는 왜 나를 항상 이렇게 궁지에 몰아넣는 거야. 빌어먹을! 하지만 어떻게 못 도와준다고 하지? 나는 사람들을 도와주어야만 해. 남에게 대접받고자 하는 대로 대접하는 것이 맞아. 지금 그녀는 나를 몹시 필요로 하잖아. 제발 그녀가 나에게 화내지 않으면 좋겠어. 게다가 내가 돕지 않으면, 누가 그녀를 도와주지? 그녀가 불쌍해. 그래 이번이 마지막이야. 정말 마지막이야.' 스타시는 분노, 동정심, 죄책감, 숭고한 마음을 느꼈고, 다시 처음 감정인 분노로 돌아간다. 여기서 스타시가 어떤 식으로 다니엘을 무기력한 인물로 분류하고 평가절하했는지를 주목하자. '나는 그녀를 도울 수 있는 이 세상 유일한 사람이야.' 라고 생각하는 스타시의 대단한 책임감을 눈여겨보자. 또한 그녀가 자신의 반응을 어떻게 말로 표현했는지를 자세히 살펴보자. 스타시는 다니엘이 자신의 내키지 않은 마음을 알아챈 다음, 자신에게 "괜찮아. 잊어버려."라고 말해 줌으로써 그 상황에서 벗어나게 해 주기를 바라고 있었다.*

다니엘 그래 줄 거야? 정말 고마워. 너는 정말 좋은 사람이야. 나를 도와줄 수 있을 거라고 생각하지 못했는데. *'와, 됐어! 내가 원하는 대로 됐어.'*

스타시 괜찮아. 도울 수 있어서 나도 좋아. *'정말 하고 싶지 않아. 왜 이런 일이 항상 나에게만 일어나는 거야?'*

로버트는 아내인 샐리가 상사에게 전화를 걸어 아프다고 말해 주었으면 한다. 로버트는 전날 저녁부터 새벽 3시까지 술을 마셨다. 로버트의 알코올중독은 가정이나 직장에서 점점 더 심각한 문제를 일으키고 있다. 그는 아내와 이야기하는 내내 메스껍고 화가 나고 죄책감이 들고 절망감을 느낀다. 샐리도 같은 마음이다.

로버트 좋은 아침이야, 여보. 당신은 어때? *'신이여 나를 도우소서. 끔찍한 심정이야. 나는 오늘 일하러 갈 수 없는 상태야. 아내는 난리를 칠 거고 상사를 볼 면목도 없어. 아내를 살살 달래서 내 대신 전화를 걸게 하는 편이 낫겠어. 그런 다음 누워서 쉬어야지. 그러기 전에 한잔 더 마셔야겠지. 서두르자.'*

샐 리 좋아요. (차가운 응시, 찌푸린 얼굴 그리고 긴 침묵이 흐른 후에 잘라내듯 괴로운 목소리로 대답했다) *샐리가 말하고자 하는 것은 이것이다. "불쾌해. 화가 나. 당신이 내게 어떻게 이럴 수가 있어? 당신은 어젯밤에 또 술을 마셔 댔어. 다시는 그렇게 하지 않겠다고 했잖아. 이 인간아, 사는 꼬락서니를 봐. 그런데도 전혀 관심이 없어. 자신을 좀 보라고, 이 못된 인간아. 정말 참을 수가 없어!"*

로버트 여보, 몸이 너무 아파. 감기에 걸린 것 같아. 아침도 못 먹겠다. 상사에게 전화 좀 해 줘, 해 줄 거지? 괜찮아지면 내일 출근하겠다고 좀 전해 줘. 그렇게 해 줄 수 있지? 제발, 여보. 오늘 몸이 너무 안 좋아. *'나는 지금 아무것도 할 수 없어. 그래서 당신이 필요해. 나를 보살펴줘. 지금 당장 당신의 도움이 필요해. 당신이 나에게 화가 나 있다는 것을 알고 있어. 그래서 나는 당신이 나를 불쌍하게 여기도록 만들 거야.'*

샐 리 당신 상사에게 전화하는 것은 내 일이 아니에요. 당신의 상사는 당신이 언제 출근할 건지 당신과 직접 이야기하고 싶어 해요. 그는 항상 여러 질문들을 하죠. 그런데 나는 그 질문들에 대답할 수가 없어요. 전화는 당신이 하는 편이 낫지 않을까요? 어쨌든 당신 일은 당신이 더 잘 알잖아요. *'당신 상사에게 전화 거는 일은 정말 싫어. 남편 때문에 거짓말하는 것도 싫어. 하지만 내가 만약 거절하면 남편은 화를 내겠지. 남편보다 더 무기력한 것처럼 보이게 행동해야겠어.'*

로버트 당신 나한테 왜 그래? 나를 위해 그런 사소한 일도 해 줄 수 없단 말이야? 당신 그렇게 이기적인 사람이었어? 내게 화가 나 있다는 것은 알아. 그런데 당신도 항상 내게 화를 내잖아. 당신 같은 여자를 마누라로 두고 있으니 내가 술을 마시는 거야. 마음대로 해. 전화하지 마. 하지만 내가 직장에서 쫓겨나면 모두 당신 탓이야. *그는 '감히 내 말을 거절해?' 라고 생각한다. 그리고 강경하게 아내를 몰아세울 순간을 엿본다. 아내에게 그 일을 하게 할 것이다. 아내의 죄책감을 크게 자극한 후에 거기에 약간의 두려움을 끼얹어 마무리할 작정이다. 그가 직장을 잃을까 봐 전전긍긍하고 있는 아내의 마음을 그는 잘 알고 있다. 그는 그런 생각을 하면서 오늘은 어떻게 술을 마실까 이런저런 궁리를 한다.*

샐 리 좋아요. 내가 할게요. 하지만 앞으로 다시는 나에게 그런 일을 시키지 마세요. 당신이 한 번 더 술을 마신다면, 이제는 정말 당신을 떠날 거예요. *샐리는 덫에 걸린 듯한 기분으로 남편의 상사에게 전화를 건다. 로버트는 자신이 뜻한 바를 달성했다. 로버트는 자신의 요점을 정확히 표현하면서 샐리의 약점을 효과적으로 공격했다. 샐리는 자신이 이기적이라는 말을 끔찍하게 싫어하기 때문에 자신이 그렇게 불리는 것을 두려워한다. 그리고 샐리는 자신이 항상 화가 나 있다는 것을 알고 있기 때문에 죄책감을 느끼며, 로버트가 술을 마시는 것에 대해서도 책임을 느낀다. 또한 샐리는 남편이 직장을 잃을까 봐 걱정한다. 남편이 술을 다시 마신다면 떠나겠다는 그녀의 말은 공허한 협박이다. 왜냐하면 그녀는 남편 곁을 떠나려는 어떤 결심도 한 적이 없기 때문이다. 남편이 다음번에도 똑같은 부탁을 한다면, 샐리는 상사에게 또 전화를 할 것이다. 샐리는 전화를 한 후에 화를 내면서 남편을 괴롭힌다. 그런 다음, 자신의 신세를 한탄하며 결국 자신이 희생당했다고 느낀다. 또한 남편은 너무 강력하게 보이는 데 비해 자신은 너무 나약하고 불안정하기 때문에, 샐리는 자신의 모든 감정과 반응에 문제가 있다고 생각하며 계속 극도의 죄책감을 느낀다.*

가족치료 모임에서 상담가가 남편이 알코올중독자인 한 부부와 대화를 나누고 있다. 이 두 사람은 완벽한 부부로 보인다. 그들은 치료 모임에 계속 참여해 왔다. 상담가는 처음으로 그들에게 초점을 맞추며 대화를 진행한다.

상담가 스티븐, 그리고 조앤, 오늘 밤에 두 분을 모두 뵐 수 있어 반가워요. 요즘은 어때요?

스티븐 아주 좋아요. 아주요. 그렇지 않아, 여보?

조 앤 (웃는다) 맞아요. 다 괜찮아요. (신경을 거슬리는 웃음을 짓는다)

상담가 조앤, 당신은 웃고 있군요. 하지만 뭔가 문제가 있어 보여요. 여기서는 말해도 괜찮아요. 당신의 감정, 당신의 문제, 어떤 것도 괜찮아요. 이 모임은 그렇게 하라고 있는 겁니다. 당신의 웃음 뒤에 무슨 일이 일어나고 있는 건가요?

조 앤 (웃음이 사라지고 울기 시작한다) 저는 그 일이 너무나 지겨워요. 남편이 저를 때리는 것이 너무 싫어요. 남편을 두려워하는 것도 넌더리가 나요. 거짓말이라면 이제 신물이 나요. 결코 지켜지지 않을 약속들에 지쳤어요. 남편에게 두들겨 맞는 일이 정말 지긋지긋해요.

몇몇 공동의존자들의 대화를 살펴보았다. 이제 우리가 늘 하는 대화에 대해 생각해 보자. 많은 공동의존자들은 서투른 의사소통 기술을 가지고 있다. 우리는 조작하고, 사람을 기쁘게 하고, 통제하고, 문제를 감추고, 죄책감을 완화시키기 위해 언어를 신중하게 선택한다. 우리의 의사소통에는 억눌린 감정과 생각, 숨은 동기, 낮은 자존감 그리고 수치심의 냄새가 풍긴다. 우리는 울고 싶을 때 웃고, 괜찮지 않을 때 괜찮다고 말한다. 우리는 자신이 괴롭힘을 당하고 세상과 소통하지 못하도록 스스로를 방치한다. 우리는 종종 부적절하게 반응한다. 우리는 정당화하고 합리화하고 보상해 주고 끊임없이 자신의 이야기를 쏟아 낸다. 우리는 주관이 없다. 우리는 떼를 쓰고 위협하고, 그런 다음 단념한다. 우리는 종종 거짓말을 한다. 우리는 자주 적대적이다. 우리는 빈번하게 사과하고 자신이 원하고 필요한 것을 넌지시 표현한다.

공동의존자는 돌려서 말한다. 우리의 의도는 말을 통해 그대로 표현되지 않고 우리의 말은 우리의 의도를 그대로 담아내지 않는다.[2]

우리가 일부러 그러는 것은 아니다. 그렇게 의사소통을 해야 한다고 배워 왔기 때문에 그렇게 한다. 어렸을 때나 혹은 어른이 되어서도 우리는 가족 내에서 문제에 대해 이야기하고 자신의 감정과 의견을 표현하는 것을 좋지 않은 태도라고 배웠다. 또한 자신이 원하고 바라는 것을 직접 말하는 것은 그릇된 처신이라고 배웠다. "아니요."라고 말하며 자신을 변호하는 것은 분명 잘못된 행동이었다. 알코올중독에 걸린 부모나 배우자는 이러한 규칙들을 우리에게 가르치는 것에 대해 너무도 당연하게 생각하고 우리도 기꺼이 그 규칙들을 배우고 받아들였다.

존 파웰John Powell이 의사소통에 관한 그의 뛰어난 책 『나를 있는 그대로 당신에게 말하는 것이 왜 두려울까?(Why Am I Afraid to Tell You Who I Am?)』를 통해 우리에게 질문하는 것처럼 우리는 왜 우리 자신을 있는 그대로 표현하는 것을 두려워할까? 우리는 각자 이 질문에 답을 해야 한다. 파웰은 이 질문에 대해 다음과 같은 답을 제시했다. "지금 존재하고 있는 바로 그 모습이 우리의 전부인데, 그런 우리의 모습이 누군가에 의해 거부당하는 것을 두려워하기 때문이다."[3] 우리 가운데 어떤 사람들은 자신이 누구인지 그리고 무엇을 말하고 싶은지를 모르기 때문에 두려워할 수 있다. 많은 공동의존자들이 앞서 잠깐 언급했던 가족 규칙에 의해 억제되고 통제받아 왔다. 어떤 공동의존자들은 자기 자신을 보호하고 생존하기 위해 가족 규칙을 따라야 하기도 했지만, 나는 대부분의 공동의존자들이 자신의 진정한 모습을 좋게 여기지 않기 때문에 자신을 있는 그대로 다른 사람에게 표현하는 것을 두려워한다고 생각한다.

우리 가운데 많은 사람들은 자신을 좋아하지도 않고 신뢰하지도 않는다. 우리는 자신의 생각과 감정을 신뢰하지 않는다. 우리는 자신의 의견이 아무짝에도 쓸모가 없다고 생각한다. 자신에게는 "아니요."라고 말할 권리가 없다고 생각한다. 우리는 자신이 원하고 필요로 하는 것이 무엇인지를 정확히 모른다. 그것이 무엇인지를 안다고 해도 우리는 그것을 누리는 것에 대해 오히려 죄책감을 느끼고 솔직해지지 않을 것이 분명하다. 우리는 자신이 가진 여러 문제들 때문에 수치심을 느끼기도 한다. 많은 공동의 존자들은 문제를 정확하게 파악할 수 있는 자신의 능력조차 신뢰하지 않으며, 다른 누군가가 "그게 아니야."라고 말하면 우리는 자신의 의견을 애써 무시하면서까지 그 사람의 의견을 그대로 받아들인다.

의사소통은 우리가 이해할 수 없는 수수께끼 같은 것이 아니다. 우리가 사용하는 말은 우리가 누구인지를 드러낸다. 다시 말해, 우리가 사용하는 말은 우리가 생각하고 판단하는 것, 우리가 느끼고 가치를 두는 것, 우리가 존중하고 사랑하는 것, 우리가 싫어하고 두려워하는 것, 우리가 소원하고 갈망하는 것, 우리가 믿고 전념하는 것이 무엇인지를 표현한다.4 만약 우리가 자신을 자신의 삶과 어울리지 않는 부적절한 존재로 인식한다면, 우리의 의사소통은 그것을 그대로 반영할 것이다. 우리는 자신이 옳다고 생각하는 방식대로 다른 사람을 판단할 것이다. 그런데 그 방식이란 분노를 느끼고, 상처를 받고, 두려워하고, 죄책감을 느끼고, 욕구 불만에 시달리고, 다른 사람에 의해 통제당하며 살아가는 부정적인 태도들뿐이다. 우리는 다른 사람을 통제하고 싶어 할 것이고, 어떤 대가를 지불해서라도 사람들을 기쁘게 하는 데 가치를 둘 것이고, 인정받지 못하고 버려지는 것에 대해 두려움을 느낄 것이다. 우리는 모든 것을 기대한다. 하지만 우리가 억지로 무언가를 하지 않는다면 그리고 다른 사람의 감정과 행동에 대해 우리가 헌신적으로 책임을 지지 않는다면, 우리는 스스로 "나는 그 어떤 것도 받을 수 없는 가치 없는 존재야. 나는 아무것도 얻지 못할 거야."라는 생각을 해 버린다. 우리의 마음은 부정적인 감정과 생각으로 꽉 차 있다.

우리가 의사소통하는 데 여러 가지 어려움을 겪고 있다는 점은 부정할 수 없는 사실이다.

분명하고 솔직하게 말한다는 것은 어렵지 않다. 사실, 그렇게 말하는 것은 쉽고 즐거운 일이다. 자신의 있는 그대로의 모습이 괜찮다고 인식하는 데서부터 시작하자. 우리의 감정과 생각도 괜찮다. 우리의 의견도 중요하다. 자신의 문제에 대해 이야기하는 것도 괜찮다. "아니요."라고 말해도 괜찮다.

우리가 하고 싶을 때는 언제든지 "아니요."라고 말할 수 있다. 그렇게 하는 것은 어려운 일이 아니다. 지금 당장 그렇게 말해 보라. 열 번을 반복해 보자. 그렇게 하는 것이 얼마나 쉬운 일인지 확인해 보라. 다른 사람도 "아니요."라고 말할 수 있다. 우리가 서로 동등한 권리를 가지고 있다면, 더 쉽다. "아니요."라고 대답을 해야 할 때마다 "그건 아닌 것 같아요." "글쎄요."와 같은 망설이는 표현 대신, "아니요."라고 직접적으로 표현하면서 다른 사람에게 반응하기 시작하자.5

자신이 의도하는 것을 그대로 말하라. 자신의 말이 자신의 의도를 그대로 드러내게 하라. 자신의 의도가 무엇인지 모르겠다면 침묵하고 생각해 보라. 만약 "모르겠다."라는 말이 어떤 질문에 대한 답이라면, 그냥 "모르겠다."라고 말하라. 간결해지는 법을 배우라. 다른 사람에게 주저리주저리 이야기하지 마라. 말하려고 하는 초점을 놓치지 말고 자신이 의도한 바를 정확하게 설명한 다음 이야기를 끝내라.

자신의 문제에 대해 이야기하라. 우리가 누구인지를 있는 그대로 드러내고 어떤 문제를 겪고 있는지를 말한다고 해서 우리가 다른 누군가에게 불성실한 사람이 되는 것은 아니다. 아닌 척하며 살아가는 것이 우리가 하고 있는 일의 전부다. 우리의 비밀을 알고도 우리를 곤란에 빠뜨리지 않고 우리를 부끄럽게 하지 않을 친구에게 비밀을 털어놓자. 우리는 누구와 이야기를 나누어야 할지에 대해, 그 사람에게 어느 정도까지 말을 해야 할지에 대해, 이야기를 나누기에 가장 적절한 시간이 언제인지에 대해 합리적인 결정을 내릴 수 있다.

자신의 감정을 숨김없이, 정직하게, 적절하게, 책임감 있게 표현하라. 다른 사람도 그렇게 할 수 있도록 허용하라. "나는 느낀다."라는 말을 배워라. 다른 사람이 그와 같은 말을 하려고 할 때, 그들의 태도를 고치려 들지 말고 그들이 그렇게 할 수 있도록 허용하고 그들의 말을 주의 깊게 들으려고 노력하라.

우리는 생각하는 것을 말할 수 있다. "제 생각은 이렇습니다."라고 말하는 법을 배우라. 우리의 의견이 다른 사람과 다를 수 있다. 그렇다고 우리가 틀렸다는 의미는 아니다. 자신의 의견을 바꾸고 싶지 않다면, 굳이 바꿀 필요가 없다. 다른 사람도 마찬가지다.

우리는 틀릴 수 있다.

우리는 "우리의 필요를 채우기 위해서 당신이 변해야 합니다."라고 요구하지 않으면서도 우리가 기대하는 것을 다른 사람에게 말할 수 있다. 다른 사람도 기대하는 것을 말할 수 있다. 우리가 원하지 않는다면 다른 사람의 필요에 부응하기 위해 변하려고 할 필요가 없다.

우리는 우리의 바람과 필요를 표현할 수 있다. "나는 당신에게서 이것을 필요로 합니다." "내가 당신에게서 원하는 것은 이것입니다."라는 말들을 배우자.

우리는 진실을 말할 수 있다. 우리가 무엇을 생각하고 원하는지, 어떻게 느끼는지에 대해 거짓말하는 것은 정중하지 못한 태도다. 그것은 거짓말일 뿐이다.

우리는 다른 사람의 말에 좌지우지될 필요가 없다. 우리는 말과 특별한 방법으로 다른 사람을 통제하려고 해서는 안 된다. 우리는 누군가에 의해 조작당하고, 죄책감을 느끼게 되고, 강요에 의해 억지로 일을 떠맡으려고 해서는 안 된다. 우리는 입을 열어 말함으로써 우리 자신을 돌볼 수 있다! "나는 당신을 사랑합니다. 하지만 나는 나 자신 또한 사랑합니다." "바로 이것이 내 자신을 돌보기 위해 해야 하는 일입니다."라고 말하는 법을 배우자.

어니 라슨의 말대로, 우리는 상식에 어긋나는 일에 대해 무시하는 법을 배워야 한다. 우리는 알코올중독이든 강박장애든, 누군가의 질병을 상대로 이야기하는 것을 거부할 수 있다. 누군가의 질병이 상식에서 벗어나 있다면, 그것은 그저 상식을 벗어난 일일 뿐이다. 이치에 맞지 않는 일에서 이치를 끄집어낼 필요도 없고, 상대방이 한 비상식적인 발언에 대해 그 사람을 납득시키려고 우리의 시간을 허비할 필요도 없다. "저는 이 점에 대해 이야기하고 싶지 않습니다."라고 말하는 법을 배우자.

우리는 마찰을 일으키지 않고 공격적이지 않은 태도로 자신을 주장하고 스스로를 변호할 수 있다. "이것이 내가 할 수 있는 최선이야." "이것이 저의 한계입니다." "나는 이 일을 참을 수 없어."라고 말하는 법을 배우자. 우리의 생각이 그렇다면 자신의 말을 통해 자신의 의도를 그대로 드러내자.

우리는 구원하지 않으면서도 공감과 관심을 보여 줄 수 있다. "문제가 있는 것처럼 보이는데, 제게 필요한 것이 있나요?"라고 말하는 법을 배우자. "당신이 그 문제로 어려움을 겪고 있다니 제 마음이 좋지 않군요."라고 말하는 법을 배우자. 그런 다음, 그 일을 내려놓자. 우리가 나서서 문제를 해결하려고 할 필요는 없다.

또한 우리는 사람들이 우리를 구원해 주기를 기대하지 않으면서 우리의 감정과 문제에 대해 이야기할 수 있다. 우리는 자신의 이야기를 누군가가 들어 준다는 사실에 만족할 수 있다. 그것은 우리가 계속 원해 왔던 일임에 분명하다.

내가 공동의존자들에게서 듣는 가장 흔한 불평은 "어느 누구도 제 말을 진지하게 받아들여 주지 않아요."라는 말이다. 자신을 진지하게 받아들여라. 적절한 유머감각을 발휘하면서 균형을 유지하라. 다른 누군가가 무엇을 하고 있는지 혹은 무엇을 하고 있지 않은지에 대해 걱정할 필요가 없다.

사람들이 말하는 것뿐만 아니라 말하지 않는 것에 대해서도 듣는 법을 배우자. 자기 자신, 자신의 어조, 자기가 선택한 말, 자신을 표현하는 방식, 자신의 마음에서 진행되고 있는 생각이 자기 자신에게 무엇을 말하려고 하는지 듣는 법을 배우자.

이야기하는 것은 도구이며 즐거움이다. 자기 자신을 표현하기 위해 우리는 말한다. 자신의 생각을 다른 사람에게 전달하기 위해 우리는 말한다. 이야기하는 것을 통해 우리는 자신을 이해할 수 있고 다른 사람을 이해할 수 있다. 이야기하는 것을 통해 자신의 메시지가 다른 사람에게 전달된다. 종종 우리는 가까워지고 친밀해지기 위해 이야기한다. 세상을 떠들썩하게 하는 이야깃거리를 가지고 있지 않더라도 우리는 다른 사람을 만나고 싶어 한다. 우리는 벌어진 틈을 메우고 싶어 한다. 우리는 나누고 싶어 하며 가까워지기를 원한다. 때때로 우리는 즐거움을 위해, 즉 놀기 위해, 즐기기 위해, 농담하기 위해, 누군가를 즐겁게 해 주기 위해 이야기한다. 자신을 돌보기 위해 이야기해야 할 때도 있다. 더 이상 괴롭힘을 당하지도, 학대받지도 않을 것이라고 상대방에게 이야기하며 자신을 사랑한다고 밝히고 자신에게 가장 필요한 결정을 내렸다고 다른 사람에게 선언해야 할 때도 있다. 또한 우리는 때때로 그냥 자연스럽게 이야기하기도 한다.

우리는 자신의 의사소통에 책임을 져야 한다. 우리의 말에서 자신과 다른 사람에 대해 마음속 깊이 존중하고 있음을 드러내도록 하자. 솔직하라. 직접적으로 표현하라. 숨김없이 드러내라. 정중해야 할 때 정중하고, 사랑이 필요할 때 사랑하라. 상황이 자신에게 단호한 자세를 요구한다면 단호하라. 다른 무엇보다도 제 모습으로 살아가고, 해야 할 말은 하고 살자.

사랑과 위엄의 태도를 지켜 나가며, 생각하고 느끼고 알고 있는 대로 진실을 표현하라. 진실이 우리를 자유롭게 할 것이다.

과제

1. 존 파웰의 『나를 있는 그대로 당신에게 말하는 것이 왜 두려울까?』, 진 베어(Jean Baer)의 『인생과 사랑, 그리고 일에서 자신감 넘치는 여성이 되는 법(How to Be an Assertive(Not Aggressive) Woman in Life, in Love, and on the Job)』을 읽어 보자. 진 베어의 책은 남성들에게도 추천할 만한 좋은 책이다.

18
12단계 프로그램을 활용하라

"12단계 프로그램이 효과적인가요?"
"아주 훌륭해요. 고마워요."
(A.A.와 알아논 모임에서 인용)

나는 알코올중독이라는 질병을 몹시 싫어한다. 약물의존과 여러 가지 강박장애들은 파괴될 이유가 전혀 없는 아름답고 지적이며 섬세하고 창조적이며 정답고 인정 많은 사람들을 파괴한다. 그 질병들은 사랑과 꿈을 앗아 가고 자녀에게 상처를 주고 가족을 해체시킨다. 알코올중독은 삶을 난도질하고 산산조각 내며 혼란의 소용돌이에 빠뜨려 그들을 희생자로 만들어 버린다. 경우에 따라서는 알코올중독자가 일찍 생을 마감하는 것이 평생 그 비참한 질병 때문에 고통받는 것보다 낫다. 알코올중독은 지긋지긋하고 교묘하며 좌절감을 주고 강력하며 치명적인 질병이다.

나는 12단계 프로그램을 주저함 없이 당당한 마음으로 사랑한다. 나는 각 모임의 모든 12단계 프로그램을 대단히 높게 평가한다. 12단계 프로그램은 술을 끊고자 하는 사람들을 위한 익명의 알코올중독자들의 모임(Alcoholics Anonymous: A.A.), 다른 사람의 알코올중독 문제에 영향을 받은 사람들의 모임인 알아논(Al-Anon), 다른 사람의 알코올중독 문제에 영향을 받은 10대들을 위한 모임인 알라틴(Alateen), 다른 사람의 알코올중독 문제에 영향을 받은 아동들을 위한 모임인 알아톳(Al-Atots) 그리고 마약에 중독된 사람들을 위한 익명의 마약중독자들의 모임(Narcotics Anonymous)에서 모두 사용된다.

내가 높이 평가하는 12단계 프로그램들도 있다. 다른 사람의 마약중독에 영향을 받은 사람들을 위한 모임인 날아논(Nar-Anon), 섭식장애를 가진 사람들을 위한 모임인 익명의 섭식장애자들의 모임(Overeaters Anonymous), 다른 사람의 섭식장애 문제에 영향을 받은 사람들을 위한 모임인 오아논(O-Anon), 친척이나 친구의 약물 사용 혹은 그들의 행동상의 문제들에 대해 걱정하는 사람들을 위한 모임인 익명의 가족들 모임(Families Anonymous), 알코올중독자의 성인아이들을 위한 모임인 알코올중독자의 성인아이들의 모임(Adult Children of Alcoholics), 감정적으로 개선되기를 바라는 사람들의 모임인 감정 개선을 위한 익명의 모임(Emotions Anonymous)에서 적용하고 있는 12단계 프로그램들이다.

그 밖에도 신뢰할 수 있는 12단계 프로그램들이 있다. 성적 행동에 집착하는 사람들의 모임인 익명의 성중독자들의 모임(Sex Addicts Anonymous), 다른 사람의 성중독에 영향을 받은 사람들을 위한 모임인 코사(Co-SA), 도박을 끊으려고 하는 사람들을 위한 익명의 도박자들의 모임(Gamblers Anonymous), 다른 사람의 도박 때문에 영향을 받은 사람들을 위한 모임인 갬아논(Gam-Anon), 학대적이고 방임적이거나 또는 그렇게 될까 두려워하는 부모들과 과거 혹은 최근의 학대로 여러 문제들을 경험하고 있는 청소년들을 위한 익명의 부모들 모임(Parents Anonymous) 그리고 익명의 성학대자들의 모임(Sex Abusers Anonymous)에서도 12단계 프로그램들이 활용된다. 그 밖에 내가 빠뜨렸거나 이 책을 쓰는 과정 또는 그 이후에 만들어진 12단계 프로그램들도 있을 것이다.

12단계 프로그램은 강박장애를 가진 사람들이 해서는 안 된다는 것을 알면서도 어쩔 수 없이 하게 되는 행동들—예를 들어 음주나 술 마시는 사람을 돕는 일 등—을 중단하도록 도와주는 단순한 자조 모임이 아니다. 12단계 프로그램은 사람들에게 평화롭고 행복하고 성공적으로 살아가는 법을 가르친다. 12단계 프로그램은 평화를 가져다주고 치유를 촉진한다. 12단계 프로그램은 거기에 참여하는 구성원을 소생시킨다. 12단계 프로그램이 다루는 문제가 무엇이든지 간에 거기에 참여하는 사람들은 그 프로그램들이 개발되고 적용되기 이전의 사람들이 알았던 것보다 풍성하고 건강한 삶의 모습이 무엇인지를 더 잘 이해하고 그 삶을 누리며 살아간다. 12단계 프로그램은 하나의 생활방식이다.

이 장은 다른 사람의 강박적 장애에 영향을 받아 온 사람들을 위한 프로그램에 초점을 맞출 것이다. 왜냐하면 이 책은 공동의존에 대한 책이고 공동의존과 관련된 내용을 다루어야 하기 때문이다. 나는 알아논 프로그램을 구체적으로 언급할 것이다. 그 프로그램은 내가 활용하고 있는 한 프로그램이기 때문이다(나는 뒤에서 '프로그램 활용하기'라는 말의 의미에 대해 논할 것이다). 하지만 당신이 창의력를 조금만 발휘한다면, 내가 제시한 정보를 가지고 12단계 프로그램 중 어떤 것이라도 적용할 수 있을 것이다.

12단계

12단계는 12단계 프로그램의 핵심이다. 12단계는 각 단계마다 기본적인 지침들(굵은 글씨체로 쓰인 부분들)이 있고 다양한 프로그램에 속해 있다. 모든 12단계 프로그램들은 A.A.에서 활용하는 12단계 프로그램을 본뜬 것이다.

이 장에서 제시되는 12단계에 대한 해석은 내 개인적인 의견이며, 그 의견이 다른 12단계 프로그램들과 관련되어 있는 것도, 그리고 그 프로그램들에 의해 승인되거나 그 프로그램들과 협력해서 만들어진 것도 아니라는 점을 밝혀 둔다. 또한 12단계 프로그램은 각각의 전통을 가지고 있는데, 이 전통들은 각각의 프로그램이 지속적이고도 효과적으로 운영될 수 있도록 프로그램마다의 순수성을 지켜 나가는 역할을 한다. 알아논 프로그램의 11번째 전통은 이렇게 말한다. "우리의 홍보 정책은 구성원을 모집하기 위해 광고하는 것보다는 참여자들의 입에서 입으로 전해지는 방법에 기초한다."[1] 내가 알아논이나 다른 특정 프로그램을 장려하고 있지 않음을 부디 헤아려 주기 바란다. 나는 단지 12단계를 매우 높게 평가하고 있는 사람 중의 한 명으로서 그저 내 생각을 말할 것이다.

1. **우리는 알코올에 무기력했으며, 우리의 삶을 전혀 이끌어 갈 수 없음을 인정했다.*** 이 단계는 매우 중요하며, 최우선적으로 실행되어야 한다. 바로 이러한 이유 때문에 이 단계가 맨 앞에 배치될 수밖에 없다. 우리가 반드시 받아들여야 하는 것이 사랑하는 사람의 알코올중독이든, 섭식장애이든, 그 무엇이든 간에, 그것을 받아들이려고 몸서리쳤던 수많은 몸부림들이 우리를 이 단계로 들어가는 문 앞에 이르게 했다. 나는 나를 부정하는 태도, 타협, 통제하려는 노력, 구원하려는 자세, 내 속을 채우고 있는 분노와 상처 그리고 슬픔에 떠밀려 이곳에 이르렀었다. 내 인생에서 한 번도 아니고 두 번이나 나는 불가능한 일을 하려고 노력했었다. 나는 알코올을 통제하려고 했다. 나는 술을

저자주

* 여기에서 언급되는 12단계는 A.A.의 세계연합의 12단계를 본떠서 만든 것으로 알아논에서 활용되고 있는 12단계다. (Alcoholics Anonymous, A.A. World Services, New York, NY, pp. 59–60 재인용)

마시면서 수많은 날들을 허비하며 술과 전투를 치렀다. 그리고 이번에는 내가 사랑하는 사람들이 술을 마시며 심각할 정도로 술에 의지하고 있을 때, 나는 술과 다시 전쟁을 벌였다. 그러나 나는 두 번 모두 패배했다. 언제쯤 맹수들과 싸우지 않는 법을 내가 배울 수 있을까? 알코올은 두 번 모두 나를 지배했다. 한 번은 내가 술을 마시는 틈을 파고들어 나에 대한 지배권을 직접적으로 행사했으며, 다른 한 번은 다른 사람이 술을 마시는 기회를 활용해 나를 간접적으로 통제했다. 하지만 술이 어떤 식으로 나를 제압했는지는 중요하지 않다. 중요한 것은 내가 술에 제압당했다는 사실이다. 술 그리고 내 사랑하는 사람들에게 파고든 술의 영향들에 의해 내 생각과 감정 그리고 행동, 나의 모든 삶이 규제당하고 끌려다녔다. 나는 내 사랑하는 사람들에 의해 통제당하고 있었다. 하지만 그들은 술에 의해 통제당하고 있었다. 밝은 빛이 우리를 비추었다. 누가 우두머리였는지가 금세 드러났다. 바로 술이었다. 그러한 상황을 목격한 나는 내 삶이 도저히 수습될 수 없는 단계에 이르렀다는 것을 어렵지 않게 파악할 수 있었다. 실제로 그랬다. 영적으로, 감정적으로, 정신적으로 그리고 행동적으로 나는 나 자신을 제어할 수 없었다. 사람들과의 관계도 스스로 통제할 수 없었다. 내 생활과 직업을 유지하기 위해 해야 하는 일마저도 내 뜻대로 할 수 없었다. 집안을 청소하는 일조차 힘겨웠다.

당신에게 마치 이 단계가 모든 것을 포기해야 하는 과정처럼 들릴 수도 있는데, 1단계는 그러한 면이 있다. 1단계는 진실 앞에 항복하는 과정이다. 우리는 알코올에 대해 무기력하다. 우리는 알코올중독이라는 질병 앞에 무기력하다. 우리는 상대방의 음주문제 그리고 그 사람의 삶에 스며들어 있는 알코올중독의 영향들에 대해 무기력하다. 우리는 사람들에 대해서도 무기력하다. 우리는 그들이 행하는 것, 말하는 것, 생각하는 것, 느끼는 것 또는 그 반대로 행하지 않는 것, 말하지 않는 것, 생각하지 않는 것, 느끼지 않는 것에 대해서도 무기력하다. 우리는 불가능한 것을 해 보려고 노력해 왔다. 이 시점에서 우리는 이 점을 이해하고, 아무리 열심히 해도 절대 이룰 수 없는 일을 성취하기 위해 몸부림쳐 왔던 우리의 모습을 이제 그만 벗어 버릴 수 있도록 이성적인 결정을 내려야 한다. 이 시점에서 우리의 시선을 우리 자신—우리가 영향을 받았던 방식, 우리의 특성, 우리의 고통— 에게로 돌린다. 이렇게 하는 일이 몹시 절망적이며 패배하는 것처럼 느껴지기도 하지만 사실은 그렇지 않다. 그렇게 하는 것은 있는 그대로를 받아들이는 일이다. 우리는 자신이 통제할 수 없는 것을 변화시킬 수 없다. 이런 일을 자꾸 시도하는 것은 자기 자신을 비정상적인 사람으로 만드는 일일 뿐이다. 이 단계는 겸허한 마음으로 자신을 낮추는 과정이며, 우리를 2단계로 나아가게 하는 다리 역할을 한다. 우리가 실제로 무기력할 수밖에 없는 것에 대해 그럴 수밖에 없음을 진심으로 인정하게 되면서 우리는 자기 자신을 적절하게 변화시키고 우리의 삶을 살아가게 하는 힘을 스스로 길러 내고 얻게 된다. 불가능한 일을 하려는 시도를 중단할 때, 우리는 가능한 것을 할 수 있게 된다.

2. **우리는 우리보다 위대한 힘이 우리를 온전한 정신으로 회복시켜 줄 수 있음을 믿게 되었다.** 1단계가 우리에게 절망감을 주었다면, 2단계는 우리에게 희망을 가져다줄 것이다. 내 주변의 정상적이지 않은 사람과 나 자신을 비교하지 않는 이상, 내가 미쳐 있었다는 사실은 한순간도 의심의 여지가 없었다. 나는 비정상적인 방식으로 살아왔다. 내가 그동안 내 삶을 살지 못했던 방식은 돌아보면 온전한 정신을 가지고 할 수 있는 일들이 아니었다. 나는 내가 정상적으로 회복될 수 있을 것

이라고 믿어야 했다. 나는 내가 느꼈던 고통이 어느 정도는 줄어들 수 있을 것이라고 믿어야 했다. 나는 나만큼이나 혼란에 빠져 있던 사람들의 이야기를 듣고, 실제로 그들과 만나고, 그들과 이야기를 나누면서 그리고 그들이 내가 경험했던 것보다 더 좋지 않은 환경에서도 종종 평화를 느낀다는 사실을 확인하면서 내가 믿고 싶었던 것에 더 확신을 갖게 되었다. 직접 보는 것만큼 확신을 주는 것도 없다. 누군가가 전에 말했던 것처럼 보는 것이 믿는 것이다.

12단계는 영적인 프로그램이다. 더 이상 우리의 지혜에 의존하지 않도록 우리를 방치하지 않은 신에게 감사하자. 12단계는 자기 혼자 마음대로 적용하는 프로그램이 아니다. 이 책 역시 마찬가지다. 당신 혼자 마음대로 하려고 한다면 거기에 따르는 위험에 대해서도 책임질 각오를 가지고 행하라. 우리는 영적인 존재들이다. 우리는 영적인 프로그램이 필요하다. 이 프로그램은 우리의 영적인 필요들을 채워준다. 우리는 여기서 종교(religion)에 대해 말하고 있는 것이 아니다. 내가 사용하고 있는 말은 바로 '영적(spiritual)'이라는 단어다. 우리는 우리 자신보다 위대한 힘을 선택하고, 그 힘을 받아들인다.

3. **우리 의지와 삶을 우리가 이해했던 신에게 맡기기로 결심했다.** 나는 나의 의지와 삶을 알코올과 마약의 보살핌에 내맡겼었다. 나는 나의 의지와 삶을 다른 사람들—일반적으로 알코올중독자들—의 보살핌에 내맡겼었다. 나는 나의 계획을 내 인생의 큰 설계도 안에 포함시키려고 노력하면서 수년의 시간을 보냈다. 그렇게 시간이 흐르면서 나를 포함한 누군가 혹은 무언가의 통제로부터 벗어나 큰 사랑을 베푸는 신의 손에 내 자신을 맡겨야 할 시간이 이윽고 찾아왔다. 나는 말했다. "받아 주세요, 내 모든 것을. 나 자신을, 나에게 일어났던 일들을, 내가 가야 할 곳 그리고 거기에 이르는 방법까지도." 나는 그때

그렇게 딱 한 번 이야기했다. 이제는 매일 그렇게 이야기한다. 때로는 30분마다 그 말을 반복하기도 한다. 우리는 이 단계를 '해야만 하는 일들'을 체념하듯 받아들이는 과정으로 혹은 극도의 슬픔을 표출해야 하는 과정으로 이해해서는 안 된다. 이 단계가 순교와 같은 고난의 연속을 암시하는 것도 결코 아니다. 3단계에서 경험할 수 있는 흥미로우면서도 즐거운 사실은 우리가 각자의 삶을 위한 목적과 계획을 발견하게 된다는 점이다. 우리가 품게 될 계획은 대단하면서도 완벽할 정도로 경이롭고 대체적으로 즐거움을 주며 이룰 만한 가치가 있다. 또한 그 계획은 우리의 욕구와 바람, 소원, 능력, 재능 그리고 우리의 감정을 모두 고려한 것이다. 그런 일이 내 속에서 일어날 수 있다는 것 자체가 나에게는 정말 반가운 소식이었다. 나는 나를 실패작이라고 생각했다. 나는 내 삶에 중요한 일이 계획되어 있음을 생각하지 못했다. 우리의 생명이 붙어 있는 한 우리의 삶이 이루어지는 이곳에서 살아가야 하고 우리 모두에게 각자 살아야 할 삶이 있다는 사실을 내가 깨닫게 되었을 무렵, 나는 내가 마땅히 살아가야 할 이곳을 벗어나고자 온 힘을 쏟아 가며 여기저기를 헤매고 다녔다는 사실마저 알게 되었다.

4. **우리 자신에 대해 탐색적이면서도 두려움 없는 도덕적 목록을 만들었다.** 이제 다른 사람에게 향해 있는 자신의 시선을 스스로에게로 돌려 자기 자신을 바라보자. 우리는 우리가 지금 무엇을 대상으로 씨름하고 있는지, 어떻게 우리가 영향을 받아 왔는지, 지금 무엇을 하고 있는지, 우리는 어떤 인격적 특성들을 가지고 있는지 살펴보고, 이해한 내용들을 종이에 기록한다. 자기를 혐오하고 자신을 벌하려는 마음이 아닌, 사랑과 정직 그리고 자기 보호의 태도를 가지고 두려움 없이 그 내용들을 살펴본다. 우리는 현실에 존재하는 도덕적 문제 때문

에 자기 자신을 충분히 사랑하지 못하고 미워했음을 깨닫게 될지도 모른다. 우리의 잘못 때문에 생긴 죄책감뿐만 아니라 자신에게서 발견되는 문제점들을 제거하고, 자신의 좋은 자질들에 시선을 집중한다. 자신의 상처와 분노를 검토한다. 자신과 자신의 삶에서 자신이 했던 역할들을 검토한다. 4단계에서 우리는 자기 자신을 판단해 왔던 기준을 검토하여 적절하다고 생각하는 기준은 취하고 나머지는 버린다. 우리는 이제 우리의 잘못에 의해 느낄 수밖에 없었던 죄책감뿐만 아니라 굳이 느낄 필요가 없는 죄책감마저 떨쳐 버리고 자신을 수용한다. 이제 우리는 성장과 변화를 향해 나아갈 수 있는 새로운 길에 들어서게 된다.

5. **우리의 잘못들에 대한 정확한 본질을 신과 우리 자신 그리고 다른 사람에게 인정했다.** 고백은 영혼에게 이로운 일이다. 고백만 한 것이 없다. 우리는 더 이상 숨길 필요가 없다. 5단계에서 이루어지는 고백들을 능숙하게 잘 경청해 줄 수 있는 신뢰할 만한 사람을 찾아 그 사람에게 자신의 가장 추하고 부끄러운 비밀을 털어놓는다. 자신이 얼마나 상처 받고 화가 나 있는지를 누군가에게 이야기한다. 누군가는 들어준다. 누군가는 보살펴 준다. 우리는 용서를 받는다. 상처가 치유되기 시작한다. 우리도 용서한다. 5단계의 의미는 바로 이렇게 자유로워지는 것이다.
6. **신이 인격의 모든 결점을 제거할 수 있도록 우리는 완전히 준비되었다.** 우리가 자기 자신을 보호하기 위해 해 왔던 일들이 우리와 다른 사람에게 상처를 입혀 왔다는 사실을 깨닫게 된다. 우리는 어떤 위험을 감수하고서라도 과거의 그러한 행동과 태도로부터 벗어날 준비가 되었다고 결심한다. 우리는 기꺼이 변화하려고 하며 적극적으로 변화의 과정에 동참하려고 한다. 나는 나의 주요 관심의 대상이 되었던

나의 결점들을 없애기 위해 이번 단계와 다음 단계를 매일매일의 삶에 적용한다. 나는 나의 낮은 자존감을 결점으로 생각한다. 이 문제에 대해서도 나는 6단계를 적용해 풀어 간다.

7. **우리의 단점들을 제거해 주기를 신에게 겸손한 마음으로 간구했다.** 내 경험에 비추어 볼 때, 겸손이 이번 단계를 설명해 주는 핵심 단어다.
8. **우리가 해를 끼친 모든 사람의 명단을 만들었고, 그들 모두에게 기꺼이 보상할 마음을 갖게 되었다.** 여기에서 '기꺼이'라는 단어가 중요하다. 나는 기꺼이 하려는 의지가 겸손과 직접적으로 연관되어 있다고 생각한다. 명단에 자신의 이름을 적어 넣는 것을 잊지 마라. 제이엘 그린리프Jael Greenleaf가 다음과 같이 표현했던 것에 주목하라.

 8단계에 이렇게 쓰여 있지 않다. "우리가 해를 끼친 모든 사람의 명단을 만들었고, 기꺼이 그 명단에 대해 죄책감을 느끼게 되었다."[2]

 이번 단계는 우리의 잘못으로 인해 느낄 수밖에 없는 죄책감을 다루어 내는 과정이다. 이 단계는 매우 중요하다. 왜냐하면 8단계는 우리의 삶 속에서 활용될 수 있는 하나의 도구로서 기능하며, 그것이 잘 적용될 때 우리는 더 이상 죄책감을 느끼지 않고 살아갈 수 있기 때문이다.

9. **보상하는 것이 그들에게 혹은 다른 사람에게 해를 끼치지 않는 한, 할 수 있는 데까지 그 사람들에게 직접적으로 보상했다.** 12단계 프로그램이 단순하듯, 이 단계 역시 단순하다. 때때로 가장 단순한 일들이 우리를 행복하게 한다.
10. **계속 개인적인 목록을 작성했으며, 우리가 잘못을 저질렀을 때에는 즉시 그것을 인정했다.** 계속 우리 자신에게 시선을 집중한다. 우리는

지속적이고 규칙적으로 우리 자신의 행동을 평가한다. 우리가 자신의 어떤 부분들을 좋아하는지, 우리가 올바르게 잘해 왔던 일들은 무엇인지를 곰곰히 생각해 본다. 그런 다음 스스로를 축하한다거나, 거기에 대해 좋은 기분을 느낀다거나, 신에게 고마움을 전한다거나 아니면 그 세 가지를 모두 다 한다. 우리가 해 왔던 일들 중에 싫어하는 것들이 무엇인지 검토하고, 그런 다음 그것들 때문에 우리 자신을 미워하려 하지 말고 어떻게 받아들이고 다루어 내야 하는지를 판단해 본다. 이 점이 어려운 부분이다. 잘못했으면, 잘못했다고 말한다. 8단계와 9단계를 적용했고 모든 죄책감을 버렸다면, "내가 잘못했어요." "미안해요."라는 말을 언제 해야 하는지 알 수 있을 것이다. 또한 우리는 자신의 잘못으로 당연히 느껴야 하는 죄책감을 느끼게 될 것이고, 그 죄책감을 알아차리게 될 것이다. 그러나 우리가 여전히 항상 죄책감을 느끼고 있다면, 죄책감에 빠져 다른 감정을 느끼지 못하기 때문에 잘못을 하더라도 그때가 언제인지를 구별하기 어려울 것이다. 그런 상황은 마치 이미 한 짐 가득 죄책감으로 채워진 자루에 한 삽의 죄책감을 더 퍼 담는 모양새와 같다. 이 단계가 전해 주고자 하는 교훈은 바로 다음과 같다. "죄책감을 모두 버려라. 죄책감이 조금이라도 느껴진다면, 즉시 그것을 처리하라."

11. **우리를 향한 신의 뜻이 무엇인지를 알 수 있는 지혜와 그 뜻을 실천할 수 있는 힘을 달라고 간구하면서, '우리가 이해하고 있는 신'과 더 개선된 의식적인 접촉을 할 수 있도록 기도와 명상을 통해 노력했다.** 매일 일상을 통해 그리고 필요한 상황에 따라 적용해 나가야 하는 이 단계는 우리의 삶 전체를 통해 우리를 성공적으로 인도할 것이다. 이 단계는 우리에게 '반추'와 '명상'*의 차이를 배울 것을 요구한다.

또한 이 단계는 우리에게 우리가 믿는 신이 자애로운 존재인지 그렇지 않은 존재인지를 정할 것을 요구한다. 내 친구의 말처럼, 신이 우리가 살고 있는 곳을 온전히 안다고 믿어야 할지 또는 믿지 말아야 할지를 우리는 결정해야 한다. 마음을 고요히 하라. 분리하라. 기도하라. 명상하라. 우리가 무엇을 해야 하는지 신에게 직접 물어보자. 그 일을 할 수 있는 힘을 달라고 신에게 요청하자. 그런 다음 내려놓고 무슨 일이 일어나는지를 지켜보자. 신의 뜻은 우리의 삶에서 늘 적절하고 이치에 맞게 이루어진다. 때때로 우리는 놀라운 일들을 경험한다. 지금까지 우리는 스스로를 보호할 권한을 신에게 의탁했다. 우리의 삶의 후견자인 절대자를 신뢰하는 법을 배우자. 신이 우리와 어떻게 일하는지에 대해 민감해지자. 우리 자신을 신뢰하는 법을 배우자. 신은 우리를 통해 일한다.

12. **각각의 단계들을 실행함으로써 영적으로 각성되었기 때문에 우리는 다른 사람에게 이 메시지를 전하려고 노력했으며, 일상의 모든 일에서도 이러한 원칙들을 실천하려고 했다.** 우리는 영적으로 깨어날 것이다. 자기 자신을 돌보는 일은 우리의 삶을 이루고 있는 중요한 부분임에 틀림없다. 우리는 그것을 종교적으로가 아니라 영적으로 배우게 될 것이다. 이 프로그램은 서로를 구원하려고 하고 서로에 의해 구원받으려는 행동 대신, 우리 자신과 다른 사람을 사랑할 수 있게 해줄 것이다. 메시지를 전한다는 것은 우리가 그 메시지를 전달하는 전도사와 같은 사람이 되어야 한다는 의미가 아니다. 그것은 우리

역자주

* 반추(反芻): 지나간 일을 되풀이하여 기억하고 음미함
명상(冥想): 눈을 감고 차분한 마음으로 깊이 생각함

의 삶 자체가 어두움을 비추는 빛이 되어야 함을 의미한다. 우리는 자신의 삶을 빛으로 만드는 법을 배우게 될 것이다. 우리가 이 프로그램을 삶의 모든 영역에 적용한다면, 그것은 적용되고 있는 삶의 모든 영역에서 작동할 것이다.

프로그램 활용하기

우리는 각 단계들에 익숙해졌다. 이제 12단계 프로그램을 운영하고 각각의 단계들을 적용해 나간다는 말이 어떤 의미를 담고 있는지 이야기해 보자. 세계 도처에서 익명의 사람들이 교회, 성당, 가정집, 그리고 이발소 등과 같은 다양한 장소에서 모임을 갖는다. 그들은 하루에 한 번, 일주일에 두 번 혹은 매일 밤 만나기도 한다. 그들은 모임에 참석하기 위해 따로 등록하지 않는다. 그들은 자신들이 공통적으로 겪고 있는 문제에 집중하고자 특별하게 조직된 모임이 이루어지고 있는 장소를 찾아간다. 그 모임에서 그들은 자신의 이름 그리고 자신과 배우자의 직장이 어디인지를 밝힐 필요가 없다. 말하고 싶지 않은 어떤 것도 굳이 말할 필요가 없다. 마음이 내킨다면 커피를 구입하고 모임 장소를 빌리는 데 사용하도록 기부금을 낼 수도 있지만, 원하지 않는다면 그렇게 할 필요가 없다. 참가했다고 서명할 필요도 없다. 카드를 작성할 필요도 없다. 질문에 대답할 필요도 없다. 모임에 걸어 들어가서 그저 앉아 있기만 하면 된다. 그 정도가 모임에 참석하는 일의 전부다. 바로 이런 참여 방식이 프로그램이 운영되도록 하는 데 핵심적 역할을 수행한다.

그 모임들이 가진 여러 장점들 중 하나는 사람들이 자기 모습 그대로의 자신이 될 수 있다는 점이다. 모든 사람이 똑같은 문제를 가지고 있기 때문에 문제가 없는 척 가장할 필요가 없다. 문제가 없다면 거기에 가 있을 이유도 없다.

모임의 형식은 집단의 특성에 따라 달라질 수 있다. 어떤 모임은 탁자 혹은 말하고 싶은 사람 주변에 둘러앉아 자신의 감정과 문제에 대해 이야기를 나눈다. 어떤 모임은 말하는 사람을 중심으로 모임이 진행되는데, 한 사람이 다른 사람들 앞에 서서 자신의 단계나 경험에 대해 이야기한다. 어떤 모임에서는 각각의 단계들이 토론 주제가 되며 둥글게 의자에 앉아 한 사람씩 그날의 주제가 되는 단계에 대해 말할 기회를 갖는다. 모임의 형태들은 다양하지만 대체로 프로그램의 단계와 전통 또는 참석자들이 공통적으로 겪는 문제와 관련된 주제들을 다룬다. 사람들은 모임을 통해 각 단계에 대해 배우고, 각 단계가 다른 사람에게는 어떤 의미가 있는 것인지 알게 된다. 또한 그들은 모임의 의미를 압축한 표어를 사용하기도 한다. 알아논과 A.A.의 표어들을 살펴보면 다음과 같이 외우기 쉬운 명쾌하고 간결한 문구들을 사용한다. "내려놓고 신에게 맡겨라, 서두르지 말고 그날그날 열심히!" 이 문구들이 표어가 된 이유는 진실을 담고 있기 때문이다. 사람들이 표어를 말하고 듣는 데 지겨워할지라도 그것이 진실이기 때문에 그들은 말하고 듣기를 계속 반복한다. 표어를 통해 사람들은 더 나은 기분을 느낀다. 모임이 끝난 후에 사람들은 보통 바로 집으로 돌아가지 않고 대화를 나누거나 식당으로 가서 음료수나 커피를 마신다. 각 단계들과 표어를 배우고, 다른 사람의 경험을 청취하고, 개인적인 경험을 나누고, 친목을 쌓아 가는 일은 프로그램이 제대로 운영될 수 있게 하는 중요한 요소들이다.

모임에서는 공통으로 경험하는 문제들에 대한 정보가 담긴 여러 책들과 소책자들 그리고 관련 문헌들을 원가에 팔기도 한다. 어떤 모임은 매일매일 적용할 수 있는 제안이 담긴 명상록을 판매하기도 한다. 문헌들을 읽고 매일매일 명상록을 살펴보는 일은 프로그램을 적용할 수 있게 하는 요소들이다. 사람들은 필요한 책들을 집에 비치해 놓고 끊임없이 그 내용들을 읽어 보며 적용하기도 한다. 그들은 모임에서 배운 것을 다시 되새기고 새로운 것들을 배우기도 한다.

모임에 참석하는 사람들은 일상생활을 하면서 각 단계들과 표어에 대해 생각한다. 그들은 각 단계들과 표어를 자신에게, 자신이 느끼고 있는 것에, 자신이 하고 있는 것에 그리고 특별한 시간에 자신의 삶 가운데 진행되고 있는 일들에 어떻게 적용할 것인지를 헤아려 보려고 노력한다. 그들은 규칙적으로 그런 고민을 하며, 문제가 생길 때도 그렇게 한다. 그들은 때때로 모임에서 만났던 사람에게 전화를 걸어 어떤 문제에 대해 의논하거나 어떻게 하루를 보냈는지 설명하기도 한다. 때때로 그들은 자신의 목록과 자신이 해를 끼쳤던 사람들의 명단을 작성하고 적절한 보상을 하는 등 12단계에서 제안하는 것들을 실천에 옮긴다. 그들이 각각의 단계들을 충분히 고민하고 성실히 활용한다면, 공동의존의 특성들이 반복을 통해 습관으로 굳어진 것처럼 12단계도 결과적으로 그들의 새로운 습관으로 자리 잡을 것이다. 이제 그들은 새로운 습관을 통해 생각하고 행동할 것이며 이전과는 다른 방식으로 자신의 상황을 다루어 갈 것이다. 모든 단계가 자연스럽게 습관화될 때, 프로그램은 삶의 방식이 된다. 이러한 상황을 만들어 내는 일이 각 단계들과 프로그램을 제대로 목적에 맞게 활용하는 것이라고 할 수 있다.

이것이 프로그램을 활용하는 전 과정이다. 12단계 프로그램은 단순하고 기본적이다. 프로그램에 참여하는 사람들은 졸업하지도 않고 더 어렵고 복잡한 과정으로 올라가지도 않는다. 그들은 기본 원칙을 고수한다. 단순하고 기본적이기 때문에 12단계 프로그램은 작동하는 것이다.

나는 모임에 참석하는 것과 12단계를 활용하는 것 같은 단순한 일들을 실천에 옮기는 일에 큰 흥미를 느낀다. 내가 왜 그런 느낌을 갖게 되었는지 설명할 수도 있겠지만, 여기에서 하는 몇 마디 말만으로는 중요한 생각들을 모두 전달할 수 없다. 모임에 참석하고 프로그램을 잘 실행해 나간다면 우리에게 특별한 일들이 일어난다. 평화가 찾아오고 치유가 일어나기 시작한다. 우리는 변화하고 더 좋은 감정으로 살아가기 시작한다. 각각의 단계들은 우리가 활동하는 토대가 되지만, 그 단계들은 우리를 통하여 작동한다. 모임에는 설명할 수 없는 비범한 힘이 있다.

우리가 할 수 없고, 우리의 마음을 상하게 하고, 우리가 원하지 않는 어떤 일도 우리는 필요하지 않다. 무슨 일을 하거나 또는 어떤 상황을 변화시켜야 할 때에 이르면, 우리는 자연스럽게 그때를 알게 될 것이고 그 일을 하고자 할 것이다. 거기에는 올바름과 적절함이 뒤따를 것이다. 우리의 삶도 이런 방식으로 돌아가기 시작한다. 성장이란 이름의 치유는 자연스러운 과정이 된다. 12단계는 인간을 자연스럽게 치유하는 공식을 담아낼 뿐만 아니라 하나의 공식이다.[3] 12단계를 읽다 보면 나에게는 그 내용들이 큰 흥미로움으로 다가오지만 어떤 사람들에게는 내가 느꼈던 만큼 그렇게 대단하거나 특별한 것으로 다가오지 않을 수도 있다. 그러나 우리가 12단계를 활용하게 될 때, 특별한 일이 일어난다. 12단계는 스스로 그 실체를 드러내기 시작한다. 12단계의 힘이 나타나기 시작한다. 그러나 그러한 일이 우리에게 일어날 때까지 우리는 그 힘을 이해하지 못할 수도 있다.

내가 들었던 12단계에 대한 가장 뛰어난 설명은 12단계를 '보이지 않는 배'에 비유한 것이다. 나는 최근 참석한 모임에서 한 남성이 그렇게 설명하는 것을 들었다. 그는 A.A.에 대해 이야기하고 있었는데, 그의 이야기는 알아논이나 다른 집단들에도 적용될 수 있는 내용이었다. 나는 그가 사용했던 몇몇 단어들을 바꾸어 알아논에 적합하도록 고쳐 썼다. 그러나 그가 말하려 했던 이야기의 본질은 그대로 담았다.

바닷가에 서 있는 우리 자신을 상상해 봅시다. 바다 멀리 저편에는 알코올중독과 다른 문제들이 만든 절망감에서 해방된 평화와 행복 그리고 자유로움만이 존재하는 평온이라고 이름 붙은 한 섬이 있습니다. 우리는 정말로 그 섬에 가기를 원하죠. 그러기 위해서는 우리가 서 있는 해변과 우리가 가고 싶어 하는 그 섬 사이에 존재하는 거대한 공간인 바다를 건너가야만 합니다.

우리는 두 가지 중 하나를 선택할 수 있습니다. 한눈에 보기에도 호화롭고 아늑해 보이기까지 하는, 대양을 가로질러 다니는 유람선에 올라타는 것이 첫 번째 선택입니다. 유람선은 치료를 통해 접근하는 것을 의미하죠. 그런데 그 배 바로 옆에 이상하게 보이는 한 무리의 사람들이 바닷가에 앉아 있습니다. 그 사람들은 배를 움직이기 위해 노를 젓고 있는 것처럼 보이죠. 하지만 우리 눈에는 배도, 노도 보이지 않습니다. 보이지 않는 노를 가지고 보이지 않는 배를 저어 가고 있는 행복한 사람들의 모습만 우리는 볼 수 있을 뿐입니다. 보이지 않는 배는 알라논 또는 A.A., 기타 다른 12단계 프로그램을 비유한 것입니다. 유람선은 경적소리를 울리면서 치료를 받아야 한다며 어서 탑승하라고 우리를 재촉합니다. 우리는 유람선에 탄 사람들을 볼 수 있습니다. 그들은 행복해하며 우리에게 손짓을 하죠. 그런 다음 소리가 나는 쪽으로 고개를 돌려 보니 약간 이상하게 보이는 무리의 사람들이 그들이 타고 있는 보이지 않는 배에 어서 올라타라고 우리에게 소리를 질러 대고 있습니다. 우리는 유람선과 보이지 않는 배 중 어느 것을 타고 가야 할까요? 당연히 대양을 가로질러 다니는 호화 유람선에 올라탈 것입니다. 어느덧 유람선은 행복의 섬을 향해 나아갑니다.

그런데 바다를 가로질러 항로 중간쯤 왔을 때 문제가 생깁니다. 유람선이 멈추고 갑자기 방향을 틀어 우리가 출발했던 곳으로 뱃머리를 돌려 버립니다. 그러면서 선장은 여행자들에게 배에서 어서 내리라고 명령하죠. 선장에게 우리가 왜 내려야 하는지 이유를 묻습니다. 선장은 이렇게 대답합니다. “우리

유람선은 여기까지만 운행합니다. 여러분들이 저 섬에 도착할 수 있는 유일한 방법은 보이지 않는 저 배(알아논이라는 이름의 배)에 올라타는 것뿐입니다."

우리는 어깨를 으쓱이며 그 배를 타고 있는 사람들 쪽으로 걸어갑니다. 그들은 우리를 보고 소리를 지르죠. "어서 타세요!" 우리는 맞고함을 칩니다. "배가 어디 있는데요!" 그들이 다시 우리에게 다급한 목소리로 말합니다. "어찌 됐든 빨리 타세요!" 우리는 그 배에 올라탑니다. 타자마자 그들이 우리에게 말합니다. "노를 잡고, 어서 저으세요(각각의 단계들을 활용하기)." 우리는 이렇게 되물을 수밖에 없습니다. "노가 도대체 어디에 있습니까?" 그들은 다시 이렇게 말하죠. "어찌 됐든 노를 잡고 어서 저으세요!" 우리는 보이지 않는 노를 잡고 따라 젓기 시작합니다. 얼마 지나지 않아 우리는 우리가 타고 가는 배를 볼 수 있게 됩니다. 우리가 알지 못하는 사이 노들도 우리의 눈에 서서히 보이기 시작하죠. 어느새 정신이 나간 듯한 그 사람들과 함께 행복에 겨운 모습으로 노를 젓고 있는 자신의 모습을 발견하게 됩니다. 반대편 섬에 도착할 수 있을지 없을지에 대해 우리는 신경도 쓰지 않죠.[4]

그것이 12단계 프로그램이 부리는 요술이다. 그것은 그렇게 작동한다. 나는 치료가 도움이 되지 않는다고 말하려는 것도, 그것을 암시하려는 것도 그리고 제안하려는 것도 아니다. 분명 치료는 도움이 된다. 우리 가운데 많은 사람들에게 치료는 단지 우리가 해야 할 여행의 출발점에서 필요한 것이다. 그러나 치료가 끝난 후에도 우리가 여전히 강박장애를 앓고 있거나 강박장애를 가진 사람을 사랑하는 상황이라면, 아마도 우리는 행복한 사람들이 타고 있는 보이지 않는 배에 올라타야 할 필요가 있다는 것을 알게 될 것이다.

나는 이 장 끝에 우리가 알아논, 알아틴 또는 오아논에 해당되는 사람인지를 알아보는 점검표들과 알코올중독자의 성인아이들 모임에서 인용한 질문들을 덧붙였다. 부디 알아논이나 오아논 그리고 알코올중독자의 성인아이들 모임의 구성원들은 자신이 직접 술을 마시는 것 때문이 아니라 다른 사람의 문제 때문에 영향을 받고 있는 사람들이라는 점을 이해해 주길 바란다. 사람들은 자주 이 점을 오해한다. A.A.에 참석하고 있는 많은 약물의존자들은 그들이 가진 공동의존의 특성들을 다루기 위해 알아논이나 알코올중독자의 성인아이들의 모임에도 참석할 필요가 있음을 알게 된다. 당신이 12단계 프로그램들에 참여해야 할 상황이라면, 즉 내가 이 장의 앞부분에 언급한 모임들 가운데 당신이 겪고 있는 문제를 다루고 있는 모임이 있다면, 그 모임을 찾아보고 거기에 참석하기 시작해라. 그것이 당신의 감정을 회복시키도록 도울 것이다.

나는 모임에 참석하는 일이 쉽지 않다는 것을 알고 있다. 낯선 사람들 앞에서 자기 자신을 표현하고 세상이 알도록 자신의 문제를 드러내는 것은 쉬운 일이 아니다. 우리 가운데 많은 사람들이 모임에 참석하는 일이 자신에게 어떤 도움이 될지 잘 이해하지 못한다는 것 역시 나는 알고 있다. 특별한 문제를 가지고 있는 사람이라면 더욱 그런 생각을 할 것이다. 하지만 모임에 참석하는 일은 분명히 도움이 된다. 알아논 모임에 참석하기 시작했을 때 나는 몹시 화가 났다. 나는 알코올중독 문제를 다루기 위해 이미 다른 프로그램을 활용하고 있었다. 나는 또 다른 프로그램을 활용해야 한다거나 나의 다른 문제를 다루어야 할 필요성을 느끼지 못했고, 그러기를 바라지도 않았다. 게다가 나는 이미 내 삶에서 알코올중독자를 충분히 도왔다고 생각했다. 그런데 내가 왜 그런 모임에 참석해야 하는가? 알코올중독자는 도움이 필요한 사람이었다. 첫 모임에서 밝은 성격의 자그마한 여성이 내게 다가왔다. 그녀는 나에게 말을 건냈고 몇 분 동안 대화를 이어가다 웃음을 지으며 다음과 같이 말했다. "당신은 참 운이 좋은 사람이라고 생각하지 않으세요? 당신은 두 개의 메달을 목에 걸고 있는 거나 다름없네요. 두 개의 프로그램을 모두 활용할 수 있을 테니까요!" 나는 그녀의 입을 막고 싶었다. 그러나 지금은 그녀의 말에 동의한다. 나는 행운아다. 그녀의 말처럼 나는 두 개의 메달을 목에 걸고 있는 사람이 맞다.

우리 가운데 몇몇 사람들은 다른 사람을 위해 충분히 무언가를 했다고 느끼기 때문에 모임에 가는 것을 꺼려할지도 모른다. 어쩌면 그 말이 맞을 수도 있다. 우리는 정말로 다른 사람을 위해 많은 것을 한 사람이다. 그러나 바로 그 점이 모임에 참석하는 중요한 이유다. 우리는 자신을 위해 모임에 참석하는 것이다.

우리 가운데 어떤 사람들은 다른 사람을 돕기 위한 목적으로 모임에 참석했다가 모임의 프로그램을 자신에게 적용해야 한다는 사실을 알고 실망감을 느꼈을 수도 있다. 그래도 괜찮다. 건강은 건강을 낳는다. 만약 우리가 자기 자신을 대상으로 먼저 프로그램을 적용하기 시작한다면, 다른 사람의 질병이 우리에게 영향을 미쳤던 것처럼 우리의 좋아진 건강이 다른 사람에게 긍정적인 영향을 미치게 될 것이다.

우리 가운데 어떤 사람들은 모임에 참석하는 것에 대해 혼란스러워할 수도 있다. 내가 모임에 처음 참석해서 한 것이라고는 앉아서 운 것밖에 없다. 거기에 있는 것이 몹시도 거북했다. 하지만 그때의 울음은 울어도 좋은 울음이었다. 내 눈에서 떨어지는 눈물은 치유의 눈물이었다. 나는 자리에 앉아 계속 눈물을 흘렸다. 우는 것을 멈추고 주위를 둘러보았을 때, 다른 사람들도 눈물을 흘리고 있었다. 알아논은 우리가 참석해도 좋은 그리고 우리 자신의 모습을 있는 그대로 드러내도 괜찮은 안전한 모임이다. 모임에 참석한 사람들은 그러한 점을 알게 된다. 아마 당신도 그럴 것이다.

나는 모임 참석을 거부하는 일반적인 이유들에 대해 내가 알고 있는 범위 안에서 언급했다. 다른 의견들도 있을 것이다. 하지만 당신이 프로그램의 구성원이 될 수 있는 조건을 갖추고 있다면 어떤 경우라도 참석하기를 바란다. 나는 나의 이런 주장을 굽히지 않을 것이다. 12단계는 강박장애를 가진 사람들뿐만 아니라 그들을 사랑하는 사람들에게 신이 내린 선물이다. 당신이 스스로 정상적이지 않다고 느끼고 다른 사람과 상황에 자꾸 반응하면서 살아가고 있다는 생각이 든다면 모임에 참석하라. 처음으로 참석한 모임이 당신의 마음에 들지 않는다면, 다른 모임을 찾아보고 거기에 참석해라. 각 집단은 저마다 고유한 특성을 가지고 있다. 당신이 편안함을 느끼는 모임을 찾을 때까지 다른 여러 모임들에 계속 참석해라. 과거에 참석한 적이 있지만 지금은 다니지 않는 모임이 있다면, 다시 그 모임으로 돌아가라. 다시 돌아가 앞으로 남은 생애 동안 중단하지 말고 모임에 참석하라. 알코올중독은 일평생 치료를 멈춰서는 안 되는 질병이다. 우리가 가지고 있는 공동의존의 특성들은 습관이 되어 남은 생애 동안 우리가 의지하며 살아갈 수밖에 없는 성향으로 굳어졌는지도 모른다. 당신의 삶에서 만난 사람들이 더 나아지든 더 악화되든, 상관하지 말고 모임에 참석하라.

모임에 참석할 수 있다는 사실에 대해 고마움이 느껴질 때까지 참석하라. 한 남성이 다음과 같이 표현했다. "그들이 모임을 운영하면서 나 같은 사람을 거기에 참석할 수 있도록 허락해 주었다는 사실이 정말로 놀라운 일이 아닌가요? 내가 미쳐 가고 있었을 때 어느 누구도 내 주위에 있기를 원하지 않았죠. 하지만 여기에 있는 사람들은 나를 향해 웃어 주고 내 손을 붙잡아 주면서 이렇게 말하죠. '당신이 모임에 나와 얼마나 반가운지 몰라요. 다음 모임에도 참석하실 거죠?' "

당신이 배와 노를 눈으로 보고 행복한 감정을 느낄 때까지 계속 참석하라. 당신의 생각을 뛰어넘는 놀라운 일이 당신을 통해 일어날 때까지 계속 참석하라. 그리고 걱정하지 마라. 당신이 충분히 오랫동안 모임에 나가는 것을 멈추지 않는다면, 요술처럼 느껴지는 힘들이 당신의 삶을 통해 작동하기 시작할 것이다.

과제

1. 뒷장에 실린 점검표를 작성해 보거나, 점검표의 문항들을 모두 읽어 보자.

2. 당신이 이 장에서 언급된 12단계 프로그램 중 어떤 특정한 프로그램에 참석해야 하는 상황이라면, 당신이 사는 곳과 가까운 곳에 위치한 사회복지시설이나 관련 기관에 전화해 보자. 모임이 언제, 어디서 이루어지는지 확인한 다음 참석해 보자.

알아논: 당신을 위한 것입니까?

수많은 사람들이 가까운 사람의 지나친 음주 문제에 영향을 받고 있다. 다음의 20개 문항은 당신에게 알아논이 필요한지, 그렇지 않은지를 판단하는 데 도움이 되도록 설계되었다.

1.	누군가의 음주량에 대해 많이 걱정하고 있습니까?	예 / 아니요
2.	누군가의 음주 문제로 인해 금전적인 문제를 겪고 있습니까?	예 / 아니요
3.	누군가의 음주 사실을 감추기 위해 거짓말을 합니까?	예 / 아니요
4.	사랑하는 사람이 당신보다 술 마시는 일을 더 중요하게 여기고 있다고 느낍니까?	예 / 아니요
5.	사랑하는 사람의 술버릇이 그 사람의 친구들에게 원인이 있다고 생각합니까?	예 / 아니요
6.	술 마시는 사람 때문에 식사시간이 자주 늦춰집니까?	예 / 아니요
7.	"술을 끊지 않으면, 당신을 떠날 거야."라는 식의 협박을 합니까?	예 / 아니요
8.	사랑하는 사람과 간단한 아침 인사와 같은 신체적인 접촉을 하면서 그 사람의 호흡에서 풍기는 냄새를 몰래 맡으려고 시도한 적이 있습니까?	예 / 아니요
9.	마음을 상하게 하면 술을 마시게 될까 두려워 누군가를 화나게 하는 것에 대해 걱정합니까?	예 / 아니요
10.	술 마시는 사람의 행동 때문에 당신이 상처를 입거나 당황했던 적이 있습니까?	예 / 아니요
11.	음주 문제 때문에 매번 휴일을 망치는 것 같습니까?	예 / 아니요
12.	술 마시는 사람의 행동 때문에 경찰을 불러야 할까 고민한 적이 있습니까?	예 / 아니요
13.	숨겨 놓은 술을 찾아내려고 합니까?	예 / 아니요
14.	술 마시는 사람이 당신을 사랑한다면, 당신을 기쁘게 하기 위해 술을 끊을 것이라고 생각합니까?	예 / 아니요

15.	두려움이나 불안 때문에 친목 모임들을 거절한 적이 있습니까?	예 / 아니요
16.	술 마시는 사람을 단속해야 하는 지경에 이르게 된 것에 대해 종종 죄책감을 느낍니까?	예 / 아니요
17.	술 마시는 사람이 술을 끊는다면 당신의 다른 문제들도 해결될 것이라고 생각합니까?	예 / 아니요
18.	술 마시는 사람이 놀라서 "미안해." 혹은 "당신을 사랑해."라는 말을 하도록 자해하겠다고 위협한 적이 있습니까?	예 / 아니요
19.	누군가의 지나친 음주로 인해 화가 나서 애꿎게 다른 사람들(자녀, 동료, 부모, 친구 등)을 부당하게 대한 적이 있습니까?	예 / 아니요
20.	당신의 문제를 이해하는 사람이 아무도 없다고 느낍니까?	예 / 아니요

당신이 세 문항 이상에서 '예'라고 대답했다면 알아논과 알아틴의 도움이 필요할 수 있다. 알아논이나 알아틴의 전화번호를 인터넷이나 전화번호부에서 검색해 그들과 연락을 취할 수 있다.5

당신은 섭식장애 공동의존자입니까?

『비만은 가족 문제다』에서 인용한 다음의 설문지를 활용해 당신이 섭식장애(식욕부진, 폭식증)에 얼마나 영향을 받고 있는지를 평가할 수 있다.

1. 당신은 다이어트를 강요합니까?
2. 당신은 다른 사람의 몸무게를 핑계로 떠나겠다고 협박합니까?
3. 당신은 다이어트를 하고 있는지 점검합니까?
4. 당신은 몸무게 감소나 증가에 따라 어떤 약속을 하기도 합니까?
5. 당신은 폭식하는 사람에게 음식을 숨기기도 합니까?
6. 당신은 식욕부진을 겪는 사람에 대해 끊임없이 걱정합니까?
7. 당신은 식욕부진 또는 폭식증을 겪는 사람을 자극하지 않으려고 아주 조심스럽고 예민하게 행동하거나 말한 적이 있습니까?
8. 당신은 폭식증을 겪는 사람이 찾지 못하도록 음식을 버린 적이 있습니까?
9. 당신은 당분 과다 섭취에 의해 발생하는 정상을 벗어난, 때로는 폭력적이기까지 한 기분 변화를 용서해 준 적이 있습니까?
10. 폭식증을 겪는 사람이 유혹되지 않도록 당신은 친구나 가족과의 회식 등과 같은 모임을 취소한 적이 있습니까?
11. 당신은 음식과 의복에 들어가는 지출을 통제하기 위해 예산을 조작하기도 합니까?
12. 당신은 적절한 음식을 구입하거나 먹는 일을 장려합니까?
13. 당신은 헬스클럽이나 온천에 가는 일 또는 특효가 있는 치료법들을 장려합니까?

14. 당신은 폭식하는 현장을 목격했을 때 폭식하는 사람을 감정적으로 장황하게 비난합니까?

15. 당신은 섭식장애가 재발되는 상황을 볼 때 반복적으로 실망감을 느낍니까?

16. 당신은 식욕부진 또는 폭식증을 겪는 사람의 외모에 대해 당황스러운 감정을 느낍니까?

17. 당신은 식욕부진 또는 폭식증을 겪는 사람이 난처해할 때 거짓으로 그 사람을 위로하기도 합니까?

18. 당신은 식욕부진 또는 폭식증을 겪는 사람을 시험하기 위해 의지력을 점검하는 기준들을 만들었습니까?

19. 당신이 좋아할 수도 있을 것에 대해 기대치를 낮춘 적이 있습니까?

20. 당신의 몸무게가 당신이 사랑하는 사람의 몸무게에 따라 계속 변합니까?(예: 당신의 몸무게가 올라가면 그 사람의 몸무게는 줄어든다.)

21. 당신은 자신을 가꾸고 몸단장하는 일을 중단한 적이 있습니까?

22. 당신은 많은 고통과 통증을 느끼며 건강에 대해 지나치게 신경을 쓰고 있습니까?

23. 당신은 과다하게 술을 마시거나 수면제, 신경안정제와 같은 약을 복용하고 있습니까?

24. 당신은 음식을 가지고 "○○하면 □□을 해 주겠다."고 흥정합니까?

25. 당신은 섭식장애를 겪고 있는 사람의 몸에 대해 본인에게 또는 다른 사람에게 이야기합니까?

26. 당신은 섭식장애를 겪는 사람의 상황이 나아지면 당신의 삶도 완벽해질 것이라고 느낍니까?

27. 당신이 처한 상황이 그렇게 나쁘지 않다는 것에 대해 고마움을 느낍니까?

28. 누군가의 섭식장애가 당신이 도망가기 위한 구실이 되기도 합니까?

29. 누군가의 섭식장애가 당신이 머물러야 하는 구실이 되기도 합니까?

30. 당신은 넌지시 집 안에 섭식장애에 도움이 되는 책이나 소책자들을 비치해 놓습니까?

31. 당신은 체중 문제가 없지만 식이요법과 관련된 책을 읽고 있습니까?

32. 식욕부진 또는 폭식증을 겪는 사람만 없다면 당신의 가정은 완벽하다고 생각합니까?

33. 당신은 수면을 취하고 걱정으로부터 자유로워지기 위해 약을 사용하고 있습니까?

34. 당신은 치료를 받는 과정에서 많은 시간을 식욕부진 또는 폭식증을 겪는 사람에 대해 이야기하는 것으로 사용하고 있습니까?

공동의존 특성의 진행 과정

이 내용 또한 『비만은 가족문제다』에서 인용한 것이다. 이것을 당신의 공동의존 특성을 점검하는 기준으로 사용할 수 있다.

◈ 초기 단계

_____ 종종 제 기능을 하지 못하는 가정에서 태어났고 자존감을 드러내기 위해 다른 사람을 돌보아야 한다고 배웠다.

_____ 부모를 치료하는 데 실패했기 때문에 폭식증 또는 식욕부진을 겪는 사람을 치료할 것이다.

_____ 도움이 필요한 폭식증 또는 식욕부진을 겪는 사람을 찾아내 그 사람을 통제한다.

_____ 자신의 인지력을 의심하기 시작하고 결단력을 보여 주기 위해 먹는 것을 통제하려고 한다.

_____ 섭식장애를 가진 사람을 돕느라 사회생활이 영향을 받고 공동체로부터 고립된다.

◈ 집착

_____ 음식을 섭취하는 행동과 관련해 호소하거나 협박한다.

_____ 스스로 판단한 후, 자신이 음식을 먹게 하는 또는 굶게 하는 원인이라고 느낀다.

_____ 음식을 숨긴다.

_____ 음식 섭취를 통제하고 음식을 숨기고 엄포를 놓고 잔소리하고 꾸짖는 일을 시도한다.

_____ 폭식증 또는 식욕부진을 겪고 있는 사람이 했던 약속에 대해 분노와 실망감을 표현한다.

◈ 비밀 생활

_____ 감시하고 문제를 덮으려고 하며 거기에 집착한다.

_____ 폭식증 또는 식욕부진을 겪는 사람에 대한 여러 가지 책임들을 떠맡는다.

_____ 폭식증 또는 식욕부진을 겪는 사람이 다른 사람과 접촉하지 못하도록 차단하고 그의 대변자 역할을 한다.

_____ 부적절하게 분노를 표현한다.

◈ 통제 불능

_____ 음식 섭취를 통제하기 위해 폭력적인 수단을 사용한다. 폭식증 또는 식욕부진을 겪는 사람과 다툰다.

_____ 자신을 육체적, 정신적으로 포기한다.

_____ 바람을 피우거나 일중독이 되며 외부의 이해관계에 지나치게 관심을 쏟는다.

_____ 경직되고 자기 소유에 더욱 집착한다. 거의 항상 화가 나 있는 것처럼 보이고 가정생활에 대해 조심스러워하며 비밀을 유지하려고 한다.

_____ 병적 증세(궤양, 발진, 편두통, 우울증 등)가 나타나고 신경안정제와 같은 약물을 사용하기도 한다.

_____ 계속해서 자기 성질을 억제하지 못하며 화를 낸다.

_____ 몸이 아프고 피곤한 상태를 참지 못하고 지겨워한다.6

알코올중독자의 성인아이

당신은 알코올중독자의 성인아이인가? 당신의 삶과 인격적 특성에 대해 다음의 14개의 질문이 어떻게 연관되어 있는지를 살펴보자.

1. 종종 고립감이나 사람에 대한 두려움을 느끼며, 특히 권위적인 성격을 가진 사람에게 어려움을 느낍니까?
2. 다른 사람의 인정을 받으려는 과정에서 자신의 정체성을 잃어버린 적이 있습니까?
3. 화를 내는 사람과 개인적으로 비판을 받는 것에 대해 지나치게 두려움을 느낍니까?
4. 개인적인 또는 직업상의 인간관계에서 자신을 희생자로 느낍니까?
5. 때때로 자신보다 다른 사람에게 관심을 쏟는 것이 더 편하게 느껴질 정도로 스스로 지나친 책임감을 개발해 왔다고 느낍니까?
6. 자신의 실수를 살피고 자신을 책임지는 일에 대해 어려움을 느낍니까?
7. 다른 사람에게 굴복하지 않고 자신을 옹호하고자 할 때 죄책감을 느낍니까?
8. 습관적으로 흥분 상태에 빠져 있다고 느낍니까?
9. 연민과 사랑을 혼동하며, 당신이 연민을 느끼고 구원할 수 있는 사람을 사랑하는 경향이 있습니까?
10. 즐거움이나 행복감을 포함해 자신의 감정을 느끼거나 표현하는 것에 대해 어려움을 느낍니까?

11. 당신 자신을 너무 가혹하게 평가하는 경향이 있습니까?

12. 당신 자신에 대해 낮은 자존감을 느낍니까?

13. 당신의 인간관계에서 당신이 버려졌다는 느낌이 자주 듭니까?

14. 주체적으로 행동하려고 하기보다는 수동적으로 반응하며 살아가는 경향이 있습니까?

19
여러 가지 이야기들

> 멋진 왕자가 지나갈 때, 아마도 나는 개구리들에게 입맞춤할 수 있는 연못으로 내려갈 것이다.[1]

이 장은 공동의존과 자기돌봄에 대한 여러 가지 이야기들을 담고 있다.

극적인 상황에 처한 중독자들

많은 공동의존자들은 몇몇 사람들에 의해 일컬어지는 것처럼 극적인 혹은 위기의 중독자들이 되기도 한다. 이상하게도 공동의존자들이 겪는 문제들은 충분히 중독화될 수 있다. 우리가 오랜 시간 녹록치 않은 비참함과 위기 그리고 혼란의 상황을 경험하며 살아왔다면, 여러 가지 문제들이 일으키는 두려움과 자극이 오히려 감정적으로 편안하게 느껴질 수도 있다. 토비 라이스 드류스Toby Rice Drews는 자신의 훌륭한 저서 『그들을 술에서 깨우자 2(Getting Them Sober, Volume II)』에서 이러한 느낌을 '흥분이 뒤섞인 비참함(excited misery)'이라고 칭했다.[2] 시간이 흐르면서 우리는 자신의 감정을 여러 가지 문제들과 위기들에 휘말리도록 하는 데에 너무

나 익숙해져 우리의 관심 밖에 있는 문제까지 관여하며 계속 그 상태에 머물러 있게 된다. 우리는 문제를 일으키기 시작하며, 때로는 자신에게 자극을 주기 위해 보다 심각한 문제를 저지르기도 한다. 우리가 자신의 삶과 감정을 지나칠 정도로 무시하며 살아왔다면 특히 더 그렇다. 우리가 어떤 문제에 깊이 연루될 때 우리가 살아 있음을 느낀다. 문제가 해결되면 우리는 허탈해지고 공허함을 느낀다. 해야 할 일이 아무것도 없다. 위기를 겪으며 사는 것이 편안한 일상이 되고 단조로운 현실에서 우리를 구해 낸다. 매일매일 우리의 삶과 우리의 친구들 그리고 가족의 삶에 위기가 찾아오는 것을 제외한다면 위기 상황에 놓인 우리의 삶은 마치 우리가 텔레비전 드라마에 중독되어 있는 것과 비슷하다. '그 여자가 언제 그 남자 곁을 떠날까?' '그 남자 주인공이 직장에서 쫓겨나지 않게 할 순 없나?' '그 여자가 그런 진퇴양난의 상황에서 어떤 식으로 살아남을까?'

우리가 분리하면서 우리는 자신의 문제에 관심을 쏟기 시작했고, 우리의 삶은 마침내 평온을 되찾았다. 그러나 몇몇 공동의존자들은 그러한 경험을 한 이후에도 여전히 여운으로 남아 있는 과거의 흥분을 종종 갈망한다. 우리는 때때로 새로운 삶의 방식에 지루함을 느낄 수도 있다. 우리는 너무도 강렬한 혼돈과 흥분에 익숙해 있어서 우리에게 찾아든 평화가 처음에는 심심하게 느껴진다. 우리는 차츰 그러한 분위기에 익숙해질 것이다. 우리가 자신의 삶을 계발하고 목표를 설정하고 관심을 가질 만한 일들을 찾아낼 때, 평화는 우리의 삶에 편안하게 자리 잡을 것이다. 평화가 주는 진정한 편안함은 혼돈이 가져온 꺼림직한 편안함에 비길 수 없을 만큼 크다. 우리는 더 이상 결핍된 삶을 살 필요도 그리고 흥분이 뒤섞인 비참함을 갈망하지 않아도 될 것이다.

'흥분이 뒤섞인 비참함'을 우리가 언제 갈망하게 되는지 인식할 수 있어야 하며, 그 방법을 배워 둘 필요가 있다. 더 이상 문제를 만들어 낼 필요가 없으며 다른 사람의 문제에 개입할 필요도 없음을 분명히 이해해야 한다. 극적인 상황을 대신해 우리의 필요를 채워 줄 수 있는 창의적인 방법들을 탐구하라. 즐거움을 주는 일들을 찾아라. 흥분이 뒤섞인 비참함이 우리의 삶에 더 이상 발붙이지 못하도록 하라.

기대

기대라는 주제가 혼란을 일으킬 수 있다. 우리 가운데 대부분의 사람들은 기대를 가지고 있다. 우리는 '일이 어떻게 진행되면 좋을까?' '사람들이 어떻게 행동하면 좋을까?' 등의 의식 차원에서 일어나는 생각들을 즐긴다. 그러나 그런 기대는 접는 편이 낫다. 그래야 분리할 수 있다. 다른 사람에게 우리의 기대를 강요하는 일 혹은 사건의 결과를 통제하려고 하는 노력을 단념하는 것이 바람직하다. 왜냐하면 그러한 행동은 오히려 문제를 일으키고, 대체로 의도한 것을 이루어 낼 수 없는 불가능한 시도들이기 때문이다. 그렇다면 우리는 우리의 기대를 가지고 어느 곳을 찾아가야 하는가?

우리 가운데 어떤 사람들은 자신의 모든 기대를 내려놓고 순간순간을 살아가기 위해 애를 쓴다. 그렇게 사는 것은 정말 칭찬을 받을 만한 일이다. 하지만 나는 우리가 자신의 기대에 대해 책임을 지고 살아가는 것이 매우 소중하다고 생각한다. 우리의 기대를 하나하나 드러내 놓고 검토해 보자. 그리고 그 기대에 대해 이야기해 보자. 우리의 기대가 다른 사람과 관련되어 있다면, 그들과 이야기를 나누어야 한다. 그들이 우리와 비슷한 기대를 가지고 있는지를 확인해 보자. 그 기대가 실현 가능한지 살펴보자. 예를 들어, 건강하지 않은 사람에게 건강한 행동을 기대하는 것은 쓸데없는 짓이다. 어니 라슨은 동일한 행동을 하면서 다른 결과를 기대하는 것은 비정상적인 태도라고 지적한다. 내려놓자. 일이 어떻게 전개되는지 지켜보자. 억지로 하지 말고 일이 자연스럽게 일어나도록 하자. 그 과정에서 계속 실망감이 느껴진다면, 우리는 자기 자신과 다른 사람 또는 어떤 상황과 관련해 해결해야 하는 문제를 가지고 있는 것이다.

기대를 품는 것은 좋은 일이다. 그렇게 하는 것은 종종 우리가 원하고 필요로 하고 희망하고 두려워하는 것이 무엇인지 이해할 수 있는 실마리가 된다. 우리는 당연히 좋은 일들을 기대하고 적절한 행동을 취할 수 있는 권리를 가지고 있다. 우리가 그러한 일들이 일어나기를 지속적으로 기대한다면, 우리는 더 많은 좋은 일들을 삶을 통해 경험하게 될 것이다. 우리가 마음에 기대를 품고 살아간다면, 그 기대가 충족되지 않는 때에 대해서도 자연스럽게 깨닫게 될 것이다. 그러나 기대는 그저 기대일 뿐이라는 사실을 우리는 이해해야 한다. 기대는 우리에게 속한 것일 뿐, 우리 위에 군림하는 지배자가 아니다. 우리가 품는 기대는 현실적이면서도 적절한 것이어야 한다. 그리고 우리의 기대가 현실을 방해하고, 일어나야 하는 좋은 일들을 망치게 해서는 안 된다.

친밀감이 주는 두려움

대부분의 사람은 사랑을 원하고 필요로 한다. 또한 다른 사람과 더 가까워지고 친해지기를 소원한다. 하지만 두려움도 사랑처럼 우리를 제어하는 강한 힘으로 작용하며, 사랑을 갈망하는 우리의 욕구와 서로 다툰다. 구체적으로 말하자면, 이러한 힘을 친밀감이 주는 두려움이라고 할 수 있다.

우리 가운데 많은 사람들은 정서적으로 취약해질 수 있는 친밀감과 사랑의 관계에 속해 있을 때보다는 홀로 있을 때나 정서적으로 연관되지 않을 때 보다 편안함을 느낀다. 나는 이 점을 이해한다. 우리가 사랑하지 않기 때문에 우리의 많은 욕구와 바람이 충족되지 않겠지만, 사랑하지 않는 것이 우리는 더 안전하다고 느낀다. 우리는 친밀감이 주는 불확실성과 그것을 통해 받게 될지도 모를 상처들을 애써 무릅쓰려고 하지 않는다. 우리는 사랑이 주는 고통을 기꺼이 받아들이려고 하지 않는다. 실제로 사랑은 우리 가운데 많은 사람들에게 수많은 고통을 안겨 주었다. 자신을 위험에 빠뜨리는 쓸데없는 인간관계에 엮이는 위험을 자초하려고 하지 않는다. 또한 우리는 자신의 모습 그대로 존재하고 살아가려는 위험을 기꺼이 감당하려고 하지 않는다. 왜냐하면 우리 자신으로 살아가는 일은 정서적으로 솔직해야 한다는 사실과 우리의 존재가 거부될 수도 있다는 위험을 동시에 포함하기 때문이다. 다른 사람이 우리를 저버리는 위험에 빠져들지 않으려고 한다. 결국 우리는 사랑하는 일에 뒤따르는 어떤 위험도 감수하려고 하지 않는다. 사랑하며 살지 않는다면 우리는 관계를 주도해 가며 느껴야 하는 어색함을 경험할 필요가 없다. 사람들에게 가까이 다가가지 않는다면, 적어도 아무것도 기대할 것이 없다는 사실을 우리는 알고 있다. 사랑의 감정을 부정함으로써 사랑 때문에 느끼게 되는 불안으로부터 우리를 지켜 낼 수 있다. 사랑과 친밀감은 종종 통제력을 상실했다는 느낌을 심어 준다. 사랑과 친밀감은 우리가 누구인지, 우리 자신의 모습 그대로 살아가도 괜찮은 것인지, 다른 사람은 어떤 존재인지, 그들이 그러한 모습으로 존재하는 것이 바람직한지에 대해 우리를 고민하게 만들면서 우리의 마음 가장 깊숙이 잠재되어 있는 두려움을 건드린다. 사랑과 친밀감, 즉 다른 사람과 깊이 관계를 맺는 일은 남성이든, 여성이든, 누구든 간에 가장 큰 위험이 뒤따르는 일이다. 사랑과 친밀감은 솔직함과 자발성 그리고 정서적으로 취약해지는 것, 신뢰, 책임감, 자기와 다른 사람에 대한 수용을 전제로 한다. 사랑은 우리에게 기쁨과 따뜻함을 주지만, 때로는 상처받고 거부당하는 감정 또한 감수할 것을 요구한다.

우리 가운데 많은 사람들은 관계에 얽매이는 데서 오는 위험을 감수하기보다는 친밀감으로부터 벗어나는 법을 배웠다. 우리는 여러 방법으로 사랑으로부터 도망치고 친밀감을 차단하려고 한다. 또한 사람들을 자신에게서 밀어내고, 그들이 우리와 가까워질 수 없도록 그들에게 상처 주는 일을 한다. 우리는 마음속으로 누군가와 친밀해져서는 안 된다고 자기 자신을 설득하는 어리석은 일도 한다. 우리는 만나는 모든 사람에게서 결점을 찾아낸다. 그들이 우리를 거부할 기회를 찾기 전에 우리가 먼저 그들을 거부한다. 우리는 가면을 쓰고 자신의 본래 모습보다 대단한 뭔가가 있는 척 보이려고 애쓴다. 우리는 지나치게 많은 관계들 속에서 우리의 에너지와 감정을 이리저리 소모하고 다니면서 누군가와 특별히 친밀해지지도 않고 누군가에게 특별히 취약해지지도 않으려는 전략을 쓰기도 한다. 이른 바 물타기 전략이다. 우리는 불만스럽지만 인위적인 관계들을 받아들인다. 이러한 인간관계들은 우리에게 친밀감을 기대하지도, 요구하지도 않는다. 한 명의 진정한 인간으로 살아가는 것이 아니라 연극을 하는 것이다. 우리는 현재 맺고 있는 관계들에서도 정서적으로 움츠러들어 있다. 우리는 솔직하고 숨김없는 태도를 거부함으로써 친밀감을 차단한다. 어떤 공동의존자들은 두려움에 억눌리고 마비되어 있어 관계를 형성해 나가지 못하며, 맺고 있는 관계에서조차 친밀감을 누리지 못한다. 어떤 공동의존자들은 도망을 친다. 사랑에 빠지거나 상처받기 쉬운 혹은 위험스러운 상황이 일어나거나 일어날 것 같으면 재빨리 몸을 피한다. 내 친구가 말했던 것처럼, 우리 모두는 각자의 수납장에 한 켤레의 운동화를 가지고 다닌다.

우리는 여러 이유들을 대며 친밀감에서 벗어나려고 한다. 우리 가운데 어떤 사람들, 특히 알코올중독 가정에서 성장한 사람들은 어떻게 관계를 형성해 나가야 하는지, 관계를 시작한 후에는 어떤 식으로 그 관계를 더 친밀하게 발전시켜 나가야 하는지를 아마도 배우지 못했을 것이다. 친밀감은 우리의 가족 체계에서 편안하게 받아들일 수 있는 감정이 아니었으며, 그것에 대해 배운 적도 그것이 허락된 적도 없었다. 많은 사람들에게 돌보는 것과 약물 사용이 친밀감을 대신하는 수단이었다.

우리 중 어떤 사람들은 한두 번 정도 누군가와 친하게 지내보기도 했지만 이내 상처를 받았다. 그래서 우리는 다른 사람과 가깝게 지내지 않는 것 그리고 다시는 상처를 입을 수 있는 위험에 빠지지 않는 것이 더 좋고 안전하다고 생각하게 되었는지도 모른다.

우리 가운데 어떤 사람들은 자신에게 좋지 않은 영향을 주는 관계들로부터 벗어나는 법을 배웠다. 하지만 어떤 사람들은 친밀한 관계와 친근한 감정으로부터 벗어나고 피하는 것을 하나의 습관으로 형성하였다. 그 습관은 우리가 실제로 원하고 필요로 하는 사랑과 친밀감을 얻지 못하게 하는 파괴적인 것이다. 우리 중 어떤 사람들은 스스로를 속임으로써 자신이 사랑과 친밀감으로부터 뒷걸음질치고 있다는 사실을 깨닫지 못하며, 때로는 무엇으로부터 자신이 벗어나려고 하는지조차 인식하지 못한다. 도망칠 필요가 없는 상황에서도 우리는 도망치려 한다.

사람들과 친밀한 관계를 유지하는 일은 두려움을 주며 우리의 마음을 주춤거리게 한다. 하지만 두려워할 필요가 없다. 누군가와 친밀한 관계를 형성하는 것은 그리 어려운 일이 아니다. 우리의 마음을 편안히 하고 그 과정이 자연스럽게 진행되도록 허용할 때, 친밀감은 우리에게 좋은 감정으로 자리 잡기 시작한다.

친밀감과 사랑이 두렵게 느껴져도 괜찮다. 그러나 사람을 사랑하고 친밀감을 느끼는 일에 우리 자신을 내맡겨 보는 것 역시 괜찮은 일이다. 사랑을 주고받을 수 있다는 것도 좋은 일이다. 우리는 누구를 사랑하고 언제 사랑해야 할지에 대해 적절한 결정을 내릴 수 있다. 주변 사람에게 우리의 모습 그대로를 자연스럽게 드러내는 것도 괜찮다. 위험을 무릅쓰고라도 시도하라. 우리는 자신을 신뢰할 수 있다. 우리는 관계를 형성하는 과정에서 어색함과 갈등을 경험할 수 있다. 우리는 든든하고 신뢰할 만한 사람을 만날 수 있다. 우리는 자신을 당당하게 드러내고 솔직한 태도를 유지하며 꾸미지 않은 참된 나로 살아갈 수 있다. 우리는 종종 상처받고 거부당했던 마음도 다루어 낼 수 있다. 우리는 자신을 잃지 않고 우리의 경계선을 지켜 내며 사랑할 수 있다. 우리는 사랑하면서 생각하고, 생각하면서 사랑할 수 있다. 우리는 신고 있는 운동화를 벗어 던질 수 있다.

우리는 자신에게 이렇게 물어볼 수 있다. 지금 맺고 있는 관계 속에서 친밀감이 형성되지 못하도록 막고 있는 것은 내가 아닐까? 내가 어떤 식으로 그 일을 행하고 있는가? 그것이 내게 필요한 일일까? 왜 필요할까? 내가 알고 있는 사람 중에 내가 친하게 지낼 수 있는 혹은 친하게 지내도 괜찮을 사람이 과연 있을까? 그 사람과 가깝게 지낼 수 있는 방법들을 나는 왜 찾아보려 하지 않았을까? 새로운 관계를 만들어 가고 싶지 않는가? 어떻게 해야 새로운 관계를 형성할 수 있을까? 친밀감이 부족한 상태에 만족하지 않고 내가 맺고 있는 관계에서 더 큰 친밀감이 필요하다는 것을 느끼며 그것을 삶 속에서 누릴 수 있기를 나는 정말 바라고 있는 것일까?

경제적 책임감

어떤 공동의존자들은 경제적으로 다른 사람에게 의존한다. 이것은 때때로 합의에 의해 이루어진다. 예를 들면, 남편이 밖에서 일하며 돈을 버는 동안 아내는 집에서 아이를 돌보는 것과 같은 경우다. 하지만 합의에 의한 것이 아닌 경우도 종종 있다. 일부 공동의존자들은 지나치게 희생당해 왔기 때문에 자기 자신에 대해 경제적으로 책임질 수 없다고 믿는다.

많은 공동의존자들은 한때 경제적인 책임을 담당했지만, 사랑하는 사람의 알코올중독이나 다른 문제들로 큰 혼란을 겪게 되면서 일을 할 수 없는 지경에 처하기도 했다. 우리 가운데 어떤 사람들은 '당신이 돈에 신경 쓰지 않는다면 나도 신경 쓰지 않을 거야.' 라는 식으로 경제적인 책임을 그냥 포기했다.

때때로 공동의존자는 경제적으로 다른 성인까지 책임져야 했다. 나는 한푼도 벌어 오지 않는 남편을 대신해서 공동의존자인 아내가 두세 가지 일을 하며 가정을 책임지고 있는 상황을 자주 목격했다. 무위도식하는 그녀의 남편은 집에서 텔레비전을 보고 월세를 축내며 여전히 빈둥빈둥 살아가고 있다.

그 어느 쪽도 바람직하지 않다. 우리는 다른 일뿐만 아니라 경제적으로도 스스로를 책임질 수 있어야 한다. 그렇다고 경제적인 책임을 지기 위해 가정주부가 직장에 나가 일해야 한다는 의미는 아니다. 가사활동은 중요한 직무이며 존중받아 마땅한 일이다. 남자든 여자든 집안일을 하기로 선택하고 그 일을 하고 있다면, 그 사람은 이미 자신의 몫을 담당하며 경제적인 책임을 감당하고 있는 것이다. 경제적으로 책임을 진다는 것은 모든 일을 공평하게 분배해야 한다는 의미가 아니다. 스스로 경제적인 책임을 감당한다는 것은 태도의 문제다. 그것은 우리가 책임져야 할 일이 무엇인지를 정확하게 이해한 후에 자신의 책임으로 받아들이기 시작했다는 것을 뜻한다. 또한 그것은 다른 사람이 자기 자신에 대한 경제적인 책임을 스스로 감당할 수 있도록 우리가 허용하고, 더 나아가 그들이 그렇게 할 수 있도록 우리가 주장해야 한다는 의미를 담고 있다. 경제적 책임을 진다는 것은 자신이 경제적으로 책임져야 하는 모든 영역에 대해 익숙해지는 것 그리고 누가 무슨 역할을 담당할지를 결정하는 것들을 포함한다. 어떤 청구서를 지불해야 하는지? 언제 그것을 지불해야 하는지? 세금은 언제까지 내야 하는지? 어느 정도의 돈을 얼마 동안 쓸 수 있는지? 이 모든 일들 가운데서 우리가 담당해야 할 역할은 무엇인지? 우리가 적절하다고 생각하는 몫보다 덜 해야 하는 것인지, 더 해야 하는 것인지? 직장을 다니면서 돈을 버는 일이 당장은 우리의 책임이 아니지만 적어도 언젠가는 우리도 그렇게 해야만 한다는 사실을 받아들여야 하는지? 경제적인 책임을 스스로 져야 할 필요가 있다고 느끼는지 아니면 그러한 생각이 자신을 두렵게 만드는지? 우리의 주변 사람이 자신의 경제적인 책임을 적절하게 스스로 잘 감당하고 있는지 혹은 우리가 그것을 대신해 주고 있는 것은 아닌지?

경제 문제를 다루는 것은 우리의 삶에서 빠질 수 없는 부분이다. 돈을 버는 것, 융자를 갚는 것, 경제적으로 책임감을 느끼는 것은 모두 우리 자신을 돌보는 일이다. 배우자를 통제하기 위해 직장을 그만두었거나 자신의 삶을 다른 사람에게 초점을 맞추어 왔거나 그동안 자신의 경력을 쌓는 일을 무시해 왔던 공동의존자는 저임금의 직장에 다니거나 시간제 근무를 하면서라도 돈을 번다는 것이 자신의 자존감에 얼마나 큰 영향을 미치는지를 깨달아 알고 있다. 우리는 마땅히 경제적 풍요를 누릴 만한 가치가 있는 사람이라는 사실 그리고 누군가가 우리의 능력에 대해 당연히 대가를 지불할 것이란 사실을 망각하며 살아왔다. 경제적으로 배우자에게 의존하고 있는 많은 공동의존자들 역시 자신이 경제적으로 자유로울 수 있다는 사실에 반가워한다. 그 상황은 만족감을 느끼게 한다. 경제적으로 책임을 스스로 어떻게 질 것인가란 문제는 우리가 반드시 고려해야 하는 중대사다.

다른 사람에게 경제적으로 의존한다는 것은 정서적인 의존 현상을 동반할 수 있다. 또한 다른 사람에게 정서적으로 의존할 때, 그 사람에게 경제적으로도 의존하는 경향을 보인다.[3] 스스로 경제적인 책임을 지는 것은 우리가 성취해야 하는 목표다. 왜냐하면 그것은 우리를 비의존 상태로 나아가게 하는 촉매제로 작용하기 때문이다.

용서

알코올중독 같은 강박장애는 용서의 위대한 원칙 같은 여러 가지 바람직한 교훈들을 비틀고 왜곡한다. 우리는 같은 사람을 반복적으로 용서한다. 우리는 약속을 듣고, 거짓말을 믿고, 더 많이 용서하려고 애쓴다. 어떤 공동의존자들은 다른 사람을 용서할 수 없는 지경에 이르렀는지도 모른다. 어떤 공동의존자들은 용서가 자신을 더 약하게 만들어 상처를 덧나게 해서 용서가 일으키는 더 큰 고통을 도저히 참아 낼 수 없다고 생각하기 때문에 용서하려고 하지 않을 수 있다. 용서는 우리를 자극하기도 하고 고통스러운 경험이 되기도 한다.

어떤 공동의존자들은 다른 사람을 용서하려고 진정으로 노력하고 있는지도 모른다. 어떤 공동의존자들은 스스로 용서했다고 생각하지만 상처와 분노가 마음속에 그대로 남아 있을 수 있다.

어떤 공동의존자들은 용서해야 할 일들을 바로바로 용서하지 못한다. 문제들이 너무 빨리 진행되기 때문에 그 사이에 어떤 일들이 전개되고 있는지 우리는 거의 인식하지 못한다. 우리가 상처를 마음에 새기고 "용서할게."라고 말하기 전에 또 다른 심술궂은 일이 우리에게 달려든다.

그런 다음, 우리는 "왜 당신은 그냥 용서하고 잊어버릴 수 없지?"라는 누군가의 질문을 받고 죄책감을 느낀다. 알코올중독과 강박장애라는 질병에 대해 잘 알지 못하는 사람은 종종 그런 질문을 우리에게 던진다. 그런데 많은 사람들의 경우에 잊는다고 문제가 잊히지 않는다. 용서하고 망각하는 것은 우리 내면에 부정이란 방어기제를 강화한다. 우리는 무엇을 용서해야 하는지, 무엇을 우리의 기억에서 지워야 하는지, 여전히 우리에게 무엇이 문제가 되는지에 대해 생각해 보고 기억하고 이해함으로써 필요한 결정을 내릴 필요가 있다. 우리가 누군가를 용서한다는 것은 그 사람이 계속 우리를 괴롭히도록 내버려 두어야 한다는 의미가 아니다. 알코올중독자에게 필요한 것은 용서가 아니다. 그들에게 필요한 것은 치료다. 우리는 그들을 용서할 필요가 없다. 적어도 초기 단계에서는 그런 입장을 취할 필요가 없다. 그들이 우리의 감정을 해치지 못하도록 우리는 한발 물러설 필요가 있다.

그렇다고 우리가 용서하는 태도를 취해서는 안 된다고 말하려는 것이 아니다. 우리 모두에게는 용서가 필요하다. 원한과 분노는 우리를 다치게 할 뿐이며 다른 사람에게도 도움이 되지 않는다. 용서는 경이로운 것이다. 용서는 모든 과거의 흔적들을 말끔히 지워 없앤다. 용서는 죄책감을 씻어준다. 용서는 평화와 조화를 가져다준다. 용서는 우리 모두가 가지고 있는 인간다움을 인식하고 받아들이는 것이며, "괜찮아! 나는 어떤 경우에도 당신을 사랑해."라고 말하는 것이다. 그러나 나는, 공동의존자가 다른 사람을 용서하려고 하기에 앞서, 먼저 자기 자신에게 관대해지고 자신을 사랑하고 용서해야 한다고 믿는다. 또한 공동의존자가 누군가를 용서하려고 할 때, 그것을 언제, 어떻게, 왜 해야 하는지에 대해 생각할 필요가 있다.

용서는 수용 혹은 슬픔의 과정과 밀접하게 연결되어 있다. 누군가가 지금까지 해 왔던 일을 우리가 완전하게 수용하지 못했다면, 우리는 그 사람이 저지른 일을 용서할 수 없다. 그 사람이 알코올중독이라는 질병을 앓고 있음을 우리가 아직까지 받아들이지 못했다면, 알코올중독자의 폭음을 용서하는 것은 바람직한 일이 아니다. 역설적이게도, 술에서 깬 알코올중독자의 자책을 달래고자 빈번하게 사용하는 용서는 그 사람을 술에서 벗어나지 못하게 한다.

우리가 자신을 돌보기 위해 노력하고 있다면, 용서는 때맞추어 찾아온다. 용서는 그 자체의 시간이 있다. 하지만 다른 사람이 당신을 무시하고 이러한 원리를 사용하게 해서는 안 된다. 다른 사람은 우리를 누구든지 용서해야만 하는 사람으로 생각한다. 그러나 우리에 대한 다른 사람의 그런 생각이 우리의 죄책감을 자극하도록 해서는 안 된다. 우리가 아직 용서할 준비가 되어 있지 않은 것 때문에 그리고 용서는 적절한 해결책이 아니라고 생각하는 우리의 믿음 때문에 다른 사람이 우리의 죄책감을 자극하게 놔둬서도 안 된다. 용서에 대해 스스로 책임을 져라. 우리는 우리의 올바른 결정, 높은 자존감 그리고 우리가 겪는 문제에 대한 지식의 토대 위에서 적절하게 용서를 베풀 수 있다. 자기 자신에게 상처 주는 것을 정당화하기 위해 용서를 잘못 사용하지 마라. 다른 사람이 계속 스스로를 상처 내도록 용서를 잘못 사용하지 마라. 우리는 프로그램을 적용할 수 있고, 우리 자신의 삶을 살 수 있으며, 12단계 프로그램의 4단계와 5단계를 활용할 수 있다. 우리가 자신을 잘 돌보고 있다면, 무엇을 그리고 언제 용서해야 할지를 우리는 자연스럽게 이해하게 될 것이다.

다른 사람을 용서하려고 노력할 때에도 자신을 먼저 용서해야 한다는 사실을 잊지 마라.

개구리 증후군

공동의존자들에게 회자되는 우화가 있다. 그 이야기는 이렇다.

개구리에게 입맞춤을 한 한 여성의 이야기를 들어본 적이 있나요? 그녀는 개구리가 멋진 왕자로 변신하기를 간절히 소원했죠. 하지만 그녀는 자신의 소원을 이룰 수가 없었죠. 오히려 그녀가 개구리로 변해 버렸거든요.

많은 공동의존자들이 개구리에게 입맞추고 싶어 한다. 우리는 개구리들의 모습 속에서 여러 가지 좋은 점들을 발견한다. 우리 가운데 어떤 사람들은 개구리에게 여러 차례 입맞춤을 하고 난 후, 헤어나기 어려울 정도로 그 개구리에게 매혹당한다. 알코올중독자나 강박장애를 가지고 있는 사람은 다른 사람을 끄는 힘이 있다. 그들은 힘과 에너지 그리고 매력을 발산한다. 또한 그들은 허황된 약속을 한다. 그들이 고통과 괴로움, 번민을 안겨 준다는 사실에 대해서 절대 마음을 둘 필요가 없다. 그들이 하는 말은 그럴듯하게 들린다.

우리가 공동의존을 다스리지 못한다면, 우리는 계속 개구리들에게 매혹되어 입맞춤하게 될 것이다. 공동의존 상태에서 회복한다 할지라도 여전히 우리는 개구리들에게 의지하려고 할 것이다. 그러나 우리는 분위기에 휩쓸려 개구리들과 함께 연못 속으로 뛰어드는 실수를 범하지 않는 법을 배울 수 있다.

즐거움

즐거움은 공동의존과 양립할 수 없는 미덕이다. 자신을 미워하면 즐거움의 감정이 우리의 삶 속에서 숨 쉬기 어렵다. 알코올중독자가 술을 마시느라 너무 많은 비용을 지출해서 기본적인 생활조차 해 나갈 수 없을 정도라면 즐거움은 동화 속 이야기에 지나지 않는다. 억눌린 감정이 마음을 가득 채우고, 누군가에 대해 괴로울 정도로 걱정하고, 죄책감과 실망감이 우리의 감정을 물들이고, 자신과 다른 사람을 엄격하게 통제하고, 다른 사람이 우리를 어떻게 생각하는지에 대해 노심초사하며 살아간다면, 삶에 즐거움이 끼어들 자리는 없다. 하지만 우리 주변 대부분의 사람들은 공동의존자인 우리에 대해 생각하지 않는다. 그들은 자기 자신에 대해 걱정하고 우리가 그들에 대해 무슨 생각을 하고 있는지에 대해 염려한다.

공동의존자로서 우리는 즐겁게 놀고 편안하게 즐기며 사는 법을 터득해야 한다. 즐거움을 느끼며 살 수 있도록 자신을 준비하고 자신에게 기회를 부여하는 것은 자신을 돌보기 위해 해야 하는 여러 가지 중요한 일들 가운데 하나다. 그렇게 살 때, 우리는 건강해질 수 있고, 자신의 역할을 더 잘 감당할 수 있으며, 우리의 삶은 균형을 회복한다. 우리는 마땅히 즐겁게 살아가야 하는 존재다. 즐거움은 우리가 살아 있음을 증명하는 정상적인 삶의 모습이다. 우리가 살아 있음을 드러낼 수 있도록 즐거움을 위해 우리의 시간을 투자해야 한다.

우리는 일상생활에서 즐거움을 누리기 위한 계획을 세울 수 있다. 우리는 언제 놀아야 하는지, 어떤 활동을 통해 자신의 삶을 즐길 것인지 분별하는 법을 배울 수 있다. 즐겁게 살기 위해 아무것도 하지 않았다면, '즐거움을 누리는 법 배우기' 를 당장 추진해야 하는 목표로 정할 수 있다. 우리 자신이 바라는, 오직 우리 자신만을 위한 일들을 시도해 보자. 처음에는 불편하겠지만 시간이 흐르면서 점점 더 편안해질 것이다. 그렇게 살아가는 자체가 즐거움이 될 것이다.

우리는 스스로 인생을 즐기며 살아갈 수 있다. 원하는 것이 있고 그것을 살 만한 경제적 여유가 있다면, 그것을 사라. 합리적일 뿐 아니라 피해를 주지 않으면서 하고 싶은 것이 있다면, 그것을 하라. 기분을 풀기 위한 활동에 열심히 참여한다고 해서 그것을 자꾸 부정적으로 느끼려고 하지 마라. 내려놓고 삶을 즐겨라. 우리는 자신의 삶을 즐길 수 있는 일들을 찾아내고, 그 일들을 즐기도록 자신을 허용할 수 있다. 우리는 기분을 전환하는 오락적인 활동이 아니더라도 매일매일 일상생활에서 우리가 하는 일들을 즐기면서 살아가는 방법을 익힐 수 있다. 우리가 알코올중독자의 영향에서 벗어나 더 이상 비참한 감정을 느끼지 않고 살아갈 수 있는 상황이 되더라도 한동안은 우리의 삶을 지배해 왔던 순교자적인 태도가 경쾌한 기분을 느끼며 살아갈 수 있게 하는 우리의 능력을 제한할 수 있다. 고통을 겪는 일이 우리의 삶에 습관으로 자리 잡은 것처럼 삶을 즐기는 것 그리고 자신에게 좋은 사람이 되는 것 역시 우리의 습관으로 자리 잡을 수 있다. 그렇게 될 수 있도록 노력하자.

한계/경계선

공동의존자는 경계선의 문제를 가지고 있다는 이야기를 듣는다. 나도 그 말에 동의한다. 대부분의 공동의존자들은 경계선이 없다.

경계선이란 한계를 뜻하며, 다음과 같이 표현될 수 있다. "이 정도가 내가 갈 수 있는 거리입니다. 이것이 내가 당신을 위해 해야 할 일이거나 혹은 내가 하지 않아도 될 일입니다. 내가 당신에게서 참을 수 없는 것이 이것입니다."

우리 가운데 대부분의 사람들은 경계선을 그으며 관계를 맺기 시작했다. 우리는 그렇게 관계를 시작한 사람들에게 일정한 기대를 가졌고, 앞으로 그 사람들에게서 무엇을 참아야 하는지 혹은 무엇을 참지 않아야 하는지에 대해 여러 생각을 품었다. 알코올중독과 강박장애는 한계에 직면하더라도 태연자약하게 미소를 짓는다. 그 질병은 경계선을 밀어내고 대담하게 그것을 가로질러 간다. 그 질병이 우리의 한계를 밀어내고 들어와 가로질러 갈 때마다 우리는 거기에 굴복한다. 우리는 그 질병이 활동할 수 있는 여지를 더 크게 확보해 주면서 우리의 경계선을 후퇴시킨다. 그 질병이 경계선을 밀고 들어오면 절대 참을 수 없을 것이라고 우리 스스로 말했던 일을 참아 내고, 절대 하지 않을 것이라고 우리 스스로에게 다짐했던 일까지 하면서 우리는 양보한다.4 자주 이런 일들을 경험하면서 부적절한 행동에 대한 내성이 커지는데, 이렇게 '증가한 내성'의 과정은 나중에 역방향으로 진행된다. 우리는 가장 인간적인 행동조차도 참지 못할 수 있다. 처음에는 누군가의 적절하지 못한 행동을 너그럽게 봐준다. 그러나 결국에는 그 사람의 사소한 실수조차도 용서하지 않는다.

우리 가운데 많은 사람들은 비정상적이고 건강하지 않은 부적절한 행동들을 견뎌 낼 뿐만 아니라 거기에서 한발 더 나아간다. 우리는 스스로 그 행동이 정상적이고 그렇게 대우 받아도 마땅하다고 확신하기까지 한다. 우리는 언어적 학대와 무시하는 태도에 너무 익숙해진 나머지 그러한 일이 언제 일어나는지조차 분간하지 못한다. 하지만 내면 깊숙한 곳에 자리 잡은 우리의 중요한 영역은 그것을 인식하고 있다. 우리의 자기(self)는 알고 있고 우리가 듣고자 하면 우리에게 말해 줄 것이다. 단주 중이지만 어떤 회복 프로그램에도 참여하지 않고 있는 알코올중독자와 함께 지내는 상황, 즉 아직 문제가 드러나지 않고 잠재되어 있는 상태 속에서 살아가는 것은 문제가 확연히 드러난 상태에서 살아가는 것보다 우리의 자기를 더 힘들게 할 수 있다. 우리는 무언가 문제가 있다는 것을 감지한다. 우리는 미쳐 가는 듯한 기분을 느끼기 시작한다. 그러나 문제가 무엇인지를 모르기 때문에 원인조차 파악할 수 없다.

공동의존자에게는 경계선이 필요하다. 다른 사람에게 할 일과 다른 사람을 위해 할 일에 대해 우리는 한계를 지을 필요가 있다. 또한 다른 사람이 우리에게 또는 우리를 위해 어떤 일을 하도록 허용할 것인지에 대해서도 한계를 그을 필요가 있다. 우리와 연관된 사람들이 우리가 경계선을 가지고 있다는 사실을 알게 할 필요가 있다. 그렇게 하는 것이 서로에게 도움이 된다. 그러나 경계선을 정하라는 말을 상대를 인정하지 않는 폭군처럼 살아가라는 이야기로 해석해서는 안 된다. 또한 우리는 타협이 어려울 정도로 융통성 없는 자세로 살아서는 안 된다. 우리는 자신의 한계를 이해할 수 있어야 한다. 우리는 성장하고 변화하면서 우리 자신이 설정한 경계선 역시 달라지기를 원하게 될 것이다. 회복 단계에 있는 공동의존자는 공통적으로 다음과 같은 경계선을 정한다.

- 나는 어느 누구에게도 나를 육체적으로나 언어적으로 학대하도록 허용하지 않을 것이다.
- 나는 알면서 고의로 거짓말을 믿거나 지지하지 않을 것이다.
- 나는 내 집에서 약물을 남용하도록 허용하지 않을 것이다.
- 나는 내 집에서 범죄 행위를 하도록 허용하지 않을 것이다.
- 나는 누군가가 스스로 초래한 알코올 남용이나 무책임한 행동의 결과로부터 그 사람을 구원하지 않을 것이다.
- 나는 누군가의 알코올중독이나 무책임한 행동에서 비롯되는 문제들에 대해 경제적으로 지원하지 않을 것이다.
- 나는 다른 사람의 알코올중독으로부터 그 사람 혹은 나를 보호하기 위해 거짓말을 하지 않을 것이다.
- 나는 내 집을 알코올중독자를 회복시키기 위한 해독 기관으로 사용하지 않을 것이다.
- 당신이 비정상적인 행동을 하고자 한다면 그것은 나와 상관없는 당신의 일이며, 내 앞에서는 그러한 행동을 할 수 없다. 그런 일이 벌어진다면 당신이 하든 내가 하든 둘 중 하나는 그 자리를 떠나야 할 것이다.
- 당신은 당신의 즐거움, 당신의 하루, 당신의 삶을 망칠 수 있다. 그것은 당신의 일이다. 하지만 나는 나의 즐거움, 나의 하루, 나의 인생을 당신이 망치도록 내버려 두지 않을 것이다.

"메리 로우의 아이들을 더 이상 돌보지 않을 거예요. 왜냐하면 그런 일을 떠맡고 싶지도 않고 그녀는 그 부분에서 나를 이용하려 들기 때문이죠."와 같은 식으로 특정한 관계에 적용할 수 있는 경계선을 만드는 것도 때때로 필요하다.

경계선을 정하고, 그것이 우리의 경계선이라는 사실을 분명히 하자. 우리가 진저리를 치며 참을 수 없어 하고 위협을 가하려고 하는 일들이 무엇인지 이해하는 것은 우리에게 필요한 경계선을 만들어 가는 실마리가 될 것이다. 또한 그 일들은 우리 내부에서 어떤 변화들이 일어나야 하는지를 우리에게 알려 주는 열쇠가 될 것이다. 우리의 말이 그대로 우리의 의도를 드러내게 하고 우리의 의도가 우리의 말을 통해 그대로 표현되게 하자. 사람들은 우리가 경계선을 정하는 것 때문에 우리에게 화를 낼 수도 있다. 왜냐하면 그들이 자신의 필요에 따라 더 이상 우리를 이용할 수 없기 때문이다. 그들은 우리 스스로 경계선을 무너뜨리도록 그리고 그들이 우리를 이용하고 학대하게 허용했던 과거로 우리가 되돌아가도록 우리의 죄책감을 부추길 것이다. 죄책감을 느껴서도, 뒤로 물러나서도 안 된다. 우리는 자신의 경계선을 고수하며 잘 실행해 나갈 수 있다. 일관성 있게 밀고 나가라. 사람들은 우리가 만든 모든 경계선에 대해서 적어도 한 번 이상은 우리를 시험할 것이다. 사람들은 우리가 얼마나 진지한지 그리고 특히 우리가 과거에 그들에게 했던 말이 우리의 진정한 의도였는지를 확인하고자 우리를 시험할 것이다. 우리는 공동의존자로서 여러 가지 공허한 협박들을 일삼아 왔다. 우리는 신뢰를 잃고 나서 왜 사람들이 우리를 진지하게 받아들여 주지 않는지 의아해한다. 사람들에게 우리가 어떤 경계선을 가지고 있는지를 이야기하자. 조용하고 평화로운 분위기에서 한 번쯤 사람들에게 우리의 경계선에 대해 말해 보자. 자신이 어디까지 인내할 수 있는지 그 수준을 잘 살피자. 그래야 우리의 마음의 중심이 시계추처럼 양극단을 오가지 않을 것이다.

어떤 공동의존자들, 특히 알코올중독자와의 관계가 후기 단계에 다다른 사람들의 경우에는 자신의 삶에 문제를 일으키는 성인뿐만 아니라 자녀와의 관계에서도 한계를 정하고 실행해 나가는 데 어려움을 겪을 수 있다. 한계를 정하기 위해서는 시간과 고민이 필요하다. 한계를 실행해 나가기 위해서도 에너지와 일관성 있는 자세가 요구된다.

경계선을 정하고 실행하기 위해 많은 시간과 에너지를 소모하고 적지 않은 고민을 해야 한다고 할지라도 그것은 그럴 만한 가치가 있다. 궁극적으로 우리가 정한 경계선이 우리에게 더 많은 시간과 에너지를 공급해 줄 것이다.

우리의 한계는 어떠한가? 우리는 어떤 경계선을 세워 나가야 하는가?

육체적인 자기돌봄

공동의존의 후반부에 이른 우리는 종종 건강을 소홀히 하고 자신의 몸을 단정히 하는 일에 신경을 쓰지 않는다. 우리가 표현할 수 있는 최상의 모습으로 살아가는 것이 좋지 않은가! 예를 들어 우리의 머리를 멋지게 꾸미거나 자를 수 있다. 그렇게 하는 것은 평범하면서도 일상적인 모습이다. 우리는 느낌을 갖도록 자신에 대해 더 좋은 감정을 느끼도록 옷을 차려 입을 수 있다. 거울을 들여다보라. 자신의 모습이 마음에 들지 않는다면 바꾸어 보자. 바꿀 수 없다면 스스로를 미워하는 마음을 이제 내려놓고 자신의 모습을 있는 그대로 받아들이자.

운동의 중요성을 잊어서는 안 된다. 아프다면 치료를 받아라. 비만이라면 자신의 몸을 돌보기 위해 무슨 일이 필요한지 생각해 보자. 자신의 몸에 대해 무관심할수록 자신에 대한 감정이 계속 악화될 것이다. 종종 작고 사소한 일들을 행하는 것이 우리의 기분을 크게 전환시켜 주기도 한다. 우리의 육체적 영역들과 계속 접촉을 유지하자. 그 영역들이 우리에게 말하는 소리에 귀를 기울이자. 그 영역들이 원하는 것을 공급해 주자. 자신을 돌본다는 것은 자신의 몸을 돌본다는 것 그리고 자신의 모습을 단아하게 가꾸어 나간다는 의미도 포함하고 있다. 이 두 가지를 매일매일의 삶에 적용해 보자.

우리의 정서적 자아를 돌보는 것 또한 우리의 몸을 돌보는 것과 연결되어 있다. 우리가 자신의 정서적 자아를 잘 돌볼수록, 자신의 필요들을 더 많이 채워 줄수록, 우리는 더 건강해진다. 우리가 오랫동안 자신을 돌보는 일을 포기한다면, 우리 몸은 스스로를 지켜 내고 필요한 보호를 받기 위해 반란을 일으키거나 병에 걸려 가면서까지 우리 자신과 주변 사람을 압박할 것이다. 병들기 전에 자신을 돌보는 것이 훨씬 쉬운 일이다.

전문가의 도움

우리는 다음과 같은 상황에 처해 있을 때 전문가의 도움을 받아야 한다.

- 우울함을 느끼고 자살에 대해 생각하고 있다.
- 알코올중독자 혹은 다른 문제를 가지고 있는 사람에게 개입하고 그들과 자꾸 맞서려고 한다.
- 육체적 또는 성적 학대의 희생자로 살아오고 있다.
- 누군가를 육체적 또는 성적으로 학대하고 있다.
- 알코올 또는 약물에서 비롯되는 여러 가지 문제들을 경험하고 있다.
- 자신의 문제를 해결할 수 없으며, 그 문제로부터 스스로 빠져나올 수 없을 것처럼 느낀다.

- 어떤 이유에서든지 전문가의 도움이 자신에게 유익할 것이라고 믿는다.

전문가를 만나 우리의 감정에 집중할 때, 우리가 자신을 신뢰하고 있음을 우리의 기억에 새겨 놓을 수 있다. 우리가 접촉하는 기관이나 사람에게 불편함을 느낀다거나, 상담의 방향에 대해 동의할 수 없다거나, 우리가 실질적인 도움을 받고 있건 그렇지 않건 간에 그 도움이 신뢰할 만한 것이 아니라고 느껴진다면 다른 전문가를 찾아보라. 그 과정에서 우리는 일반적으로 발생하는 저항에 직면하기도 한다. 그러나 우리의 문제에 대해 조언해 주는 사람이 우리에게 적합하지 않을 수도 있다는 사실을 인식할 필요가 있다. 모든 전문가들이 공동의존, 강박장애, 약물의존과 관련된 문제들에 대해 정통한 능력을 갖추고 있는 것은 아니다.

딸의 약물의존과 행동상의 문제 때문에 가족이 큰 혼란을 겪게 되자, 한 여성이 사설 치료기관의 전문가에게 도움을 청했다. 그 전문가는 가족 모두를 상담에 참여시켰다. 그리고 딸이 비행을 일삼는 것이 부모가 담배를 피우는 것 때문이라고 판단하고, 부모가 그 사실을 인정하도록 하는 데 상담시간의 대부분을 할애했다. 그 전문가는 흡연에 대해 선입관을 가지고 있었다. 치료의 목표가 '딸의 행동'에서 '엄마와 아빠의 금연'으로 바뀌었다. 부모는 난처해했고, 그러한 상담 방식에 불편함을 느꼈다. 그들은 도움이 절실했다. 부모는 그 전문가가 자신들보다 훨씬 많은 것을 알고 있다고 생각했다. 납득이 되지 않는 일에 일주일에 50달러씩 3개월 동안이나 지불하고 나서야 마침내 그들은 효과도 없는 상담에 너무 많은 비용을 소모했다는 사실을 깨닫게 되었다. 나는 금연이 나쁘다는 것을 말하려는 것이 아니다. 다만 금연은 그 가족이 도움을 요청한 문제가 아니었다.

도움을 요청했으나 그것이 적절하지 않다고 여겨진다면, 다른 도움을 청하라. 정직하게 노력했음에도 변화가 일어나지 않는다면, 다른 방법을 시도해 보자. 그러나 우리는 생각하고 느끼고 올바른 결정을 할 수 있는 우리의 힘을 포기하고 그것을 다른 사람에게, 설령 그 사람이 박사학위를 가진 대단한 능력의 소유자일지라도 넘겨줘서는 안 된다.

우리가 우리 자신을 가장 잘 돌볼 수 있다.

스트로크(애무)

나는 우리의 심장과 관련된 문제에 대해 이야기하려는 것이 아니다. 애무, 다시 말해 사랑으로 부드럽게 어루만져 준다는 의미를 갖는 스트로크(stroke)는 교류분석이론*에서 등장하는 용어로 수년 전에 치료 분야에서 주목을 받았던 개념이다. 대부분의 사람들은 사람을 필요로 하며 적어도 몇몇 사람들과는 관계를 유지하며 살아간다. 우리가 그 사람들과 함께 있을 때 따뜻하고 사랑스러운 감정이 우러나올 수도 있고 아무런 감정을 느끼지 못할 수도 있으며 냉정하고 적대적인 감정이 느껴질 수도 있다. 우리는 그들에게 정직하고 온화하고 고마움이 담긴 말들을 표현할 수 있고, 그들 역시 그러한 감정들이 느껴지는 말들을 사용해 우리에게 화답할 수 있다. 우리는 그들에게 거짓말을 할 수 있고, 그들 역시 우리에게 거짓으로 대꾸할 수 있다. 우리는 별로 중요하지 않은 피상적인 일들에 대해 이야기할 수 있고, 그 사람들 역시 우리처럼 그렇게 이야기할 수 있다. 우리는 불쾌한 말들을 쏟아 놓을 수 있고, 그들 역시 같은 방식으로 반응할 수

역자주

* 에릭 번(Eric Berne)에 의해 창안된 성격이론으로, 사회적인 상호 교류에 의해 인성이 형성되고 삶의 유형이 결정된다는 것을 강조한다.

있다. 대부분의 사람들이 때때로 앞서 언급한 모든 일을 조금씩은 하며 살아간다.

기본적인 생각은 좋은 관계를 맺기 위해 힘써야 한다는 것이다. 우리 주변에 정직하고 온화하며 사랑스럽고 고마움을 느낄 만한 사람이 없다면, 그런 감정이 느껴지는 사람을 찾아보자. 누군가가 우리에게 비열한 말을 해서 우리의 마음에 복수하고 싶은 감정이 느껴진다면, 복수하려 들지 말고 먼저 그 사람이 그런 식으로 말하지 못하게 하자. 우리가 그 사람을 변하게 할 수 없다면, 이야기를 나눌 수 있는 다른 사람을 찾아보자. 우리는 가치 있게 대우 받을 필요가 있다. 인격적으로 대우 받는 일은 자신을 자라게 하고 좋은 감정을 느끼게 한다.

육체적으로도 좋은 대우를 받으려고 노력할 필요가 있다. 사람들이 우리를 때리도록 내버려 두어서는 안 된다. 우리도 사람들을 때려서는 안 된다. 대신 그들을 따듯하게 안아 주자. 안아 주는 것이 부적절하다면, 긍정적인 에너지를 교감할 수 있는 부드럽고 사랑스러운 방식으로 우리의 마음을 표현하자. 안아 주는 것을 시간 낭비로 생각하거나 지나치게 감성적인 사람들에 의해 탐닉되는 불필요한 행동쯤으로 생각하는 사람들을 위해 『비만은 가족 문제다』에서 다음의 글을 인용했다. 읽고 생각해 보자.

……1970년대 초반 의사들은 고통을 완화시키고 정신적 외상이나 충격을 줄이기 위해 몰핀*의 효과를 가진 신경체계 내부의 메커니즘에 대해 연구하기 시작했다.

역자주

* 몰핀(morphine)의 주요 성분은 알카로이드이며, 다른 여러 진통제보다 그 효과가 가장 강력하여 말기 암 환자를 비롯해 다른 진통제가 더 이상 듣지 않는 환자에게 흔히 쓰인다. 하지만 반복하여 사용할 경우 약효가 떨어지고 오히려 부작용만 심해지게 되며 결국에는 호흡기능을 마비시켜 사망에 이르게 한다. 반면 엔돌핀(endolphine)은 몸에서 생성되는 몰핀이라는 뜻으로 몰핀의 100배에 해당되는 진통작용을 발휘한다.

> 몰핀과 유사한 이 물질을 엔돌핀이라 하는데, 엔돌핀은 고통을 진정시켜 주고 마음을 가라앉히며 행복한 감정을 증진시키기 위해 우리 몸 안에서 분비된다. 어떤 연구에서는 폭식하는 사람들과 알코올중독자들이 정상적인 사람에 비해서 엔돌핀이 적게 생성된다고 보고하고 있다. ……당신의 몸에서 엔돌핀이 거의 생성되지 않기 때문에 종종 쓰라린 아픔을 느낀다. 설탕을 섭취하는 것은 엔돌핀의 생성을 증가시킨다. 그래서 당신이 설탕을 섭취할 때 쓰라린 고통이 사라진다.
>
> 당신이 식욕부진증 환자라면, 음식을 섭취하지 않아서 느끼는 고조된 기분 때문에 고통이 진정되는 경험을 한다. 그 생기 넘치는 감정은 마치 '경주하는 사람이 느끼는 최고의 기분'과 유사한 것으로, 당신이 자신의 한계를 넘어서기 위해 당신이 자신을 밀어붙이는 상황에서 발휘되는 극한의 인내심으로부터 발생한다. ……엔돌핀 생성을 증가시키는 또 다른 방법이 있다. ……그것은 안아 주는 것이다. 안아 주는 것은 정말 효과가 있다. 당신이 당신의 친구를 향해 두 팔을 벌리고 감싸 안아 줄 때, 그 친구의 몸에 엔돌핀이 흐르기 시작하고 사랑하는 사람의 따뜻함이 전달되면서 쓰라린 아픔이 그 친구에게서 사라진다. 당신의 개가 가슴을 쓰다듬어 달라고 또는 머리를 만져 달라고 펄쩍펄쩍 뛰어오를 때 왕성한 생명력이 느껴진다. 엔돌핀 분비가 활성화되면서 당신의 개는 계속 활기찬 기분을 유지한다.5

공동의존자는 긍정적인 애무인 칭찬을 쉽게 받아들이지 못한다. 자신이 여러 가지 좋은 자질들을 가진 훌륭한 사람이라는 사실에 대해 지금까지 회의적인 생각을 가지고 있었다면, 이제 그러한 생각에서 벗어날 수 있다. 누군가가 우리에게 우리 자신의 훌륭한 점을 이야기할 때, 그 사람이 숨은 동기를 가지고 그렇게 이야기하고 있는 것이 아니라는 것을 느낀다면 우리는 그것을 받아들일 수 있다. 누군가가 우리의 마음을 교묘히 조작하기 위해 칭찬을 한다고 하더라도 받아들일 만한 것은 받아들이고 그렇지 않는 것은 거부하자. 칭찬의 소리가 들려오면 그 소리가 곧장 우리의 심장으로 흘러들어 가게 하고, 그 소리가 선사하는 따사로운 기운이 온몸으로 퍼져나가게 하자. 우리는 칭찬받아 마땅한 사람들이다. 우리에게는 칭찬이 필요하다. 아니 모든 사람에게 칭찬이 필요하다. 우리는 자신이 좋은 사람이라는 것을 믿기 위해 열심히 노력해 왔는데, 칭찬은 우리의 노력이 가치가 있는 일임을 믿게 한다. 칭찬의 미덕이란 우리가 자신의 좋은 점들을 더 많이 믿을수록 더 나은 삶을 살아갈 수 있다는 것이다.

우리 또한 칭찬할 수 있으며 긍정적인 에너지를 퍼뜨릴 수 있다. 우리는 사람들에 대해 우리가 갖는 좋은 느낌이나 생각을 함께 공유할 수 있고, 우리가 높이 평가하고 있는 그들의 특성에 대해 이야기할 수 있다. 정직하게 칭찬하되, 긍정적인 결과를 가져올 수 있도록 하라.

우리는 다른 사람을 언제 애무해 주어야 하는지를 배울 수 있다. 우리가 사람들 곁에 언제 머물러야 하는지 그리고 우리 자신이 언제 애무를 필요로 하는지에 대해 인식하는 법을 배워야 한다. 우리에게 좋은 자극을 줄 수 있는 친구를 사귀자. 공동의존자는 종종 자신을 희생자로 그리고 자기를 스스로 돌볼 수 없는 무기력한 인간으로 인식하는 사람들과 친구로 사귄다. 그 친구들은 우리를 동정해 준다. 동정해 주는 것은 아무것도 해 주지 않는 것보다는 낫지만 진정 어린 애무와는 거리가 멀다. 진정한 사랑은 이렇게 말한다. "당신이 여러 문제들로 어려움을 겪고 있다는 것을 잘 알고 있어요. 나는 거기에 대해 관심을 가지고 당신의 이야기를 들을 거예요. 하지만 당신을 대신해서 내가 그 문제들을 해결하려고 하지는 않을 거예요. 실제로 내가 해결할 수도 없어요." 진정한 우정은 이렇게 말한다. "나는 너를 인정하기 때문에 너 혼자의 힘으로 그것을 어떻게 해결해 나가는지 지켜볼 거야. 나는 네가 그 일을 해낼 수 있다는 것을 알고 있어."

신뢰

공동의존자는 누구를 신뢰하고, 언제 신뢰해야 하는지를 확실하게 알지 못한다. "하비는 2주 동안 알코올중독을 치료받고 있어요. 그는 저에게 129번이나 거짓말을 했어요. 제가 그를 신뢰할 수 없다고 하자 그는 지금 제게 화가 나 있어요. 제가 어떻게 해야 하죠?"

나는 이와 비슷한 이야기들을 공동의존자들로부터 반복적으로 들어 왔다. 나의 대답은 항상 똑같다. "신뢰와 어리석음은 다르죠. 당신이 하비를 신뢰하지 못하는 것은 당연해요. 신뢰하지 못하는 사람을 신뢰하려고 노력하지 마세요."

나는 이 책에서 다음과 같은 말을 계속 되풀이해 왔다. 다시 한 번 언급하고자 한다. "우리는 우리 자신을 신뢰할 수 있다." 우리는 누구를 신뢰할지를 적절하게 결정하는 우리 자신을 신뢰할 수 있다. 우리 가운데 많은 사람들은 신뢰의 문제에 대해 부적절한 결정을 내려 왔다. 알코올중독자가 알코올중독을 질병으로 인식하고 치료를 받지 않았다면, 다시는 술을 마시지 않겠다는 그의 약속을 믿는 것은 어리석은 짓이다. 치료를 받았다고 할지라도 다시는 술을 마시지 않겠다는 알코올중독자의 약속을 신뢰하는 것 또한 어리석은 짓이다. 인간의 행동에 대해 완벽한 보증이란 있을 수 없다. 하지만 우리는 자신을 있는 그대로 솔직하게 표현하며 살아가는 사람을 신뢰할 수 있다. 우리는 사람을 정확하게 보는 법을 배울 수 있다.

사람들의 말이 행동과 일치하는지 곰곰이 따져 보라. 그들의 말이 그들이 하는 행동과 다르지 않는가? 한 여성이 이러한 상황과 관련해 다음과 같은 이야기를 했다. "그는 정말 좋은 사람처럼 보이죠. 하지만 그의 행동은 조금도 나아지지 않았어요."

우리의 관심을 우리 자신에게 그리고 우리가 세상으로부터 받은 메시지들에 집중한다면 우리는 누구를 신뢰해야 할지, 언제 신뢰해야 할지 그리고 왜 그 사람을 신뢰해야 할지를 알게 될 것이다. 우리가 신뢰해야 할 사람이 누구인지를 우리가 항상 알고 있었다는 점을 우리는 깨달을 수도 있다. 우리는 그동안 자신의 소리에 귀 기울이지 않고 살아왔다.

성

한 여성 공동의존자는 자신의 결혼생활이 파탄에 이를 것이라고 나에게 거침없이 이야기할 것이다. 한숨 돌린 다음, 그녀는 부부관계가 악화되면서 성적인 문제들도 당연히 발생하는지 나에게 질문할 것이다.

맞다. 성적인 문제들이 당연히 발생한다. 많은 사람들이 성적인 문제들을 가지고 있다. 많은 공동의존자들도 성적인 문제들을 경험한다. 알코올중독과 강박장애는 친밀감과 관련된 모든 영역들을 공격한다.[6] 때때로 우리는 사랑을 육체적으로 표현할 수 없는 지경에 이른다. 그것은 우리가 가장 마지막 단계에서 경험하게 되는 고통스러운 상실이다. 우리가 오랫동안 눈을 질끈 감은 채 현실을 부인하려고 해도, 사태가 주는 충격은 그 문제가 쉽사리 해결되지 않을 것임을 우리에게 알려 준다.

알코올중독자는 종종 성적인 문제들을 경험한다. 남자의 경우 성적 불능 상태에 빠지고, 여자의 경우 성적 욕구를 상실한다. 알코올중독으로부터 회복되기 전뿐만 아니라 회복된 후에도 그러한 일들이 일어날 수 있다. 공동의존자도 종종 성적으로 여러 가지 어려움들을 경험한다. 그 어려움들은 배우자와 잠자리를 함께하면서 직면하는 문제들이다. 우리는 오르가슴에 이를 수도 없고 통제력 상실에 대해 두려워하며 상대를 더 이상 신뢰하지 않는다. 우리는 상대에 대해 감정적으로 거리를 두려고 하고 상대 때문에 마음이 상하는 것을 원하지 않으며 상대를 갈망하는 마음도 사라진다. 우리는 상대에 대해 극도의 불쾌감을 느끼며 자신의 필요를 채우기 위한 어떤 요청도 상대에게 하지 않기 때문에 우리의 욕구는 채워지지 않는다. 두 사람의 관계는 침실 밖에서보다 침실 안에서 더 문제가 된다. 부엌에서 돌보는 역할을 담당하는 사람은 침실에서도 아마 같은 역할을 담당하려고 할 것이다. 서로 사랑을 나누기 전에 이미 분노를 느끼고 상처를 받았다면, 사랑을 나눈 후에도 우리는 분노하고 상처를 받게 될 것이다. 상대와 관계를 더 이상 유지하고 싶지 않은 마음이 든다면, 당연히 그 사람과 성적으로도 관계를 맺고 싶지 않을 것이다. 성관계는 두 사람이 유지하고 있는 관계의 전체적 상황을 거울에 비춘 것처럼 그대로 드러낸다.

성적인 문제들은 도둑처럼 슬며시 다가와 사람들의 삶을 흐트러뜨리기도 한다. 잠깐 동안이겠지만 성관계를 맺는 일은 어려움에 처한 관계를 구제하는 수단이 될 수도 있다. 또한 성관계는 두 사람 사이에서 언쟁이 오고 간 후에 둘의 관계를 회복하는 수단이 될 수도 있다. 대화를 하는 것은 갈등을 푸는 것처럼 보이며, 성관계를 맺는 일은 모든 것을 훨씬 좋게 만든다. 하지만 어느 시점에 이르면, 대화가 두 사람 사이의 분위기를 바꾸어 내지 못하고 그들의 관계를 뿌연 안개 속으로 밀어 넣는다. 성관계 역시 두 사람의 관계에 더 이상 긍정적인 영향을 끼칠 수 없게 되고 상황을 오히려 더욱 악화시킨다.

어떤 사람에게는 이를 닦아 상쾌함을 느끼는 것처럼 성관계가 정서적 만족감을 제공하는 순수한 치료 행위가 되기도 한다. 어떤 사람에게는 성관계가 굴욕감과 초라함을 느끼게 하는 시간이 될 수도 있다. 다시 말해 성관계가 또 다른 허드렛일, 또 다른 의무, 원하지 않지만 해야만 하는 특별한 일로 전락한다. 성관계 때문에 우리는 죄책감과 수치심을 느끼게 되고 자신을 속이려 한다. 결과적으로 성관계는 우리의 삶에서 작동하지 않는 또 하나의 영역이 된다. '내게 무슨 문제가 있나?' 라고 스스로에게 의

문을 품는 삶의 영역이 하나 더 늘어난 것이다.

나는 성적인 문제들을 치료하는 전문가가 아니다. 나는 그 문제들과 관련해 어떤 치료 방법도 가지고 있지 않으며, 전문적인 조언을 해 줄 수도 없다. 그것에 대해 내가 알고 있는 것은 일반적인 상식 수준을 벗어나지 못한다. 그러나 나는 삶의 다른 영역에서 우리가 자신을 돌보는 것처럼 침실에서도 똑같은 원칙이 적용되어야 한다고 믿는다. 무엇보다 우리는 자신을 비난하고 미워하는 일을 멈춰야 한다.

일단 이 점을 우리가 이해하게 되면 우리는 자신에게 정직해진다. 우리는 도망가고 숨고 부정하는 것을 그만두게 된다. 우리는 자신에게 무엇을 느끼고 있는지, 무엇을 생각하는지를 부드럽게 묻는다. 우리는 우리의 대답들을 신뢰한다. 우리는 존중하는 마음으로 자신의 소리에 귀를 기울인다. 우리 자신을 학대하거나 벌주지 않는다. 우리는 우리가 경험하고 있는 문제가 우리가 살아온 체계에 대한 정상적인 반응임을 이해한다. 물론 우리는 여전히 문제를 가지고 있다. 그러나 이는 지극히 자연스러운 경험이다. 보복하려는 마음, 감정적으로 거리를 두려고 하는 태도, 신뢰의 부족 혹은 부정적인 감정을 경험하지 않는 것이 오히려 비정상적이다. 우리가 잘못되고 이상한 것이 아니다.

우리가 처한 상황을 정리한 후에야 비로소 상대에게 정직해진다. 우리가 무엇을 생각하는지, 무엇을 느끼는지, 상대에게서 필요한 것이 무엇인지를 직접 말한다. 적절한 시점에 이르러 대화하고 타협하면서 가능성을 탐색해 본다. 우리가 스스로 문제를 해결할 수 없다면 전문가에게 도움을 청한다.

우리 가운데 어떤 사람들은 다른 상대와 성관계를 맺음으로써 위안을 얻으려고 했는지도 모른다. 우리는 자신을 용서할 필요가 있으며, 자신을 돌보기 위해 해야 할 일이 무엇인지를 잘 생각해 보아야 한다. 12단계 프로그램의 4단계와 5단계를 적용해 보자. 신뢰할 만한 사람에게 이야기하자. 우리는 우리가 취했던 행동들이 삶에서 겪어 왔던 문제들에 대한 상식적인 반응이었음을 이해하려고 노력할 수 있다.

우리 가운데 어떤 사람들은 계속 불만족스러운 성관계를 맺음으로써 자신의 문제에서 벗어나려고 할지 모른다. 이러한 상황은 종종 부정의 단계에서 이루어지며, 바로 이때 강박적인 행동이 우리 안에 자리 잡게 된다. 그러한 행동들을 계속할 필요가 없다. 우리는 다른 방식으로 우리의 문제들을 대처하고 해결할 수 있다. 우리는 자신을 용서하고 자신에게 상처 주는 일을 멈출 수 있다.

우리 가운데 어떤 사람들은 문제를 해결하는 대신, 이리저리 사랑을 찾아다니며 성적 욕구를 채우려고 한다. 우리가 정말 필요로 하는 것이 무엇인지를 이해하고 우리의 욕구를 만족시키는 최선의 방법이 과연 무엇인지 잘 생각해 봐야 한다.

우리 중 어떤 사람들은 필요한 것을 요청하기 시작해야 한다. 어떤 사람들은 "아니요."라고 말하는 법을 배워야 한다. 어떤 사람들은 성적 쾌락을 강제로 추구함으로써 사랑을 죽은 관계로 만들어 버리는 무리수를 두려고 할 수도 있다. 그러나 그것은 효과가 없다. 성관계는 사랑이 아니다. 성관계는 성관계일 뿐이다. 사랑이 함께하지 않는다면, 성관계만으로는 사랑을 키워 나갈 수 없다. 성관계는 이미 존재하는 사랑을 표현하는 것이다.

우리 가운데 어떤 사람들은 성관계가 그렇게 중요한 것이 아니라고 판단하고, 그것을 포기했는지도 모른다. 나는 육체적으로 사랑을 나누는 것이 중요한 일이라고 믿는다. 그것이 인생에서 가장 중대한 일이라고는 할 수 없겠지만, 중요한 의미를 갖는 일임은 분명하다.

성관계는 강력한 힘이고, 친밀감과 즐거움의 위대한 원천이다. 우리의 성생활이 바라는 대로 이루어지지 않는다 해도 우리는 자신을 돌볼 수 있다. 우리는 자신의 성적 행동, 즉 침실에서의 성관계의 즐거움 혹은 침체에 대해서도 스스로 책임을 진다. 우리는 자신에게 이렇게 물을 수 있다. '우리의 성생활이 우리가 맺고 있는 인간관계에 대해서 우리에게 무엇을 말해 주고 있는가?'

20 다시 살아가고 사랑하는 법 배우기

> 적어도 나는 나 자신의 파멸을 적극적으로 재촉하면서 이리저리 헤매고 다니는 일을 이제 더 이상 하지 않는다(알아논의 한 회원).

처음에 나는 이 장의 내용을 두 개의 장으로 분리할 생각이었다. 한 장에는 다시 살아가는 법에 대한 내용을, 다른 한 장에는 다시 사랑하는 법에 대한 내용을 담는 것이 애초의 계획이었다. 하지만 살고 사랑하는 일을 분리하는 것은 문제의 본질에서 멀어지는 것이라고 생각했다. 많은 공동의존자들은 살며 사랑하는 일을 동시에 감당하는 법을 배워 나가야 하는 상황에 부딪힌다.

어니 라슨과 여러 전문가들에 따르면, 대부분의 사람들은 내면 가장 깊숙한 곳에 두 가지 욕망—'사랑하고 사랑받는 것' 그리고 '자신이 가치 있는 존재라는 사실을 스스로 믿으며 자신이 그런 존재임을 다른 사람에 의해 인정받는 것'—을 간직하며 살아간다.[1] 또한 나는 한 가지 내용이 추가된 것이기는 하지만 더 단순하게 정리된 다음과 같은 말을 들어 본 적이 있다. "행복해지기 위해 우리는 사랑하는 사람과 할 일 그리고 이루고 싶은 소망을 필요로 한다."

나는 그러한 욕망이 욕구인지 또는 바람인지를 구별하기 위해 꼬치꼬치 따지지 않을 것이다. 나는 두 가지 모두 중요하다고 생각한다. 우리가 이러한 욕망을 깨달았든지 깨닫지 못했든지, 아마도 우리의 삶을 이끄는 힘으로 작용해 왔을 것이다. 대부분의 사람들은 의식의 차원에서 이러한 욕구를 채우기 위해 노력해 왔다. 어떤 사람은 자신을 보호하기 위해서 욕구를 가두고 차단했을 수도 있다. 하지만 욕망은 우리가 인정하든지 억압하든지와 상관없이 존재해야 할 곳에 여전히 존재한다. 우리 자신과 우리의 욕망을 이해한다는 것은 굉장히 강력한 정보다. 공동의존자로서 우리는 자신과 다른 사람에게 상처 주지 않는 방식으로 그리고 우리의 삶을 최대한 즐겁게 꾸려 가는 방식으로 이러한 욕망과 욕구 그리고 바람을 실현할 수 있는 방법을 배워야 한다. 즉, 그것은 그동안 우리의 욕구를 충족시키기 위해 우리가 시도했던 방식이 성공하지 못했기 때문에 앞으로는 다른 방식으로 우리의 일들을 해 나가야 한다는 것을 의미한다. 우리는 그동안 우리가 그렇게 살아갈 수 있도록 도움을 주는 개념들—분리, 사람들에게 구원의 개념으로 접근하지 않기, 자신의 관심의 대상을 통제하지 않기, 솔직해지기, 자신에게 관심 기울이기, 12단계 프로그램을 활용하기, 의존하지 않기—에 대해 이야기를 나누었다. 나는 우리가 보다 건강해짐에 따라 우리의 사랑도 달라질 것이라고 믿는다. 또한 우리가 사랑을 허용하고 사랑을 자신감 있게 주장한다면, 우리의 사랑은 점차 회복될 것이며 이전과는 사뭇 달라진 모습을 보이리라 믿는다.

나는 과거에 우리에게 상처를 남겼던 사랑이 그때만큼이나 큰 상처를 다시 우리에게 남기도록 해서는 안 된다고 생각한다. 나는 이제까지 우리에게 큰 아픔을 주어 왔던 사랑이 또 다시 우리를 그만큼 아프게 해서는 안 된다고 생각한다. 사랑이 우리를 파괴하도록 내버려 두어서는 결코 안 된다. 한 여성이 그 상황을 다음과 같이 적절하게 표현하고 있다. "나는 내가 고통에 중독되었다는 사실에 진절머리가 나요. 고통당하는 일에 내가 너무 익숙해져 버렸다는 사실이 정말 지긋지긋하다고요. 남자들은 스스로 처리하지 못한 자신의 일들을 왜 내 삶을 통해 해결하려고 하죠! 더 이상 참을 수가 없어요." 우리가 비참한 상태에 빠져 지내고 끔찍한 관계들 속에서 허우적대며 살아가는 것은 신의 뜻이 아니다. 그것은 우리가 스스로에게 해 왔던 일이다. 우리에게 고통과 비참함을 안겨 주는 관계에 우리가 계속 머물러 있어야 할 이유가 없다. 우리는 자유롭게 우리 자신을 돌볼 수 있다.

우리는 우리의 삶에 긍정적으로 작용하는 관계와 그렇지 않은 관계 사이에 어떤 차이가 있는지 분별하는 법을 배울 수 있다. 우리는 파괴적인 관계를 정리하고 좋은 관계를 즐기고 이어 나가는 법을 배울 수 있다. 우리는 우리가 맺고 있는 관계들이 보다 바람직한 방향으로 나아가는 데 도움이 되는 새로운 행동들을 배울 수 있다.

누군가가 우리의 삶 속으로 들어오게 된 것은 신이 허락한 일이라고 나는 믿는다. 그러나 우리는 적절한 시점에서 그 관계를 시작하고 유지하고 단절해야 하는데, 그 과정에서 우리가 내리는 여러 가지 선택과 우리가 하는 행동에 스스로 책임져야 한다고 나는 믿는다. 우리는 사랑을 원하고 필요로 한다. 그러나 파괴적인 사랑이 필요한 것은 아니다. 우리가 그 사실을 믿을 때, 우리에게 필요한 메시지가 우리의 생각 속에 명확하게 떠오를 것이다.

직업인으로서 우리의 삶 또한 더 바람직한 모습으로 변화될 것이라고 나는 믿는다. 우리는 직업과 관련된 영역에서 자신과 자신의 욕구를 돌보는 법을 배울 수 있다. 다른 사람과 그들의 일에 관심을 빼앗기지 않고 자신이 중요하다는 사실을 믿는다면, 우리는 자유롭게 자신의 목표를 정하고 꿈을 이루어 갈 수 있다. 우리는 자신의 삶을 위한 비전을 품을 수 있다. 좋은 일들이 우리에게 일어나도록 허용하고 우리의 마음이 좋은 일들에 대해 열려 있고, 우리의 삶에서 일어나는 좋은 일들을 우리가 마땅히 누릴 만한 자격이 있다는 사실을 받아들인다면 반드시 그 일들이 우리에게 일어날 수 있고, 일어나며, 일어나게 될 것이다. 이러한 이유 때문에 비전을 갖는다는 것은 신나는 일이다. 그러나 수고와 고통 없이는 그 일들이 일어나지 않는다. 지금까지는 온갖 노력을 다 쏟아부어도 고통뿐이었다면, 적어도 앞으로는 고통을 넘어 가치 있는 일들을 이루어 가는 데 우리의 힘과 노력을 집중할 수 있게 될 것이다.

성공을 일구어 내고, 좋은 일들을 경험하며, 긍정적인 사랑의 관계를 형성해 가는 것은 바람직한 모습이다. 그러나 이러한 일들이 쉽게 그리고 저절로 일어나지는 않을 것이다. 우리는 몸부림치고 저항하며 현실을 외면하려고 할지도 모른다. 괜찮다. 그것은 성장통이다. 그 과정이 너무 편안하고 당연하고 쉽게 느껴진다면, 우리는 성장하지도 않고 결코 다르게 행하지도 않을 것이다. 우리는 항상 해 왔던 대로 하고 있다. 그래서 그렇게 편안한 것이다.

살고 사랑하는 방법을 다시 배우는 일은 삶의 균형을 찾아가는 작업이다. 좀 더 구체적으로 이야기해 본다면, 그 일은 사랑하는 법을 배우는 동시에 자신의 삶을 살아가는 것이고, 우리가 애정을 느끼는 대상과 정서적으로 얽히지 않으면서 사랑하는 법을 배우는 것이며, 자신에 대한 사랑을 상실하지 않으면서 다른 사람을 사랑하는 법을 배우는 것이다. 살고 사랑하고 즐거움을 누리는 법을 배움으로써 각각의 활동이 다른 활동에 불합리하게 개입하지 않게 된다.

우리의 삶의 모든 영역에서 균형점을 찾고 유지하는 것은 회복 단계에서 중점적으로 다루어지는 일이다. 우리 자신과 다른 사람에 대한 책임감을 측정할 때 어느 한쪽으로 우리의 책임감이 너무 치우치지 않도록 저울의 눈금을 확인하듯 관심을 기울여야 한다. 우리는 우리의 육체적·정신적·영적 필요와 우리의 정서적 필요 사이에서 균형을 유지해야 한다. 우리는 주는 것과 받는 것에 대해 균형을 유지해야 한다. 자연스럽게 내려놓아야 할 일과 우리의 역할이 요구되는 일을 명확히 구분해야 한다. 우리는 문제를 해결하는 것과 해결하지 못한 문제와 더불어 살아가는 법을 배우는 것 사이에서 균형을 찾아가야 한다. 우리가 겪는 고뇌의 많은 부분은 미해결된 문제로 인해 빚어진 슬픔과 우리가 바라고 기대했던 대로 일이 진행되지 않은 절망감에서 발생한다. 우리의 기대를 편하게 내려놓는 것과 우리는 존귀한 삶을 살아야 하는 중요하고 가치 있는 존재라는 것을 기억하는 것 사이에서 균형을 찾아가야 한다.

시작하기

나는 이런 질문들을 자주 받는다. "어디서부터 시작해야 하나요?" "어떻게 시작해야 하나요?" "도대체 어떻게 균형을 잡을 수 있나요?"

나는 이 책을 통해 많은 제안과 생각을 쏟아 냈지만, 우리 가운데 어떤 사람들은 크게 당황했는지도 모른다.

우리 가운데 어떤 사람들은 균형감각을 회복하는 일이 불가능해 보인다. 우리는 어두컴컴한 지하실 바닥에 드러누워 있는 것처럼 느끼며 그곳으로부터 더듬더듬 기어 나오는 일이 어쩌면 불가능하다고 판단할 수 있다. 그러나 우리는 할 수 있다. A.A.와 알아논은 그 일을 성취해 내기 위해 세 가지의 단순한 공식을 제안한다. 소위 'HOW'라 불리는 것으로, 정직(Honesty), 열린 마음(Openness), 기꺼이 하려고 하는 자세(Willingness)를 유지하는 것이다. 앞에서 나는 변화란 인식과 수용에서 시작된다고 썼다. 사람의 행동을 변화시키는 세 번째 단계는 단호한 행동이다.2 우리에게 있어서 단호한 행동은 자신의 일을 다른 방식으로 해 나간다는 의미다. 정직하라. 열린 마음을 유지하라. 자신의 일을 다른 방식으로 해 나가기 위해 기꺼이 노력하라. 우리는 달라질 것이다.

다루어야 할 행동을 선택하고, 그 행동이 편안해지면 또 다른 행동으로 넘어가자. 나는 어떤 행동을 자신의 습관으로 만들기 위해서는 스물한 번을 반복해야 한다고 들었다. 이 말은 마음에 새겨 두어야 할 중요한 교훈이다. 제4장에 있는 체크리스트는 우리가 어디에서부터 시작해야 하는지에 대해 실마리를 제공한다. 각 장의 끝에 제시한 과제들을 통해 몇 가지 아이디어를 얻을 수도 있다. 시작해야 하는 곳이 어디인지 잘 판단해 보자. 우리가 발을 딛고 있는 곳에서부터 시작하자. 어디서부터 시작해야 할지를 아직 모른다면, 알아논이나 다른 적절한 모임에 참석하면서 시작해 보자. 아무것도 보이지 않는 지하실에 갇혀 있다고 느낀다면, 더듬거리면서 기어 나오기 시작하자. 우리는 걷는 법을 배우게 될 것이며 마침내 균형을 잡을 수 있게 될 것이다.

시작하는 일은 어렵기도 하고 즐거움을 주기도 한다. 내가 공동의존으로부터 회복하기 시작했을 무렵, 나 자신과 내가 맺고 있는 관계 속에 갇혀 버렸다는 절망감이 나를 엄습해 왔다. 우울함이 나를 둘러쌌고 침체된 감정이 나를 영원히 밀폐된 곳에 가두어 버린 것 같았다. 어느 날 아침, 내 아들은 내가 집 안에서 계속 그를 따라다녔다고 주장했다. 나는 내 아들의 이야기를 들으면서 한편으로는 살아 깨어 있음을 불행으로 여기며 옷을 입고 머리를 빗기 위해 질질 끌려가듯 욕실로 들어갔다. 바로 그때, 나는 욕실에서 맹렬하게 번지고 있는 불길을 발견했다. 그 불길은 커튼과 천장을 태우고 양탄자에 엉겨 붙고 있었다. 예전처럼 나는 문제를 스스로 해결할 수 있으리라 생각하며 재난으로 생각해야 할 화재를 그저 평범한 하나의 사건으로 판단했다. 나는 소화기를 잡고 불길을 향해 분사했다. 그러나 그것은 너무나 약하고 때늦은 조치였다. 불길이 사납게 타오르자 우리는 집을 벗어나야 했다.

소방관이 도착할 무렵, 집은 송두리째 불길 속에서 파괴돼 가고 있었다. 크리스마스를 2주 앞둔 시점에 일어난 사건이었다. 우리 가족은 옷과 가재도구도 챙기지 못한 채 작은 아파트로 옮겨 가야 했다. 낙담과 불안이 극에 치달았다. 나는 이미 나 자신을 포함하여 너무 많은 것들을 잃어버렸었다. 나의 집은 나의 둥지였고 정서적 안정감을 느끼게 하는 유일한 공간이었다. 그런데 그마저도 잃어버렸다. 모든 것을 잃어버린 것이다.

몇 주의 시간이 흐르면서, 내 삶은 나를 조금씩 활동하게 만들었다. 보험목록들, 협상, 청소 그리고 재건축 계획에 관심을 기울여야 했다. 걱정스럽고 초조한 마음이 다스려지지 않았다. 하지만 선택의 여지가 없었다. 나는 생각을 해야만 했다. 나는 바빠져야만 했다. 나는 여러 가지 일들을 감당해야만 했다. 재건축이 시작되면서 더 바빠졌다. 나는 수천 달러나 되는 돈을 어떻게 써야 할지 고민하면서 여러 가지 결정을 내려야 했다. 비용을 절감하고 일을 빨리 마무리하기 위해 할 수 있는 모든 일들을 시도하면서 일꾼들과 협력해 나갔다. 나는 육체적으로도 일해야 했다. 태어나서 한번도 해 보지 않은 일들이었다. 바빠질수록 내 기분은 좋아졌다. 나는 내 결정을 신뢰하기 시작했다. 나는 내 속을 채우고 있는 많은 분노와 두려움을 떨쳐 버릴 수 있었다. 나와 내 가족이 집으로 돌아갈 수 있게 되었을 무렵, 나의 균형감각은 회복되었다. 나는 내 삶을 살아가기 시작했다. 나는 내 삶을 사는 일을 더 이상 중단하지 않을 것이다. 이루 말할 수 없는 좋은 느낌들이 마음속 깊은 곳으로부터 솟아올랐다.

여기에서 중요한 핵심은 시작하는 것이다. 자신을 스스로 인도해 갈 수 있도록 당신의 발아래 불을 지펴라.

앞을 향해 성장하며 나아가기

일단 우리가 새로운 출발을 했고 계속 멈추지 않으려면, 우리는 자연스럽게 앞을 향해 나아가야 한다. 때때로 우리는 몇 걸음 뒤로 물러나기도 할 것이다. 괜찮다. 때때로 필요한 일이다. 종종 뒤로 물러나는 것은 앞으로 나아가기 위한 하나의 과정이다.

우리 가운데 어떤 사람들은 비참하고 파괴적인 관계를 정리하기 위해 몹시 힘든 결정을 해야 할지도 모른다. 어니 라슨의 표현대로, 죽어 버린 관계는 묻어 버리자. 우리는 시간을 투자해 우리 자신을 세우는 데 필요한 일들을 진행해 나갈 수 있다. 그리고 적절한 시기에 적절한 결정들을 내릴 수 있다.

우리 가운데 어떤 사람들은 사랑과 신뢰가 손상되었지만 아직은 살아 있는 관계를 개선해 보려고 노력할 수도 있다. 인내심을 발휘하라. 사랑과 신뢰는 깨지기 쉬우며 생동하는 실체들이다. 이미 상처를 받은 사랑과 신뢰가 입으로 명령을 내린다고 해서 자동적으로 회복되지는 않는다. 상대방이 술을 끊었다고 해서, 상대방이 가진 문제가 해결되었다고 해서 사랑과 신뢰가 자동적으로 생겨나지는 않는다.[3] 손상된 사랑과 신뢰의 관계를 치유하기 위해서는 시간이 필요하다. 사랑과 신뢰는 회복된다. 그러나 때때로 그렇지 않은 경우도 있다.

우리 가운데 어떤 사람들은 특별히 사랑하는 사람이 없을 수도 있다. 이러한 경우를 찾기란 쉽지 않지만 있을 수 있는 일이다. 우리는 사랑할 수 있는 누군가를 원하고 필요로 한다. 우리가 자신을 충분히 사랑한다면, 누군가를 사랑하는 것이 우리에게 도움이 될 것이라고 나는 생각한다. 관계를 맺으며 살아가는 것은 좋은 일이다. 그러나 그렇지 않아도 괜찮다. 우리가 사랑할 수 있는 친구, 우리를 사랑해 줄 친구 그리고 우리를 가치 있게 여겨 줄 친구를 찾아보자. 자신을 사랑하라. 그리고 자신이 가치 있는 존재라는 것을 인식하라. 잠깐의 휴식을 위해 혼자만의 시간을 가져 보자. 내려놓자. 배워야 할 교훈들을 배우자. 성장하라. 발전하라. 자신을 세우기 위한 작업을 계속 진행해 가라. 이렇게 했을 때, 어느 날 우리에게 사랑이 찾아온다. 그 사랑은 우리의 삶의 모든 부분을 더욱 견고하게 세워 주며 우리의 삶을 더욱 살 만한 것으로 만들어 준다. 사랑이 우리의 모든 삶을 설명하는 관심사가 되어서는 안 된다. 또한 사랑이 우울한 삶의 도피처 역할을 하게 해서도 안 된다. 목표를 향해 꾸준히 노력하라. 신나게 살아라. 신을 신뢰하라. 그리고 신의 때를 신뢰하라. 신은 우리의 모든 필요와 바람을 알고 있으며 돌보고 있다.

우리의 상황이 어떻든지 우리는 서서히 나아갈 수 있다. 우리의 마음은 우리의 머리가 가서는 안 된다고 하는 곳으로 우리를 이끌고 갈지도 모른다. 우리의 머리는 우리의 마음이 따라가고 싶지 않은 곳으로 우리를 데려가려고 애쓸지도 모른다. 가끔 우리는 개구리들에게 미혹되어 우리의 마음이나 머리가 선택하지 않은 다른 곳을 향해 나아갈지도 모른다. 그래도 괜찮다. 우리가 누구를 사랑해야 하는지, 그렇지 않아야 하는지 그리고 누구와 관계를 형성해야 하는지, 그렇지 않아야 하는지에 대해 정해진 규칙은 없다. 원하는 어떤 방식으로든 우리는 사랑하는 사람을 사랑할 수 있다. 그러나 천천히 여유를 갖고 자신에게 상처 주지 않는 방식으로 사랑하자. 무슨 일이 일어나고 있는지 관심을 기울이자. 자신의 약점을 통해 사랑하려 들지 말고 자신의 강점을 활용해 사랑하자. 다른 사람에게도 그렇게 하라고 요청하자. 자신을 돌보기 위해 무엇을 해야 하는지에 대해 매일매일 적절한 결정을 내리자. 절대자와 우리 자신 사이에서 우리가 무엇을 해야 하는지 알 수 있게 될 것이다. 사랑을 함께 누릴 수 있는 사람, 즉 우리를 즐거운 마음으로 사랑하며 우리가 성장할 수 있도록 좋은 자극을 주는 사람을 찾을 수 있기를 바란다. 우리가 성장하는 데 긍정적인 영향을 끼치고 즐거움과 보람을 느끼게 하는 일들을 찾아내길 바란다.

조심해야 할 한 가지는, 때때로 우리가 균형을 잃을 수 있다는 것이다. 도피하고 대충 넘어가고 서두르다가 갑자기 단단한 바닥에 널브러진 우리 자신을 발견하게 될지도 모른다. 정상적이지 않은 해묵은 감정이 쏟아져 나온다. 놀라지 마라. 정상적인 모습이다. 공동의존의 특성, 사고방식 그리고 감정은 습관으로 자리 잡았다. 그 습관들이 때때로 감정과 생각을 통해 표면 위로 올라올 것이다. 아무리 긍정적인 것일지라도 우리에게 일어나는 변화는 그리고 알코올중독과 연관된 우리의 비정상적인 경험을 떠올리게 하는 상황과 스트레스는 우리의 공동의존적인 특성을 자극할 것이다. 종종 까닭 없이 그리고 자극을 받지 않았는데도 온전치 못한 모습들이 튀어나온다. 그것들을 잘 살펴보자. 창피해하거나 숨으려고 하지 마라. 우리 자신을 다시 일으켜 세울 수 있다. 헤쳐 나갈 수 있다. 신뢰할 만한 친구와 이야기를 나누고 인내하며, 자신에게 관대해지자. 꼭 해야 할 필요가 있다고 생각하는 일들만 중단 없이 추진해 나가라. 점점 더 나아질 것이다. 무슨 일이 있어도 자신을 돌보는 일을 멈추지 마라.

삶의 균형을 회복하고 그것을 어떻게든 유지해 나가는 것이 회복의 전부라는 것을 우리는 이해하게 되었다. 그것이 대단한 주문처럼 들릴지라도, 걱정하지 마라. 우리는 할 수 있다. 우리는 다시 살아가는 법을 배울 수 있다. 우리는 다시 사랑하는 법을 배울 수 있다. 동시에 우리는 즐겁게 살아가는 법까지 배울 수 있다.

맺는말

66 나는 가르치는 사람이 아니라, 일깨우는 사람이다(Robert Frost). 99

이 책을 처음 쓰기 시작하기 수년 전부터 나는 이와 같은 책을 써 보고 싶었다.

내가 공동의존으로 몹시 고통을 받고 있었을 때, 나에게 일어났던 일에 대해서 설명해 줄 어떤 책도 나는 찾지 못했다. 바로 이것이 내가 공동의존에 대한 책을 쓰고 싶었던 본래의 동기였다. 또한 나는 비참한 삶을 살아가는 사람들을 위해 그리고 그들이 자신의 고통을 이해하고 줄여 나가도록 돕기 위해 공동의존이 무엇인지를 설명해 주는 책을 쓰고 싶었다.

그러나 나의 이러한 동기는 기선을 제압당하면서 사그라졌는데, 다른 사람들이 공동의존에 대해 책을 쓰기 시작했던 것이다. 또한 몇몇 문헌들이 이미 활용되고 있었지만 내가 그러한 문헌들을 발견하지 못했던 탓도 있었다.

후에 책을 쓰려는 동기가 바뀌었다. 나는 다른 사람의 고통을 덜어 주는 데에 그치지 않고 내가 겪고 있는 고통으로부터 회복하고 싶었다. 이 책을 쓰는 일을 좀 더 확실하게 나의 일로 받아들이기 위해 나 스스로 만들어 낸

타협점이었다. 만약 내가 어떤 내용에 대해 책을 쓴다면, 내 인생에서 그 부분만큼은 더 이상 상실을 경험하지 않아도 될 것이라는 생각이 들었다.

그 동기 또한 좌절되었다. 이 책을 쓰기 전, 나는 나에게 일어났던 일들을 받아들였다. 내가 공동의존에 대해 책을 쓰든 그렇지 않든, 그렇게 받아들일 수 있었다는 사실은 바람직한 일이었다. 또한 나는 잃어버린 것보다 더 많은 것을 얻었다는 사실을 깨달았다. 공동의존을 경험하게 되면서 나는 내 속에 있는 자기를 발견했다. 과거에 속한 모든 일이 우리를 준비시켰고 우리를 지금 이 순간에 이르도록 만들었다. 이렇듯 오늘은 내일을 위해 우리를 준비시킨다. 그 모든 것이 더해져 선을 이루어 낸다. 버릴 것이 하나도 없다.

내가 실제로 이 책을 써 나가고 있을 무렵, 책을 쓰려는 동기는 책을 쓰려고 마음먹었던 처음과 다르지 않았다. 나는 공동의존자들을 돕기 위해 책을 쓰고자 했고 함께 나눌 만한 가치 있는 몇 가지 생각들을 가지고 있다고 생각했다. 그러나 이 책은 하나의 의견일 뿐이다. 내 생각과 아이디어들도 마찬가지다. 말 그대로 그것은 생각이며 아이디어들일 뿐이다. 이 점을 설명하기 위해 개리슨 케일러Garrison Keillor의 말을 인용하고자 한다. 그는 소설을 통해 설명하고 있지만 그의 말은 다른 논픽션이나 자기계발을 위한 책들에도 적용된다.

> 특별히 우리가 진실에 대해 완전하게 확신하지 못할 때, ……진실을 말한다는 것은 힘든 일이다. 당신은 진실을 찾고 있고, 당신은 단지 몇몇의 표시들을 드러내고 있다.1

나는 이 책을 통해 당신의 가슴속에 진실이 새겨지길 바란다. 내가 당신을 일깨워 당신 안에 있는 자기를 발견해 내는 데 도움이 되었기를 바란다.

후 주

시작하는 말

1. Janet Geringer Woititz, "Co-Dependency: The Insidious Invader of Intimacy." in *Co-Dependency, An Emerging Issue* (Hollywood, FL: Health Communications, 1984), 59.
2. Toby Rice Drews, *Getting Them Sober* (South Plainfield, NJ: Bridge Publishing, 1980), vol.1, xv.

제3장

1. Paraphrase based on a quote by Joan Wexler and John Steidll (teachers of psychiatric social work at Yale University), qouted by Colette Dowling, *The Cinderella Complex: Women's Hidden Fear of Independence* (New York: Pocket Books, 1981), 145.
2. Robert Subby, "Inside the Chemically Dependent Marriage: Denial and Manipulation," in *Co-Dependency, An Emerging Issue* (Hollywood, FL: Health Communications, 1984), 26.
3. Robert Subby and John Friel, "Co-Dependency: A Paradoxical Dependency," in *Co-Dependency, An Emerging Issue,* 31.
4. Al-Anon Family Groups, *Al-Anon Faces Alcoholism* (New York: Al-Anon Family Group Headquaters, 1977).
5. Al-Anon protects the anonymity of its members and keeps no official record of membership data. However, the Minneapolis Intergroup office agreed this

figure was probably accurate.

6. Terence T. Gorski and Merlene Miller, "Co-Alcoholic Relapse: Family Factors and Warning Sings," in *Co-Dependency, An Emerging Issue,* 78.
7. Earnie Larsen; Subby, "Inside the Chemically Dependent Marriage."
8. Subby and Friel, "Co-Dependency."
9. Charles L. Whitfield, "Co-Dependency: An Emerging Problem Among Professionals," in *Co-Dependency, An Emerging Issue,* 53; Joseph L. Kellerman, *The Family and Alcoholism: A Move from Pathology to Process* (Center City, MN: Hazelden, 1984).
10. Wayne W. Dyer, *Your Erroneous Zones* (New York: Funk and Wagnalls, 1976); Theodore I. Rubin with Eleanor Rubin, *Compassion and Self-Hate: An Alternative to Despair* (New York: David McKay Company, 1975).

제4장

1. Nathaniel Branden, *Honoring the Self: Personal Integrity and the Heroic Potentials of Human Nature* (Boston: Hougthon Mifflin Company, 1983), 162.
2. Dennis Wholey, *The Courage to Change* (Boston: Houghton Mifflin Company, 1984), 207.
3. Judi Hollis, *Fat Is a Family Affair* (San Francisco: Harper/Hazelden, 1986), 55.
4. Ibid, 53.
5. Robert Subby and John Friel, "Co-Dependency: A Paradoxical Dependency," in *Co-Dependency, An Emerging Issue* (Hollywood, FL: Health Communications, 1984), 32.

제5장

1. This quote is excerpted from a handout entitled "Detachment," which contains a collection of writings by anonymous Al-Anon members.
2. Wayne W. Dyer, *Your Erroneous Zones* (New York: Funk and Wagnalls, 1976), 89.
3. Al-Anon Family Groups, *One Day at a Time in Al-Anon* (New York: Al-Anon Family Group Headquarters, Inc., 1976).
4. Judi Hollis, *Fat Is a Family Affair* (San Francisco: Harper/Hazelden, 1986), 47.

5. Terence Williams, *Free to Care: Therapy for the Whole Family* (Center City, MN: Hazelden, 1975).
6. Hollis, *Fat Is a Family Affair.*
7. Carolyn W., *Detaching with Love* (Center City, MN: Hazelden, 1984), 5.
8. Lois Walfrid Johnson, *Either Way, I Win: A Guide to Growth in the Power of Prayer* (Minneapolis: Augsburg, 1979).
9. Earnie Larsen does a similar meditation exercise at the end of his seminars.

제6장

1. William Backus and Marie Chaplin, *Telling Yourself the Truth* (Minneapolis: Bethany Fellowship, 1980).

제7장

1. Eda LeShan, "Beware the Helpless," *Woman's Day,* 26 April 1983.

제8장

1. Claude M. Steiner, *Scripts People Live* (New York: Grove Press, 1974).
2. *Ibid,*; Claude M. Steiner, *Games Alcoholics Play* (New York: Grove Press, 1971); and Claude M. Steiner, *What Do You Say After You Say Hello?* (New York: Grove Press, 1972).

제9장

1. Penelope Russianoff, *Why Do I Think I'm Nothing Without a Man?* (New York: Bantam Books, 1982); Theodre I. Rubin with Eleanor Rubin, *Compassion and Self-Hate; An Alternative to Despair* (New York: David McKay Company, 1975), 278.
2. Janet Geringer Woititz, "Co-Dependency: The Insidious Invader of Intimacy," in *Co-Dependency, An Emerging Issue* (Hollywood, FL: Health Communications, 1984), 56.
3. Rubin, *Compassion,* 196.
4. Colette Dowling, *The Cinderella Complex: Women's Hidden Fear of Independence* (New York: Pocket Books, 1981).

5. *Ibid.*, 152–153.
6. *Ibid.*
7. Russianoff, *Why Do I Think I'm Nothing.*
8. Dowling, *The Cinderella Complex,* 22.
9. Kathy Capell-Sowder, "On Being Addicted to the Addict: Co-Dependent Relationships," in *Co-Dependency*, 23. See also Stanton Peele and Archie Brodsky, *Love and Addiction* (New York: New American Library, 1975).

제10장

1. Nathaniel Branden, *Honoring the Self: Personal Integrity and the Heroic Potentials of Human Nature* (Boston: Houghton Mifflin Company, 1983), 53.
2. Theodore I. Rubin with Eleanor Rubin, *Compassion and Self-Hate: An Alternative to Despair* (New York: David McKay Company, 1975), 65.
3. *Ibid.*

제11장

1. Theodore I. Rubin with Eleanor Rubin, *Compassion and Self-Hate: An Alternative to Despair* (New York: David McKay Company, 1975); Nathaniel Branden, *Honoring the Self: Personal Integrity and the Heroic Potentials of Human Nature* (Boston: Houghton Mifflin Company, 1983).
2. Robert Subby and John Friel, "Co-Dependency: A Paradoxical Dependency," in *Co-Dependency, An Emerging Issue* (Hollywood, FL: Health Communications, 1984), 40.
3. Rubin, *Compassion.*
4. *Ibid.*
5. Branden, *Honoring the Self.*
6. *Ibid.*, 76.
7. Wayne W. Dyer, *Your Erroneous Zones* (New York: Funk and Wagnalls, 1976).
8. Toby Rice Drews, *Getting Them Sober* (South Plainfield, NJ: Bridge Publishing, 1980), vol.1, xxi.
9. Branden, *Honoring the Self*, 1–4.

제12장

1. Joseph L. Kellerman, *A Guide for the Family of the Alcoholic* (New York: Al-Anon Family Group Headquarters, 1984), 8-9.
2. Janet Geringer Woititz, "Co-Dependency: The Insidious Invader of Intimacy," in *Co-Dependency, An Emerging Issue* (Hollywood, FL: Health Communications, 1984), 55.
3. *Ibid.*, 59.
4. Harold A. Swift and Terence Williams, *Recovery for the Whole Family* (Center City, MN: Hazelden, 1975).
5. Nathaniel Branden, *Honoring the Self: Personal Integrity and the Heroic Potentials of Human Nature* (Boston: Houghton Mifflin Company, 1983), 62-65.
6. Elisabeth Kübler-Ross, *On Death and Dying* (New York: MacMillan Publishing, 1969).
7. Melody Beattie, *Denial* (Center City, MN: Hazelden, 1986).
8. Claudia L. Jewett, *Helping Children Cope with Separation and Loss* (Harvard, MA: The Harvard Common Press, 1982), 29.
9. *Ibid.*, 23, 29.
10. John Powell, *Why Am I Afraid to Tell You Who I Am?* (Allen, TX: Argus Communications, 1969), 116-117.
11. Kübler-Ross, *On Death and Dying*, 99-100.
12. Judi Hollis, *Fat Is a Family Affair* (San Francisco: Harper/Hazelden, 1986), 80.
13. Donald L. Anderson, *Better Than Blessed* (Wheaton, IL: Tyndale House Publishers, 1981), 11.

제13장

1. John Powell, *Why Am I Afraid to Tell You Who I Am?* (Allen, TX: Argus Communications, 1969), 155.
2. Jael Greenleaf, "Co-Alcoholic/Para-Alcoholic: Who's Who and What's the Difference?" in *Co-Dependency, An Emerging Issue* (Hollywood, FL: Health Communications, 1984), 9.

3. Scott Egleston; Powell, *Why Am I Afraid;* Toby Rice Drews, *Getting Them Sober* (South Plainfield, NJ: Bridge Publishing, 1980), vol. 1.

4. Nathaniel Branden, *Honoring the Self: Personal Integrity and the Heroic Potentials of Human Nature* (Boston: Houghton Mifflin Company, 1983).

5. Powell, *Why Am I Afraid.*

6. *Ibid.*

7. Albert Ellis and Robert A. Harper, *A New Guide to Rational Living* (Hollywood, CA: Wilshire Book, 1975); William Backus and Marie Chapian, *Telling Yourself the Truth* (Minneapolis: Bethany Fellowship, 1980).

제14장

1. Janet Geringer Woititz, "The Co-Dependent Spouse: What Happens to You When Your Husband Is an Alcoholic," in *Co-Dependency, An Emerging Issue* (Hollywood, FL: Health Communications, 1984), 90.

2. Gayle Rosellini and Mark Worden, *Of Course You're Angry* (San Francisco: Harper/Hazelden, 1986).

3. Ephesians 4:26 RSV.

4. Toby Rice Drews, *Getting Them Sober* (South Plainfield, NJ: Bridge Publishing, 1980), vol.1; Rosellini and Worden, *Of Course You're Angry;* and Scott Egleston.

5. Frederick S. Perls, *Gestalt Therapy Verbatim* (New York: Bantam Books, 1969).

6. Claude M. Steiner, *Scripts People Live* (New York: Grove Press, 1979).

7. Rosellini and Worden, *Of Course You're Angry.*

8. Woititz, "The Co-Dependent Spouse," 83.

제15장

1. 2 Timothy 1:7 New Scofield Reference Bible.

2. Aron Kahn, "Indecision Decidedly in Vogue," *St. Paul Pioneer Press and Dispatch* (1 April 1986, sec. C).

3. Toby Rice Drews, *Getting Them Sober* (South Plainfield, NJ: Bridge Publishing, 1980), vol. 1.

4. Paraphrase of material in *Alcoholics Anonymous*, 3d ed. "*The Big Book*" (New York: Alcoholics Anonymous World Services, 1976).

제16장

1. David J. Schwartz, *The Magic of Thinking Big* (New York: Cornerstone Library, 1959), 162–163.
2. *Ibid.*, 163–164.
3. *Ibid.*, 164.
4. Dennis Wholey, *The Courage to Change* (Boston: Houghton Mifflin Company, 1984), 39.

제17장

1. Toby Rice Drews, *Getting Them Sober* (South Plainfield, NJ: Bridge Publishing, 1980), vol. 1, 77-78.
2. *Ibid.*, 76.
3. John Powell, *Why Am I Afraid to Tell You Who I Am?* (Allen, TX: Argus Communications, 1969), 12.
4. *Ibid.*, 8.
5. Jean Baer, *How to Be an Assertive (Not Aggressive) Women in Life, in Love, and on the job* (New York: New American Library, 1976).

제18장

1. Al-Anon Family Groups, *Al-Anon's Twelve Steps and Twelve Traditions* (New York: Al-Anon Family Group Headquarters, 1981), 131.
2. Jael Greenleaf, "Co-Alcoholic/Para-Alcoholic: Who's Who and What's the Difference?" in *Co-Dependency, An Emerging Issue* (Hollywood, FL: Health Communications, 1984), 15.
3. George E. Vaillant, *The Natural History of Alcoholism* (Cambridge, MA: Harvard University Press, 1983).
4. Warren W. told this story in Minneapolis 23 August 1985, borrowing it from circuit speaker Clancy Imislund who operates the Midnight Mission and lives in Venice, California.

5. Al-Anon Family Groups, *Al-Anon: Is It for You?* (New York: Al-Anon Family Group Headquarters, 1983). Reprinted by permission of Al-Anon Family Group Headquarters, Inc.
6. Judi Hollis, *Fat Is a Family Affair* (San Francisco: Harper/Hazelden, 1986), 49-52.

제19장

1. Paraphrased quote based on a greeting card and poster sold years ago; author is unknown.
2. Toby Rice Drews, *Getting Them Sober* (South Plainfield, NJ: Bridge Publishing, 1980), vol. 2, 52.
3. Penelope Russianoff, *Why Do I Think I'm Nothing Without a Man?* (New York: Bantam Books, 1982).
4. Kathy Capell-Sowder, "On Being Addicted to the Addict: Co-Dependent Relationships," in *Co-Dependency, An Emerging Issue* (Hollywood, FL: Health Communications, 1984), 20-21.
5. Judi Hollis, *Fat Is a Family Affair* (San Francisco: Harper/Hazelden, 1986), 30-31.
6. Ideas discussed in this section are drawn from several articles in *Co-Dependency, An Emerging Issue* (Hollywood, FL: Health Communications, 1984); Janet Geringer Woititz, "The Co-Dependent Spouse: What Happens to You When Your Husband Is an Alcoholic"; Gerald Shulman, "Sexuality and Recovery: Impact on the Recovering Couple"; Marilyn Mason, "Bodies and Beings: Sexuality Issues During Recovery for the Dependent and Co-Dependent"; and Janet Geringer Woititz, "Co-Dependency: The Insidious Invader of Intimacy."

제20장

1. Abraham H. Maslow, ed., *Motivation and Personality*, 2d ed. (New York: Harper & Row, 1970); Benjamin Wolman, ed., *International Encyclopedia of Psychiatry, Psychology, Psychoanalysis, & Neurology* (New York: Aesculapius Publishers, 1977), vol. 7, 32–33.

2. Nathaniel Branden, *Honoring the Self: Personal Integrity and the Heroic Potentials of Human Nature* (Boston: Houghton Mifflin Company, 1983), 162.
3. Janet Geringer Woititz, "Co-Dependency: The Insidious Invader of Intimacy," in *Co-Dependency, An Emerging Issue* (Hollywood, FL: Health Communication, 1984), 59.

맺는말

1. Michael Schumacher, "Sharing the Laughter with Garrison Keillor," *Writer's Digest* (January 1986), 33.

참고문헌

저서

Alcoholics Anonymous World Services. *Alcoholics Anonymous* ("The Big Book"), 3d ed. New York: Alcoholics Anonymous World Services, 1976.

Al-Anon Family Groups. *Al-Anon: Is It for You?* New York: Al-Anon Family Group Headquarters, 1983.

___________________. *Al-Anon's Twelve Steps and Twelve Traditions.* New York: Al-Anon Family Group Headquarters, 1981.

___________________. *Al-Anon Faces Alcoholism.* New York: Al-Anon Family Group Headquarters, 1977.

___________________. *One Day at a Time in Al-Anon.* New York: Al-Anon Family Group Headquarters, 1974.

___________________. *The Dilemma of the Alcoholic Marriage.* New York: Al-Anon Family Group Headquaters, 1971.

Anderson, Donald L. *Better Than Blessed.* Wheaton, IL: Tyndale House Publishers, 1981.

Backus, William, and Marie Chapian. *Telling Yourself the Truth.* Minneapolis: Bethany Fellowship, 1980.

Baer, Jean. *How to Be an Assertive (Not Aggressive) Woman in Life, in Love and on the Job*. New York: New American Library, 1976.

Branden, Nathaniel. *Honoring the Self: Personal Integrity and the Heroic Potentials of Human Nature*. Boston: Houghton Miffin Company, 1983.

DeRosis, Helen A., and Victoria Y. Pellegrino. *The Book of Hope: How Women Can Overcome Depression*. New York: MacMillan Publishing, 1976.

Dowiling, Colette. *The Cinderella Complex: Women's Hidden Fear of Independence*. New York: Pocket Books, 1981.

Drews, Toby Rice. *Getting Them Sober, Volume 1*. South Plainfield, NJ: Bridge Publishing, 1980.

________________. *Getting Them Sober, Volume 2*. South Planfield, NJ: Bridge Publishing, 1983.

Dyer, Wayne W. *Your Erroneous Zones*. New York: Funk and Wagnalls, 1976.

Ellis, Albert, and Robert A. Harper. *A New Guide to Rational Living*. Hollywood, CA: Wilshire Books, 1975.

Fort, Joel. *The Addicted Society: Pleasure-Seeking and Punishment Revisited*. New York: Grove Press, 1981.

Hafen, Brent Q., with Kathryn J. Frandsen. *The Crisis Intervention. Handbook*. Englewood Cliffs, NJ: Prentice-Hall, 1982.

Hazelden. *Day by Day*. San Francisco: Harper/Hazelden, 1986.

_______. *Twenty-Four Hours a Day*. San Francisco: Harper/Hazelden, 1985.

Health Communications. *Co-Dependency, An Emerging Issue*. Hollywood, FL: Health Communications, 1984.

Hollis, Judi. *Fat Is a Family Affair*. San Francisco: Harper/Hazelden, 1986.

Hornik-Beer, Edith Lynn. *A Teenager's Guide to Living with an Alcoholic Parent*. Center City, MN: Hazelden, 1984.

Jewett, Claudia L. *Helping Children Cope with Separation and Loss*. Harvard, MA: The Harvard Common Press, 1982.

Johnson, Lois Walfrid. *Either Way, I Win: A Guide to Growth in the Power of Prayer*. Minneapolis: Augsburg Publishing House, 1979.

Kimball, Bonnie-Jean. *The Alcoholic Woman's Mad, Mad World of Denial and Mind Games*. Center City, MN: Hazelden, 1978.

Kübler-Ross, Elisabeth. *On Death and Dying*. New York: MacMillan Publishing, 1969.

Landorf, Joyce. *Irregular People*. Waco, TX: Word, 1982.

Lee, Wayne. *Formulating and Reaching Goals*. Champaign, IL: Research Press Company, 1978.

Maslow, Abraham H., ed. *Motivation and Personality*, 2d ed. New York: Harper&Row, 1970.

Maxwell, Ruth. *The Booze Battle*. New York: Ballantine Books, 1976.

McCabe, Thomas R. *Victims No More*. Center City, MN: Hazelden, 1978.

Perls, Frederick S. *Gestalt Therapy Verbatim*. New York: Bantam Books, 1969.

Pickens, Roy W., and Dace S. Svikis. *Alcoholic Family Disorders: More Than Statistics*. Center City, MN: Hazelden, 1985.

Powell, John S. *Why Am I Afraid to Tell You Who I Am?* Allen, TX: Argus Communications, 1969.

Restak, Richard M. *The Self Seekers*. Garden City, NY: Doubleday and Company, 1982.

Rosellini, Gayle, and Mark Worden. *Of Course You're Angry*. San Francisco: Harper/Hazelden, 1986.

Rubin, Theodore I. *Reconciliations: Inner Peace in an Age of Anxiety*. New York: The Viking Press, 1980.

Rubin, Theodore I., with Eleanor Rubin. *Compassion and Self-Hate: An Alternative to Despair*. New York: David McKay Company, 1975.

Russianoff, Penelope. *Why Do I Think I Am Nothing Without a Man?* New York: Bantam Books, 1982.

Schwartz, David J. *The Magic of Thinking Big*. New York: Cornerstone Library, 1959.

Steiner, Claude M. *Games Alcoholics Play: The Analysis of Life Scripts*. New York: Grove Press, 1971.

______________. *Healing Alcoholism.* New York: Grove Press, 1979.

______________. *Scripts People Live.* New York: Grove Press, 1974.

______________. *What Do You Say After You Say Hello?* New York: Grove Press, 1972.

Valliant, George E. *The Natural Histoty of Alcoholism: Causes, Patterns and Paths to Recovery.* Cambridge, MA: Harvard University Press, 1982.

Vine, Phyllis. *Families in Pain: Children, Siblings, Spouses and Parents of the Mentally Ill Speak Out.* New York: Pantheon Books, 1982.

Wallis, Charles L., ed. *The Treasure Chest.* New York: Harper&Row, 1965.

Wholey, Dennis. *The Courage to Change.* Boston: Houghton Miffin Company, 1984.

Woititz, Janet Geringer. *Adult Children of Alcoholics.* Hollywood FL: Health Communications, 1983.

Wolman, Benjamin B., ed. *International Encyclopedia of Psychiatry, Psychology, Psychoanalysis & Neurology,* vol. 7. New York: Aesculapius Publishers, 1977.

York, Phyllis and David, and Ted Wachtel. *Toughlove.* Garden City, NY: Doubleday and Company, 1982.

소책자

Beattie, Melody. *Denial Center City,* MN: Hazelden, 1986.

Burgin, James E. *Help for the Marriage Partner of an Alcoholic.* Center City, MN: Hazelden, 1976.

Emotions Anonymous International Services. *The Enormity of Emotional Illness: The Hope Emotions Anonymous Has to Offer.* St. Paul, MN: Emotions Anonymous International Services, 1973.

H., Barbara. *Untying the Knots: One Parent's View.* Center City, MN: Hazelden, 1984.

Harrison, Earl. *Boozlebane on Alcoholism and the Family.* Center City, MN:

Hazelden, 1984.

Hazelden Educational Materials. *Teen Drug Use: What Can Parents Do?* Center City, MN: Hazelden. (Reprinted with permission of Department of Public Instruction, Bismarck, ND, Drug Abuse Education Act of 1970.)

__________________________. *No Substitute for Love: Ideas for Family Living.* Center City, MN: Hazelden. (Reprinted with permission of Special Action Office for Drug Abuse Prevention, Executive Office of the President, Washington, DC, in conjunction with the Drug Abuse Prevention Week in 1973.)

________________________. *Step Four: Guide to Fourth Step Inventory for the Spouse.* Center City, MN: Hazelden, 1976.

_______________________. *Learn about Families and Chemical Dependency.* Center City, MN: Hazelden, 1985.

Kellerman, Joseph L. *The Family and Alcoholism: A Move from Pathology to Process.* Center City, MN: Hazelden, 1984.

___________________. *A Guide for the Family of the Alcoholic: A Move from Pathology to Process.* Center City, MN: Hazelden, 1984.

Nakken, Jane. *Enabling Change: When Your Child Returns Home from Treatment.* Center City, MN: Hazelden, 1985.

Schroeder, Melvin. *Hope for Relationships.* Center City, MN: Hazelden, 1980.

Scientific Affairs Committee of the Bay Area Physicians for Human Rights. *Guidelines for AIDS Risk Reduction.* San Francisco: The San Francisco AIDS Foundation, 1984.

Swift, Harold A., and Terence Williams. *Recovery for the Whole Family.* Center City, MN: Hazelden, 1975.

Timmerman, Nancy G. *Step One for Family and Friends.* Center City, MN: Hazelden, 1985.

_____________________. *Step Two for Family and Friends.* Center City, MN: Hazelden, 1985.

W., Carolyn. *Detaching with Love.* Center City, MN: Hazelden, 1984.

Williams, Terence. *Free to Care: Therapy for the Whole Family of Concerned Person*. Center City, MN: Hazelden, 1975.

논문

Anderson, Eileen. "When Therapists Are Hooked on Power." *The Phoenix,* vol. 5, no. 7, July 1985.

"Author's Study Says CoAs Can't Identify Their Needs." *The Phoenix* (from Family Focus, published by the U. S. Journal of Drug and Alcohol Dependence), vol. 4, no. 11, November 1984.

Bartell, Jim. "Family Illness Needs Family Treatment, Experts Say." *The Phoenix,* vol. 4, no. 11, November 1984.

Black, Claudia. "Parental Alcoholism Leaves Most Kids Without Information, Feelings, Hope." *The Phoenix,* vol. 4, no. 11, November 1984.

Hamburg, Jay. "Student of Depression Sights a Silver Lining." *St. Paul Pioneer Press and Dispatch (Orlando Sentinel),* 23 September 1985.

Jeffris, Maxine. "About the Word Co-Dependency." *The Phoenix,* vol.5, no. 7, July 1985.

Kahn, Aron. "Indecision Decidedly in Vogue." *St. Paul Pioneer Press and Dispatch,* 1 April 1986.

Kalbrener, John. "We Better Believe That Our Children Are People, Says Children Are People." *The Phoenix,* vol. 4, no. 11, November 1984.

LeShan, Eda. "Beware the Helpless." *Woman's Day,* 26 April 1983.

Ross, Walter S. "Stress: It's Not Worth Dying For." *Reader's Digest,* January 1985, 76.

Schumacher, Michael. "Sharing the Laughter with Garrison Keillor." *Writer's Digest,* January 1986, 33.

Stick, Lisa Wilson. "What's So Bad About Being So-So?" *Reader's Digest,* August 1984, 78 (reprinted from *Woman's Day,* 3 April 1984).

기타

"Adult Children of Alcoholics," handout, author unknown.

"Detachment," handout written by anonymous Al-Anon members.

Jourard, Sidney, with Ardis Whitman. "The Fear That Cheats Us of Love," handout.

Larsen, Earnie, "Co-Dependency Seminar," Stillwater, MN, 1985.

Wright, Thomas. "Profile of a Professional Caretaker," handout.

저자 소개

멜로디 비에티(Melody Beattie)

미국에서 가장 사랑받는 작가 중 한 명이며, 중독과 회복 분야의 대표적인 인물이다. 1986년, 그녀의 세계적인 걸작, 『공동의존자 더 이상은 없다(Codependent No More)』를 통해 '공동의존' 이라는 용어를 세상에 소개했다. 그녀는 수많은 사람들이 겪는 일들을 직접 체험했기 때문에 많은 독자가 그녀의 지혜와 지도의 말들을 신뢰하고 있다. 그녀는 유기와 납치, 성학대, 술과 마약 중독, 이혼 그리고 자녀의 죽음 등과 같은 결코 녹록하지 않은 절망 속에서 살아남았다. 『타임(Time)』은 그런 그녀에 대해 다음과 같이 말하고 있다. "비에티는 물속에 빠진 심정을 잘 알고 있다. 그런 경험들이 그녀로 하여금 여전히 정처 없이 표류하고 있는 사람들에게 대중이 가장 인정하는 구명 밧줄을 던지도록 만든다."

멜로디는 1948년 미네소타의 세인트폴에서 태어났다. 그녀의 아버지는 그녀가 갓난아이였을 때 집을 나갔고, 어머니가 홀로 그녀를 키웠다. 멜로디는 어머니를 '전형적인 공동의존자' 로 기억하고 있다. 지난 20년 동안, 그녀는 20개의 언어들로 출판된 15권의 저서를 집필했고 신문과 잡지에 수백 건의 기고문을 썼다. 그녀는 오프라 윈프리 쇼(the Oprah Winfrey Show)를 비롯한 미국 전역의 공중파 텔레비전 프로그램에 단골로 출연하고 있으며, 그녀와 그녀가 쓴 책들은 『타임(Time)』과 『피플(People)』 그리고 세계적인 주요 정기간행물들에 계속해서 정기적으로 대서특필되고 있다.

그녀의 열두 살 난 아들, 셰인이 1991년 스키 사고로 죽었을 때 그녀의 삶은 거의 만신창이가 되었지만, 결국 멜로디는 자신의 삶의 조각들을 다시 집어 들었다. 그녀는 "죽고 싶었어요. 하지만 살아 있었어요." 라고 말한다.

그녀는 스카이다이빙을 시작했고, 등산을 하고, 자신이 배운 슬픔에 대한 내용을 다른 이들에게 가르치고 있다.

역자 소개

김혜선

이화여자대학교에서 사회복지학을 전공하고 동 대학원에서 박사학위를 받았으며, 현재 강원대학교 사회복지학과 부교수로 재직 중이다. 송광가족폭력상담소, 나누리가족복지상담센터, 동해시건강가정지원센터의 센터장을 역임했고, 한국중독전문가협회 회장으로 활동하면서 사회문제와 중독 그리고 가족과의 연관성에 대해 깊게 고민해 왔다. 중독전문가 1급이며, 미국 공인 중독전문가(CAS, CRS)다.

타인에게 흔들리지 않고 자신을 돌보는 법
공동의존자 더 이상은 없다
Codependent no more

2013년 7월 15일 1판 1쇄 발행
2026년 2월 25일 1판 11쇄 발행

지은이 • Melody Beattie
옮긴이 • 김 혜 선
펴낸이 • 김 진 환
펴낸곳 • (주) 학지사
04031 서울특별시 마포구 양화로 15길 20 마인드월드빌딩 5층
대표전화 • 02) 330-5114 팩스 • 02) 324-2345
등록번호 • 제313-2006-000265호
홈페이지 • http://www.hakjisa.co.kr
인스타그램 • https://www.instagram.com/hakjisabook

ISBN 978-89-997-0135-1 03330

정가 17,000원

역자와의 협약으로 인지는 생략합니다.
파본은 구입처에서 교환하여 드립니다.